www.ingramcontent.com/pod-product-compliance
Lightning Source LLC
LaVergne TN
LVHW101937220826
846093LV00006B/39

اسلام اور مرکزیت الٰہی

کی روشنی میں

مروجہ مذہبی اور کلامی نظریات کا تنقیدی جائزہ

حصہ دوم

تحریر:

شیخ عارف عبدالحسین

Printed in the United Kingdom.

ISBN: 978-1-7392235-0-2

Published by:
Sajjadiyya Press
60 Weoley Park Road
Selly Oak
Birmingham, B29 6RB

Author: Shaykh Arif Abdul Hussain

فہرست

اظہار امتنان

اس کتاب میں موجود لیکچرز کا یہ سلسلہ IUS مانچسٹر میں محرم ۱۴۳۸، بمطابق اکتوبر ۲۰۱۶، میں دیا گیا تھا۔ مصنف اس عظیم مرکز سے متعلق کمیونٹی کا دل کی گہرائیوں سے شکریہ ادا کرتا ہے کہ جس کی بے پایاں محبت اور خلوص نے ہمارے لیئے خطاب کا یہ اہم موقع فراہم کیا۔ مصنف بالخصوص مس سمر مشادی، ڈاکٹر واحد امین، ریاض جسہ، اور عزیزہ دخترم مہدیہ عبدلحسین کا بطور خاص شکر گزار ہے جن کی پر خلوص مساعی کی بدولت ان لکچرز کی ترتیب و تبویب اور اشاعت موجودہ صورت میں ممکن ہو سکی۔

پیش لفظ

اللہ کے نام سے جو بیحد میربان اور مشفق ہے۔
تمام حمد و ثناء کا حقیقتا وہی حق دار ہے۔
درود اور سلام حضرت محمدؐ پر جو اللہ کے عظیم پیغمبر ہیں۔
اور ان کی آل پر بھی جو طاہر اور منتخب ہے۔

یہ کتاب 'اسلام اور خدا مرکزیت' پر مبنی لیکچرز کے سلسلہ کی دوسری کڑی ہے جو ان ایڈٹ شدہ خطابات پر مشتمل ہے جو شیخ عارف عبد الحسین کی جانب سے محرم ۱۴۳۸، بمطابق اکتوبر ۲۰۱۶ میں دیئے گئے تھے۔ ان لیکچرز کا بنیادی اور مرکزی پیغام (Theme) 'متداول مذہبی نظریات کا تنقیدی جائزہ' ہے۔ ان خطابات کا بنیادی مقصد پیغمبر اسلامؐ کے پیغام کی ان خصوصیات کو دوبارہ زندہ کرنا اور متعارف کروانا ہے جنکی آج ان کے متبعین کو زندگی کے ہر مرحلہ پر ضرورت ہے۔ ان بیانات میں حقائق کو نہایت سنجیدگی کے ساتھ پیش کیا گیا ہے تاکہ یہ امت کے لیئے مستقل بنیادوں پر نفع مند ثابت ہو سکیں۔

اس کوشش کا دوسرا اہم مقصد یہ بھی ہے کہ ان اہم مروجہ مذہبی اور کلامی نظریات (Theological Assumptions) کا بھی تحقیقی جائزہ لیا جائے، ان پر علمی تنقید کی جائے اور سوالات اٹھائے جائیں جو آج ہمارے

مذہبی اور سماجی کلچر پر حاوی ہیں اور ہم سب نے عموما ان ہی کی آغوش میں جنم لیا ہے ۔ اس کاوش کا محور پیغمبر اسلامؐ کا وہ پیغام ہے جو انسانیت کے لیئے آب حیات ہے۔ اس پیغام کو نظر انداز نہیں کیا جا سکتا۔ آج امت مسلمہ کو جو گونا گوں چیلنجز، فرقہ پرستی، دہشت گردی، اسلامو فوبیا اور تشخص کے بحران کی صورت میں در پیش ہیں ، یہ اس آب حیات کو براہ راست فراموش کر دینے کے لازمی نتیجے کے طور پر پیش آئے۔ مزید برآں، یہ پیغام حیات اپنے اندر حقیقی اور مستند روحانیت اور خدا شناسی کے اوصاف کا بھی حامل ہے ، اور ان لوگوں کے لیئے بھی نسخہ کیمیاء ہے جو خدا شناسی کے سچے طلب گار ہیں۔

چنانچہ اس کتاب میں جن موضوعات کو خصوصی طور پر زیر بحث لایا گیا ہے ان میں ، اللہ کی ذات، اس موجودہ زندگی کی حقیقت اور مقصد، انسان کی دنیوی اور اخروی زندگی کے حوالے سے جزا اور سزا کا تصور، عمل صالح کی اہمیت اور معنویت، قرآن اور اس کی تشریح کے متعلق نظریات، اور نبی اکرمؐ، اور آئمہ اطہار کے متعلق نظریات اور ان کے علاوہ کچھ مزید دینی امور بطور خاص شامل ہیں۔ مصنف اس امر سے بخوبی اگاہ ہے کہ کسی کے بھی ایسے نظریات اور معتقدات پر گفتگو کرنا اور ان پر سوالات اٹھانا جو اس کے لیئے مرکزی اہمیت کے حامل ہوں، نہایت دشوار اور کٹھن کام ہے۔مگر اس راہ میں دیانت، اخلاص اور استقامت ہی کامیابی کے واحد ضامن ہیں۔ اور یہی اللہ تک رسائی کا بہترین وسیلہ ہیں۔ اس تحقیقی کام کا مقصد کسی کو ناراض کرنا نہیں بلکہ اس کا واحد ہدف با مقصد تحقیق اور تجسس کی اس روح کو زندہ

کرنا ہے جو انسان کی ذہنی بالیدگی اور علمی ترقی کے لیئے سنگ میل کی حیثیت رکھتی ہے۔کتاب کے مندرجات میں کسی بھی غلطی اور کمزوری کے لیئے ذمہ داری خود مصنف اپنے سر لیتا ہے۔ اگر اس حوالہ سے آپ کے پاس کوئی سوال، تبصرہ یا تعمیری تنقید ہو تو براہ کرم اس کے لیئے المہدی انسٹی ٹیوٹ سے رجوع کریں، ہم اس کے لیئے آپ کے احسان مند ہوں گے۔

پہلی شب

ہم اللہ واحد کا تہ دل سے شکریہ ادا کرتے ہیں کہ اس نے اس محرم میں ہمیں دوبارہ مل بیٹھنے کی توفیق بخشی اور یہ موقع فراہم کیا کہ ہم اپنے عظیم امام اور محسن امام الحسینؑ کی ذات کے ساتھ اپنی عقیدت اور محبت کا اجتماعی طور پر اظہار کر سکیں۔ ہم اس کے لیئے بھی اللہ تعالیٰ کے شکر گزار ہیں کہ اس نے اپنی رحمت سے یہ پلیٹ فارم ہمیں عطاء کیا جس کے ذریعے ہم علم میں بصیرت حاصل کرتے اور پھر اسے باہم تقسیم کرتے ہیں۔ کلام کے آغاز میں بطور تمہید میں یہ عرض کروں گا کہ ہم اس دنیا میں ایک مقصد کی تکمیل کے لیئے آئے ہیں تا کہ اس کے ذریعے ہم اپنے آپ کو بہتر بنا سکیں اور اس جہان میں اپنی حیثیت کو منوا سکیں۔ یہ جہان ہمارے لیئے مواقع کی جگہ ہے جنہیں استعمال کرتے ہوئے ہمیں اپنی منزل تک پہنچنا ہوگا۔ اور یہی راستہ فطرت نے ہمارے لیئے منتخب کیا ہے۔

خود انسان ہونے کے ناتے فطری طور پر ہم اپنے اندر ایک مخصوص اور گہرا مطالبہ محسوس کرتے ہیں کہ ہماری زندگی کا ایک مقصد ہے اور اسی کی تکمیل کے لیئے ہم اس دنیا میں آئے ہیں۔ یہ وہ داعیہ ہے جو ہم میں سے ہر ایک انسان کی فطرت کا حصہ ہے اور کوئی بھی اس سے

بے نیاز نہیں ہوسکتا۔ جب ہم اس فطری داعیہ اور احساس کی نوعیت پر با مقصد طور پر غور کرتے ہیں تو ہمیں اس نتیجہ تک پہنچنے میں کوئی دقت نہیں ہوتی کہ ہمارا ماحول اور کلچر، جائے پیدائش، مذہبی روایات اور والدین جنہوں نے ہمارے کردار اور شخصیت کی تعمیر و تشکیل میں بنیادی کردار ادا کیا ہے، یہ سب اس عظیم اور فطری احساس کے مقابلے میں ثانوی حیثیت رکھتے ہیں۔ ہماری یہ دنیاوی اور جنسی حیثیت بھی اس میدان میں کوئی معنی نہیں رکھتی۔ یہ 'مقصد' دنیا کی ہر اس چیز سے زیادہ اہم اور افضل ہے جس سے ہم واقف ہیں اور جس کی فضا میں سانس لے رہے ہیں۔ کیونکہ اس کا تعلق ہماری حیات اور فطری احساسات سے ہے۔ اس عظیم مقصد کی تشریح یہ ہے کہ ہم اس دنیا میں ایک واضح، مثبت اور مستحکم کردار ادا کرنے کے لیئے آئے ہیں، بلا مقصد زندگی بسر کرنے کے لیئے نہیں۔

ہمارے کردار اور اخلاق کی تعمیر و تشکیل میں اس مقام، ماحول، برادری، کلچر اور زمانہ کا کردار بہت گہرا اور کلیدی ہوتا ہے جس میں ہم نے جنم لیا اور پل کر جوان ہوئے۔ ان کے اثرات ہماری شخصیت، وجودی شعور، اور فکر و نظر کی صلاحیتوں پر بہت گہرے اور وسیع ہوتے ہیں۔ اسی ماحول میں پنپنے والا ہمارا اس عالم کے متعلق عمومی نظریہ (Worldview) تنگ اور محدود بھی ہو سکتا ہے کیونکہ اس کی تشکیل ایک محدود ماحولیاتی اثرات کے تحت ہوئی۔ مثال کے طور پر، اگر ہمارا مذہبی نظریہ صرف اسی حد تک ہی جاتا ہو کہ ہم اس جہان میں محض نماز، روزہ، زکات اور حج کی ادائیگی کے لیئے ہی پیدا کیئے گئے ہیں اور

بس۔ اس فکر کا نتیجہ یہ ہوگا کہ ہمارے اندر علمی تحقیق اور تجسس کے لیئے کوئی جزبہ بیدار نہ ہوگا۔ اور وہ تمام محرکات خود بخود دم توڑ جائیں گے جو اس کائنات میں پوشیدہ اسرار کو دریافت کرنے اور نمایاں کرنے کے لیئے انسان کو تیار کرتے اور تازہ دم رکھتے ہیں۔ کیونکہ ان کا تعلق بھی اللہ تعالٰی کی ان عظیم الشان نشانیوں سے ہے جن کی بدولت انسان میں اپنے خالق کے لیئے شکریہ اور امتنان کے جذبات پیدا ہوتے ہیں اور یہی وہ نشانیاں ہیں جو انسان میں تقویٰ کی صفت پیدا کرتی اور کردار کو پختگی عطاء کرتی ہیں۔

ہم تاریخ میں کبھی بھی ان مظاہر کائنات کو دریافت کرنے کی سکت اپنے اندر نہ پاتے، نہ ہی سمندر میں غواصی کے ذریعے اس کی اندرونی دنیا کے راز اہل دنیا پر آشکار کر سکتے، اور نہ ہی خلاؤں کی یہ تسخیر وجود میں آسکتی اگر ہم اس سادہ اور محدود نظریہ ہی سے چمٹے رہتے کہ ہمارے وجود کا اصل مقصد محض عبادت ہے اور بس۔ یہ سادہ لوحی پر مبنی نظریہ اپنی اصلیت کے اعتبار سے ایک جامد اور غیر تخلیقی نظریہ ہے جسے ہمارے مخصوص کلچر اور مذہبی روایات کے ذریعے معاشرے میں فروغ دیا گیا اور لوگوں کے ذہن اسی سے متاثر ہو کر رہ گئے۔ اس پر ہم نے کھلے دل و دماغ سے غور نہیں کیا اور جوں کا توں قبول کر لیا۔ حالانکہ یہ نظریہ اس اعتبار سے ہمیں مطمئن نہیں کر سکتا کہ ہم اس دنیا میں صرف عبادت کے لیئے ہی ہیں اور کائنات کے باقی امور سے ہمیں کوئی سروکار نہیں۔جب کہ ہم جانتے ہیں کہ عبادات کے علاوہ بھی بہت سے مقاصد ہیں جن کی تکمیل بذات خود عبادت کا ہی حصہ ہے اور ان

کے بغیر یہ زندگی نامکمل اور بے معنی ہے۔ اس بارے میں قرآن ہماری بہتر رہنمائی کرتا ہے اور دعوت دیتا ہے کہ ہم اس کائنات کے نظام پر غور و فکر کریں اور اس سادہ روائتی مذہبی نظریے سے اپنے آپ کو باہر نکالنے کی کوشش کریں۔ قرآن کی رو سے ان عبادات کے مقاصد اس دنیا کے نظام سے بھی کافی حد تک منسلک ہیں۔ ذیل کی آیت اس بارے میں خوب رہنمائی کرتی ہے۔

"اور وہی ہے جس نے زمین کو پھیلایا، اور اس میں پہاڑ اور ندیاں رکھ دیں ، اور ہر قسم کے پھلوں کے جوڑے اس میں پیدا کیئے۔ وہ رات کو دن پر اڑا دیتا ہے۔ بے شک ان چیزوں میں نشانیاں ہیں ان لوگوں کے لیئے جو غور کریں۔" (۳ : ۱۳)

یہ اور اس جیسی بہت سی دیگر آیات اس جانب متوجہ کرتی ہیں کہ ہم ماحول کے زیر اثر ان روائتی نظریات اور رسوم سے ہر گز متاثر نہ ہوں۔ بلکہ ہمارا وظیفہ یہ ہے کہ ہم ان کا جائزہ لیں اور ان پر تنقید کریں۔غور و فکر کی قوت کو آگے بڑھائیں اور اس کے ذریعے اپنی ذات اور ماحول کا خوب جائزہ لیں تا کہ مقصد زندگی کے شعور کو بہتر طور پر سمجھ سکیں۔ جیسا کہ قرآن فرماتا ہے۔

" پس کیا تم یہ خیال کرتے ہو کہ ہم نے تم کو بے مقصد پیدا کیا ہے اور تم ہمارے پاس نہیں لائے جاؤ گے۔ پس بہت برتر ہے اللہ، وہ بادشاہ حقیقی، اس کے سواہ کوئی معبود نہیں۔ وہ مالک ہے عرش عظیم کا۔" (۱۱۶-۱۱۵ : ۲۳)

تو اس سلسلہ میں سب سے پہلے تو اس امر کا جائزہ لینا ہے کہ خود میرا اپنا مذہبی نظریہ کیا ہے؟ میرا اپنا مذہبی عقیدہ یہ ہے کہ میں جس مذہب پر پیدا ہوا ہوں یہی خدا کا سچا دین ہے اور اسی وجہ سے میں راہ نجات پر ہوں۔ مگر میرے اس پڑوسی کا کیا ہوگا جس کی پیدائش بالکل اسی فطری انداز میں ایک دوسرے مذہب پر ہوئی جو میرے مذہب سے جدا ہے؟ اس نکتہ پر سنجیدگی کے ساتھ تنقیدی انداز میں کبھی میں غور نہ کر سکا۔ جہاں تک میرے ذاتی علم کا تعلق ہے، میں اتنا یقین سے جانتا ہوں کہ میں نے اپنا یہ پیدائشی مذہب اپنی مرضی سے اختیار نہیں کیا۔ بلکہ اس کی گود میں پیدا ہوا اور اس ناتے سے مجھے یہ تیار شدہ حالت میں مل گیا۔ اور یہی صورت حال میرے اس پڑوسی کے بارے میں بھی ہے جس کا مذہب مجھ سے مختلف ہے۔ پھر ایسا کیوں ہے کہ میں اپنے مذہب کی بناء پر خدا کی رحمت کا حقدار ہوں مگر میرا پڑوسی نہیں؟ حالانکہ سبب تو ایک ہی ہے؟ یہ صورت حال ہمیں غور و فکر، تحقیق و جستجو پر مبنی جامع تجزیہ کی جانب متوجہ کرتی اور اس امر کا احساس دلاتی ہے کہ پیدائشی مذہب ایسا عنصر نہیں جسے آنکھیں بند کرکے ہم 'اصل حقیقت' کے مقابلے میں آخری حکم کی حیثیت سے تسلیم کر لیں، اور محض اسی کی بناء پر نجات اور عذاب کا فیصلہ کر لیں اور ایک دوسرے کے خلاف نفرتوں کی دیوار کھڑی کر دیں۔ یہ مسئلہ اس قدر سادہ نہیں۔ اس کے لیئے ہمیں نہایت گہرائی میں جانا ہوگا اور اس 'اصل اور عظیم حقیقت' کی حقیقت سے اپنے آپ کو روشناس کرانا ہوگا جو ان تمام شبہات کا بہترین علاج ہے۔

دوسری اہم بات کہ جس کے بارے میں ہمیں اپنے آپ سے سوال کرنا ہوگا اور غور کرنا ہوگا کہ زندگی کی اس 'اصل حقیقت' سے اگاہی کے بغیر ہماری اس زندگی کی خود اصلیت کیا ہو گی؟ کیا یہ زندگی بامعنی اور کامل ہوگی یا اس کی نوعیت ایک ناقص اور غیر کامل زندگی کی سی ہوگی کہ جس کی کوئی سمت نہیں۔ حضرت امام صادقؑ کے اس قول پر غور کرنا ہوگا جو اسی حقیقت زندگی کی بہترین تشریح ہے۔ آپ نے فرمایا: 'ایک شخص کسی مذہب میں افراد کے ذریعے داخل ہوتا ہے اور پھر ان ہی افراد کے ذریعے باہر نکل جاتا ہے۔ مگر اس کے مقابلے میں ایک دوسرا آدمی ہے جو پوری بصیرت اور مصمم ارادے کے ساتھ داخل ہوتا ہے۔ وہ شدید مشکلات اور پہاڑوں کو بھی متزلزل کر دینے والے طوفانوں میں اپنے دین پر ڈٹ کر کھڑا رہتا ہے اور کبھی پیچھے نہیں ہٹتا۔'

یہاں قابل غور بات یہ ہے کہ میں جس مذہب پر پیدا ہوا اور جس کے پیغام کی دلجمعی کے ساتھ پیروی کر رہا ہوں، یہ وقت کے حالات، ثقافتی روایات اور سماجی امور کی روشنی میں پروان چڑھا اور ان سے پوری طرح متاثر ہے۔ اور یہی معاملہ میرے پڑوسی دوست کا بھی ہے جو ایک دوسرے مذہب پر پیدا ہو ا اور اس کے پیغام کی پیروی کر رہا ہے۔ اس شکل میں ہم دونوں اصل پیغام کی روح سے اگاہ نہیں۔ اور جو اس وقت ہمارے پاس ہے وہ مخلوط شکل میں ہے اور اسی وجہ سے ہم دونوں ایک کامل زندگی کی حالت میں نہیں، بلکہ ناقص حالت میں جی رہے ہیں۔ مگر اس وقت کا تصور کرو جب مجھے اپنی زندگی کی

حقیقت کا علم ہو جائے گا اور حجابات میری نظروں سے دور ہو جائیں گے اور اس پیغام کی روح سے بھی آشنائی ہو جائے گی۔ اس وقت اس پیغام کے لیئے میری محبت اور فدائیت کے اس اعلیٰ معیار کا تصور کیا جا سکتا ہے۔اس وقت میری یہ زندگی با مقصد اور بامعنٰی ہو جائے گی۔ ایک ایسی زندگی جس میں ہر طرح کا استحکام ہوگا اور جو ہر قسم کی فضولیات سے کاملا محفوظ ہو جائے گی۔

قرآن اسی حقیقت کو یوں آشکارا کرتا ہے: " اور دنیا کی زندگی کچھ نہیں ماسوائے اس کے کہ ایک (مخصوص وقت کے لیئے) کھیل تماشا ہے۔ اور آخرت کا گھر بہتر ہے ان لوگوں کے لیئے جو تقویٰ رکھتے ہیں۔ کیا تم سمجھ نہیں رکھتے؟ (۳۲ : ۶) اس آیت کے مطابق ہماری یہ دنیاوی زندگی ایک عارضی اور عبوری مرحلہ کی مانند ہے جسے اپنے وقت پر جا کر ختم ہو جانا ہے۔ یہ ہمیشہ کے لیئے نہیں۔ جو خوشیاں ہمیں حاصل ہیں یہ محدود وقت کے لیئے ہیں۔ یہ زندگی کامل نہیں بلکہ ناقص ہے۔ اور اس میں میسر تمام نعمتیں بھی اپنی نوعیت کے اعتبار سے ناقص ہیں۔اب سوال یہ ہے کہ وہ کامل اور حقیقی زندگی کیا ہے؟ کامل اور حقیقی زندگی یہ ہے کہ انسان اس عظیم مقصد کے لیئے اپنے آپ کو وقف کردے جسے اللہ تعالیٰ نے اس زندگی کی لیئے لازم قرار دیا ہے اور زندگی کی رمق بھی اسی پر موقوف ہے۔زندگی کی حقیقت پر غور کرنا اور اپنی زندگی کو اسی کے مطابق ڈھالنا اور ان کمزوریوں سے اپنے آپ کو دور رکھنا جو اس مقصد کے لیئے زہر قاتل ہیں، اصل کامیابی کی راہ میں سب سے اہم قدم ہے ۔ دیکھیئے، قرآن کس طرح ہمیں متوجہ کرنے کے لیئے

الفاظ کا انتخاب کرتا ہے۔ مثلاً، کیا وہ سوچتے نہیں؟ کیا وہ غور و فکر نہیں کرتے؟ کیا وہ سمجھنے کی کوشش نہیں کرتے؟ اس میں نشانیاں ہیں ان کے لیئے جو صاحب دل ہیں۔ اس میں نشانیاں ہیں ان لوگوں کے لیئے جو صاحب عقل ہیں۔ اس میں علامات ہیں ان کے لیئے جو غور کرتے ہیں۔ اس میں نشانیاں ہیں ان کے لیئے جو صاحب شعور ہیں۔ان آیات اور اس انداز کے ذریعے اللہ تعالیٰ ہمارے اندرونی لطیف جذ بات اور احساسات کو جگاتا اور ابھارتا ہے تاکہ ہم اس محدود زندگی کی حقیقت کو جان سکیں اور ان تمام امور سے بھی اگاہی حاصل کر سکیں جو اسی حقیقت سے وابستہ ہیں اور ہمارے لیئے ضروری اور فائدہ مند ہیں۔

کیا آپ ایک حقیقی زندگی گزار رہے ہیں، یا آپ کی یہ زندگی پریشانی اور بے سکونی سے عبارت ہے؟ کیا آپ کو یقین ہے کہ آپ کی زندگی صحیح ڈگر پر چل رہی ہے؟ یہ ایک اہم سوال ہے مگر کیا ہم اس کی حقیقت کا سامنا کر سکتے ہیں اور کیا ہمیں یقین ہے کہ ہم اس زندگی کی حقیقت اور مقصد دونوں سے واقف ہیں؟ لیکن حقیقت تو یہی ہے کہ ہم اس سوال کا صحیح معنوں میں سامنا نہیں کرسکتے۔ کیونکہ ہم یہاں اس مطلوبہ شعور سے محروم ہیں جو اس مقصد کو سمجھنے کے لیئے ضروری ہے ۔ ہم نے مقصد زندگی کو غور و فکر کے اہم عمل کے ذریعے سمجھنے کی کبھی کوشش نہیں کی ۔ کیونکہ یہ زندگی ہمیں بغیر کسی مشقت کے محض نعمت کے طور مل گئی ۔ اور اگر یہ ہماری کسی کوشش کے نتیجے میں ملتی تو پھر معاملہ اس کے بر عکس ہوتا۔ اس مثال کے ذریعے بات کو واضح کرنے کی کوشش کرتا ہوں۔ فرض کریں کہ آپ کچھ اور لوگوں

کے ساتھ ایک ایسے کمرے میں بند ہیں جس کا ایک ہی دروازہ ہے اور جس کے متعلق سب کو یقین ہے کہ اس کے پاس ایک شیر بیٹھا ہوا ہے۔مگر صورت حال کا یہ خوف ہمیں اس بات سے نہ روک سکے گا کہ ہم دروازے کے پاس جائیں اور جھانک کر دیکھنے کی کوشش کریں کہ اس خطرے سے بچ کر نکلنا کہاں تک ممکن ہے۔اسی طرح باہر شیر کی موجودگی ہمیں حد سے زیادہ محتاط اور ہوشیار رہنے پر مجبور کر دے گی، ورنہ ذرا سی بے احتیاطی بھی جان لیوا ثابت ہو سکتی ہے۔یہی ہے وہ فرق ہے جو واضح نظر آتا ہے اس شخص کی زندگی میں جس نے اتفاقا ایک مذہب اور عقیدہ کی گود میں جنم لیا اور اسی اتفاق سے اس کی ہر ادا پر چلتا رہا۔ اور اس آدمی کی زندگی میں جس نے اس عمومی روش کے خلاف حقائق پر غور کیا اور پورے شعور اور سنجیدگی کے ساتھاپنی زندگی کو ترتیب دیا اور اس کے مقصد کو ہمیشہ مدنظر رکھا۔اس کی زندگی اس مذکورہ بالا مثال کی مانند احتیاط اور شعور کی زندگی ہوگی۔بے احتیاطی کی نہیں۔

اسی طرح قرآن بار بار تاکید کرتا اور ترغیب دلاتا ہے کہ یہ لوگ اپنے ارد گرد موجود ہ نظام پر غور کیوں نہیں کرتے؟ یہ اپنی عقل کو استعمال کرتے ہوئے اس کا تنقیدی جائزہ کیوں نہیں لیتے؟ وہ اس حقیقت کو جاننے کی کوشش کیوں نہیں کرتے کہ ان کا خالق اللہ کوئی ایسی چیز نازل نہیں کرتا جو اس کے بندوں کے لیئے نقصان دہ ہو اور ان کی زندگی اور ایمان کو برباد کر دینے والی ہو۔ یہ اللہ کی شان سے بہت بعید ہے۔ اللہ اسی کا حکم دے گا جو پاک اور صاف ہو گی اور بندوں کا نفع

بھی اسی میں پوشیدہ ہوگا۔ یہ ہمارے پاس اللہ کا دیا ہوا فطری حق ہے کہ ہم اس نظام زندگی کا تنقیدی جائزہ لیں، کھرے اور کھوٹے میں تمیز کریں۔ اشیاء کی ظاہری صورت اور چمک دمک پر ہر گز نہ جائیں، کیونکہ ہر چمکنے والی چیز سونا نہیں ہوتی۔ کوئی بھی نظریہ اور تصور تحقیق اور تنقید کے بغیر قائم نہ کریں ورنہ ہم بعد میں نقصان سے بھی دوچار ہو سکتے ہیں۔ آباء و اجداد کی رسوم اور مذہبی نظریات کا مسئلہ بھی اسی قبیل میں سے ہے۔ یہاں بھی یہی سوال ہمارے سامنے ہے کہ کیا ہمارے اجداد کی یہ رسمیں اور طریق کار سب کچھ ہر لحاظ سے درست تھا؟ کیا وہ کسی مقام پر بھی غلط نہ تھے؟ لیکن اسی تناظر میں جب ان لوگوں کو دعوت دی گئی کہ وہ اس پیغام کی پیروی کریں جو اللہ کی طرف سے ان کی ہدایت کے لیئے نازل کیا گیا۔ تو ان کا جواب یہ تھا کہ ہم تو اپنے باپ دادا کے طور طریقوں کو چھوڑنے والے نہیں۔ ہم ان سے کیسے دست بردار ہو سکتے ہیں؟ جواب میں فرمایا گیا: ''اگرچہ ان کے آباء و اجداد نے عقل اور بصیرت سے کام نہیں لیا اور نہ ہی وہ ہدایت پر قائم تھے۔'' (۱۷۰ : ۲) یعنی ان کی اولاد کو احساس دلایا گیا کہ اگر ان کے اجداد نے ایک غلط کام کیا اور اللہ کی طرف سے عنایت کردہ بصیرت کو استعمال نہیں کیا، تو کیا یہ ضروری ہے کہ تم بھی اسی غلط راستے پر چلتے رہو اور اپنی عقل و بصیرت کو مقفل کرلو؟

یہاں میں ایک سادہ سا سوال آپ کے سامنے رکھتا ہوں، فرض کریں ہم اپنے خاندانی رسم و رواج اور علاقائی کلچر سے محبت کرتے اور اسی سے پوری مضبوطی کے ساتھ چمٹے ہوئے ہیں اور ان ہی کو درست

مانتے ہیں۔ اس وقت کیا ہوگا جب یہ ثابت ہو جائے کہ یہ تمام رسم و رواج غلط اور جھوٹے تھے ؟ اس وقت ہمارا رویہ کیا ہوگا جب یہ حقائق ہمارے سامنے بالکل واضح ہو جائیں گے اور رسم و رواج کے نقصانات کھل کر سامنے آجائیں گے ؟ یہی سوال اہل مکہ کو ان کی غفلت اور گمراہی سے بیدار کرنے کے لیئے کافی تھا۔اس نکتہ میں وزن تھا کہ اس وقت کیا ہوگا جب یہ معلوم ہو جائے کہ تمہارے باپ دادا غلط اور ضلالت پر تھے اور اس وقت تمہارے پاس بچاؤ کے لیئے کون سا عذر ہوگا؟ وہ لوگ بھی ایک خاص ڈگر پر چل رہے تھے اور اس انداز میں ان کا چلنا کیا اس کے لیئے کافی تھا کہ وہ صحیح منزل مقصود کی طرف جا رہے تھے ؟ کیا ان کی گمراہی تمہیں نظر نہیں آتی؟ کیا وقت کے اس ضیاع کا تمہیں کوئی احساس نہیں؟ تم بھی آنکھیں بند کرکے ان ہی کی تقلید کرو گے؟ یہ اہم سوالات ہیں جن میں عقل اور بصیرت کو استعمال کرنے کا حکم دیا گیا ہے۔ اگر یہی عقل تمہیں دکھاتی ہے کہ وہ صحیح راہ پر تھے تو پھر یہ الگ بات ہے، حالانکہ ایسا ممکن نہیں۔ اس کے برعکس اگر تم نے پوری طرح ان کا تنقیدی جائزہ لیا اور بصیرت کو کما حقہ استعمال کیا اور اس نتیجے پر پہنچ گئے کہ وہ غلط تھے تو پھر اس صورت میں تمہارا صحیح راستے تک پہنچنا بہت آسان ہو جائے گا۔ اسی لیئے قرآن بار بار ہمیں متوجہ کرتا ہے کہ تم غور کیوں نہیں کرتے؟ تم سوچتے کیوں نہیں؟ تم اپنا تنقیدی جائزہ کیوں نہیں لیتے؟ تم نے ایک خاص ماحول اور کلچر میں جنم لیا ہے اور اسی کے تحت بہت سی رسموں کو اختیار کر لیا ہے۔ مگر تم نے صحیح معنوں میں غور نہیں کیا کہ ان میں سے کتنی

درست ہیں اور کتنی غلط اور نقصان دہ ہیں۔ غور و فکر کا یہ عمل قرآن کی اہم ہدایات میں سے ایک ہے۔

ہماری یہ موجودہ کمیونٹی ممکن ہے کچھ زیادہ فکر میں ہی مبتلاء نہ ہو جائے۔ یہاں ہم مکہ والوں کی بات کر رہے ہیں اور آپ ماشائاللہ ان مکہ والوں میں سے نہیں جن کا یہاں ذکر ہو رہا ہے۔ ہم تو اپنی پیدائش ہی سے مسلمان ہیں۔ لیکن آج دنیا میں اہل اسلام کے دونوں گروہوں شیعہ اور سنی کی مجموعی صورت حال کا ہی اندازہ کر لیجیئے دونوں ایک دوسرے پر لعنت بھیج رہے اور ایک دوسرے کو بیدردی کے ساتھ قتل کر رہے ہیں۔ کیا یہ اس بات کا بین ثبوت نہیں کہ دونوں ہی سوچنے سمجھنے کی صلاحیتوں سے کاملا محروم ہو چکے ہیں۔ دونوں گروہ ایک خاص ماحول اور مذہب میں پیدا ہوئے اور اسی کو انہوں نے ہر لحاظ سے بلاتحقیق و تنقید دنیا کی سب سے آخری سچائی کے طور پر تسلیم کر لیا اور پوری عصبیت کے ساتھ اسی پر جم گئے۔ حالانکہ دونوں میں سے کسی کو بھی اصل حقیقت کا پورا ادراک نہیں۔ اس وقت کیا ہوگا اگر یہ سوال کر دیا جائے کہ تاریخ کا وہ حصہ کس حد تک صحیح ہے جس پر آپ عمل کر رہے اور جس کی بناء پر ایک دوسرے پر لعنت بھیج رہے ہیں؟ اسی طرح مذہبی نظریات کا وہ حصہ جس کی وجہ سے آپ ایک دوسرے کو قتل کر رہے ہیں، تحقیق کی رو سے کہاں تک وہ درست ثابت ہوا ہے؟ اور یہی سوال ان تمام باقی نظریات کے متعلق بھی اٹھتا ہے جو ہمارے درمیان نفرتوں کا باعث ہیں مگر ہم ان کے ساتھ بدستور جڑے ہوئے ہیں۔ اگر یہی سوال میں ایک عیسائی سے پوچھ لوں تو وہ

فورا اپنے ہاتھ کھڑے کر دے گا اور کہے گا کہ میں بالکل نہیں جانتا۔ اسی طرح اگر اگر کسی عام مسلمان سے پوچھوں گا تو وہ بھی نا میں جواب دے گا۔ یہی سوال اگر ایک ہندو اور بدھ بھکشو سے کیا جائے تو جواب ایک ہی ہوگا۔ یہی معاملہ شیعہ، سنی، سلفی، دیوبندی، بریلوی وغیرہ کا بھی ہے۔سب کا جواب ایک ہی ہوگا اور وہ نفی میں ہوگا۔ اس کا مطلب یہ ہے کہ انسانیت ابھی تک اسی مقام پر ہے جہاں وہ ہمیشہ سے تھی۔قرآن نے مکہ والوں سے اس حیثیت سے خطاب نہیں کیا کہ وہ ان کا تعلق ایک خاص شہر، علاقہ اور زمانہ کے ساتھ تھا۔ بلکہ قرآن کا خطاب اہل مکہ سے ان کے انسان ہونے کے ناتے سے تھا اور انسایت کا یہ خاصہ ہے کہ وہ پیغام کو سننے اور قبول کرنے کی اپنے اندر صلاحیت رکھتی ہے اور اسی کو دعوت دی جا سکتی ہے۔ یہ انسان کی خصوصیت ہے کہ وہ پیدا ہونے کے بعد آہستہ آہستہ زندگی کے مختلف مراحل طے کرتا اوربغیر کسی تنقیدی جائزے اور غور و فکر کے بھی آگے بڑھنے کی اہلیت رکھتا ہے۔ اگرچہ اصولا یہ روش درست نہیں۔ مگر یہاں انسان کے ایک اہم وصف کا ذکر ہو رہاہے جو اسے باقی مخلوقات سے ممتاز کرتا ہے۔

یہ معاملہ بھی بڑا عجیب ہے کہ ہم میں سے کوئی بھی برضاء و رغبت آخرت کی طرف نہیں جانا چاہتا۔ یہی اس امر کے ثبوت کے لیئے کافی ہے کہ ہم ابھی تک حقیقی معنوں میں اپنے خالق اور رب کو پانے میں کامیاب نہ ہو سکے۔ یہ بھی اپنی جگہ ایک حقیقت ہے کہ جب مجھے موت کا خوف آ پکڑتا ہے،اور سینے کا جان لیوا دردپوری طرح اپنی لپیٹ میں لے لیتا ہے تو اس وقت فورا میں کسی معالج کی مدد کے لیئے پکارتا اور

اس کے پاس پہنچنے کی کوشش کرتا ہوں تاکہ جان بچ جائے۔ اسی کے ساتھ ساتھ میں اپنا معاملہ اپنے رب کے سامنے بھی رکھ دیتا ہوں اور کہتا ہوں: 'اے میرے رب، میں تیرے لیئے ایک ہزار رکعت نماز ادا کروں گا، ایک ہزار پونڈز صد قہ دوں گا، دس ہزار پونڈز خیرات کروں گا، ایک سے دس تک جانور قربانی میں دوں گا، اگر یہ مصیبت ٹل جائے۔ کیونکہ یہ ایک ایسی حالت ہے جس میں انسان اپنے اصلی ہوش و حواس میں نہیں رہ سکتا۔ یہ ایک غیر معمولی کیفیت ہے جو انسان کو ذہنی طور پر پریشانی، خلجان اور انتشار میں مبتلاء کر دیتی ہے۔ وہ اپنے سکون اور اطمینان سے کاملا محروم ہو جاتا ہے۔ اسی طرح یہ بھی اپنے جگہ ایک حقیقت ہے کہ جب ایک انسان کھلے سمندر میں سفر کر رہا ہوتا ہے، اچانک جب غیر متوقع طور پر طوفانی لہریں اسے اپنے گھیرے میں لے لیتی ہیں تو اس گھڑی بھی وہ اپنے حواس کھو بیٹھتا ہے۔ خوف کی ایک عجیب کیفیت کے ساتھ وہ فورا اللہ کی طرف متوجہ ہو جاتا ہے اور اپنی عافیت اور سلامتی کے لیئے گڑگڑانے لگتا ہے۔ ہماری یہ عمومی کیفیت اس بات کی علامت ہے کہ ہم ابھی تک آخرت کی زندگی کے یقین سے سرشار نہیں۔ ابھی محض ایک مبہم تصور کی حد تک ہی اس سے جڑے ہوئے ہیں۔ اس میں فرق ہے کہ جب میں یہ دعویٰ کرتا ہوں کہ فلاں جگہ جا رہا ہوں اور اس کے بارے میں میں نے سنا بھی ہے، اور اس امر میں کہ جہاں میں جا رہا ہوں اسے جانتا بھی ہوں اور اس کے بارے میں مجھے یقین بھی ہے وہ جگہ موجود ہے اور برحق بھی ہے۔ یہاں مشکل یہ ہے کہ آخرت کے متعلق ہم نے سنا تو ہے

مگر اس پر یقین کی کیفیت سے محروم ہیں۔ ہم شک میں مبتلاء ہیں کہ جب وہاں جائیں گے تو ہمارے ساتھ کیا پیش آئے گا۔ اس قسم کے تمام اندیشے اس بات کا ثبوت ہیں کہ ہم صحیح معنوں میں اپنے رب کو نہیں پا سکے۔رب کے ساتھ ہمارا یہ موجودہ رشتہ محض ضابطے اور فیشن کا ہے جو تعلق کی اصل روح سے خالی ہے۔ اس کمزور حالت پر ہمیں غور کرنا ہوگا اور دیکھنا ہوگا کہ ہماری زندگی کی حقیقت کیا ہے۔ کس مقصد کے لیئے ہم یہاں سرگرداں ہیں، اب تک ہم نے کیا کیا ہے اور وہ کون سا ہدف ہے جسے ہم نے حاصل کر لیا ہے؟

یہ بات بھی اپنی جگہ معروف ہے کہ عموما لوگوں کو یہ مشکل نظر آتا ہے کہ وہ خالصتا اللہ کے لیئے اسی وسعت قلبی کے ساتھ کچھ خرچ کر سکیں جسطرح وہ اپنے دنیاوی مفادات کے لیئے خرچ کرتے ہیں۔ یہ فرق اس امر کی غمازی کرتا ہے کہ کسی بات کو کہ دینا اور چیز ہے اور اس پر ایمان لانا اور اس کی خاطر قربانی دینا ایک اور چیز۔ جس انسان کو یہ یقین ہو جائے کہ قرآن کی یہ آیت سچی ہے جس میں اللہ نے وعدہ کیا ہے کہ جو میری راہ میں خرچ کرے گا اسے ستر گنا زیادہ دوں گا، تو وہ اللہ کی راہ میں خرچ کرنے سے کبھی بھی نہیں ہچکچائے گا۔اسی طرح اگر ایک انسان اس آیت پر پوری طرح یقین کر لے گا اور اسے اپنا وظیفہ حیات بنا لے گا کہ زندگی اللہ ہی کے ہاتھ میں ہے۔ وہی اسے دینے والا ہے اور وہی لینے والا بھی ہے اور کوئی بھی اس کی مرضی کے بغیر مر نہیں سکتا، تو اس صورت میں یہ انسان اپنے آپ کو ہر قسم کے خوف سے بے نیاز کر دے گا۔ اس میں اس ایمان کی اس

اعلیٰ کیفیت کی وجہ سے یہ طاقت آجائے گی کہ وہ خوف کی ہر حالت پر قابو پا سکے۔اس درجہ ایمان کا حامل انسان کسی بھی خطرہ میں اپنے آپ کو غیر محفوظ تصور نہیں کرتا اور نہ ہی بے یقینی کی کیفیت سے اپنے ہوش و حواس کھو بیٹھتا ہے۔ اس کا ایمان اس آیت کے عین مطابق ہوتا ہے۔ " اور کوئی جان مر نہیں سکتی بغیر اللہ کے حکم کے۔ اللہ کا لکھا ہوا وعدہ ہے۔ اور جو شخص دنیا کا فائدہ چاہتا ہے اس کو ہم دنیا سے دے دیتے ہیں۔ اور جو آخرت کا وعدہ چاہتا ہے اس کو ہم آخرت میں سے دے دیتے ہیں۔ اور شکر کرنے والوں کو ہم ان کا بدلہ ضرور عطا کریں گے۔ ' ' (۳ : ۱۴۵)

اگر ایک انسان ان آیات کو پوری طرح اپنے اندر سمولے کہ عزت اور فضیلت اللہ کے ہاتھ میں ہے، اور ذلت دینے والا بھی وہی ہے۔فتح اور شکست دونوں سے ہمکنار کرنے والا بھی وہی ہے۔ اگر یہ عقیدہ پوری روح کے ساتھ ایک انسان میں آجائے تو وہ اس بات کی کوئی پرواہ نہ کرے گا کہ لوگ اس بارے میں اسے کیا کہیں گے، اور نہ ہی اسے اس بات کا اندیشہ ہوگا کہ جنگ میں اسے فتح ہوتی ہے یا شکست۔ بلکہ اسے اس بات کی زیادہ فکر ہوگی کہ وہ ایک بہترین انسان بن جائے۔ اس کے کردار میں سچائی، دیانت، اور پرہیزگاری آجائے۔ وہ خلق کے خوف سے بے نیاز ہو جائے گا۔ دنیا کی پریشانیوں اور بے جا اندیشوں سے بھی اپنے آپ کو محفوظ کر لے گا۔ کیونکہ محض ایمان اور چیز ہے مگر ایمان کے ساتھ یقین کی کیفیت سے مستفیض ہوجانا ہی سب سے بڑی کامیابی ہے اور یہی مطلوب ہے ۔اسی لیئے قرآن بار

بار ہمیں متوجہ کرتا اور کہتا ہے؛ وہ غور اور تدبر کیوں نہیں کرتے؟ ہم اپنے موجودہ نظریات کا تنقیدی جائزہ کیوں نہیں لیتے تاکہ ہم اس کی روشنی میں زندگی کے اہم مقام کو حاصل کرنے میں کامیاب ہو سکیں جو ہمارے لیئے سب سے بڑی قیمتی متاع ہے۔ اگر ہم ایسا کرنے میں کامیاب ہو جائیں تو پھر ہم میں سے ہر آدمی کو نئی زندگی اور نیا جنم مل جائیگا۔

یہاں ہمیں اس حقیقت کا دیانت داری کے ساتھ اعتراف کر لینا چاہیئے کہ ہم سب اندر سے کھوکھلے اور غیر محفوظ ہیں۔ بلاشبہ خدا پر پختہ ایمان ہی ہمارے اس کھوکھلے پن کو دور کرسکتا اور اندر سے ہمیں توانائی کا صحیح جذبہ عطا کرتا ہے۔ اسی لیئے خوف اور پریشانی کی حالت میں ہم اسی کی طرف رجوع کرتے ہیں۔ لیکن حسینؑ نے جس طرح اللہ سے محبت کی اور اس کی رضا کی خاطر اپنے آپ کو ہمیشہ وقف کیئے رکھا، وہ انداز اس سے مختلف ہے جسے آج ہم نے اللہ کے ساتھ محبت اور تعلق کے حوالے سے اختیار کر رکھا ہے۔ عاشورہ کے دن ننگی تلواروں اور نیزوں کی نوک پر رہتے ہوئے بھی حسین کے لبوں پر یہ دعا ہے۔ 'اے رب، صرف تو ہی ہے جس پر میرا ایمان ہے اور جس پر میں زندگی کے تمام احوال کے سلسلے میں اعتماد کرتا ہوں۔ تیرے سواہ کوئی بھی الٰہ نہیں۔' یہ تھی حسین کی ذات۔ اللہ اور پھر اپنے مشن کے ساتھ ان کی محبت اور فنائیت کا جو معیار تھا وہ اپنی مثال آپ تھا۔ خود آپ کے ساتھی اور رفقاء بھی اس معیار کو نہ پہنچ سکے جسے آپ نے خدا کے ساتھ تعلق اور محبت کے حوالے سے قائم کیا تھا۔ حسینؑ کی اپنے رب

سے محبت، اطاعت، ایثار، فدائیت، اور کامل سپردگی میری نگاہ میں بہت مختلف اور منفرد تھی۔ میں حسین کے اس معیار کو سمجھنے اور اپنانے سے قاصر ہوں جب تک کہ میں اپنے خواب سے بیدار نہ ہو لوں اور اس قربانی اور ایثار کی حقیقت کو نہ جان لوں، اور اس کے پیچھے کار فرما مقصد سے اگاہی حاصل نہ کرسکوں۔

آج کی اس دنیا اور اس کے حالات پر آپ لوگ خوب غور کر لیں جس میں ہم سب رہتے ہیں۔ مگر اس سے قبل تھوڑی دیر کے لیئے ایک ایسی شاندار دنیا کا بھی تصور کر لیں جس کے باسیوں کی تعداد سات بلین ہو، اور یہ سب کے سب ایک دوسرے کا احترام کرنے والے ہوں ، اور ان انسانی اقدار کو اولیت دینے والے ہوں جو ان سب کے درمیان مشترک اور عام ہیں۔اور وہ اس حقیقت کو بھی تسلیم کرتے ہوں کہ ہم سب انسانی رشتے کے حوالے سے ایک ہیں اور یہی رشتہ ہمارے اتحاد اور محبت کا سب سے بڑا مظہر ہے۔ اصولی لحاظ سے دیکھا جائے تو انسانی زندگی اور باہم تعلقات کا نقشہ یہی بنتا ہے۔ ہم سب انسانی زندگی کے احترام کے قائل ہیں۔ ہم سب اس پر متحد ہیں کہ غربت ایک بیماری اور ظلم ہے جسے کسی صورت برداشت نہیں کیا جا سکتا۔ ہم اس کے بھی قائل ہیں کہ رنگ، نسل، جنس، مذہب اور وطن کی بنیاد پر کسی بھی امتیاز اور نفرت کو جگہ نہیں دی جاسکتی۔ہمارا یہ بھی دعویٰ ہے کہ اس دنیا میں تمام انسان باہم امن اور محبت سے رہیں اور ان کے درمیان کامل درجے کی ہم آہنگی ہو۔ ہم بھی انسانی قدروں کے احترام اور تحفظ کا شدت سے اعتقاد رکھتے ہیں۔ لیکن اس سب کچھ کے

باوجود آج کی اس دنیا کے سات بلین باشندوں کی موجودہ صورت حال کا بھی تماشا کرلیں کہ کس طرح یہ ایک دوسرے کے خلاف محاذ آرائی میں مصروف ہیں اور ایک دوسرے کا گلا کاٹ رہے ہیں۔ یوں معلوم ہوتا ہے کہ یہ ایک دیوانوں کی دنیا ہے جہاں ہر آدمی سچائی سے واقف ہونے کے باوجود سچائی سے دور ہے۔دنیا کا کوئی ایک ایساعام سا گوشہ ہی دکھلا دیجئیے جو بے امنی اور غارت گری سے پاک ہو؟ جہاں لڑائی، تنازعات، انتشار، جرائم اور مظالم عام نہ ہوں؟ ایسے کسی خطے کی نشان دہی کر دیجئیے جہاں رہنے والے انسانی جان اور انسانی اقدار کے تحفظ اور احترام سے انتہائی حد تک واقف ہوں؟ اصولا تو سچائی ہی نجات کی علامت ہے۔ انصاف، فیاضی،چیرٹی، اور باہم احترام یہ سب اعلیٰ صفات ہیں اور انسانیت کی عظمت کی بنیاد ہیں۔ کوئی بھی ان سے اختلاف نہیں کر سکتا۔سب ان صفات کی افادیت کے قائل ہیں۔ لیکن اس کے باوجود سب ایک دوسرے کو فنا کر دینے پر تلے ہوئے ہیں اور اس راہ میں کوئی دقیقہ بھی فروگزاشت کرنے کو تیار نہیں۔کسی ایک گروہ کی بھی صحیح معنوں میں نشاندہی نہیں کی جاسکتی جو دل سے دوسروں کا احترام کرنے والا ہو اور دوسروں کو بھی اپنی طرح راہ مستقیم پر گامزن سمجھتا ہو۔ یہاں تو ہر گروہ اپنے آپ کو ہی راہ نجات پر سمجھتا اور دوسروں کو راہ جہنم کا مستحق گردانتا ہے۔

فارسی کے عظیم شاعر اور معلم اخلاق حضرت سعدی اپنی کتاب گلستان میں ایک واقعہ لکھتے ہیں کہ ایک باپ اپنے بیٹے کو تہجد کے وقت عبادت کے لیئے قریبی مسجد میں لے گیا۔ یہ ایک پرانی مسجد تھی جس

کے برآمدے اور صحن میں اس وقت کچھ لوگ سو رہے تھے۔ لڑکے نے کچھ فخریہ اور طنزیہ انداز میں یہ کہا کہ بابا جان ان لوگوں کا حال بھی دیکھیئے یہ تو ابھی تک سو رہے ہیں۔ باپ کو یہ انداز پسند نہیں آیا اور فورا بیٹے سے کہا تمہارے لیئے بھی بہتر یہی تھا کہ تم ان لوگوں کی طرح اس وقت نیند میں ہوتے مگر ایسی بات ہر گز نہ کرتے۔ یہ میری غلطی ہے کہ اس وقت تمھیں اپنے ساتھ لے آیا۔ اس وقت کے اٹھنے کی پاکیزگی اور طہارت تمہاری اس فخریہ بات کا سبب بن گئی۔ یہ تو تقویٰ اور خدا خوفی کی اعلیٰ مثال ہے۔ مگر ہماری حالت یہ ہے کہ ہم میں سے ہر ایک آدمی دوسرے پر انگلی اٹھاتا اور اس کی تضحیک کرتا ہے۔ اس کا دعوی یہ ہے کہ میں ہی سب سے بہتر اور بلند ہوں۔ اس کا مطلب یہ ہے کہ ہم سب ذہنی طور پر مریض ہیں اور جس جہان میں رہتے ہیں اسے بھی مریض بنا دیا ہے۔

آج انسانیت کی حالت زار کا اپنی آنکھوں سے مشاہدہ کیجیئے۔ آپ کو احساس ہو گا کہ یہ ایک اندوہناک صورت حال سے دوچار ہے۔ یہ درد سے مسلسل سسک رہی اور چلا رہی ہے۔ آج اپنے ٹی وی کو ہی کھول کر کے دیکھ لیں آپ کو نظر آئے گا کہ لوگ کس طرح بیکسی کی حالت میں مر رہے ہیں۔ان میں بچے بوڑھے اور ہر عمر کے لوگ شامل ہیں۔ بھوک کے ہاتھوں لوگ کس بیدردی کے ساتھ ہلاک ہو رہے ہیں۔ پھر ظلم اور جارحیت کے ہاتھوں کس سفاکی اور ہولناکی کے ساتھ بیکس اور مجبور انسانوں کو ذبح کیا جا رہا ہے۔ مگر تعجب کا مقام یہ ہے کہ یہ سب کچھ اس اکیسیویں صدی میں ڈنکے کی چوٹ پر ہو رہا ہے۔موجودہ

صدی میں یہ کیونکر ممکن ہوا؟ آپ یہ کیسے تصور کر سکتے ہیں کہ آج یہ سب کچھ اس دیس عرب میں بھی ہو رہا ہے جہاں رسول معظمؐ کی بعثت ہوئی تھی۔ یہ سب کچھ آج موجودہ صدی میں ہو رہا ہے مگر ہم سب اس پر خاموش ہیں اور خواب خرگوش کے مزے لے رہے ہیں۔ اس کا کوئی بھی اثر ہم پر نہیں پڑ رہا اور نہ ہی ہم اپنے اندر کوئی کسک محسوس کرتے ہیں۔ یوں معلوم ہوتا ہے کہ ہمارے اندر کی حس ہی مر چکی ہے۔ اب یہ کہ دینے میں کوئی باک نہیں کہ موجودہ جہان مکمل طور پر بیمار اور اپاہج بن چکا ہے۔ مگر اصل حقیقت یہ ہے کہ جہان نہیں بلکہ یہ ہم ہیں جو حقیقت میں بیمار اور اپاہج ہیں مگر الزام اس دنیا اور اس جہان پر دھر رہے ہیں۔ یہ ہماری ہی مشترکہ بیماری ہے جس نے اس جہان کو بھی بیمار کر دیا ہے۔ آج اگر میں نے یتیموں اور محتاجوں کی حالت کو دیکھا ہوتا اور ان کے پاس گیا ہوتا تو یوں آرام کے ساتھ نہ بیٹھا ہوتا اور نہ ہی اس آرام دہ انداز میں جہان کی اس بیماری کے متعلق گفتگو کر رہا ہوتا۔ اس کے بجائے میں خود اپنی بیماری سے مخاطب ہوتا اور اسے دور کرنے کی فکر میں اپنے آپ کو مشغول پاتا۔

ہم سب اعلیٰ انسانی اور اخلاقی قدروں کے قائل اور معترف ہیں مگر اس کے باوجود حقیقت یہ ہے کہ اس وقت پورا جہان ان تمام اقدار سے محروم ہے۔ ان کی کہیں بھی صحیح معنوں میں حکمرانی نہیں۔ جس درجے میں ہم ان اعلیٰ اقدار کی قدر کرتے اور ان کا لحاظ رکھتے ہیں، ہمارا عملی تعلق ان کے ساتھ اس درجے کا نہیں۔ یہ کس قدر افسوس اور صدمے کی بات ہے کہ آج دنیا کے سات بلین انسان اس سے خوب واقف ہیں

کہ خیر کیا ہے مگر اس کے باوجود بھی اس دنیا کو تباہی سے بچانے کے لیئے کوئی بھی آگے بڑھنے کی کوشش نہیں کرتا۔ہماری اس موجودہ آرام دہ اور بے حسی پر مبنی حالت کا سبب یہ ہے کہ ہمارے اندر اپنے مقصد کا احساس باقی نہیں رہا۔ہمیں اپنے پروگراموں اور لیکچرز میں اس مقصد کا شعور بیدار کرنا ہوگا۔اس امر کو جاننا ہوگا کہ اس جہان کی کامیابی ہی میری اپنی کامیابی ہے، اور اسی طرح اس کی بربادی خود میری اپنی بربادی ہے۔ ابھی تک تو میں اس خیال ہی میں جی رہا ہوں کہ مجھے اپنی اصلاح ہی کی فکر کرنی چاہیئے باقی دنیا جہاں بھی جائے مجھے اس کی کوئی پرواہ نہیں۔مگر اس نظریہ پر مجھے نظر ثانی کی ضرورت ہے۔مجھے یہ جان لینے کی ضرورت ہے کہ اگر میں ایک جہاز میں کچھ اور لوگوں کے ساتھ سفر کر رہا ہوں۔ باقی لوگوں نے اگر اس میں سوراخ کرنے شروع کر دیے ہیں تو ایسے میں ان کے ساتھ تو میں خود بھی ڈوب جاؤں گا۔اگر ہم نے اسی کی روشنی میں اس حقیقت کو جان لیا کہ ہم سب ایک ہی کشتی کے سوار ہیں اور یہ ہمارے لیئے بہت اہم ہے تو یہی وہ لمحہ ہے جو ہمیں کامیابی اور نجات کا راستہ دکھا دے گا۔ ہمیں اپنے مقصد تک پہنچنے کے لیئے اپنے شعور کو بیدار اور وسیع کرنے کی ضرورت ہے۔

اگر ہم صحیح معنوں میں غور کریں تو جس چیز نے ہمیں سب سے زیادہ نقصان دیا ہے وہ ہماری غفلت، سستی اور کوتاہی ہے۔ہم سب مسلسل ایک خواب کی حالت میں ہیں۔ پھر اس صورت حال کے پیدا کرنے میں ان مذہبی، کلامی، سماجی اور ثقافتی نظریات اور رسوم کا بھی کلیدی کردار ہے جسے مذہب کے بنیادی اصولوں کے طور پر ہم نے

اختیار کیا ہوا ہے۔ یہ توفیق ہی نہیں کہ ہم ان کا تنقیدی جائزہ لے سکیں اور یہ معلوم کر سکیں کہ ان میں درست کون سے ہیں اور کون سے ایسے ہیں جو ہماری دینی اقدار اور انسانی عظمت کے لیئے زہر قاتل ہیں۔ یہاں میں اپنی بات دوبارہ کہوں گا کہ ہم سب نے روایات اور ثقافت کے اعتبار سے پہلے سے ایک مروجہ اور غالب مذہب کی گود میں جنم لیا ہے۔ ہم نے بلا غور و فکر اور بلا تنقید اس پورے مروجہ نظام مذہب کو الف سے لے کر یا تک قبول کر لیا ہے۔نہ تو ہم نے اس میں سے کسی امر پر کوئی سوال اٹھایا اور نہ ہی اس میں سے کسی چیز کو چیلنج کرنے کی جرائت کی۔حالانکہ اس میں بہت سے ایسے امور ہیں جن کا عقل و دانش سے کوئی واسطہ نہیں۔جو انسانی اقدار کے منافی اور تہذیب و تمدن کی ترقی اور نشو و نماء کی راہ میں بہت بڑی رکاوٹ ہیں۔ لیکن ہماری یہی مذہبی روایات ہمیں مجبور کرتی ہیں کہ ہم انہیں اپنے سینوں سے لگائے رکھیں خواہ وہ ہمارے موجودہ حالات اور عمومی مفادات سے کتنی ہی زیادہ دور اور غیر موافق کیوں نہ ہوں۔اور ہم دینی اور دنیاوی دونوں لحاظ سے کتنے ہی زیادہ نقصان میں کیوں نہ جا رہے ہوں۔ اسی لیئے تاریخ میں یہ دیکھا گیا ہے کہ مذہب اور سماج کی اس قسم کی افسانوی روایات اپنے ماننے والوں میں مصنوعی تقدس اور تبرک کی ایسی فضا پیدا کر دیتی ہیں کہ وہ پھر اسے وحی الٰہی جان کر اپنا وظیفہ بنا لیتے ہیں۔ تنقیدی جائزہ ان کے ہاں شجر ممنوعہ بن کر رہ جاتا ہے۔ حالانہ ایسے تمام حقائق نہ تو دنیا کے اس فطری نظام سے کوئی مطابقت

رکھتے ہیں اور نہ ہی قرآن کے ان حقائق اور تعلیمات سے جو انسانی زندگی کی کامیابی کے لیئے ناگزیر امور کی حیثیت رکھتے ہیں۔

یہاں میں اپنے ان آباء کو سلام پیش کرتا ہوں جن کا تعلق بر صغیر سے تھا۔ اور اس کے ساتھ ان بزرگوں کو بھی کہ جن کا تعلق عرب اور فارس سے تھا۔ ان تک جب نبی اکرمؐ کا پیغام پہنچا تو انہوں نے فورا قبول کر لیا۔ انہوں نے اپنے مروجہ مذہب اور اس کی تمام روایات کو اس عظیم پیغام کی خاطر ترک کر دیا اور صحیح معنوں میں آزاد ہو گئے۔ ایسا اس لیئے ممکن ہوا کہ جوں ہی ان تک امام الانبیاء کا پیغام پہنچا انہوں نے کھلے دل و دماغ کے ساتھ اس پر غور کیا اور اسے اپنے مروجہ مذہب اور اس کی روایات سے بہت بہتر اور عظیم پایا۔ غور و فکر کے اس عمل کے ذریعے انہوں نے اپنے آپ کو اس قابل بنا دیا کہ وہ اپنے رواج اور سماج کے بتوں کو توڑ سکیں، اور غلط نظریات اور معتقدات کو عظیم سچائی کی خاطر قربان کر دیں۔ ذرا تصور کریں کہ مثلا ایک آدمی میرے پاس آتا ہے اور میرے مذہب کے خلاف بات کرتا اور اسے رد کر دیتا ہے تو اس صورت میں یقینا مجھے غصہ آئے گا اور میں اس آدمی پر شدید ناراضگی کا اظہار کروں گا۔ چنانچہ یہی رد عمل ہمارے ان اجداد کا بھی تھا جب پہلے ہی لمحہ انہوں نے اس عظیم سچائی کا سامنا کیا۔ یہ ایک فطری رد عمل ہے جس سے ہر انسان کو سابقہ پڑتا ہے۔ مگر انہوں نے فورا ہی اپنے اس رد عمل پر قابو پا لیا اور اس نئے پیغام کے خدو خال پر غور کرنا شروع کیا تا آنکہ بالآخر وہ سچائی تک پہنچ گئے اور اسے قبول کر لیا۔ اور یہی برکت بالآخر ہم تک بھی پہنچ کر رہی۔ ان کا کردار بھی اسی

اولیں اسلامی کمیونٹی کی مانند تھا جس نے رسول اللہؐ کے مبارک ہاتھوں پر اسلام قبول کیا اور پھر اسے آگے دوسری نسلوں تک پہنچایا۔ مگر اس کے بعد ہم زوال اور انحطاط کا شکار ہو گئے۔ ہم کامل معنوں میں اپنے مروجہ مذہب اور اس کی بے روح روایات کے پیرو بن کر رہ گئے۔ ہم میں تنقیدی جائزے کی صلاحیت ہی باقی نہ رہی۔ اپنے مروجہ مذہب کہ جس میں ہم پیدا ہوئے، اسی کے ساتھ نتھی ہو جانے کی وجہ سے آج ہم زندگی کی دوڑ میں بہت پیچھے رہ گئے اور ایمان کی اس حرارت سے محروم ہو گئے ہیں جو ہماری عظمت، ترقی اور صحت مند نشو و نماء کے لیئے بے حد ضروری ہے۔

ہمارے لیئے ضروری ہے کہ ہم اس غفلت سے بیدار ہوں اور اپنی زندگی کے متعلق مخلص، دیانتدار، اور بالکل سچے اور کھرے بننے کی کوشش کریں ۔ خود غرضی کے اس لبادے سے باہر نکلنے کی کوشش کریں اور سچائی کی قدر کریں۔ اس عمل کے لیئے ضروری ہے کہ ہم اپنے اندر تنقید کا حوصلہ پیدا کریں۔ اپنے تمام مذہبی، تاریخی، اور سماجی نظریات کا مکمل غیر جانبداری کے ساتھ تنقیدی جائزہ لیں اور یوں سچائی کی حقیقت تک پہنچنے کی سعی کریں۔ کیونکہ جب ہم غیر جانب داری کے مقام پر کھڑے ہوں گے تو اس شکل میں مخالفت میں آنے والے ہر نظریہ کا نہایت اطمینان کے ساتھ سامنا کر سکتے اور اپنے خیالات کو دلائل کے ساتھ پیش کر سکتے ہیں۔ اس میں ہمیں کسی دشواری کا سامنا نہیں کرنا پڑے گا اور نہ ہی ہم جذبات کی رو میں بہ سکیں گے۔ اس صورت حال میں ضروری ہے کہ ہم اپنے آپ کو جذباتی کیفیت سے

دور رکھیں۔ جذبات کی کیفیت کے ساتھ ہم کسی بھی مسئلہ کو با مقصد انداز میں نہ تو سمجھ سکتے ہیں اور نہ ہی حل کر سکتے ہیں۔ ہماری محبت، ہمارا لگاؤ، ہمارا رجحان اور ہمارے احساسات یہ سب اس سوچ اور مقصد پر اثر انداز ہوتے ہیں جس کے لیئے ہم کوشاں ہیں۔ اس راستے کی جد و جہد میں کامیابی کے لیئے ضروری ہے کہ ہم کہیں بھی اپنے آپ کو جذبات کے حوالے نہ کریں۔

اب میں آپ کو وہ بنیادی وجہ بتانا چاہتا ہوں کہ کیوں اس بات کی ضرورت ہے کہ ہم اپنے مروجہ عقائد اور نظریات کا از سرنو جائزہ لیں اور اس میں سے غلط اور مضر مواد کو نکال باہر کر دیں۔ اس کا سبب یہ ہے کہ میں اور آپ ایک ہی راستہ کے راہی ہیں۔ موت اور قبر ہمارے انتظار میں ہیں۔جب فرشتہ اجل ہماری روح قبض کر لے گا تو پھر دوبارہ اس جہان میں واپسی ممکن نہیں۔ یہ وہ مقام ہے جہاں ہم میں سے کوئی بھی ایک دوسرے کے کام نہیں آسکتا۔اسی مقام کے حوالے سے اللہ تعالیٰ فرماتا ہے کہ یہ سب مجھے وہاں پا لیں گے۔ وہاں یا تو میں ہوں گا یا میر بندہ ۔ اس دنیا میں ہم یا تو شک میں مبتلاء رہے یا انکار کیا مگر وہاں یہ ممکن نہ ہوگا۔ وہاں سب اپنے خالق کو پا لیں گے۔وہاں اس کے علاوہ کسی اور امر کی کوئی اہمیت نہ ہوگی۔ وہاں نفسا نفسی کا عالم ہوگا اور ہر آدمی کی اپنی کہانی ہوگی جس میں وہ مگن ہوگا، اور کسی دوسرے کی داستان سے اسے کوئی غرض نہ ہوگی۔وہاں کہا جائے گا کہ یہ ہے تمہاری داستان جس سے تم خود بھی اچھی طرح واقف ہو۔ تم غفلت سے بیدار کیوں نہ ہوئے؟ تم نے اس واحد اور بے مثال

مہلت کو کیوں کھو دیا؟ اب اس کے لیئے تم کسی اور کو نہیں بلکہ اپنے آپ کو ہی مجرم سمجھو۔ اسی کے متعلق خدا وند تعالیٰ قرآن میں فرماتا ہے۔ ''اس دن انسان کہے گا کہ بھاگ کر کہاں جاؤں۔ ہر گز نہیں، کہیں بھی پناہ نہیں۔ اس دن تیرے رب ہی کے پاس ٹھکانا ہے۔ اس دن انسان کو بتایا جائے گا کہ اس نے آگے کیا بھیجا اور پیچھے کیا چھوڑا۔ بلکہ انسان خود اپنے آپ کو جانتا ہے، چاہے وہ کتنے ہی بہانے پیش کرتا پھرے۔'' (۱۵-۱۰ : ۷۵) 'قیامت کے دن کوئی بھی بہانہ اور عذر کام نہ آئے گا۔ وہاں انسان بے چارگی کے عالم میں یہ کہے گا: 'اب ہم سمع اور اطاعت کے لیئے تیار ہیں۔ ہمیں دوبارہ دنیا میں بھیج دے ہم نیک کام کریں گے اور ہر برائی سے دور رہیں گے۔ مگر جواب یہ آئے گا: 'ہرگز نہیں۔ تمہاری مہلت ختم ہو چکی ہے۔ ہمارا کیا ہوا وعدہ پورا ہو چکا ہے۔' اسی لیئے آج اس زندگی ہی میں ہمیں جان لینا چاہیئے کہ مروجہ مذہبی معتقدات اور رسمیں بسا اوقات غلط اور گمراہ کن ہوتی ہیں، اس لیئے ضروری ہے کہ ہم اپنے دل و دماغ کی دنیا کو کھلا رکھیں اور اپنی ذات کے ساتھ مخلص اور دیانت دار ہوں۔

آج کے اس بیان کے اختتام سے قبل میں آپ سے چند اہم سوالات پوچھنا چاہتا ہوں۔ کیا آپ کسی ایسے مذہب کا تصور کر سکتے ہیں جس کا دعوی یہ ہو کہ وہ خدا کی طرف سے ہے مگر اس کے عملی نظام میں انسانی اقدار کے لیئے کوئی احترام اور تحفظ نہ ہو؟ کیا آپ کسی ایسے الٰہی مذہب کا تصور کر سکتے ہیں جو پر امن اور بقائے باہمی اور ہم آہنگی کے اصولوں کی نفی کرنے والا ہو؟ کیا کسی ایسے خدائی مذہب کا گمان کیا

جا سکتا ہے جو انسانیت کی بہتری کا قائل نہ ہو، خواہ وہ اللہ کے نام کی طرف منسوب ہو یا پھر اسی کے مترادف کسی دوسرے نام کی طرف؟ یقینا ایسا کوئی بھی مذہب خدا کی جانب سے نہیں ہو سکتا۔ خدا کی شان سے یہ بعید ہے کہ وہ اس انداز میں اپنے ایک بندے کو دوسرے پر ترجیح دیدے، یا پھر 'خصوصی منتخب گروہ' کے عنوان سے ایک خاص طبقہ کے لیئے نجات کی ضمانت دیدے چاہے وہ کچھ بھی کرتا پھرے۔خود ہمارا ذہن بھی اس بات کو تسلیم نہیں کرتا کہ اللہ کا دین ایسے امور کا حامل بھی ہو سکتا ہے۔ لیکن یہاں ہمارے لیئے بڑی مشکل یہ ہے کہ ہم پہلے سے موجود رسم و رواج پر مبنی ایک مذہب (Packaged Religion) سے متاثرہ ماحول میں پیدا ہوئے، اسی کے زیر اثر ہماری تربیت ہوئی اور اسی کے گہرے اثرات ہماری زندگی اور سوچ دونوں پر حاوی ہو گئے ۔یہ اسی تربیت کا نتیجہ ہے کہ ہم اپنے آپ کو دوسروں سے بہتر اور افضل سمجھتے ہیں۔ ہمارا دعوی ہے کہ ہم ہی خدا کے مقرب ہیں اور جنت ہمارے لیئے خاص ہے۔ چنانچہ اسی بنا پر ہمیں خاص محنت کرنے کی کوئی ضرورت نہیں۔ اس لیئے آج اس بات کی زیادہ ضرورت ہے کہ ہم اپنے بارے میں انتہائی حد تک دیانت دار، مخلص اور با مقصد ہوں۔اسی دیانت داری اور اخلاص کا دوسرا نام میں نے 'حالت ارتقاء' (Fluidity The State of) رکھا ہے۔اس کا مطلب یہ ہے کہ ہم اپنی زندگی میں جمود کے بجائے وسعت فکری کو اپنا شعار بنائیں۔ہر نئی چیز یا فکر کو رد کر دینے کی عادت سے گریز کریں۔ جو نفع مند ہو اسے قبول کر لیں اور جو نقصان دہ ہو اسے ترک کر دیں۔ یہی اصول سب سے بہتر ہے۔

کسی بھی چیز کو اپنا تشخص نہ بنائیں۔ کیونکہ اشیاء وقت کے ساتھ تبدیل ہوتی رہتی ہیں۔اور اسی طرح کسی بھی چیز کے ساتھ انتہائی جذ باتی لگاؤ پیدا نہ کریں۔ کیونکہ یہ لگاؤ انسان کو غور و فکر سے روک دیتا اور اس کی گاڑی کا رخ ارتقاء سے جمود کی طرف پھیر دیتا ہے۔ اس سلسلے میں ہمارا اصل شعار سچائی ہے اور اسی کے ساتھ ہمیں وابستہ رہنا چاہیئے۔ سچائی جہاں بھی ملے اسے قبول کرنے میں ہمیں حد درجہ دیانت دار بننا ہوگا۔

ایک انسان اپنا کیا نقصان کر سکتا ہے جب کہ وہ سچائی کے راستہ پر گامزن ہے؟ آغاز ہی سے اس سچے انسان کا تعلق اللہ سے ہوگا اور وہ اپنی مناجات میں یوں کہے گا: 'اے رب، میں نے اپنی توفیق اور اپنی طاقت کی حد تک پوری کوشش کی کہ تجھے اور تیری رضاء کو پا سکوں۔' اب آپ خود فیصلہ کریں کہ اس اخلاص کے باوجود ایسا شخص کبھی غلط راستے پر کھڑا ہو سکتا ہے؟ کسی ایسے آدمی کا تصور نہیں کیا جا سکتا کہ جو اس درجہ مخلص، دیانت دار اور وسعت نظری کا مالک ہو اور پھر بھی وہ باطل کا پرستار ہو۔وہ تو اخلاص کے جذ بات کے تحت یہ کہہ اٹھے گا: 'اے میرے مولیٰ، میں نے اپنا دل تیرے سپرد کر دیا ہے۔میں نے اخلاص کے ساتھ پوری کوشش کی کہ تجھے پا سکوں۔ اسی طرح میں نے انتہائی دیانت داری کے ساتھ جدو جہد کی کہ سچائی کو پا سکوں۔' اس درجہ اخلاص اور دیانت کا حامل شخص کبھی بھی غلط راستے کا انتخاب نہیں کر سکتا اور نہ ہی جھوٹ کا حامی ہوسکتا ہے۔سچائی کے متلاشی دو بہترین اور مخلص افراد اپنے باہم اختلافات کے باوجود اپنے اپنے مقام پر صحیح ہو سکتے ہیں۔اگرچہ وہ اپنے پس منظر، مذ ہب، ثقافت

اور قومی اقدار کے حوالے سے کتنے ہی ایک دوسرے سے مختلف کیوں نہ ہوں۔ اس لیئے کہ اصل معاملہ بلا تعصب دیانت داری کے ساتھ سچائی کی تلاش اور اس کا حصول ہے اور وہ دونوں میں مشترک ہے اور اسی کے لیئے دونوں کوشاں ہیں۔ اور سچائی کا حصول ہی اقوام میں سب سے بڑی قدر مشترک ہے جو انہیں باہم مربوط رکھ سکتی ہے۔ کوئی بھی انسان جب اخلاص کے ساتھ اس مقام پر آجائے گا تو وہ اپنے آپ کو باطل سے محفوظ کر لے گا۔ اس میں فکر و نظر کی وسعت پیدا ہو جائے گی۔ جمود و تعطل کی ہر شکل باہر نکل جائے گی۔ وہ اپنے اوپر تنقید کو برداشت کرے گا اور اس کا خیر مقدم کرے گا۔ اور اس راہ میں وہ ہر بہتر تبدیلی کے لیئے اپنے آپ کو تیار پائے گا۔یہی وسعت فکری اور عدم جمود کی اس حالت کا سب سے بڑا اور لازمی فائدہ ہے جو ایک انسان حاصل کر سکتا ہے۔اب آپ بتائیں کہ اگر میں سچائی کی اس منزل پر کھڑاہوں تو میں نے اپنا کونسا نقصان کردیا؟ کچھ بھی نہیں۔ اس کے برعکس، ممکن ہے کہ میں سچائی کو پا لوں مگر اس میں نقصان کا پہلو بھی ہو سکتا ہے کہ اس میں کچھ باطل نظریات کی بھی کسی حد تک آمیزش ہو جائے۔یہ آمیزش اس قسم کے معاملات میں ایک ناگزیر امر کی حیثیت رکھتی ہے۔ اور اگر بد قسمتی سے میرے اندر باطل نظریات پنپنا شروع کردیں تو یہ میرے لیئے بہت ہی خسارے کا سودا ہوگا اور میں ایک غلط شخصیت شمار ہوں گا۔ ابلیس کے معاملہ پر غور کریں کہ حقیقت سے واقف ہونے کے باوجود بھی وہ اپنے تکبر پر قائم رہا اور راندہ درگاہ ہو گیا۔وہ تحقیق اور انکوائری جو دیانت داری

پر مبنی ہو، ہمیشہ مقصد کے قریب کر دیتی ہے۔ اور اسی طرح جب ہم اپنے آپ کو دیانتداری اور سچائی سے آراستہ کر لیتے ہیں تو پھر اس صورت میں ہماری نظر میں 'دوسرے' کی حیثیت اور اہمیت بڑھ جاتی ہے۔اگر دو آدمی بھی دیانت داری اور اخلاص کو ان کی روح کے ساتھ اپنا لیں تو وہ یقینا عظیم تر سچائی تک پہنچ کر رہیں گے جو ان کے تصور سے بھی ماوراء ہوگی۔یہ باتیں مصنوعی اور فرضی نہیں بلکہ ایک زندہ حقیقت کا درجہ رکھتی ہیں۔

اب میں یہاں اپنے متعلق ایک بات کرنا چاہتا ہوں۔ جب میں اپنے عیسائی دوستوں کی مجلس میں بیٹھتا ہوں تو آغاز ہی میں ان پر اس امر کو واضح کر دیتا ہوں کہ میں اپنے آپ کو اس تصنع کے رویہ سے دور رکھنا چاہتا ہوں جو عموما ہم لوگ دونوں جانب سے ایسے مواقع پر اختیار کرتے ہیں۔ میں آپ کو اس مصنوعی طریقے سے خوش نہیں کرنا چاہتا جو کہ درست بھی نہیں۔ میں اپنے آپ کو اچھی طرح جانتا ہوں۔ہمیں ایک دوسرے سے کھل کر بات کرنا چاہیئے۔ یہاں میں اس حیثیت سے موجود نہیں کہ میں ایک مسلم ہوں اور آپ لوگ عیسائی ہیں اور ہم یہاں اپنی اسی مخصوص مذہبی حیثیت سے باہم گفتگو کر رہے ہیں۔ جو کچھ میرے نفع کے لیئے اللہ کی جانب سے آپ کے پاس ہے وہ مجھ تک ضرور پہنچنا چاہیئے۔ اور جو تھوڑا بہت آپ کے لیئے میرے پاس ہے وہ بھی آپ کا حصہ ہے اور لازما اُسے آپ لوگوں تک پہنچنا چاہیے۔ اس وقت میں اللہ کے ایک عاجز بندے کی حیثیت سے آپ لوگوں کے مابین موجود ہوں ، اور خود اس مقام تک رسائی میرا سب سے بڑا

مشن ہے ۔مجھے خوشی ہوگی کہ آپ لوگ مجھے میرے حصہ میں سے کچھ عنائیت کر دیں۔ مجھے اس سے کوئی فرق نہیں پڑتا کہ آپ کون سے مذہب سے تعلق رکھتے ہیں اور آپ کا پس منظر کیا ہے۔القاب اور لیبلز لگتے اور مٹتے رہتے ہیں ، ان سے کوئی فرق پڑنے والا نہیں۔اصل حقیقت انسان کے اندر کی دنیا ہے۔ وہ کیا ہے، اس کی نوعیت کیا ہے اور کون سے رنگ میں ہے، اسی پر حقیقت میں دار و مدار ہے اور اسی کا اصولا اعتبار بھی ہے۔

اسی طرح جب میں اہل سنت کے ساتھ گفتگو کرتا ہوں تو یہی اپروچ میرے پیش نظر رہتی ہے۔ میں ان سے کہتا ہوں کہ ہمیں تصنع کی دنیا میں رہنے کے بجائے حقائق کی دنیا میں آنا چاہیے اور ان مسائل اور نظریات پر اخلاص اور دیانت داری کے ساتھ گفتگو کرنا چاہیے جو ہمارے درمیان حساس اور متنازع ہیں اور جن کی وجہ سے ہمارے درمیان نفرتیں اور عداوتیں ہیں اور ہم ایک دوسرے کو قتل کرنے کے درپے ہیں۔اگر ہم کہیں غلطی پر ہیں تو اس کا بھی علم ہو جائے گا، اور اگر ہم درستی پر ہیں تو آپ کا فرض ہے کہ اس کی قدر کریں اور اسے دوسروں تک بھی پہنچائیں۔ اسی طرح جو آپ کے پاس اچھائی ہے ، ہم پر لازم ہے کہ اسے آپ سے لیں اور اس کی قدر کریں اس لحاظ سے کہ یہ ہماری اپنی دولت ہے۔ ہمیں چاہیے کہ ایک دوسرے سے استفادہ کریں۔ہمیں اس باب میں انتہائی حد تک دیانت دار بننا چاہیے اور اخلاص کا بھی مظاہرہ کرنا چاہیے۔کیونکہ یہی نبی اعظمؐ کی سب سے بڑی اور نامور سنت ہے۔چنانچہ ہر نبی دیانت، اخلاص اور سچائی میں

سب سے بڑی مثال رہا ہے۔ اور اس کا مشن بھی سچائی کا حصول اور سچائی کے کلمہ کو بلند کرنا تھا۔ اس کا یہ مطلب نہیں کہ ان میں انسانی حیثیت سے غرور کا کوئی شائبہ نہ تھا اور بالکل فرشتوں والا معاملہ تھا کہ گناہ اور غلطی کو فطرتاً ہی ان سے سلب کر لیا گیا تھا۔ انبیاء اپنی اصل کے اعتبار سے فرشتے نہیں بلکہ انسان تھے۔ مگر ان کا کمال یہ تھا کہ وہ انسان ہوتے ہوئے بھی کبر و نخوت سے ہمیشہ دور رہے اور اخلاص اور سچائی کی سب سے اعلیٰ مثالیں قائم کیں۔انہوں نے اپنے دور کے نظام پر سوالات اٹھائے، تنقید کی اور اس میں اصلاح کے لیئے جدو جہد کی۔ یہی ہمارے لیئے سب سے بڑی مثال ہے۔

اب ہمیں اس حقیقت کی طرف بھی توجہ کرنی چاہیے جسے اللہ تعالیٰ نے اپنے عظیم بندے حضرت ابراہیمؑ کے متعلق بیان کیا ہے۔ خدا کو پانے اور اس کے ساتھ ملحق ہو جانے کے سلسلے میں ان کا سفر اپنے اندر عجیب کیفیت اور درس رکھتا ہے۔ اسی لیئے قرآن میں انہیں 'حنیف' کا لقب دیا گیا ہے کہ وہ اپنے ظاہر اور باطن ہر لحاظ سے اپنے خالق کی راہ میں کاملا یکسو اور مطمئن تھے۔ (۷۵ : ۶) حضرت ابراہیمؑ اپنی زندگی میں نہایت سچے، دیانت دار، امانت دار اور مخلص تھے۔ قرآن نے ان کے اس غور و فکر اور تحقیق و تنقید کے مراحل کو بڑے اہتمام کے ساتھ بیان کیا ہے جن کا تعلق اس مروجہ نظام اور مذہب سے تھا جس میں وہ پیدا ہوئے تھے۔مثلا ستاروں کو دیکھ کر انہوں نے کہا کہ یہ میرے خدا ہو سکتے ہیں۔ مگر ان کے ڈوبتے ہی فورا کہ اٹھے کہ ڈوبنے والی چیز الہٰ نہیں ہو سکتی۔ چنانچہ یہی عمل وہ چاند اور سورج کے

متعلق بھی دہراتے ہیں اور ان کے بھی ڈوبتے ہی اپنا وہی فیصلہ صادر کر دیتے ہیں۔ ابراہیم نہایت سنجیدہ اور صادق انسان تھے۔ انہوں نے وقت کے موجودہ نظام اور متداول مذہبی نظریات پر غور و فکر کیا اور ان کا تنقیدی جائزہ لیا۔اس باب میں انہوں نے ایک عظیم اور روشن مثال قائم کی۔ جب کہ یہی کام ان کی قوم میں سے کوئی اور نہ کر سکا۔ اس جائزے کے بغیر بھی وہ حقیقت سے اگاہ تھے۔ مگر انہیں اپنی قوم کو دلائل کے ساتھ سمجھانا اور قائل کرنا تھا۔ چنانچہ اس جائزے اور مشاہدے میں ان کی قوم کے لیئے بہت بڑا سبق تھا۔ یہی وہ خوبیاں اور صفات تھیں جن کی بنا پر اللہ تعالیٰ نے بار بار اپنی کتاب میں ان کے ذکر کو دہرایا ہے اور اسے عظیم نمونہ قرار دیا ہے۔جس انداز میں انہوں نے غور و فکر اور مروجہ عقائد پر تنقید کے عمل کو پیش کیا ہے اور اسی کے ذریعے سچائی تک پہنچے ہیں، اسی کو اللہ نے پوری انسانیت کے لیئے نمونہ قرار دیا ہے۔

ابراہم ؑ کی حیثیت اس امت کے باپ کی ہے اور ان ہی کے نام پر ہمیں ملت ابراہیمی کہا جاتا ہے۔ اور وہ لوگ حضرت ابراہیم ؑ کے حقیقی پیرو ہیں جنہوں نے اللہ کے سامنے اپنے آپ کو جھکا دیا ہے اور اپنا سر تسلیم خم کر لیا ہے۔ اس جھکا دینے کے معنی کیا ہیں؟ اس کا یہ مطلب نہیں کہ محض ایک مذہبی نظام کے آگے اپنے آپ کو جھکا دیا جائے اور آنکھیں بند کر کے اس کے مطابق چلا جائے۔یہاں اس اطاعت اور انقیاد کا مطلب علمی اور فکری طور پر اپنے آپ کو اس عظیم سچائی کے آگے جھکانا ہے جو اس کائنات کی اصل ہے۔جن حقائق کو اللہ تعالیٰ نے

ہمارے لیئے منتخب کر لیا ہے ، انہیں ہی اختیار کرنا اور ان کے مطابق زندگی کے نظام کو ڈھالنا ہی سب سے بڑی کامیابی ہے۔اسی کو صحیح معنی میں انقیاد (Surrender) کہا جاتا ہے۔ قلب و دماغ کے تمام جذبات اسی کے تابع ہوتے ہیں۔ ابراہیم کا اسلام بھی یہی تھا جس میں کامل درجہ کا انقیاد تھا۔یہی وہ بے مثال عمل تھاجسے امت کے اس عظیم محسن، دانا اور اللہ کے عظیم دوست نے انسانیت کو دکھا دیا اور اسی کا مطالبہ آج ہم سب سے ہے۔

یہی مثال امام حسینؑ کی ہے۔ وہ بھی اللہ کے لیئے اخلاص اور انقیاد کے میدان میں انسانیت کے لیئے عظیم نمونہ تھے۔سوچیئے، اپنی ذات میں وہ کس قدر بے مثال اور بے بدل تھے۔ آپ نے کبھی اس پر غور کیا کہ ان کی مثال اپنے خاص زمانہ اور تاریخ تک محدود نہ رہی بلکہ اس نے تمام ادوار کا احاطہ کر لیا ہے۔ کبھی اس پر آپ نے سوچا کہ ان کی شخصیت اور آواز مذہبی اور ثقافتی رنگوں اور اختلافات سے بہت بلند اور ماوراء ہے؟ امام حسینؑ کے ذکر کے حوالے سے مختلف مذاہب اور ثقافتوں سے تعلق رکھنے والے لوگ یہ محسوس کرتے ہیں کہ اس میں خود ان کے اندرونی جذبات اور احساسات کی پوری ترجمانی ہے۔ حسین کی عظمت، صبر، ثابت قدمی اور اللہ کی خاطر مکمل انقیاد میں انہیں ان ہی کی عظیم روایات کا عکس نظر آیا۔ ان کا تصور یہ ہے کہ حسین کی ذات اسلام کے دائرے سے بھی بہت آگے جاتی ہے۔ اگر آپ کو دار السلام جانے کا اتفاق ہو تو آپ کو معلوم ہوگا کہ وہاں کے ہندو بھی امام حسینؑ سے محبت کرتے اور سمجھتے ہیں کہ حسین بھی ان ہی کے مذہب

کی عظیم روایات کے امین تھے۔ جب آپ اس عنوان پر کسی عیسائی سے بات کریں گے تو وہ بھی حسین کے لیئے اپنی عقیدت کا اظہار کرے گا۔ چنانچہ یہی تجربہ ہمارا یہودیوں اور بدھ مت والوں کے بارے میں بھی ہے۔اس کی وجہ کیا ہے؟ اس کی وجہ حسینؑ کا تقویٰ، ان کی سچائی، ان کا اخلاص، ان کی شخصیت میں سچائی کی تلاش کی خاطر وہ ارتقائی خصوصیت اور صفات تھیں جنہوں نے سب کو ان کا گرویدہ بنا لیا۔

یہی وہ امتیازی خصوصیات تھیں جنہوں نے امام حسینؑ کو پوری انسانیت کے لیئے نمونہ عمل بنا دیا تھا۔ وہ صرف رنگ، جنس ، نسل اور سماجی حیثیت سے متعلق حدود اور امتیازات سے ماوراء نہ تھے بلکہ وہ مذہب اور ثقافت کی حدوں سے بھی بہت آگے تھے۔ وہ خود اپنی ذات میں ایک مذہب تھے جسے خالصتا خدائی مذہب ہی کہا جا سکتا ہے۔ جہاں ان کے ساتھ کربلاء میں بہتر جانثار تھے، وہیں اسی جنگ کے روز کچھ عیسائی بھی تھے جنہوں نے اپنے آپ کو اس عظیم قربانی کے لیئے پیش کیا اور وہ تبدیل ہو گئے۔ ان کا مذہب اس اعلیٰ مقصد کی راہ میں رکاوٹ نہ بن سکا۔ حسین نے ان کو قبول کر لیا اور انہوں نے حسین کو۔میں یہ بھی سمجھتا ہوں کہ حسینؑ کے فدائیوں میں ایسے بھی ہوں گے جو اپنے ہاتھ باندھ کر نماز پڑھتے ہوں گے۔امامؑ نے انہیں اس سے نہیں روکا اور نہ ہی کوئی نکیر کی۔ اس لیئے کہ یہ جزئی مسائل ہیں اور ان کے مقابلے میں مقاصد کی اہمیت سب سے زیادہ ہے اور امامؑ کی توجہ کا ارتکاز اس وقت وہ اعلیٰ مقاصد تھے جنکے لیئے وہ اپنی جان کی بازی لگا چکے تھے۔چنانچہ حسین بن علیؑ کی ذات اور ان کے پیغام میں

یہی وہ کشش، لطافت، اور اپیل تھی جو ان تمام ادیان کے متوالوں پر کام کر گئی۔ان کا اپنے مقصد کے لیئے بے پناہ جذبہ اور لگن،بے لوث جدو و جہد اور اسی کے رنگ میں رنگی ہوئی زندگی سب کے لیئے تعلق اور محبت کا ذریعہ بن گئی۔اپنے نصب العین پر ان کو اس قدر یقین تھا کہ وقت شہادت بھی وہ کامل اطمینان اور سکون کی حالت میں تھے۔ ان میں بے سکونی، اضطراب اور شک کا ادنی شائبہ بھی نہ تھا۔ وہ یقین کے سب سے بلند مقام پر فائز تھے۔ اس میں ہم سب کے لیئے بھی بہت بڑا سبق اور پیغام ہے۔ ہم بھی یقین اور سکون کی اس دولت سے اپنے آپ کو مالا مال کرنے کے لیئے حسینؑ کے نقش قدم پر چلنے کی بھر پور کوشش کریں اور ان کے اخلاص کو اپنانے کی فکر کریں۔تاکہ بوقت مرگ زبان پر یہ الفاظ ہوں:' اے رب، میں اس عظیم نعمت کے لیئے تیرا شکریہ ادا کرتا ہوں۔میں اس کے لیئے بھی شکر گزار ہوں کہ جس عزت کے ساتھ مجھے قبول کیا گیا۔' تصور کریں کہ ایسی زندگی کس قدر عظیم اور شاندار ہوگی۔

دوسری شب

ماضی کی مجلس میں اس نکتہ پر ہم اظہار خیال کر چکے ہیں کہ اس دنیا میں با مقصد زندگی بسر کرنے کے لیئے ضروری ہے کہ ہم اس مقصد سے بھی شناسائی حاصل کریں جس کی خاطر یہ زندگی ہمیں عنایت کی گئی ہے۔مقصد سے شناسائی کی اس راہ میں لازم ہے کہ ہم شدت کی حد تک اپنے آپ کو دیانت داری کی صفت سے لیس کریں تاکہ اس کی روشنی میں ہم اپنے آپ کو اس قابل بنا سکیں کہ اپنا تنقیدی جائزہ لے سکیں اور یوں اس سچائی تک پہنچ سکیں جس میں ہماری ذات کی تکمیل پوشیدہ ہے۔ہماری پیدائش روائتی انداز میں روائتی مذہب کی تعلیمات کے زیر سایہ ہوئی۔اس مذہب سے ہمیں بلا شبہ روحانی اور اخلاقی دونوں اعتبار سے بہت کچھ ملا۔ مگر ہم نے بلا غور و فکر اور بلا تنقید اس کی ہر چیز اور ہر روایت کو آنکھیں بند کرکے قبول کر لیا۔ نہ تو کسی چیز کو پرکھا اور نہ ہی جانچا کہ آیا وہ سچائی کے معیار پر اترتی بھی ہے یا نہیں۔حالانکہ قرآن برابر ہمیں تاکید کر رہا ہے کہ ہم مسلسل غورو فکر سے کام لیں اور مقصد کی روح تک رسائی حاصل کریں۔اسی طرح قرآن کی یہ بھی تاکید ہے کہ ہم اپنے جملہ مذہبی

نظریات کا بھی تنقیدی نظر سے جائزہ لیں اور اس کا مقصد بھی سچائی کی معرفت اور اس سے الحاق ہے۔

یہ بات بھی قبل ازیں بیان کی جا چکی ہے کہ قرآن نے اہل مکہ کو بحیثیت اہل مکہ خطاب نہیں کیا بلکہ انہیں انسانیت کے ناتے سے خطاب کیااور اس امر پر ابھارا کہ وہ پیغام توحید پر غور کریں اور کلچر و مذہب سے متعلقہ تمام روایات اور عقائد کا تنقیدی جائزہ لیں تا کہ وہ اپنے آپ کو مصنوعی پابندیوں سے آزاد کر سکیں۔ چنانچہ یہی اصول آج ہم سب پر اسی روح کے ساتھ لاگو ہوتا ہے۔قرآن ہمیں حکم دیتا ہے کہ ہم اشیاء اور حقائق کا تحقیقی اور تنقیدی نگاہ سے جائزہ لیں اور ان کی اصلیت تک پہنچنے کی فکر کریں۔اس عمل کے لیئے ضروری ہے کہ ہم اپنے آپ کو اس موجودہ جامد حالت سے نکال کر اس بہتر حالت کی طرف لائیں جسے حالت غیر جانب داری اور تغیر پزیری (of Neutrality and Fluidity State) کہا جاتا ہے۔ اس کا مفہوم یہ ہے کہ ہم اس دنیا میں کسی بھی ایسے نظریہ اور اعتقاد کو مقدس اور حرف آخر نہ سمجھیں جسے انسانوں نے مذہب اور تقدس کے نام پر پیش کیا ہے۔ دنیا میں موجود ایسی کوئی چیز اور کوئی بھی نظریہ اس معنی میں متبرک نہیں ہو سکتا ۔ ہر چیز قابل تنقید و تحقیق ہے۔ انسانی نظریات کو تقدس کا درجہ دینا تاریخ میں ہمیشہ انسانیت کے حق میں خطرناک ثابت ہوا ہے۔ انسان کی حالت یہ ہے کہ وہ مر کر قبر میں پہنچ جاتا ہے اور ایک مخصوص عرصے میں اس کا جسم مکمل طور پر گل سڑ کر ختم ہو جاتا ہے۔یہی صورت حال ان لوگوں کی بھی ہے جو آج مقدس سمجھے جاتے ہیں اور ان کے نظریات

کو بھی تقدس کا درجہ حاصل ہے۔اور اس سارے تقدس کی یہی حقیقت ہے جسے یہاں بیان کر دیا گیا ہے۔اس قسم کا تقدس خارج کی دنیا میں نہیں بلکہ خود ہمارے اپنے ذہن میں پوشیدہ ہوتا ہے اور یہ اسی کی اختراع بھی ہے۔حقائق اور علم کی دنیا میں تقدس کا درجہ اس سچائی کے لیئے ہے جو اس کائنات کی روح ہے اور پھر اس جدو جہد کے لیئے ہے جو اس عظیم سچائی تک پہنچنے کا ذریعہ بنتی ہے۔

اس علمی اور فکری جہاد کے میدان میں جس وسعت فکری اور تنقیدی ذہنیت کی ضرورت ہے، اس سلسلے میں ہم پر لازم ہے کہ ہم اپنے مروجہ مذہبی عقائد اور علاقائی اور ثقافتی رسم و رواج کے ساتھ جذباتی انداز میں منسلک نہ ہوں۔ کیونکہ جب ہم جذباتی طور پر کسی چیز کے ساتھ وابستہ ہوں گے تو پھر اشیاء کو اس انداز میں نہ دیکھ سکیں گے جو ان کی اصل حقیقت اور قیمت ہے۔ جوں ہی ان اشیاء کو کسی کی جانب سے چیلنج کیا جائے گا تو ہم پر غصے اور جنجھلاہٹ کی کیفیت طاری ہو جائے گی اور ہم مخالفت پر اتر آئیں گے۔ اگرچہ وہ تنقید حقائق اور دیانت پر ہی مبنی کیوں نہ ہو۔اس کے برعکس اگر ہمارا تعلق اشیاء کے ساتھ غیر جذباتی اور فطری ہو تو اس صورت میں ہم اشیاء کو ان کی اصل حیثیت اور قدر و قیمت کے ساتھ دیکھ سکتے ہیں کہ جن پر وہ حقیقتاً قائم ہیں اور ان ہی کے لیئے انہیں پیدا کیا گیا ہے۔ اس سے ہم زندگی کی حقیقت کو بھی سمجھ سکتے ہیں اور ان ضروریات کو بھی کہ جن کا ایفاء ہم پر یہاں لازم کیا گیا ہے۔یہی وہ طریق کار ہے جس کے ذریعے ہم اس مقصد کو بھی بہتر طور پر سمجھ سکتے ہیں جو زندگی کے لیئے مقدر

ہے اور اس کی خاطر مؤثر جدو جہد بھی کر سکتے ہیں۔جب لوگ اس معیار کو پہنچ جائیں گے کہ وہ اپنے آپ کو دیانت، سچائی، اور تحقیق و تفتیش کے اس مقام پر لے آسکیں جو مطلوب ہے تو پھر ان میں کامل ہم آہنگی پیدا ہو جائے گی حتیٰ کہ دو آدمی بھی باہم اختلاف کے باوجود اپنے اپنے مقام پر غلط نہ ہوں گے۔ اوریہ سب کے لیئے ایک دلچسپ اور شان دار کیفیت ہوگی۔

یہاں یہ سوال پیدا ہوتا ہے کہ مختلف نظریات کے حامل دو آدمی کس طرح درست ہو سکتے ہیں؟ تو میں جواب میں یہ کہوں گا کہ ان اختلافات کی نوعیت بالکل ہمارے جسمانی خدو خال، ہمارے جنسی تنوع اور سماجی حیثیت سے متعلق اختلافات جیسی ہے۔ ان کا تعلق بنیادی اور اصولی امور سے نہیں۔ دو مختلف جنس رکھنے والے افراد بیک وقت یکساں حیثیت میں اللہ کے قریبی دوست ہو سکتے ہیں، کیونکہ اس معاملے میں جنس کی کوئی حیثیت نہیں۔ اور جو بات یہاں اہمیت رکھتی ہے وہ کچھ اور ہے۔بلکہ میں اس سے بھی ایک قدم آگے چل کر یہ کہوں گا کہ خود ہمارا یہ مروجہ مذہب بھی عظیم سچائی کا تعین نہیں کر سکتا۔ اس میدان میں اس کی حیثیت بھی ہمارے جسمانی خطوط،جنس کے اختلاف اور جسم کے لباس کی مانند ہے جس سے تن کو ڈھانپا جاتا ہے۔ کیونکہ اس پر ماحول کے اثرات بہت گہرے اور شدید ہوتے ہیں۔

آس مسئلے میں قرآن کی درج ذیل آیت نہایت اہم ہے جس میں فرمایا گیا: "یقینا وہ لوگ جو ایمان لائے، اور وہ جو یہودی ، عیسائی اور صابئ ہیں، ان میں سے جو اللہ پر ایمان لائے اور آخرت پر ایمان لائے

اور نیک اعمال کیے، ان کے لیئے اجر ہے ان کے رب کے پاس۔ نہ تو انہیں کوئی خوف ہوگا اور نہ ہی غم۔" (۶۲ : ۲) قرآن اس مقام پر اس اصل اور باضابطہ مذہب کا ذکر کر رہا ہے جودنیاوی لحاظ سے صحیح اور غلط کو نجات کا معیار قرار دینے کے بجائے اللہ کی ذات کے حوالے سے اعمال صالحہ اور آخرت پر ایمان کو نجات کا معیار قرار دیتا ہے۔ بعینہ اسی حقیقت کو قرآن نے سورہ المائدہ آیت نمبر ۶۹ میں بھی بیان کیا ہے۔ ان آیات کے مفہوم اور پیغام پر غور کرنا از حد ضروری ہے۔ چنانچہ ان آیات کا صحیح اطلاق یہ ہے کہ اگر ایک انسان انتہائی امانت داری اور دیانت داری کے ساتھ ان آیات میں بیان کردہ اوصاف کا حامل ہے، تو اسے نجات کے اعتبار سے غلط اور جھوٹا قرار نہیں دیا جا سکتا، خواہ اس کا تعلق کسی بھی مذہب و ملت کے ساتھ ہو۔کیونکہ اللہ تعالیٰ کے بیان کردہ اس 'باضابطہ مذہب' کی روح اور پیغام اس کی شخصیت اور کردار میں بطریق احسن موجود ہے۔جیسا کہ آگے چل کر ہم بیان کریں گے کہ ایسا شخص اپنی ذات کی معرفت اور ارتقاء کی راہ پر گامزن ہے۔قرآن کی ان دو آیات پر اچھی طرح غور کر لیں۔ اس سے یہ نقشہ آپ کے سامنے آئے گا کہ دو افراد ایک ہی کورس کا امتحان دے رہے ہیں۔دونوں نے ایک دوسرے سے مختلف ٹیکسٹ بک کا مطالعہ کیااور دونوں نے یہ امتحان پاس کر لیا۔یہ آیات وسعت نظری کی طرف ہمیں متوجہ کرتی ہیں۔ یہ اس تنگ نظری کے خلاف ہیں جن میں بد قسمتی سے آج کا انسان کافی حد تک مبتلاء ہو چکا ہے۔اسی تنگ نظری نے انسانی زندگی میں ہمیشہ مشکلات کا اضافہ کیا ہے اور انسانی سماج میں علم کی ترقی کے بجائے جمود اور پسماندگی کا ذریعہ ثابت ہوئی ہے۔

دیکھیئے، جب ایک انسان اپنے اخلاص اور دیانت داری کے ساتھ اپنے خالق کی طرف رجوع کرتا اور یہ کہتا ہے۔ 'اے میرے مالک، میں اخلاص کی گہرائیوں کے ساتھ تیری تلاش میں ہوں۔تلاش کے ان مراحل کے دوران میں نے کبھی بھی اپنے غرور، انانیت اور پسند و نا پسند کو حائل نہ ہونے دیا۔اور یہی میرا سب سے بڑا مقصد ہے۔' چنانچہ اس با مقصد تلاش کے نتیجے میں اگر یہ شخص مطلوبہ مراد تک پہنچ جاتا ہے تو وہ اس کے لیئے عظیم سچائی ہوگی اور اس کا احترام کیا جائے گا۔کوئی بھی آدمی جو اپنی تلاش، تحقیق و تفتیش اور تنقیدی عمل کے ذریعے اس عظیم سچائی تک پہنچ جاتا ہے تو اسے غلط نہیں کہا جا سکتا، اور اسی سچائی کی بنیاد پر ہم ایک دوسرے کا احترام کریں گے۔اور اسی اخلاص کی بنیاد پر ہم اپنے رب سے رجوع کرتے ہوئے عرض کریں گے۔ اے پالنہار، تو نے ہمارے لیئے یہ کس قدر خوبصورت زمین پیدا کی۔ تو نے پانی اور لکڑ ی کی فراوانی کی شکل میں وہ توازن رکھا کہ ہم بآسانی سمندر میں سفر کر سکتے اور ایک بر اعظم سے دوسرے بر اعظم تک پہنچ سکتے ہیں۔تو ہماری ضروریات کے سامان اور تقاضوں سے پوری طرح واقف تھا اس لیئے تو نے بوجھ اٹھانے کے لیئے اونٹ پیدا کیئے اور دودھ کی ضروریات کے لیئے گائے پیدا کی۔اور یہ سب کچھ ہمیں بغیر کسی مشقت کے تیار شدہ صورت میں ملا۔ہمارے رب، یہ کیسے ممکن ہے کہ اس قدر حسین اور دلکش کائنات کی تخلیق اور اس پر خوبصورت مخلوق انسان کے بسانے کے بعد تو سب کو ہلاک اور برباد کر دے اور

محض مٹھی بھر انسانوں کو نجات کے لیئے مختص کر دے؟ یہ تیری رحمت اور دانش سے بعید ہے۔

اگر آپ قرآن کا گہرائی کے ساتھ مطالعہ کریں گے تو اسی بیان کردہ رجحان کی تائید آپ کو اس میں نظر آئے گی۔ مثلا، حضرت نوحؑ کے معاملے میں اللہ تعالیٰ نے ان کی قوم کی اکثریت کو غرق کیا۔ یہی صورت ہمیں بعد میں آنے والے دیگر انبیاء، مثلا حضرت ہودؑ، حضرت صالحؑ اور حضرت لوطؑ کی اقوام کے سلسلے میں بھی نظر آتی ہے کہ اللہ تعالیٰ نے ان کی عظیم اکثریت کو ہلاکت سے دوچار کیا۔ لیکن ہم یہ بھی دیکھتے ہیں کہ مرور زمانہ کے ساتھ ساتھ ہلاکت کے متعلق اس سنت ایزدی میں فرق نظر آنے لگتا ہے اور ہلاکت کی یہ شرح بتدریج کم ہوتی نظر آتی ہے۔یہاں تک کہ ہم دیکھتے ہیں کہ آخری نبی حضرت محمدؐ کے دور میں کوئی بھی اس انداز میں ہلاک نہیں ہوا۔ یہاں تک کہ ان کے جانی دشمن اور خدا کے باغیوں میں سے بھی محض چند ہی ہلاک ہوئے اور وہ بھی میدان جنگ میں۔اس لیئے ہم اسی خاص کیفیت کے تحت یہ کہتے ہیں کہ اے رب، اس میں کوئی منطق نظر نہیں آتی کہ تو اپنے تمام بندوں کو ہلاک کردے۔

تصور کیجیئے، اگر ہم اپنے بارے میں مطلوبہ حد تک دیانت داری اور حقیقت پسندی کا رویہ اختیار کر لیں تو اس کا نتیجہ کیا ہو گا؟ آپ جانتے ہیں کہ بعض اوقات ہم دوسروں کے متعلق اس لحاظ سے الجھن کا شکار ہو جاتے ہیں کہ وہ اپنے نظریات اور افکار کے متعلق نقاد کیوں نہیں ہیں۔وہ بڑے بڑے دعوے تو کرتے ہیں مگر ان کا تنقیدی

جائزہ لینے سے کاملاً عاری ہیں۔ چنانچہ یہاں میرے اور آپ سب کے لیئے یہ دعوت ہے کہ ہم اپنے اپنے مقام پر اپنا تنقیدی جائزہ لیں اور احتساب کریں تاکہ ہم حقائق اور اشیاء کو بالکل اسی طرح سمجھ سکیں جس طرح وہ اپنی اصلیت پر موجود ہیں۔ کیونکہ حقائق کے ادراک میں غلطی اور خلل اندازی نے ہمارے لیئے بڑے مسائل اور مشکلات کھڑی کی ہیں۔ یہاں اس مقام پر ہمیں دو چیزوں کی ضرورت ہے۔ پہلی تو یہ کہ، ہم دوسروں کے افکار اور دعوؤں کو ان کے اصل تناظر میں جاننے کی کوشش کریں تاکہ ان کے اصل مقصد سے واقفیت حاصل ہو سکے۔ اور دوسری یہ کہ، ہم خود اپنا احتسابی جائزہ بھی لیں کہ آیا ہم خود ان کمزوریوں کا شکار تو نہیں جن کے متعلق دوسروں کو الزام دیتے اور ان پر تنقید کے نشتر چلاتے ہیں۔

ہمیں یہاں اپنے اس عمومی رد عمل کا بھی جائزہ لینا چاہیے جو دوسروں کے افکار اور دعاوی کے متعلق ہم میں موجود ہے۔ اسی فوری رد عمل کے تحت ہم دوسروں پر یہ فتوی لگا دیتے ہیں کہ ان کے نظریات غلط اور لغو ہیں۔ اس نوعیت کا رد عمل ہمارے اندر غرور اور نخوت پیدا کرتا ہے۔ ہم سمجھتے ہیں کہ ہمارا مقام دوسروں سے بلند ہے اور وہ ہمارے مقابلے میں فروتر ہیں۔ ہمارے اکثر مسائل اور شدائد اسی ذہنیت کا شاخسانہ ہیں۔ ہم دوسروں کے نظریات اور دعوؤں کو نہایت بے رحمی اور بیدردی کے ساتھ رد کر دیتے ہیں اور اس کی بنیادی وجہ ہمارا وہی غرور اور اپنی حیثیت کے متعلق غلط تصور رہے کہ شاید ہم ہر قسم کی غلطی سے مبرا ہیں۔ رد عمل کی اس ذہنیت سے ہمیں باہر نکلنا ہوگا

اور اپنا تنقیدی جائزہ لینا ہوگا کہ ہم حقیقت کے اعتبار سے کہاں کھڑے ہیں۔یہاں میں عیسائیت کے حوالے سے ایک مثال دوں گا کہ عیسائی عقیدہ میں 'تثلیث' کے نظریہ کی حیثیت انتہائی بنیادی اور اہم ہے۔ مگر یہاں ہم بلا امتیاز تمام عیسائیوں پر مشرک ہونے کا فتویٰ لگا دیتے ہیں۔ ہمارے نزدیک یہ سب ان لوگوں کی طرح مشرک ہیں جو خدا کے ساتھ کسی کو بھی شریک ٹھہراتے اور اپنے بتوں کی پوجا کرتے ہیں۔ لیکن جب ہم براہ راست خود عیسائیوں سے یہ سوال کرتے ہیں تو وہ صاف الفاظ میں انکار کر دیتے ہیں کہ ہم کسی درجہ میں بھی شرک کا ارتکاب نہیں کرتے اور نہ ہی ہم مشرک ہیں۔ان کا جواب یہ ہے کہ تم مسلمان 'نظریہ تثلیث' کو ان معنوں میں نہیں سمجھ سکے جن معنوں میں ہم اس کا اعتقاد رکھتے اور اسے بیان کرتے ہیں۔اگر ہمارے اندر خود احتسابی کا عمل زندہ ہوتا تو ہم اس نظریہ تثلیث کا بھی بلا تعصب جائزہ لیتے اور حقیقت کو معلوم کرنے کی کوشش کرتے۔اور یہی سوال عیسائیوں سے بھی کیا جا سکتا ہے کہ وہ بھی اسلام کے متعلق بہت سی غلط فہمیوں کا شکار ہیں اور انہیں بیان بھی کرتے رہتے ہیں۔ بہرحال عیسائیوں میں بہت سی ایسی تعداد موجود ہے جو تثلیث کو اس معنی میں نہیں مانتی جو کلیسا کا شعار ہے اور جس کا ذکر قرآن نے بھی بڑے دلائل کے ساتھ کیا ہے۔ اس کے باوجود قرآن نے انہیں براہ راست مشرک نہیں کہا بلکہ اس سے گریز کا سبق دیا ہے، اور ان کے اس فعل کو کفر کی جانب منسوب کیا ہے۔ اس کے برعکس انہیں اہل کتاب جیسے قابل قدر خطاب سے نوازا ہے۔چنانچہ اس بارے میں ہمیں پوری تحقیق اور جستجو کی ضرورت ہے۔یہی جستجو ہمارے لیئے دوسروں کے افکار اور معتقدات کے متعلق

اصل حقیقت تک پہنچنے میں مددگار ثابت ہوگی۔کیونکہ دیانت اور سچائی ہی اس زندگی کا سب سے بڑا اثاثہ ہیں۔قرآن کا اہل کتاب کے متعلق یہ استدلال (Line of argument) اپنے اندر بہترین پیغام رکھتا ہے۔ اس میں وہی منطق اور دانش (Reasoning) ہے جس کا بارہا ہم ذکر کر چکے ہیں۔اللہ کا یہ طریق استدلال کس قدر خوبصورت اور اثر آفریں ہے۔ ایک طرف قرآن میں پیروان مسیح کی تعریف بھی کی گئی ہے مگر اس کے ساتھ ہی پوری ہمدردی اور اخلاص کے ساتھان کے اس اعتقاد کو کفر کی جانب منسوب کیا گیا ہے اور کمال حکمت سے انہیں متوجہ کیا گیا ہے کہ وہ اپنے اس طرز عمل پر ناقدانہ غور و فکر کریں۔یہی ناقدانہ غور و فکر ہماری اس کتاب کی روح ہے جس کی طرف بار بار ہم متوجہ کرنے کی کوشش کر رہے ہیں۔جب یہود نے یہ دعوی کیا کہ ہم ہی اللہ تعالیٰ کی منتخب اور محبوب مخلوق ہیں، باقی لوگ نہیں۔ قرآن نے اس کی تردید میں بھی اسی حکمت اور دانش کے کام لیا ہے جس کا ابھی ذکر کیا گیا۔ جواب میں قرآن حکیم نے ایک طرف اس بات کو مانا کہ بلاشبہ بنی اسرائیل کو باقی اقوام پر ترجیح اور فضیلت دی گئی۔ (۴۷ : ۲) مگر اسی کے ساتھ ہی ان کے انکار اور اللہ کی نعمتوں کی ناشکری پر انہیں تنبیہ کی گئی اور سخت عذاب کی وعید بھی سنائی گئی۔ کیونکہ اس فضیلت کا مدار نسل نہیں بلکہ اعلیٰ کردار اور خدا کی معرفت ہے۔ قرآن کی یہی حکمت ہمارے لیئے عظیم نمونہ عمل ہے۔ہمیں اپنے لیئے خود محتسب کا کردار ادا کرنا ہوگا تاکہ ہم حقائق کے ادراک میں کوئی غلطی نہ کر سکیں اور یہود کی اس تقلید سے بچ سکیں کہ ہم بھی اسلامی امت کی حیثیت سے اللہ کی برگزیدہ مخلوق ہیں۔ ہمیں اب کچھ بھی کرنے کی ضرورت نہیں۔

باقی اسلامی فرقے ہم اہل تشیع پر یہ اعتراض کرتے ہیں کہ تم شیعہ لوگ اصل میں شرک کا ارتکاب کرتے ہو۔ کیونکہ تم قبروں پر جاتے ہو، ان میں پیغمبر اسلامؐ ، اور آئمہ کی قبور بطور خاص شامل ہیں۔انہیں چھوتے اور چومتے ہو اور مرادیں بھی مانگتے ہو۔ اس طرح تم نے ان کو اللہ کے ساتھ شریک ٹھہرا لیا ہے۔مگر جواب میں ہم شیعہ ان سے یہی کہتے ہیں کہ تم نے حقیقت میں ہمارے نظریات کو سمجھا ہی نہیں ہے۔ اس بارے میں ان لوگوں سے باقاعدہ رابطہ کر کے پوچھا جائے کہ وہ کیوں اور کس مقصد کے لیئے مزارات کی زیارت کو جاتے ہیں۔ کیا ان کی نیت میں یہ ہے کہ وہ شرک کر رہے ہیں یا پھر وسیلہ کی غرض سے جاتے ہیں مگر مانگتے اللہ ہی سے ہیں۔ اور خود آئمہ اور اولیاء کو بھی اللہ کا محتاج مانتے ہیں۔ اصل میں یہ مسئلہ بہت حساس ہے اور اس میں شک بھی نہیں کہ بہت سے لوگ اپنی جہالت کی وجہ سے ان مزارات پر ایسے کام کر جاتے ہیں جو شرک کے زمرے میں آتے ہیں مگر شیعہ علماء اور محققین نے ہمیشہ اس کی تردید کی ہے اور اسے خلاف اسلام قرار دیا ہے۔ بدقسمتی سے ایسے افعال اہل سنت کے مزارات پر بھی ہوتے ہیں جن کی تعداد اہل تشیع سے بہت زیادہ ہے۔ مگر اس کے لیئے عوام کی تربیت کی ضرورت ہے اور ان کے ذہن میں اس حقیقت کو راسخ کرنے کی ضرورت ہے کہ دینے والا اللہ ہی ہے اور باقی سب اس کے محتاج ہیں۔ کچھ لوگ مجھ پر اس انگوٹھی کے پہننے پر بھی مشرک ہونے کا الزام لگا دیں گے اگر اس کے ساتھ یہ عقیدہ رکھا کہ یہ میری حفاظت کرتی ہے۔ اگر میں نے اسے اتار دیا تو بالکل غیر محفوظ ہو جاؤں گا اور بلائیں مجھے گھیر لیں گی۔ اس لیئے یہ بھی شرک

کی ایک قسم ہے۔ لیکن میں انہیں یہی جواب دوں گا کہ آپ لوگوں نے اس انگوٹھی کے حوالے سے میری حیثیت کو درست معنوں میں سمجھا ہی نہیں۔اس میں شرک کی کوئی آمیزش نہیں اور نہ ہی اس کے ساتھ کوئی ایساویسا تصور وابستہ ہے۔ اس کی مزید وضاحت میں آئندہ آنے والی مجالس میں آئمہ اطہار کی دعاؤں خصوصا دعائے کمیل کے ذیل میں پوری صراحت سے کر دوں گا۔ جن میں توحید خالص اور اللہ ہی سے وابستگی پر حد درجہ زور دیا گیا ہے۔

کیا ہمارے اندر مسلمان ہونے کی حیثیت سے فخر اور عظمت کا یہ احساس اور تصور موجود نہیں کہ ہم بھی اللہ کے مقرب اور منتخب گروہ ہیں اور اسی حیثیت سے بخشش صرف ہمارے لیئے ہے۔ ہم آخری رسولؐ کے امتی ہیں اور امام علیؑ اور ان کے خانوادے سے محبت کرنے والے ہیں۔ لہذا اسی رسول کی نسبت سے جنت ہمارے لیئے ہے اور عذاب دوسروں کے لیئے۔کیا یہ نظریہ ہمارے اندر نہیں پایا جاتا؟ ہمارے اس نظریہ اور یہودیوں کے نظریہ 'منتخب گروہ' میں آخر کیا فرق ہے؟ وہ بھی تو آخر اسی مذہبی نظریہ کے حامل ہیں کہ وہی اللہ کا منتخب گروہ ہیں، اور جنت اور نجات صرف ان ہی کے لیئے ہے۔ آج ہمارا بھی بعینہ یہی تصور ہے اور اسی پر ہم بھی نازاں و فرحاں ہیں۔ ہم نے کبھی اس پر غور نہیں کیا کہ ہماری زندگی کا یہ سفر ایک عظیم مقصد کے لیئے ہے۔یہ اس لیئے نہیں کہ محض سادہ انداز میں کچھ خاص سوالات و جوابات کا سلسلہ ہو اور دوسروں سے اپنے سوالات کے جوابات وصول کر لیئے جائیں اور بس۔ بلکہ یہ سفر بہت اہم ہے اور سوالات اور جدو جہد کا یہ

سلسلہ جاری اور غیر منقطع ہے۔اور جو ابات بھی اسی فطرت کے تناظر میں ہی ہوں گے۔یہی وجہ ہے کہ مسلمانوں کا ذہن اس میدان میں سستی اور غفلت کا شکار ہے۔ تحقیق اور سوالات ایک محنت طلب امر ہے اور کم لوگ ہی اس کی جانب متوجہ ہوتے ہیں۔آج ہماری مذہبی قوتیں اسی جمود اور تعطل کا شکار ہیں۔ حالانکہ یہ سراسر قرآن کے خلاف ہے۔ قرآن تو لوگوں کو دعوت دیتا ہے کہ وہ آیات میں غور و فکر کریں۔ اپنے عقائد و نظریات میں غور کریں اور یوں ایمان کی صلاحیتوں کو مزید نشو و نماء دیں۔ غور و تحقیق کے سلسلے میں یہ آیت بہت اہم ہے۔ " اگر آسمانوں اور زمین میں ایک اللہ کے سواہ اور بھی الٰہ ہوتے توفساد برپا ہو جاتا۔" (۲۲ : ۲۱) اسی طرح بار بار متوجہ کیا گیا کہ تم سمندر میں سفر کرنے والے جہازوں پر غور کیوں نہیں کرتے؟ اسی طرح چڑھتے سورج اور چمکتے چاند اور ستاروں کے اس عظیم جھرمٹ میں تمہارے لیئے بہت سی نشانیاں ہیں۔ تم ان پر غور کیوں نہیں کرتے؟ ان آیات میں ہمیں ابھارا گیا ہے کہ ہم اپنی غور و فکر اور تجسس کی صلاحیتوں کو بھر پور طور پر استعمال کریں، انہیں باندھ کر نہ رکھ دیں۔

اس مقام پراس اہم اصطلاح 'برگزیدہ گروہ' کی وضاحت ضروری ہے تا کہ ان شبہات کو دور کیا جا سکے جو اس کے غلط استعمال اور غلط تصور کے ساتھ وابستہ ہو گئے ہیں۔ اس لیئے کہ ہم اچھی طرح جانتے ہیں کہ یہ تصور جس طرح یہودیوں کے لیئے گمراہی کا سبب بنا ہے، اسی طرح امت اسلامیہ کے لیئے بھی بہت بڑی آزمائش ہے۔ اس میں کوئی شبہ نہیں کہ اقوام میں منتخب لوگ اور گروہ ہوتے ہیں مگر ہم نے ان کی

حقیقت کو سمجھنے کی کوشش نہیں کی۔ مثلا میں بھی یہاں کسی ایک آدمی کو کسی خاص کام کے لیئے منتخب کر سکتا ہوں، مگر اس کا یہ مطلب ہرگز نہیں کہ وہ منتخب آدمی لازما اس مشن میں کامیاب بھی ہو سکتا ہے اور اس میں اس کے لیئے لازما کامیابی کی کوئی ضمانت موجود ہے۔اس میں اسے ناکامی بھی ہو سکتی ہے اور اس جدو و جہد میں وہ غلطیاں بھی کر سکتا ہے۔ یہی صورت حال گروہوں اور امتوں کے متعلق بھی ہے۔کسی خاص گروہ کو اس کی کچھ امتیازی صفات کی بناء پر ایک عظیم مشن کے لیئے منتخب کر لیا جاتا ہے۔اس کا یہ مفہوم نہیں کہ اس منتخب جماعت کے لیئے اس مشن میں کامیابی کی ضمانت ہے اور نجات بھی اس کے لیئے مقدر ہے، اور اسی بنیاد پر وہ کچھ ایسی امتیازی مراعات کی مستحق ہے جو دوسری جماعتوں کے لیئے نہیں۔ در حقیقت اس مشن میں اس منتخب گروہ کے لیئے بہت بڑی آزمائش ہے۔ تو چنانچہ 'منتخب گروہ' کا اصل تصور یہی ہے کہ کچھ افراد کو ان کے مخصوص علاقہ میں ان کی خاص صفات اور اہلیت کی بنیاد پر ایک خصوصی مشن کے لیئے منتخب کر لیا جائے۔ کامیابی کی شکل میں ان کے لیئے عزت اور فضیلت ہے، اور ناکامی کی صورت میں وہ اعزاز سے محروم ہیں۔ مگر اس میں فخر و مباہات کے لیئے کوئی گنجائش نہیں۔

اللہ نے بھی جنہیں منتخب گروہ قرار دیا ہے وہ ان ہی شرائط کے ساتھ مشروط ہے۔اللہ کسی نسل اور رنگ کی بناء پر کسی گروہ کو اس لحاظ سے منتخب نہیں کرتا کہ وہ ہر حال میں اس کا مقرب اور محبوب ہے۔ نجات اور جنت اسی کے لیئے مقدر ہے خواہ وہ کچھ بھی کرتا

پھرے ۔بلکہ اصول کی رو سے ان میں سے ہر انسان اپنے امتحان کے کمرے میں ہے۔اللہ اس معنی میں کسی کے لیئے بھی مہربان نہیں کہ وہ جو چاہے کرتا پھرے اللہ اسے کوئی سزا نہ دے اور اپنی نگاہ غضب اس سے پھیر لے۔ یہ تصور اس کے اصولوں کے خلاف ہے۔خود اہل کتاب کے متعلق قرآن نے اس امر کو واضح کر دیا ہے کہ " یہود اور نصاریٰ نے یہ دعوی کیا کہ ہم اللہ کے بیٹے اور اس کے مقرب ہیں۔ کہ دے، کہ پھر کیوں اللہ تمہیں تمہارے گناہوں کے سبب سزا دے گا؟ (۱۸ : ۵) اس سے ثابت ہوا کہ وہ اس 'منتخب گروہ' کی اصطلاح کی معنویت کو سمجھنے میں بری طرح ناکام رہے۔ہمیں بھی فخر و ناز کی اس ذہنیت کو اتار پھینک دینا چاہئیے ۔ اس کی کوئی اصلیت نہیں کہ چونکہ ہم اسلام کی گود میں پیدا ہوئے، اس لیئے نجات ہمارے لیئے مقدر ہو چکی ہے خواہ ہم کچھ کریں یا نہیں۔اور جنت تو پہلے ہی ہمارے نام پر الاٹ ہو چکی ہے۔

معلوم ہونا چاہیے کہ نجات کا معاملہ اس سے بہت مختلف ہے جو ہم سمجھ بیٹھے ہیں۔اصولا نجات کا تعلق خود ہماری ذات اور ہماری جدو و جہد سے ہے اور اللہ نے اسے ہمارے ہاتھ میں دے دیا ہے۔کسی بھی انسان کی ذاتی نجات کے بارے میں اللہ تعالیٰ نے کوئی ایسا پیشگی فیصلہ نہیں کیا جو انسان کی جدوو جہد اور محنت کے متناقض ہو۔یہ مکمل طور پر انسان کی محنت پر منحصر ہے کہ آیا یہ انسان اپنی اس جدو جہد کے ذریعے نجات کی طرف جاتا ہے یا پھر اس کا سفر نجات کے بجائے عذاب کی طرف ہے۔ اللہ کے رسول کا فرمان ہے۔ 'تم میں سے ہر

ایک کا مقام بیک وقت جنت میں بھی ہے اور جہنم میں بھی۔ تم ان میں سے کسی کو بھی اپنی محنت اور کوشش کی نوعیت کے ذریعے پا سکتے ہو۔اگر تم نے جنت کو پا لیا تو جہنم سے دور ہو گئے، اور اس کے بر خلاف اگر تم نے جہنم میں جگہ پا لی تو اس صورت میں جنت سے محروم ہو جاؤ گے۔' چنانچہ یہ دونوں جگہیں ہر انسان کی منتظر ہیں۔ ان کا پہلے سے کوئی قطعی فیصلہ نہیں کیا گیا۔ یہ خود انسان کی سعی اور جدو و جہد پر منحصر ہے، اور اسی نظریہ کو قرآن نے اس ان آیات میں بھی مستحکم کر دیا ہے۔ ''انسان کے لیئے کچھ بھی نہیں، مگر وہی ہے جس کے لیئے اس نے کوشش اور جدو و جہد کی۔اور اس کی کوشش کو عنقریب (صلہ کی صورت میں) دکھا دیا جائے گا۔'' (۴۰ - ۳۹ : ۵۳) اس لیئے منتخب اور برگزیدہ جماعت کا تصور اسلام میں اجنبی ہے اور یہی وہ تصور ہے جو انسانوں میں بے عملی اور بد عقیدگی کے لیئے راہیں کھولتا ہے۔

تو اس موجودہ صورت حال میں ہم اس نتیجے پر پہنچ چکے ہیں کہ نجات اور کامیابی کا دارو مدار بنیادی طور پر خود ہماری محنت اور اللہ تعالیٰ کے ساتھ اخلاص پر ہے۔اس کے لیئے فرض کی حد تک ضروری ہے کہ ہم خود اپنے لیئے محتسب کا کردار ادا کریں اور اپنا تنقیدی جائزہ لیتے رہیں کہ کہیں ہماری زندگی کا سفر جہنم کے مقام کی طرف تو نہیں جا رہا؟ مسائل اور معاملات کو محض اندھی نظروں سے نہ دیکھیں بلکہ ان کی تفتیش کریں اور ان پر باقاعدہ سوالات اٹھائیں۔ اپنی اس فطری حالت کو برقرار رکھنا ضروری ہے ، جسے حالت نمو اور ترقی پزیر بھی کہا جاتا ہے ، اور جس کے تحت کسی بھی بات اور نظریہ کو حرف آخر نہیں سمجھا

جاتا، بلکہ اس پر تحقیق کی جاتی اور پورے تنقیدی عمل کے بعد اسے اختیار کیا جاتا ہے۔ یہی عمل زندگی میں بھی ہمارا مقام اور درجہ متعین کرتا ہے اور آخرت میں بھی۔ خود قرآن میں بھی ان لوگوں کو عظیم کہا گیا ہے جو اس فطری حالت نمو اور ارتقاء پر قائم رہتے اور غور و فکر کرتے ہیں۔ سورہ الفرقان میں خداوند تعالیٰ کا ارشاد ہے: "اور یہ وہ (عظیم لوگ ہیں) جب ان کے سامنے ان کے رب کی آیات کو پیش کیا جاتا ہے تو وہ ان پر بہرے اور اندھے ہو کر نہیں گرتے۔ (بلکہ ان پر خوب غور و تدبر کرتے ہیں) (۷۳ : ۲۵) چنانچہ اس سلسلے میں پہلا اصول جو ہمارے سامنے آتا ہے وہ یہ کہ میں خود ذاتی طور پر اپنی زندگی اور اپنے اعمال کا ذمہ دار ہوں اور یہ ذمہ داری میں اپنے کندھوں سے اتار کر کسی اور کے کندھوں پر نہیں ڈال سکتا۔ اگر آپ قرآن کا بھی مطالعہ کریں تو یہی بات آپ کے سامنے کھل کر آجائے گی کہ قیامت کے دن ہر انسان اپنی ذاتی اور انفرادی حیثیت میں خدا کے سامنے حاضر ہوگااور کوئی بھی اس حاضری سے مستثنیٰ نہ ہوگا۔

جب ہم قرآن حکیم کا مطالعہ کرتے ہیں تو اس میں ہمیں ملتا ہے کہ اللہ قیامت کے روز عظیم پیغمبر عیسیٰ ابن مریمؑ سے یہ سوال کرے گا: " اے عیسیٰ ابن مریم، کیا تو نے ان لوگوں سے کہا تھا کہ اللہ کے بجائے مجھے اور میری ماں کو معبود بنا لو؟ (۱۱۶ : ۵)

اگر اللہ قیامت کے دن عیسیٰؑ جیسے اولو العزم پیغمبر سے بھی سوال کرے گا جن کا درجہ نبی اکرمؐ اور حضرت ابراہیمؑ کو مستثنیٰ کرتے ہوئے سب سے بلند ہے، تو پھر اس بارے میں ہم کس باغ کی مولی

ہیں اور ہمارا کیا حال ہوگا؟ اگر نبی عیسیٰؑ مستثنیٰ نہیں تو پھر ہم میں سے کون ایسا ہو سکتا ہے جسے استثنیٰ کا درجہ حاصل ہو؟ ہمیں اس بارے میں اپنا ذہن صاف کر لینا چاہیے اور آخرت کے اس احتساب کے لیئے اپنے آپ کو تیار رکھنا چاہیئے۔یہ ایک بہت بڑی ذمہ داری ہے جس کا بوجھ ہم نے خود اٹھانا ہے اسے کسی اور کے کاندھوں پر نہیں ڈالا جا سکتا۔قیامت کے روز یہ سوال انفرادی طور پر ہر ایک سے ہوگا کہ میں نے تجھے زندگی دی، بہترین مہلت دی۔ اسے کیسے صرف کیا اور کہاں تک اپنی زندگی کو آج اس دائمی جہان کے لیئے بہتر بنایا؟ اللہ ہم سے لازما پوچھے گا کہ: ” اے آدم کے بیٹو ، کیا میں نے تمہیں متنبہ نہیں کیا تھا کہ شیطان کی عبادت مت کرنا کیونکہ وہ تمہارا کھلا دشمن ہے۔“ (۶۰ : ۳۶) اللہ ہمیں مسلسل یاد دہانی کرا رہا ہے کہ تم میں سے ہر آدمی اپنی ذاتی حیثیت میں میرے سامنے جواب دہ ہے۔میرے ساتھ تمہارا ایک بہت بڑا عہد ہے جس کی پاسداری تمہارا فرض ہے۔ اگر قرآن کو ایک جانب رکھتے ہوئے بھی ہم پوری دیانت داری کے ساتھ اپنی ذات کے اندر جھانک کر دیکھیں تو اس صورت میں بھی ہمیں واضح نظر آئے گا کہ اس دنیا میں ہماری اس ذاتی حیثیت سے بہت سی ذمہ داریاں ہیں جن سے ہم کسی صورت میں بھی پیچھا نہیں چھڑا سکتے، اور نہ ہی کسی اور کے سپرد کر سکتے ہیں۔ ذرا اس مثال کا بھی تصور کیجیئے کہ مجھے حد رفتار سے زیادہ گاڑی چلانے پر عدالت میں طلب کر لیا گیا۔ جج نے مجھ سے پوچھا کہ تم نے حد سے زیادہ رفتار ۱۲۰ میل فی گھنٹہ کی رفتار سے گاڑی کیوں چلائی جب کہ یہ خطرناک عمل ہے؟ میرا جواب تھا کہ چونکہ زید اسی رفتار پر مجھ سے آگے جا رہا تھا اس لیئے مجھے بھی

اسی پر جانا پڑا۔ اس پر جج مجھ پر چلایا اور کہا کہ میں تمہیں اور زید دونوں کو اس جرم میں جیل بھیج رہا ہوں کہ تم دونوں نے قانون کی خلاف ورزی کی ہے۔ جرم کی پیروی بھی بہت بڑا جرم ہے۔اسی طرح قرآن بتواتر یہ سوال کرتا ہے کہ تم نے یہ جرم کیوں کیا؟ جواب میں لوگ کہتے ہیں کہ ہم نے اپنے اجداد کی پیروی کی۔ مگر ان کا یہ جواب رد کر دیا گیا اور ان پر واضح کر دیا گیا کہ ان کا انجام جہنم ہے اور اجداد کی پیروی ایک بہانہ کے سواہ کچھ بھی نہیں۔

چنانچہ غور و تدبر کی یہ وہ عظیم ذمہ داری ہے جو خدا وند تعالیٰ نے ہم پر عائد کی ہے اور اسے ہم دوسروں پر نہیں ڈال سکتے۔ کیونکہ خود دوسروں پر بھی یہی ذمہ داری عائد ہے اور انہیں بھی اسی انداز میں اپنی اس ذمہ داری سے عہدہ برآ ہونا ہے۔ سب سے اہم سوال جو رب کریم ہم سے کرے گا وہ یہ کہ تم نے زندگی میں اپنے تدبر کی صلاحیتوں کو استعمال کیوں نہیں کیا؟ میں نے تمہیں بہترین دماغ عطاء کیا تھا۔ میں نے تمہیں اس کے لیئے خاصے مواقع فراہم کیئے تھے۔ میں نے اپنی کتاب میں اس کی بار بار تاکید کی تھی۔ خود تمہاری روح میں اس کا القاء بھی کیا تھا۔کیا اس کے لیئے تمہارے پاس کوئی جواب ہے؟ کیا اس کا کوئی مطلب ہے جو کچھ تم نے کیا؟ آج تم اپنی ذمہ داری میں ناکام ہو چکے ہو۔ تم نے دوسروں پر یہ بوجھ ڈالا کہ وہ تمہارے لیئے غور و فکر کریں۔ مگر انہوں نے بھی کچھ نہ کیا۔ چنانچہ وہ بھی ناکام ہوگئے اور ان کے ساتھ تم بھی ناکامی کے گڑھے میں جا گرے۔ آج تم خود ہی اپنی ناکامی کے ذمہ دار ہو کوئی اور نہیں۔ مجھے دکھاؤ کہ کہاں قرآن انسان

کی اس عظیم احساس ذمہ داری کے حوالے سے اپنے بیان میں خلاء کا شکار ہوا ہے؟ انسانی جبلت یہ ہے کہ ہر انسان اس چیز کا ذمہ دار ہے جس کے لیئے اس نے کوشش کی۔ یہ ذمہ داری کسی اور کے سر نہیں ڈالی جا سکتی۔ مجھے قرآن میں کوئی ایک آیت ہی دکھا دو جو ایک کی ذمہ داری کو دوسرے پر ڈالنے کی اجازت دیتی ہو؟ یہ وہ کام ہے جس کا ہر ایک کو اللہ نے اختیار دیا ہے اور اسی کو ادا کرنا ہے۔ ہر ایک نے اپنے سفر کے اختتام پر اپنے خالق سے ملنا ہے اور وہ تم سے ان نعمتوں کے متعلق سوال کرے گا۔ اس لیئے یہاں سب سے زیادہ ضروری امر یہ ہے کہ ہم اس کا احساس کریں کہ ہم ذمہ دار مخلوق ہیں اور اس ذمہ داری کی ادائیگی کے ہم خود ہی پابند ہیں۔

آیئے، اس سلسلہ میں پہلے سوال کا جائزہ لیتے ہیں کہ آیا اس دنیا میں زندگی کا کوئی مقصد ہے یا نہیں، یا ہم یوں ہی بلا سوچے سمجھے محض اس لیئے اس بات کو رٹ رہے ہیں کہ ہم ایک خاص ماحول میں پیدا ہوئے اور اسی کی اقدار سے یہ سبق ملا کہ ہاں زندگی کا بھی کوئی مقصد ہوگااور ہم نے بھی اسے محض ایک فیشن کے طور پر مان لیا؟ اسی طرح یہی سوال خدا کے وجود کے متعلق بھی اٹھتا ہے کہ آیا کوئی خدا ہے یا نہیں؟ اور کیا ہم نے خدا کے وجود کو محض اس لیئے مانا ہے کہ یہ ہمیں اپنے ماحول اور روائتی مذہب کے ذریعے ملا اور بس؟ اگرچہ یہ چونکا دینے والے سوالات ہیں اور آپ حیران ہوں گے کہ ایک لیکچرر منبر پر بیٹھ کر خدا کے وجود کے متعلق سوال کر رہا ہے، جب کہ منبر کی ذمہ داری تو جواب دینے اور مطمئن کرنے کی ہے۔یہاں تو

معاملہ الٹا ہے۔ لیکن ہمارا موضوع چونکہ اپنے مزعومہ نظریات کا تجزیہ ہے، ناقدانہ جائزہ ہے،اس لیئے یہ سوال بہت اہم ہے۔اور اگر میں یہ سوال کرتا ہوں کہ کیا خدا موجود ہے؟ تو حقیقت میں وہ اللہ ہی کی ذات ہے جس نے مجھے یہ سوال مجھ پر القاء کیا اور اسے ظاہر کرنے کی توفیق بخشی۔

اب ہم اسی کے دوسرے حصے کی طرف متوجہ ہوتے ہیں اور وہ مقصد سے متعلق ہے۔ یہ سوال غیر معمولی اور قابل غور ہے کہ آیا یہاں زندگی کا کوئی مقصد بھی ہے؟ اس سوال پر گہرائی کے ساتھ غور کرنا ہوگا اور اس سلسلے میں ہمیں قرآن سے بھی رہنمائی لینا ہوگی۔ اگر ہم انسانی معاشرے پر غور کریں تو ہمیں معلوم ہوگا کہ زندگی لامحالہ ایک اجتماعی مقصد کے ساتھ مربوط ہے، خواہ وہ مشتہر ہو یا نہ ہو۔ لیکن یہ مقصد کیا ہے؟ ہم آج کی اس دنیا میں علمی اور فنی دونوں اعتبار سے نشو و نماء اور ترقی کی راہ پر گامزن ہیں۔ ہمارے اندر اس لحاظ سے تحقیق، تجسس، جانچ پرکھ اور مزید جاننے کا جزبہ اور اشتیاق موجود ہے اور یہ اس جانب متوجہ کرتا ہے کہ آیا یہ اشیاء اور حقائق اپنے اندر کوئی مقصد بھی رکھتے ہیں یا نہیں؟ وہ کون سا محرک ہے جو ہمیں ان اتھاہ اور بیکراں خلاؤں میں سفر اور اس کی تسخیر کے لیئے مجبور کرتا ہے؟ ہم اس کائنات کے عملی آغاز کے متعلق جاننے کے لیئے اس قدر مشتاق کیوں ہیں؟ ہم بگ بینگ کے دھماکے اور پھر اس کے نتیجے میں کائنات کے تخلیقی عمل کے بارے میں اس اہتمام کے ساتھ کیوں سوچتے ہیں؟ ہم اس پر کیوں غور کرتے ہیں کہ موجودہ دنیا ایک ایسی دنیا سے وجود

میں آئی جو دھماکے سے پھٹ چکی تھی۔ ہم یہ جاننے کے لیئے کیوں بے تاب ہیں کہ یہ موجودہ دنیا ایک خاص اور لطیف ڈور کے ذریعے ایک دوسری دنیا کے ساتھ منسلک ہے ؟ کیا ہم ہمیشہ کے لیئے ایک دوسری دنیا میں جا رہے ہیں؟ بگ بینگ کا دھماکہ تو بلینز سال پہلے رونما ہو چکا ہے، کیا آج بھی اس کا علم ہمارے لیئے کوئی معنی رکھتا ہے؟ مگر اس کے باوجود ہم یہ سب کچھ جاننا چاہتے ہیں اور اس کی تڑپ اپنے اندر محسوس کرتے ہیں۔اسی سے ہم اس نتیجے پر پہنچتے ہیں کہ تحقیق، تجسس اور مزید جاننے کا یہ اشتیاق بذات خود اپنے اندر بہت بڑی مقصدیت رکھتا ہے، اور بغیر کسی مقصد اور مفاد کے اس پورے عمل کا ظہور محال ہے۔

ہم فطری طور پر اس امر کے خواہاں ہیں کہ ہم علم میں مزید ترقی کریں اور اپنی استعداد کو بڑھائیں۔ اس کے لیئے ہمیں متجسس ذہن کا حامل بننا ہوگا، اور اشیاء کی حقیقت کے متعلق سوالات کرنا ہوں گے۔فصل کی نشو و نماء اور سورج کے طلوع و غروب، اور اسی کے ساتھ بارش کے اس نظام کے درمیان کیا رابطہ اور نسبت ہے؟ مظاہر کائنات کی ان مختلف اشیاء کے مابین ربط کیا ہے اور کس انداز میں ہے؟ ان سوالات کی روشنی میں تحقیق و تنقید کے نتیجے میں دریافت ہونے والے حقائق اور مظاہر کا منظر کس قدر حسین ہوگا اور ان کا استعمال کس قدر فائدہ مند ہوگا۔ خود ابتدائی انسان بھی اپنی فطرت میں متجسس تھا۔ اس نے ایسی اشیاء دریافت کیں جو آج بھی ہمارے لیئے فائدہ مند ہیں اور اس میں بھی بہت بڑا مقصد پوشیدہ ہے۔ جیسا کہ قرآن کا ارشاد ہے: ” اور اس (اللہ) نے آدم کو تمام اسماء کا علم سکھایا۔“ (۳۱ : ۲) اس

لیئے ہماری فطرت میں لازما ایک جزبہ ہے جو ہمیں مزید جاننے اور نئ دریافتوں کے لیئے مجبور کرتا ہے۔ چنانچہ یہ جاننا اور دریافت کرنا ہماری جبلت کا اہم جز ہے اور یہی ہماری زندگی کی مقصدیت کو واضح کرتا ہے۔

جو چیز خصوصیت کے ساتھ ہمیں اپنی کمیونٹی میں نظر آتی ہے وہ یہ کہ ہمارے اندر اخلاقی خصائل نئے انداز میں پرورش پا رہے ہیں۔ آپ جانتے ہیں کہ آج کے اس دور میں بھی جان کی قربانی دینا کسی کی جان لینے سے زیادہ بہتر اور اعلیٰ سمجھا جاتا ہے۔ یہ حقیقت ہے کہ ہم ان لوگوں کو کبھی بھی برداشت کرنے کو تیار نہیں جو اپنی رعایا پر ترس نہیں کھاتے اور انہیں ان کے بنیادی حقوق سے محروم کر دیتے ہیں۔ ہم نے قذافی کی بھی مخالفت کی اور اس کے خلاف اس بنیاد پر جنگ بھی کی کہ اس نے اپنی عوام کو ان کے بنیادی انسانی حقوق سے محروم کر رکھا تھا۔ ہم نے لندن کی سڑکوں پر عراق پر جنگ کے فیصلے کے خلاف خود اپنی حکومت کی مخالفت میں جلوس نکالے اور احتجاج کیا کہ جنگ کا یہ فیصلہ انسانی حقوق کے منشور کے خلاف ہے۔ اس کا مطلب یہ ہے کہ ہم اخلاقی طور پر اپنے آپ کو بہتر بنا رہے ہیں اور یہ ایک مثبت نشانی ہے۔ ہم محسوس کرتے ہیں کہ یہاں انسانی حقوق کی خلاف ورزیاں ہوتی ہیں اور یہ ہمارا فرض ہے کہ ہم اس کے خلاف اٹھیں اور بولیں تا کہ کچھ تلافی ہو سکے اور مظلوموں کو کچھ انصاف مل سکے۔ ہم اس سے بخوبی اگاہ ہیں کہ زندگی نہایت قیمتی متاع ہے۔ ہم اس سے بھی اگاہ ہیں کہ احسان (چیرٹی) ایک عظیم عمل ہے۔ اور ہم خوب جانتے ہیں کہ نیکی وہ عمل ہے جسے دیگر تمام اعمال پر فوقیت دی گئ ہے۔ یہ تمام امور ہمارے

اندر بحمد اللہ موجود ہیں اور اس بات کے ثبوت کے لیئے کافی ہیں کہ ہم اخلاق میں بہتری کی طرف جا رہے ہیں اور اس میدان میں قرآن پوری طرح ہماری مدد کر رہا ہے۔یہاں ایک اہم بات کی طرف اشارہ ضروری ہے کہ جب ہم توجہ کے ساتھ قرآن پر غور کرتے ہیں تو ہمیں اس کی آیات میں جا بجا بہترین اخلاقی ضوابط اور اخلاقی نصائح کے موتی ملتے ہیں جن میں تمام انسانیت کے لیئے رہنمائی اور اپیل ہے۔اس سے قطع نظر کہ یہ انسانیت اخلاقی اور دینی ضوابط کی قائل ہے یا نہیں۔

قرآن اس بارے میں ایک اور عظیم مقصد کی طرف اشارہ کرتا ہے اور اس کا ہماری زندگی کے ساتھ بہت گہرا تعلق ہے۔اور خود ہمیں بھی اپنے آپ کو اس کے ساتھ نہایت مضبوطی اور گہرائی کے ساتھ وابستہ کر لینا چاہیے۔اور یہ مقصد خود اپنی ذات کی تلاش اور اسے پا لینا ہے۔قرآن اسے یوں پیش کرتا ہے۔ "اے مطمئن نفس، چل اپنے رب کی طرف۔ تو اس سے راضی اور وہ تجھ سے راضی۔پھر شامل ہو جا میرے بندوں میں اور داخل ہو میری جنت میں۔" (۳۰-۲۷ : ۸۹) یہ اور ان جیسی دیگر آیات جیسا کہ سورہ البقرہ آیت نمبر ۱۵۶ میں آیا ہے کہ: (یقینا ہم اللہ کے لیئے ہیں اور اسی کی طرف لوٹ کر جائیں گے)، یہ سب ہمیں اس عظیم مقصد کی جانب متوجہ کرتی ہیں جو خود ہمارے نفس کی گہرائی میں موجود ہے۔بلاشبہ یہاں علمی اور اخلاقی دونوں ارتقاء موجود ہیں اور وہ بھی ہمیں اپنی جانب متوجہ کرتے ہیں۔ مگر بدقسمتی سے یہ دونوں ہمیں بہت ہلکے محسوس ہوتے اور ان کے لیئے ہم اپنے اندر بہت کم کشش پاتے ہیں۔ اس کی وجہ ہماری قلت توجہ ہے۔مقصد کی گہرائی

تک پہنچنے کے لیئے ضروری ہے کہ ہم اپنی طلب کا معیار بلند کر دیں تاکہ مقصد سے ہمکنار ہو کر ہم کلی اطمینان اور یقین کی کیفیت سے سرشار ہو سکیں۔

مقصد کی یہ عظمت اور معیار ہم سے مطالبہ کرتے ہیں کہ ہم اس خواب سے بیدار ہوں اور یہ معرفت حاصل کریں کہ ہم کون ہیں اور ہماری حیثیت کیا ہے۔ معرفت کے اس مقام کو پانے لیئے پھر ضروری ہے کہ ہم ان تمام اندرونی رکاوٹوں سے آزادی حاصل کریں جن کی موجودگی میں اپنی ذات کی معرفت اور تکمیل جیسی نعمتوں سے محروم ہیں۔یہ آزادی اس کے بغیر ممکن نہیں جب تک ہم اپنے آپ کو کامل معنوں میں اللہ کی ذات کے حوالے نہ کر دیں اور اس کی اطاعت کے لیئے اپنے آپ کو وقف نہ کر دیں۔کامل خود سپردگی اور محبت کا یہی عمل ہمیں اپنی ذات کی معرفت بھی بخشے گا اور زندگی میں عروج سے بھی آشنا کر دے گا۔ذات کی تکمیل اور معرفت دونوں اسی ایک وصف کے ساتھ اس طور پر وابستہ ہیں کہ قرب الٰہی کے بغیر ان کا تصور بھی نہیں کیا جا سکتا۔ مگر اس کے باوجود اس سلسلے میں چند اہم امور کا جاننا ضروری ہے کہ، کیا یہاں خدا موجود ہے، خدا کی اپنی فطرت کیا ہے، اور پھر اس کا ہمارے ساتھ رشتہ کیا ہے؟

چنانچہ اب ہمارا فرض ہے کہ ہم مقصد عظیم کے ان تین اجزاء کا بھی بغور جائزہ لیں جن کا ابھی ذکر کیا گیا۔ جہاں تک پہلے دو حصوں، 'اخلاقی اور علمی ارتقاء اور ارتفاع' کا تعلق ہے، ان کا وجود علمی اور اخلاقی ترقی پر منحصر ہے۔ اور یہ تمام انسانوں میں فطری طور پر مشترک ہیں

خواہ ان کا اعتقاد اللہ پر ہو یا نہ ہو۔ اگرچہ حقیقت تو یہی ہے کہ یہ اللہ کی ہستی کے بغیر وجود میں کبھی نہیں آسکتے۔ لیکن اس کے باوجود کچھ نادان اور حقیقت ناآشنا لوگوں کا خیال یہ ہے کہ علمی اور اخلاقی انقلاب خدا کے بغیر بھی وجود میں آ سکتا ہے۔ البتہ اس مقصد کا تیسرا اور سب سے اہم حصہ اس وقت ہمارے سامنے ہے اور اس کا تعلق اللہ کی ہستی اور وجود سے ہے۔ زندگی کا مقصد کیا ہے؟ اسے خدا کی ہستی کے بغیر صحیح معنوں میں نہیں سمجھا جا سکتا۔اگرچہ ہمیں اس سے انکار نہیں کہ اس زندگی کا لازما کوئی نہ کوئی مقصد ہے، اور بغیر کسی مقصد کے اس کا تصور محال ہے۔

اسی عظیم مقصد کا یہ تیسرا حصہ ہمیں ایک سوال کی جانب متوجہ کرتا ہے کہ کیا خدا موجود ہے؟ اس موقع پر آپ مجھے یہ بتائیں کہ اگر ہم میں سے ہر ایک فرد نے اس کا جواب دریافت کر لیا ہے کہ اس جہان میں واقعتا خدا کی ہستی موجود ہے تو پھر ہم کس حدتک اس مقصد کے ساتھ سنجیدہ ہیں اور اپنی زندگی کو اس مقصد کے لیئے وقف کر رکھا ہے؟ تصور کیجئیے کہ وہ ہستی جس کے سامنے ہم سب ہر روز سر بسجود ہوتے، اسے اپنے اندر پاتے، سانس لیتے اور ہر مقام پر اپنے ساتھ محسوس کرتے ہیں۔ جیسا کہ قرآن نے بھی اسی بات کو یوں بیان کیا ہے: ”اور وہ (اللہ) ہر وقت تمہارے ساتھ ہے جہاں کہیں بھی تم ہوتے ہو، اور وہ تمہارے تمام اعمال سے باخبر ہے۔“ (۵۷ : ۴) تصور کیجئیے، میرا رابطہ ایسے خدا سے ہے جو ان تمام امور سے بھی واقف ہے جو میرے سینے میں پوشیدہ ہیں۔ ایک ایسی ہستی جس کے متعلق میرا

اعتقاد یہ ہے اور میں یہ کہتا ہوں: 'کوئی عظمت اور کوئی طاقت نہیں سوائے اللہ کے' اور اس ہستی کے متعلق میں یہ بھی کہتا ہوں۔ 'اے اللہ، میں تجھ ہی پر توکل کرتا ہوں۔' تصور کریں کہ اگر میں اس رب کی طرف رجوع کرتا ہوں جو حسین کا رب تھا۔ تو حسین کا وہ رب کیسا تھا جس کے تعلق نے انہیں زیر خنجر بھی مسکرانے پر مجبور کیا اور ان کے حوصلے اور اعتماد میں کوئی فرق واقع نہ ہوا۔ خنجر ان کی گردن پر تھا اور با اعتماد مسکراہٹ ان کے ہونٹوں پر تھی۔ اس خاص کیفیت کا بھی ذرا تصور کیجیئے۔ پھر ایسے رب اور مالک سے انسان کیسے محروم اور دور رہ سکتا ہے؟

یہ سوال ہم سب کے لیئے بہت اہم ہے کہ کیا کوئی خدا موجود ہے؟ اور اگر موجود ہے تو پھر اس کی نوعیت کیا ہے، اور میرا اس کے ساتھ تعلق کیا ہے؟ یہ ایک فطری تجسس ہے جسے مخلصانہ انداز میں آگے بڑھانے کی ضرورت ہے۔یہاں میں اس بات کو واضح کر دوں کہ اس موضوع کے حوالے سے وہ تمام روائتی دینیاتی اور فلسفیانہ دلائل اور موشگافیاں ہمیں ذرا بھی مطمئن نہیں کر سکتیں۔ یہ سب مباحث ہمارے لیئے بیکار اور بے فائدہ ہیں۔ ان کے ذریعے ہم کسی بھی بہتر اور فیصلہ کن نتیجے تک نہیں پہنچ سکتے۔ میں صاف الفاظ میں کہوں گا کہ ان خشک فلسفیانہ مذہبی دلائل اور مباحث کے نتیجے میں دریافت ہونے والا رب صحیح معنوں میں رب نہیں ہو سکتا۔کیونکہ یہ مباحث اطمینان کے بجائے تشکیک کی طرف زیادہ کھینچتے ہیں۔ ذرا اس بات کا تصور کریں کہ اگر میں حقیقی معنوں میں اپنے رب سے آشنا ہو جا تا ہوں اور اس

کی صحیح معرفت بھی میرے اندر آجاتی ہے تو کیا پھر اس کے باوجود بھی میں اس موجودہ گرے ہوئے انسانی معیار پر کھڑا رہ سکتا ہوں جہاں میری زبان سے لوگوں کے لیئے گالیاں اور بد دعائیں نکلتی رہیں ؟ بچے میرے سامنے مرتے رہیں مگر پھر بھی میری نیند اور سکون میں کوئی فرق واقع نہ ہو؟

کیا آپ یہ خیال کر سکتے ہیں کہ اگر میں اپنے خالق کو پا لوں تو اسی لمحے فورا مجھ میں خوف، کپکپی اور پریشانی کی کیفیت طاری ہو جائے گی؟ کیا آپ کا یہ خیال ہے کہ اگر میں اپنے اللہ سے آشنا ہو جاؤں تو پھر زندگی کا یہ سارا بوجھ اور مسائل خود اپنے کندھوں پر اٹھاتا پھروں گا؟ میں تو اس مبارک لمحے یہ سارے مسائل اور پریشانیاں اپنے خالق اور اپنے پالنہار کے حوالے کردوں گا اور کہوں گا کہ اے میرے رب، تو ہی میرے لیئے والدین کی جگہ ہے۔ تو ہی میرا رازق ہے۔ تو ہی میرا مالک ہے۔ اور تو ہی میرے لیئے سب کچھ ہے۔ تیری موجودگی میں مجھے فکر کی کیا ضرورت ہے؟ اگر تو مجھے واپس لینے کا فیصلہ کر لے تو وہ کون ہے جو مجھے بچا سکتا ہے؟ مجھے موت اور زندگی کے بارے میں اس قدر پریشان ہونے کی کیا حاجت ہے؟ اگر تو مجھے بھوکا رکھنا چاہتا ہے تو وہ کون ہے جو مجھے کھلا سکتا ہے؟ اور اگر تو مجھے کھلانا چاہتا ہے تو پھر وہ کون ہو سکتا ہے جو یہ رزق مجھ سے چھین لے؟ تصور کیجیئے کہ یہ ایمانی کیفیت انسانی آزادی کے حوالے سے کس قدر عظیم اور خوبصورت ہوگی۔اس مقام پر اس خدا کا بھی تصور کریں کہ جس کے ساتھ امام علیؑ نے کچھ اس انداز میں مناجات کی تھیں کہ، ' اے میرے رب،

میرے لیئے تیرے سواہ اور کوئی بھی نہیں۔' اس ایک مختصر جملہ میں اس قربت اور محبت کی گہرائی کا بخوبی اندازہ کیا جا سکتا ہے جو امام علیؑ کے دل میں اپنے رب کے لیئے تھی۔

ہم سب خدا کے قائل ہیں ، مگر سوال یہی ہے کہ خدا اصل میں کیا ہے؟ کیا اس کی نوعیت اس جملے کی طرح ہے جیسا کہ ہم اپنی زبان میں عموماً یہ کہ دیتے ہیں کہ 'یہاں ایک ماؤنٹ ایورسٹ بھی ہے۔' مگر یہ ایورسٹ حقیقت میں ہمارے لیئے کیا ہے؟ کسی شاہراہ پر واقع عمارت کی مانند ہے؟ اگر آپ کے تصور میں اس اعتبار سے کوئی عمارت ہو تو پھر وہ ایورسٹ ہرگز نہ ہوگا کیونکہ ایورسٹ عمارت سے بہت مختلف ہے۔ یہی معاملہ خدا کے حوالے سے بھی ہے۔خدا وہ ہے جس کی میں عبادت کرتا ہوں اور وہ مجھے ایک ہیڈ ٹیچر کی طرح اس کا صلہ دے گا۔ کیا خدا کا معاملہ بھی ایک ہیڈ ماسٹر کی مانند ہے؟ کیا یہاں ان تمام صورتوں سے آگے بڑھ کر خدا کے ساتھ تعلق اور قربت کی ایسی بھی کوئی شکل ہے جو اعلیٰ مقصد کی معرفت عطاء کرنے والی ہو اور اپنے رب سے حقیقی صورت میں ملا دینے والی ہو؟ فرض کریں کہ ہم ایک مخلصانہ اور بامقصد انکوائری کے ذریعے خدا کی معرفت تک پہنچ جاتے ہیں اور اس حقیقت کو معلوم کر لیتے ہیں کہ رب کی ذات ہمارے ساتھ ہی ہے۔ وہ محبت اور رکھوالی والا رب ہے۔وہ چاہتا ہے کہ ہم پوری آزادی کے ساتھ رہیں، ترقی کریں اور اپنے آپ کو ہمیشہ اسی سے وابستہ سمجھیں۔اس صورت حال میں آپ خود اندازہ کر سکتے ہیں کہ مقصد کے ساتھ لگن ہمارے دل میں کس قدر زیادہ ہوگی اور اس کے نتیجے

میں ہمارا وجود اور ہماری زندگی کس قدر بامعنٰی اور تابناک ہو جائے گی۔ آپ جانتے ہیں کہ ہم اپنے سانس کی اس وقت تک قدر نہیں جان سکتے جب تک کہ اسے ہم سے چھین نہ لیا جائے۔ ہمارے یہ سانس تعداد میں ان گنت اور بے حساب ہیں اور آپ خود جائزہ لے سکتے ہیں کہ یہ کس طرح بے مقصد ضائع ہو رہے ہیں، اس لیئے کہ ہمارے پاس ان کی قدر نہیں اور یہ بلا قیمت ہمیں میسر ہیں۔

ذرا تصور کریں کہ ہمیں اپنے رب کی صحیح معرفت کی سعادت مل گئی ہے اور تعلق بھی قائم ہو گیا ہے، تو اس صورت میں ہماری زندگی کس قدر خوبصورت اور الجھنوں سے پاک ہو جائے گی۔ کیونکہ رب کی اصل معرفت انسان کو اس مصنوعی خوف اور فکر سے آزاد کر دیتی ہے جس میں عام طور پر وہ مبتلاء رہتا ہے ۔میں کسی سے بھی سوال نہیں پوچھ سکتا اور اس کے لیئے خوف زدہ ہوں۔ اس کی وجہ کیا ہے؟ اس کی وجہ یہ ہے کہ سوال کر دینے کی صورت میں اپنے معاشرے میں میری حیثیت ایک گمراہ انسان کی ہو جائے گی۔ ہمیں یہ بتایا گیا ہے کہ سوالات کرنا دراصل شیطان کا کام ہے۔ اگر اسے درست مان لیا جائے تو پھر ہمیں یہ بھی ماننا پڑے گا کہ شیطان کی طرف سے بھی ہمیں رحمت مل سکتی ہے۔ اگر یہ تمام سوالات شیطان ہی ہمارے ذہنوں میں انڈیل رہا ہے تو یہی تو سبب ہے کہ جس کی خاطر اسے پیدا کیا گیا اور ہماری آزمائش کا ذریعہ بنایا گیا ہے تا کہ وہ مختلف سوالات ہمارے ذہنوں میں ڈالتا رہے اور یوں آزمائش کا مقصد بھی پورا ہوتا رہے ۔ ہمارے ذہن اس عمل سے مستعد رہیں اور ہماری اندرونی نشوو نماء کا عمل بلا

تعطل جاری رہے۔ یہ تو بہت زبردست کام ہے جو شیطان کر رہا ہے اگرمان لیا جائے کہ یہ نظریہ اپنی جگہ درست ہے۔ حالانکہ اصل حقیقت یہ ہے کہ جس اللہ کے بارے میں ہم سوالات کرنے سے ہچکچاتے ہیں وہی اپنی کتاب میں ہمیں ترغیب دے رہا ہے کہ ہم سوالات اور غور و فکر کے ذریعے اپنے علم میں اضافہ کریں اور یہی خود اللہ کی معرفت کا بھی سب سے مؤثر ذریعہ ہے۔ زندگی میں بہت سے ایسی مواقع بھی آتے ہیں جہاں ہمیں کچھ عجیب اور جذباتی تجربات سے گزرنا پڑتا ہے اور بہت سے سوالات ہمارے ذہنوں میں ابھرتے ہیں۔ مگر اسی ڈر سے ہم فورا انہیں جھٹک دیتے اور زبان سے استغفراللہ کے کلمات ادا کرنے لگتے ہیں۔ لیکن ایک سچا انسان کبھی ایسا نہیں کرے گا۔ اس کیفیت میں وہ یہی کہے گا کہ مجھے ان سوالات پر گہرائی کے ساتھ غور کرنا چاہیئے تا کہ میں علم کے ذرائع کو تلاش کر سکوں۔اور اس میں کوئی فرق نہیں پڑتا کہ آنے والے یہ خیالات اپنی نوعیت میں کس قدر ہی گرے ہوئے اور پست کیوں نہ ہوں۔اس لیئے کہ غور و فکر اور سوچ بچار ہی وہ واحد راستہ ہے جو میری علمی اور عقلی صلاحیتوں کو نکھارنے اور ترقی دینے میں کلیدی کردار ادا کر سکتا ہے۔ اس پورے عمل کے دوران اللہ کی ذات ہی داخلی ارتقاء اور آزادی کا سب سے بڑا ذریعہ ہے۔

یہ نہایت اہم، بابرکت اور سعادت سے لبریز ایام ہیں، اور اس عظیم سعادت مند انسان کی یادوں کو تازہ کرتے ہیں جس نے انسان کی حقیقی آزادی اور نجات کے پیغام کو دنیا کے سامنے عملا آشکارا کیا۔ اس امر پر غور کرو کہ کس طرح اس نے اپنے رب کو پہچانا اور اس کا قرب حاصل

کیا۔ ان کی اس دعا کے الفاظ پر غور کریں کہ کس طرح وہ اپنے رب سے ملتجی ہیں؛ ' اے اللہ، اب میں دیکھ سکتا ہوں کہ میری زندگی کا ہر لمحہ اور واقعہ ایک بہت بڑے مقصد کے ساتھ بندھا ہوا ہے، اور وہ مقصد اس واقعہ میں موجود تیری ذات کا تعارف ہے۔' ان کے کہنے کا مطلب یہ ہے کہ زندگی کے تمام امور ایک ہی ہدف کی جانب اشارہ کر تے اور متوجہ کر تے ہیں، اور وہ ہدف رب اور خالق کی اصل اور پائدار دریافت اور معرفت ہے جس کے بغیر زندگی ناتمام ہے۔ اب یہیں سے یہ تصور بھی پھوٹتا ہے کہ ایک انسان اگر خدا کے بارے میں سوال کرتا ہے اور پھر اس کے نتیجے میں وہ خدا کو پا کر مطمئن ہو جاتا ہے تو یہی اس کے لیئے کتنی بڑی نعمت ہے ، اور وہ شخص اپنی آزادی کی جس اعلیٰ منزل پر فائز ہوگا، اس کا تصور بھی نہیں کیا جا سکتا۔

تیسری شب

ہم اپنے سابقہ بیان میں اس نکتہ کی کامل وضاحت کر چکے ہیں کہ اس دنیا کی حقیقت اور اس میں موجود زندگی کے مقصد سے آشنائی کے لیئے ضروری ہے کہ ہم خود اپنا بھی احتسابی جائزہ لیں اور خصوصا ان نظریات کا بھی جو ہمارے درمیان رائج ہیں مگر ان کا منبع ہمارا ماحول اور روائتی مذہب ہے، تحقیق اور تفکیر کا عمل نہیں۔ اس جائزے کے سلسلے میں ہمیں اولیں اپنے اندر خود اعتمادی کی صفت پیدا کرنا ہوگی۔ ہمیں اس اصول کو اپنانا ہوگا کہ ان موجودہ رائج الوقت نظریات کے متعلق سوالات پوچھنا اور ان پر تنقید کرنا ہمارا فطری حق ہے جو اللہ کی طرف سے ہمیں ملا ہے۔ کوئی بھی ادارہ اور شخص اس حیثیت میں نہیں کہ وہ ہمیں اس حق سے محروم کر دے اور جبرا اپنی ہدایات ہم پر نافذ کر دے۔ میں خود اپنی حد تک اس بات کا ذمہ دار ہوں کہ جس سچائی اور روشنی کو میں اپنے اندر محسوس کرتا ہوں ، اس کا اظہار بھی کروں اور خود بھی اخلاص کے ساتھ اس سے وابستہ ہوجاؤں۔ایمان داری کا تقاضا بھی یہی ہے اور یہی وہ امر ہے جس سے زندگی میں شعور، مقصد سے آگہی اور پھر اس کے لیئے وفا اور قربانی کا جذبہ پیدا ہوتا اور نکھرتا ہے۔ایک بہترین اور کامیاب زندگی کا معنی اور تصور بھی یہی ہے کہ ہم

مقصد سے آشنا ہوں اور اس کے لیئے قربانی کا جذبہ بھی اپنے اندر رکھتے ہوں۔اس جذبہ کے بغیر زندگی ناکامی سے عبارت ہے۔

اپنی سابقہ مجلس میں ہم نے اس کا اظہار کیا تھا کہ اس نظریہ کا پہلا حصہ مقصد سے متعلق ہے کہ، "آیا یہاں ہمارے وجود کا کوئی مقصد بھی ہے یا نہیں؟ " ہم نے اس کا بھی اظہار کیا تھا کہ ہم اسی مقصد کا مختلف مراحل اور صورتوں میں مشاہدہ کر رہے ہیں اور اسی کے ساتھ ہم اپنے دل کی گہرائیوں میں ایک خاص جذبہ اور تحریک محسوس کرتے ہیں جو مقصد کے شعور کو بھی واضح کرتا اور اس کے ساتھ ہمیں سکون اور امن کی نعمتوں سے بھی مالا مال کرتا ہے۔ ہم نے یہ بھی کہا تھا اور اس پر یہاں مزید بیان ہوگا کہ اگر ہم میں سے ہر آدمی اپنی انفرادی حیثیت میں اپنے آپ کو دیانت اور صداقت کے مطلوبہ معیار پر لے آئے جسے ہم بے رحم دیانت (Brutal Honesty) سے بھی تعبیر کر سکتے ہیں، اور اسی کے ساتھ وہ تحقیق و تنقید کی صلاحیتوں سے بھی بہرہ مند ہو، تو اس شکل میں اسے عظیم سچائی تک پہنچنے میں کوئی دشواری نہ ہوگی۔اس صورت میں بہت سے اختلافات کے باوجود ہم آپس میں ایک ہی ہوں گے اور ہم میں سے کوئی بھی غلط یا گمراہ نہ ہوگا۔جیسا کہ ایک حدیث میں نبی اکرمؐ نے فرمایا: 'سلمان ایمان کے دسویں درجہ پر ہے اور ابو ذر اس کے نویں درجے پر ہے۔ اگر ابو ذر یہ جان لے کہ سلمان کے دل میں کیا ہے تو وہ اس پر فورا غیر مسلم ہونے کا فتویٰ لگا دے، یا اسے موت کے گھاٹ اتار دے اس بناء پر کہ سلمان یا تو گمراہ ہو چکا ہے یا دین سے پھر گیا ہے۔' مگر اس کے باوجود نبیؐ نے یہ بھی فرما دیا ہے کہ

جنت ابو ذر اور سلمان دونوں کا بے تابی سے انتظار کر رہی ہے۔حالانکہ مزاج کے اعتبار سے دونوں ایک دوسرے سے مختلف تھے، مگر اپنی اپنی شاہراہ پر وہ دونوں جنت ہی کی جانب گامزن تھے۔دونوں اپنی اپنی جگہ درست تھے اور دونوں نے ہی اپنا فطری حق استعمال کیا جو ان کے بس میں تھا ۔ اور وہ حق وہی بے رحم اور مطلوبہ دیانت اور صداقت ہے جس کا ابھی ہم نے ذکر کیا۔ وہ دونوں اس راہ میں ایک عظیم مثال تھے۔ انہوں نے اس آخری سچائی کو اس انداز میں پایا کہ خود جنت کو بھی ان کے لیئے بے تابی سے انتظار کرنا پڑا۔

ہم نے اسے بھی واضح کر دیا تھا کہ اس مقصد کا تیسرا مرحلہ اسی میں موجود اس کی معنویت کی گہرائی کو سمجھنا ہے جو براہ راست اللہ کے وجود سے منسلک ہے۔اگر خدا کے تصور کو ہم ایک طرف رکھ دیں تو پھر اس صورت میں زندگی کا معنی اور مقصد کا گہرا شعور دونوں خود بخود ختم ہو کر رہ جائیں گے۔اس کی وضاحت یہ ہے کہ اللہ کے وجود کو مان لینے کی شکل میں کچھ اہم ذمہ داریاں سامنے آجاتی ہیں۔ کچھ دیگر امور، مثلاً آخرت، جزا و سزا سے منسلک بہت سے سوالات اٹھنا شروع ہو جاتے ہیں۔یہ تسلیم شدہ حقیقت بھی اسی کا حصہ ہے کہ وہ ذات ہماری پالنہار بھی ہے اور ہمارے تمام حالات سے خوب واقف ہے۔خدا کا یہی وہ جامع تصور ہے جس کے ذریعے ہم اپنی زندگی اور مقصد دونوں کا صحیح اور مطلوبہ شعور حاصل کرتے ہیں۔اور ہمارے دل اسی سے اطمینان پاتے ہیں۔اسی لیئے سب سے پہلا امر جس کے متعلق ہم سوال کرتے ہیں وہ یہی ہے کہ؛ کیا خدا موجود ہے"؟ اس نکتہ کا ہمیں پوری طرح

جائزہ لینا ہوگا۔ اس سے قبل ہم بیان کر آئے ہیں کہ خدا کے متعلق روائتی مذہبی دلائل آج کی دنیا میں اپنی معنویت کھو چکے ہیں اور جدید ذہن کے لیئے ان میں کوئی اپیل نہیں۔اسی طرح فلسفیانہ نظریات بھی اس میدان میں یقین کی صورت حال تک پہنچانے میں بری طرح ناکام ہو چکے ہیں۔ہاں البتہ سلسلہ صدریہ (ملا صدرہ) سے منسلک فلاسفہ نے خدا کی وحدانیت اور اس سے متعلق الٰہیات اسلامیہ پر جو کچھ کہا ہے اسے استثنیٰ کا درجہ حاصل ہے۔

اس بحث کا اصلی اور حقیقی جواب یہی ہے کہ اس کائنات میں خدا کی ہستی موجود ہے اور اس کا تصور اور عقیدہ ہمارے دل کی گہرائیوں میں پیوست ہے اور اس کا انداز خالصتا فطری ہے۔ یہ بات بھی اپنی جگہ قابل غور ہے کہ جب میں نے اس دلکش کائنات میں اپنی آنکھ کھولی تو میں باقاعدہ بیداری کی حالت میں تھا۔ اسی طرح یہ بھی ایک قابل غور حقیقت ہے کہ آنکھ کھولنے کے بعد میں نے اپنے ارد گرد ایک ایسی کائنات کا مشاہدہ کیا کہ جو یہاں پہلے سے ہی موجود تھی اور پوری طرح بیدار بھی تھی ۔ مجھے یا کسی اور کو اسے بیدار کرنے کی ضرورت ہی پیش نہ آئی۔ یہ اس امر کی علامت ہے کہ بیداری کا یہ خاص عمل مجھ سے بہت پہلے سے یہاں موجود تھا اور اسی نے مجھے بھی بیداری سے سرفراز کیا۔یہ ایک بے مثال، خوبصورت ، کامل اور نہایت متوازن عمل ہے جو اپنی فطرت میں بے مثال اور الفاظ میں بیان سے ماوراء ہے۔ جہاں تک اللہ کے وجود کا تعلق ہے، اس کا جواب خود فطرت کے اندر موجود ہے۔اس کی ذات موجود ہے اور ہمیشہ سے قائم ہے۔یہ اپنے

ثبوت کے لیئے کسی دلیل کی محتاج نہیں۔ روائتی کلامی علماء اور فلاسفہ نے جس خدا کے بارے میں بحث کی ہے، اس کا تعلق محض ذہنی دنیا سے ہے اور وہ ہماری حوائج پوری نہیں کر سکتا۔ اس کا زیادہ تر تعلق کلامی اور فلسفیانہ دنیا سے ہے۔ ہم یہاں اس خدا کی بات کر رہے ہیں جس کا رابطہ حقیقی دنیا سے ہے اور جو اصل معنوں میں خالق اور مالک ہے۔یہ لوگ اللہ کی ذات اور فطرت کے بارے میں اس بحث میں مشغول ہیں کہ وہ کیسا ہے۔ اس بارے میں امامؑ کا قول یہ ہے: 'کوئی نہیں جان سکتا کہ وہ کیا ہے اور کیسا ہے سوائے اس کی اپنی ذات کے۔' چنانچہ یہ سوال اصولا کبھی پیدا نہیں ہوا کہ خدا موجود ہے یا نہیں۔ اس لیئے قرآن نے ہمیشہ بار بار اس نکتہ کی جانب متوجہ کیا ہے کہ: 'اس کائنات میں نشانیاں ہیں ان لوگوں کے لیئے جو غور و فکر کرتے ہیں۔'

اللہ قرآن میں فرماتا ہے۔ " اس کی نشانیوں میں سے آسمانوں اور زمین کی تخلیق، اور تمہاری زبانوں اور رنگوں کے اختلافات (بھی) ہیں۔ یقینا اس میں نشانیاں ہیں ان لوگوں کے لیئے جو جاننے والے ہیں۔" (۲۲ : ۳۰) قرآن یہاں کوئی کلامی اور عقلی دلیل سے بحث نہیں کر رہا۔ بلکہ براہ راست انسانی دماغ کو مخاطب بناتے ہوئے اسے غور و فکر کی جانب ترغیب دلا رہا ہے اور اکسا رہا ہے کہ وہ غور و فکر کے عمل کے ذریعے حقیقت تک پہنچنے کی سعی کرے۔ کیونکہ اس دنیا میں بہر حال کچھ نہ کچھ ہو رہا ہے یہ ساکت نہیں۔ اور غور و خوض کے بغیر حقیقت تک رسائی محال ہے۔اس کائنات میں موجود ایک فعال ، حسین۔ باریک اور لطیف نظام اس امر پر دلالت کرتا ہے کہ کائنات اور اس کے نظام

دونوں میں زندگی اور حرارت ہے۔ اور زندگی اور نمو سے بھرپور یہی نظام خدا کے وجود کے سوال پر سب سے بہترین جواب بھی ہے۔آپ اور میں اسے خدا کے نام سے جانتے ہیں۔ کچھ دوسرے لوگ اسے 'فطرت' کا نام دیتے ہیں۔ کچھ اور حضرات اسے 'کائناتی شعور' کا نام بھی دے سکتے ہیں۔ ہمارے ہاں اس کے لیئے اہم نام 'اللہ، رحمان، اور رحیم' ہیں۔ اس حقیقت کو تسلیم کرلینے کے بعد کہ اس کائنات میں خدا موجود ہے، اور اس میں موجود ہماری یہ زندگی بھی بہت اہم ہے اور اس سے کچھ اہم توقعات بھی وابستہ ہیں۔ اس کلیہ کی روشنی میں آپ تصور کر سکتے ہیں کہ زندگی کے مقاصد کی تکمیل میں یہ جس قدر با معنی ہے اگر اس کا صحیح شعور ہمارے اندر پیدا ہو جائے۔ اور پھر اس صورت میں مقصد کے ساتھ وابستگی اور شیفتگی کے معیار کا بھی بخوبی اندازہ کیا جا سکتا ہے۔

اس مقام پر اپنے اطمینان کے لیئے یہ سوال ہم پوچھ سکتے ہیں کہ کائنات کے اس خالق کی فطرت کیا ہے؟ کیا اس کی ذات بالکل بے نیاز اور اس قدر غیر متعلق ہے کہ ہماری رسائی اس تک ممکن نہیں؟ جب کہ میں اس سے بھی اگاہ ہوں کہ یہاں کچھ ایسی بھی ذمہ داریاں ہیں جو اس کی ذات سے متعلق ہیں، اور اسی طرح ہمارے اوپر بھی اہم ذمہ داریاں ہیں جنہیں ہم دوسروں پر نہیں ڈال سکتے۔ کیونکہ ہم میں سے ہر ایک فرد اپنی زندگی کا خود ذمہ دار ہے۔ خدا کی ذات کے بارے میں صحیح معرفت اور درست علم ہی زندگی کے متعلق ہمیں گہری بصیرت اور اس کے حقائق سے کما حقہ شناسائی عطاء کر سکتا ہے۔ پھر یہی وصف

ہمیں اس قابل بناتا ہے ہم اپنی انفرادی ذمہ داریوں سے کس طرح عہدہ برآ ہوں، اور دوسروں کے ساتھ تعلقات اور معاملات کے میدان میں کیسے بہترین رویہ کا مظاہرہ کر سکیں۔

ایک ایسے آدمی کا تصور کریں جس کا عقیدہ یہ ہو کہ وہ اللہ کی پاک اور برگزیدہ مخلوق میں سے ہے اور اسے سب کچھ کرنے کا اختیار ہے۔ تو ایسے عقیدے کا لازمی نتیجہ یہ ہوگا کہ وہ شخص اپنے معاشرے میں دوسرے ابنائے نوع کے لیئے ایک وبال کی مانند ہوگا۔ آج کے موجودہ دور میں داعش کا وجود اسی نظریہ کا فطری نتیجہ ہے جس کا تصور بھی وحشت سے کم نہیں۔ اسی زمرے میں صہیونی ریاست بھی آتی ہے جہاں ہزاروں بے گناہ فلسطینی بچوں کی جان کی کوئی پرواہ نہیں کی جاتی اور انہیں مرنے کے لیئے چھوڑ دیا جاتا ہے۔ مگر خدا کے حوالے سے ایسا نظریہ انہیں اس بات کا سرٹیفکیٹ دے دیتا ہے کہ وہ انسانیت کے خلاف ایسے جرائم کا ارتکاب کریں اور دوسرے انسانوں پر مظالم ڈھاتے پھریں، خواہ وہ مظالم کتنے ہی مہیب کیوں نہ ہوں مگر ان کی صحت پر کوئی اثر نہیں پڑنے والا۔ اس لیئے کہ یہ خدا کے بخشے بخشائے اور برگزیدہ ہیں۔ سوچ لیں کہ اگر خود میرا اپنا بھی یہی نظریہ ہو کہ میں خدا کا لاڈلا اور منتخب ہوں اور اس بناء پر مجھے غیر معمولی مراعات حاصل ہیں، تو اس صورت میں میرے اندر بھی خصوصی تکبر کے جراثیم پیدا ہو جائیں گے، میں دوسروں کو اپنی نظر میں حقیر سمجھنے لگوں گا، ان پر انگلی اٹھاؤں گا اور ان کی تذلیل کا کوئی موقع ہاتھ سے جانے نہ دوں گا۔ کیونکہ یہ اس نظریہ کا وہ فطری اثر ہے جس سے بچاؤ ممکن نہیں۔

خدا کی ذات کے متعلق ہمارے تصور اور نظریے کی نوعیت اس بات کے لیئے فیصلہ کن ہے کہ میں اندر سے کیا ہوں اور کس قسم کی زندگی گزار رہا ہوں۔ اگر خدا کا تصور یہ ہے کہ وہ بہت مہربان ہے، بہت ہی عظیم ہے ، عرش پر متمکن ہے اور اس تک پہنچنا محال ہے۔ تو اس صورت میں ظاہر ہے کہ خدا کے ساتھ قریبی اور براہ راست تعلق کے بارے میں سوال از خود ہی خارج ہو جاتا ہے۔ یہ وہ شکل ہے جس میں انسان اور خدا کے مابین حجاب حائل ہو جاتا ہے اور ایک تیسری شخصیت وسیلہ کے طور پر درمیان میں ظاہر ہو جاتی ہے اور بلا واسطہ تعلق پس منظر میں چلا جاتا ہے۔کیونکہ خدا کے بارے میں ناقابل رسائی کا عقیدہ انسان کے اندر مایوسی کے خاص جذبات پیدا کر دیتا ہے اور اسی نا امیدی کے تحت انسان کسی وسیلہ پر انحصار کے لیئے اپنے آپ کو مجبور پاتا ہے۔اس کے برعکس اگر خدا کے متعلق نظریہ یہ ہو کہ وہ ایک بے رحم اور منتقم ذات ہے جس کے ہاں معافی کا کوئی تصور نہیں۔ وہ زندگی کے ہر چھوٹے بڑے معاملے میں تمہارا مواخذہ کرے گا اور سزا دے گا۔ تو چنانچہ خدا کے متعلق اس نظریے کے فطری اثرات اس کے ماننے والوں کی زندگی پر پوری طرح اثر انداز ہوگے۔ ان کی سماجی، معاشی اور سیاسی زندگی اسی نظریہ کے مخصوص ڈھانچے میں ڈھل کر تیار ہوگی۔ کیونکہ دنیا میں ہر نظریہ اور عقیدہ اپنے اندر گہرے فطری اثرات رکھتا ہے جو اس کے حاملین کی سوچ اور فکر کو پوری طرح متاثر کرتے ہیں۔ نظریات کا کردار مسلمہ اور فیصلہ کن ہے۔

اگر اپنے مدارس میں ہم بچوں کو یہ تعلیم دیں گے کہ خدا سے ہمیشہ ڈرتے رہو، وہ بہت بڑا ہے۔ وہ تمہیں کسی گناہ کے لیئے بھی معاف نہیں کرے گا ۔ تو اس صورت میں ان کے اندر خود اعتمادی اور ہونہاری کے جذبات ہرگز پیدا نہ ہوں گے۔ امید کی کرن خود بخود ختم ہو جائے گی۔ اسی طرح اگر خدا کے بارے میں اس عقیدہ کی تعلیم دی جائے کہ وہ نہایت ہی سخت اور بے رحم ہے۔ معافی کا وہاں کوئی امکان نہیں۔ تو اس شکل میں ہمیشہ یہی خوف طاری رہے گا کہ اگر وضو کرتے ہوئے ایک ملی میٹر جگہ بھی خشک رہ گئی تو وضو نہیں ہوگا اور اس کے نتیجے میں پڑھی جانے والی نماز بھی قابل قبول نہ ہوگی۔ زندگی ایک انجانے خوف کے گھیرے میں آ جائے گی۔ یہاں خوف کا تصور دینے کے بجائے اگر ہم خدا کے ساتھ عبدیت اور محبت کے تعلق کے حوالے سے رشتہ قائم کریں اور اسی کا درس دیں تو اس کے نتائج مثبت اور حوصلہ افزا ہوں گے۔ جیسا کہ بیان کیا گیا کہ نظریہ کے اثرات ہماری زندگی پر بھی مرتب ہوتے ہیں۔ خدا کے ساتھ محبت اور عبدیت کے اس نظریے کے نتیجے میں ہماری زندگی میں خدا کی محمودہ صفات کے وسیع اثرات مرتب ہوں گے ، اور خدا سے تعلق بھی مضبوط اور براہ راست ہو جائے گا۔ اس سے ہمیں بے پناہ حوصلہ اور اعتماد ملے گا اور اسی میں عذاب کی شق بھی شامل ہے۔ اگر ہم نافرمانی اور سرکشی کریں گے تو اس کے لیئے پھر اللہ کی طرف سے عذاب بھی تیار ہے۔ اور یہی اپروچ قرآن کے زیادہ قریب ہے۔

شمس تبریزی کی یہ بات کس قدر عجیب اور قابل توجہ ہے کہ ایک دن وہ کچھ علماء کی مجلس میں بیٹھے ہوئے تھے۔ اس وقت علماء ایک مسئلہ پر گفتگو کر رہے تھے جو شرعی فرائض میں سے تھا۔ وہ اس کی مخصوص شکل اور ہیبت پر اس انداز سے بات کر رہے تھے کہ اگر اسے اسی خاص شکل اور طریقہ پر ادا نہ کیا گیا تو یہ قابل قبول نہ ہوگا اور وہ شخص عذاب کا مستحق کہلائے گا۔ ان کی گفتگو سراسر غیر مصالحانہ اور شدت پسندی پر مشتمل تھی۔ اس پر شمس تبریزی تلملا اٹھے اور کہا: 'تم تو ایسے خدا کی عبادت کر رہے ہو جو سراسر عذاب ہی سے آشنا ہے۔ اور وہ تم کو عذاب ہی دے گا اس لیئے کہ تم خود اپنے آپ کو عذاب دے رہے ہو۔' درحقیقت اللہ تعالیٰ کے ساتھ تعلق کے حوالے سے جو تشریح ہماری ہوگی اسی کا قدرتی نتیجہ ہمارے افعال اور کردار بھی ہوگا، اور ہماری ذہنیت کی تشکیل بھی اسی کے زیر اثر ہوگی۔ شمس تبریزی کی اس حکایت میں علماء کا انداز وضاحت اسی کی عکاسی کرتا ہے۔اگر خدا کی نوعیت یہ ہو کہ وہ ایک سخت گیر حاکم کی مانند ہے جو اپنے متعلق کسی سوال کو بھی پسند نہیں کرتا، تو جو مذہب اس نظریہ پر استوار ہوگا اس کی بنیادی تعلیم یہی ہوگی کہ سوال کرنا گناہ ہے، اس سے احتراز کیا جائے۔ ابن آدم کی یہ داستان کس قدر عجیب ہے کہ وہ خود اس شکل میں اپنی فطرت سے متصادم ہے اور اس کے تقاضوں کے خلاف جا رہا ہے۔ یہ روایت ہم سب کے لیئے قابل غور ہے جس کے مطابق جب آدمؑ میں اللہ تعالیٰ نے اپنی روح پھونک دی تو فرشتوں کو حکم دیا کہ اس کے آگے جھک جائیں۔ اس روایت کے مطابق فرشتوں نے خدا

کی اجازت سے یہ سوال اٹھا یا کہ یہ مقام اور خصوصیت اور اشیاء کے یہ علوم محض آدمؑ کو ہی کیوں عنایت کیئے گئے، ہمیں ان سے کیوں نہ نوازا گیا؟ اس پر اللہ کا جواب یہ تھا: ' آدم نے مجھ سے ان تمام اشیاء کی حقیقت کے متعلق سوال کیا تھا۔ یہی اشیاء ہمیشہ سے تمہارے سامنے اور آس پاس رہیں مگر تم نے کبھی بھی ان کی ماہیت کے بارے میں مجھ سے کوئی سوال نہیں کیا۔ اس کی فطرت میں تجسس، تفکر اور زیادتی علم کا جوہر موجود ہے جو تمہارے اندر نہیں ۔ یہی وہ جوہر ہے جس کی بناء پر اسے اس عظیم اعزاز کے لیئے منتخب کیا گیا ہے۔ ' غور کیجیئے، کہ آج کے اس انسان کا خدا کے بارے میں یہ موجودہ تصور اس کی اس مذکورہ فطرت کے کس قدر خلاف ہے جس کے تحت سوال کرنا بھی گناہ کے برابر ہے، جب کہ اسی کی فطرت میں خدا وند تعالیٰ نے تجسس اور تفکر کا مادہ رکھ دیا ہے تاکہ اس کے ذریعہ وہ آگے بڑھے اور بلند مقام حاصل کرے۔

قرآن کی ان آیات پر غور کریں کہ کس انداز میں فرشتے اللہ تعالیٰ سے سوال کرتے ہیں کہ ؛ 'کیا تو یہاں ایسی مخلوق پیدا کرنا چاہتا ہے جو فساد برپا کرے گی، اور خون بہاتی رہے گی۔ اور ہم (کافی ہیں) تیری تسبیح اور تقدیس کے لیئے۔' (۳۰ : ۲) اللہ انہیں فورا خاموش کر سکتا تھا اورآغاز ہی میں کہ سکتا تھا کہ جو میں جانتا ہوں وہ تم نہیں جان سکتے، جیسا کہ اسے بالکل آخر میں کہا گیا۔ مگر اللہ تعالیٰ نے ان کو سوال کی اجازت دی اور پھر آدمؑ کے اس مقام اور انتخاب کے لیئے وجوہات بھی بیان کیں۔ اب آپ خود فیصلہ کر لیں کہ قرآن میں بیان کردہ خدا کا

یہ تصور اس خدا سے کس قدر مختلف ہے جس کا ابھی ذکر ہوا اور جس کی آج ہم غیر شعوری حالت میں عبادت کر رہے ہیں۔ اگر خدا کا تصور یہ ہو کہ وہ انتہائی حد تک لطیف، دور اور ناقابل رسائی ہے۔ اس کے بارے میں کوئی سوال نہیں پوچھا جا سکتا۔ تو پھر ایسے تصور کے نتیجے میں جو رویہ بنے گا وہ وہی ہوگا جسے آج ہم اپنے معاشرے میں موجودہ مذہبی نظام کی شکل میں دیکھ رہے ہیں۔ اس میں جمود اور تعصب ہی کا غلبہ ہوگا اور اس کا کلمہ ہی یہی ہوگا کہ تم آنکھیں بند کرکے اس راہ پر چلتے رہو اور کوئی سوال مت کرو۔

یہ نکتہ بھی اپنی جگہ بہت اہم ہے کہ اگر مجھے سوال کرنے کی اجازت نہیں تو پھر مجھے اس خاص مذہب کی تعلیمات اور احکامات کا پابند کیوں بنا دیا گیا؟ بات صاف اور سادہ ہے کہ اگر مجھے اپنے سوالات کا تسلی بخش جواب نہ مل پائے گا تو پھر اس خاص مذہب کی پابندی کا معاملہ بھی ایک سوالیہ نشان بن کر رہ جاتا ہے۔کیونکہ یہ ضروری نہیں کہ میں مسلمان ہی پیدا ہوتا۔ میں عیسائی، یہودی، ہندو، اور بدھ کی حیثیت میں بھی پیدا ہو سکتا تھا۔اس اصول کی رو سے آپ عیسائیوں، یہودیوں، ہندووں اور بدھوں کو کیسے تنقید و مذمت کا نشانہ بنا سکتے ہیں جب آپ اپنی کمیونٹی کو سوال کرنے سے منع کر دیتے ہیں ؟ اور یہی وہ رویہ ہے جو دوسرے مذاہب کے حلقوں میں بھی کسی نہ کسی شکل میں پایا جاتا ہے۔ پھر آپ سب ایک دوسرے سے اس خدا کے نام پر جھگڑتے اور ایک دوسرے کو مارتے ہیں جس خدا کا دعوی یہ ہے کہ وہ صرف ایک ہے اور سب کے لیئے ہے مگر ان مذاہب نے

اسے ٹکڑوں میں تقسیم کر دیا ہے۔ یہ وہ رویہ ہے جس کی کوئی بھی عقلی توجیہہ ممکن نہیں۔ یہ بات ناقابل تردید ہے کہ خدا کے متعلق اپنایا جانے والا عقیدہ اور تصور انسانی زندگی اور رویوں پر گہرے اثرات مرتب کرتا ہے۔اسی کے زیر اثر معاشرے تشکیل پاتے اور انسانوں کو زندگی کی شاہراہ ملتی ہے۔اگر یہ تصور جاندار ہوگا تو زندگی بھی اسی کے مطابق پائدار اور جمود سے پاک ہوگی، ورنہ یہی زندگی اپنی اصلی حرارت کھو دے گی۔

اگر ہم خدا کے متعلق قرآن کی روشنی اور گہرے انسانی حالات و جذبات کے تحت غور کریں تو اس صورت میں خدا کا تصور نہایت خوبصورت اور انسان دوست کی شکل میں نظر آئے گا۔ اگر آپ اخلاص کی گہرائی سے اللہ سے یہ سوال کریں گے کہ وہ مجھ سے کیا چاہتا ہے؟ تو اس کا جواب بھی سادہ اور واضح ہے۔ بفرض محال، اگر آپ خود اپنے خالق کی جگہ ہوتے تو بترجیح آپ تمام دنیا سے غنی اور بے نیاز ہوتے۔ میں خوب واقف ہوں کہ اس بے نیازی کا مفہوم کیا ہے۔ اس کا مطلب وہ محبت کہ جو بغیر بدلے کے ہو۔ وہ عطاء جس میں واپسی کا مطالبہ نہ ہو۔ وہ معافی جس میں سزا نہ ہو۔یہی وہ تمنائیں اور فطری مطالبے ہیں جنہیں خالق نے ہماری فطرت میں ودیعت کر دیا ہے۔ہر انسان یہی کہے گا کہ معاف کرنا سزا دینے سے بہتر ہے۔ زندگی عطاء کرنا زندگی لینے سے بہتر ہے۔ ایک ناخوشگوار صورت حال میں پڑنے سے بہتر ہے کہ اس سے اجتناب کیا جائے۔ اسی طرح اپنے آپ کو ایک بہترین انسان ثابت کرنا اس سے بہتر ہے کہ انسان مقام انسانیت

سے اپنے آپ کو گرا دے۔ اے اللہ، اگر تو نے یہ عظیم صفات میری فطرت میں رکھ دی ہیں ، تو پھر تو اس کا زیادہ مستحق ہے کہ یہ صفات تیری ذات میں سب سے زیادہ ہوں اور اپنے اصلی اور آخری معیار میں پائی جائیں۔ وہ تو ہی ہے جس نے میری ماں کو میرے لیئے بیحد اور اندھی محبت سے مالا مال کیا۔ یہ اس بات کا ثبوت ہے کہ توخود اس بے مثال اور بے حدو حساب محبت اور شفقت سے پہلے ہی سرفراز ہے، اور اس کا حقیقتا مالک ہے۔

چنانچہ میں اپنے خالق و مالک سے اپنی ضروریات سے زیادہ کی درخواست کرتا ہوں جن کا تعلق میری جسمانی اور روحانی دونوں حاجات سے ہے۔ اے رب، مجھے حقیقتا اپنی جذباتی سطح پر تیری ہی قربت کی ضرورت ہے۔ میرے اندر ایسے جذبات و خیالات ہیں جنھیں میں تیرے سواہ کسی اور کے سامنے نہیں کھول سکتا۔ کیونکہ میں نہایت ذاتی اور شرمیلا قسم کا انسان ہوں جو ہر بات دوسروں کے سامنے نہیں کر سکتا۔ میری ماں نے بلاشبہ مجھے جنم دیا، اپنی گود میں میری پرورش کی،اور انتہائی ناز سے مجھے پروان چڑھایا۔ اس کا دعوی ہے کہ وہ مجھے ہر لحاظ سے اچھی طرح جانتی اور سمجھتی ہے۔ لیکن حقیقت میں وہ بھی نہیں جانتی کہ میں اصل میں کیا ہوں۔ مجھے کسی ایسی شخصیت کی ضرورت ہے جو مجھ سے اچھی طرح اگاہ ہو اور جس کے آگے میں اپنا دکھڑا بیان کرتے ہوئے کوئی شرمساری محسوس نہ کر سکوں۔ وہ شخصیت میرے اندرونی جذبات، پریشانیوں، خوف و غیر محفوظیت پر مبنی اندیشوں کو بخوبی سمجھ سکے۔ وہ میری کمزوریوں سے درگزر کر سکے اور جو مجھے اسی

موجودہ حالت میں قبول کرنے پر راضی ہو۔ مجھے اب ایسے ہی خدا کی ضرورت ہے جس تک میں براہ راست پہنچ سکوں اور وہ مجھے اسی حال میں قبول کر لے۔ اگر تو خدا ہے تو حقیقت میں وہی خدا ہے جس کی مجھے ضرورت ہے۔ کیونکہ وہ فرق جو تو نے اپنے اور مخلوق کے درمیان کھینچا ہے، وہ حاجت مندی اور بے نیازی کی نوعیت رکھتا ہے۔ اور تو نے اپنی کتاب میں یہ واضح کر دیا ہے کہ تو بے نیاز ہے۔

میرا اس وقت سب سے بڑا مسئلہ اپنی اس اہم اور گہری حاجت کو کسی کے سامنے پیش کرنا ہے۔ مجھے کسی ایسی شخصیت کی ضرورت ہے جو پوری گہرائی سے میری ذات اور میری ضروریات سے واقف ہو، اور جو مجھے اسی موجودہ حالت میں قبول کرنے پر راضی ہو۔ اس سلسلہ میں وہ مجھے مزید پرکھنے کے لیئے نہ تو قرآن کی طرف رجوع کرے اور نہ ہی عقلی اور نقلی دلائل کی روشنی میں میرا جائزہ لینے کی سعی ناتمام کرے۔ حضرت ابراہیمؑ کے خوب صورت اور مثالی سفر پر بھی ذرا غور کیجیئے کہ جس کے ہر مرحلہ پر ان کی اپنے رب سے ملاقات ہوتی رہی۔ اس دوران انہوں نے رب سے یہ التجا کی: 'اے رب، مجھے توفیق عطاء فرما کہ میں محض عقلی اور فکری بنیادوں پر نہیں بلکہ اپنے ایمانی جذبات کی بنیاد پر تیری اطاعت کر سکوں۔تو میرے حالات سے پوری طرح باخبر ہے۔' پیغمبر موسیٰؑ کی مثال بھی ہمارے سامنے ہے جنہوں نے بغیر ہچکچاہٹ کے یہ سوال کر دیا تھا کہ ' اے اللہ میں تجھے دیکھنا چاہتا ہوں، مجھے اپنا دیدار کرا دے۔' کیا ہم میں سے کوئی ایسی جرائت کر سکتا ہے اور اپنے رب سے اسی انداز میں یہ سوال کر سکتا ہے؟ یہ اللہ کے

عظیم رسول تھے جنہوں نے یہ درخواست کی تھی جس کا تعلق انسانیت کے نہایت گہرے جذبات اور احساسات کے ساتھ تھا جن کا اظہار ایسے مواقع پر ناگزیر تھا۔ اللہ تعالیٰ اس درخواست کو قبول کرتے ہوئے اپنے پیغمبر کو اپنا دیدار کراتا ہے مگر یہ دیدار جسمانی نوعیت کا نہیں ہوتا، جیسا کہ ہم اس واقعہ سے پوری طرح واقف ہیں۔ یہ ایک تجلی کی شکل تھی جسے دیکھتے ہی وہ بے ہوش ہو گئے۔

اللہ تعالیٰ قرآن میں بڑے حسین اور دلکش انداز میں اپنا تعارف پیش کرتا ہے۔ "وہی اول ہے اور وہی آخر ہے۔ وہی ظاہر ہے اور وہی باطن ہے۔ اور اسے ہر چیز کا علم ہے۔" (۵۷ : ۳) یہ ایک ایسے انداز میں تعارف ہے جس سے ہمارے روائتی کلامی علماء اور فلاسفر ابھی تک بے خبر ہیں۔ خدا حقیقت میں یہ کہ رہا ہے۔ 'دیکھو، یہ تمام خوبصورتی جو تمہیں نظر آرہی ہے، یہ میں ہی ہوں اور یہ مجھ سے ہے۔ یہ تمہیں بیدار کر رہی ہے میری معرفت کے لیئے۔ تم مجھے پانے کی کوشش کرو، اس کے لیئے تمنا کرو کیونکہ یہ تمنا اور آرزو خود تمہارے اندر تمہاری فطرت میں موجود ہے۔' ایک ایسی روح کا تصور کیجیئے جس نے اس خدا کو اپنے غور و فکر کے ذریعے پا لیا ہو جو ظاہر بھی ہے اور باطن بھی۔ اور جو ہر جگہ اور ہر خوبصورتی میں موجود ہے، تو ایسی روح کس قدر کامیاب اور کامل ہوگی۔

قرآن میں اللہ تعالیٰ نے اپنی رحمت اور مغفرت کے پہلو کو خوب واضح کرتے ہوئے فرمایا ہے کہ میرے بندوں کو ہرگز مایوسی کا شکار نہ ہونا چاہیئے، کیونکہ میں تمام گناہوں کو معاف کرنے والا ہوں، اس کے

لیئے تمہیں مخلصانہ رجوع کی ضرورت ہے۔ جیسا کہ فرمایا گیا: "اے میرے بندو، جنہوں نے اپنے خلاف زیادتی کی ہے، اللہ کی رحمت سے ہرگز مایوس نہ ہو جاؤ، یقینا اللہ تمام گناہوں کو بخشنے والا ہے۔ وہ (اپنی ذات میں) بخشنے والا اور رحم کرنے والا ہے۔" (۳۹ : ۵۳) یہی پیغام اس آیت میں بھی دیا گیا: "چنانچہ تم گنا ہوں سے باز رہو۔ قتل، زنا، دھوکہ ، خیانت اور کذب بیانی سے ہمیشہ اجتناب کرو۔ جو بھی تم میں سے ان جرائم کا ارتکاب کرے گا اس کے لیئے دگنا عذاب ہوگا۔ مگر جو تم میں سے توبہ کر لیں گے اور ایمان پر قائم رہیں گے اور بہتر اعمال کے حامل ہوں گے، تو ان کی برائیوں کو نیکیوں میں بدل دیا جائے گا۔" (۲۵ : ۷۰) غور کیجیئے کہ کس طرح اللہ تعالیٰ اس آیت میں اپنا تعارف پیش کرتا ہے۔ وہ کس قدر مہربان، عظیم ، محبت اور شفقت کرنے والا ہے۔ وہ ہر مقام پر اپنی مہربانی کے لیئے موجود ہے۔ ہم سوال کرتے ہیں کہ 'اے رب، کیا اس کے علاوہ کوئی اور چیز بھی ہے جس کے ذریعے تو اپنا تعارف کراتا ہے؟ خدا کی طرف سے جواب ملتا ہے۔ 'میں تمہارا رب ہوں اور یہی تعارف ہے۔' یہی لفظ 'رب' تمام اسمائے حسنیٰ کے لیئے مرکز اور ماں کی مانند ہے۔ اس میں بے پناہ حسن اور محبت پوشیدہ ہے۔ رب وہ ہے جو پالنے والا ہے، تربیت کرتا ہے۔ عربی زبان میں خاتون خانہ کو 'ربہ البیت' کہا جاتا ہے۔ اس کا مطلب گھر کی ملکہ ہے۔ کیونکہ گھر کے تمام انتظامات اور معاملات کی بنیادی ذمہ داری اسی پر ہے۔ اللہ ہمارا رب ہے جو ہمیں کامل بناتا اور درست کرتا ہے۔ وہ یوں کہ، اللہ ہمیں جسمانی طور پر ہر لحاظ سے معیاری ساخت عطاء کرتا ہے۔ ہم میں علمی قابلیتیں پیدا کرتا ہے، اور روحانی اور جذباتی تقاضوں کی

تکمیل کے لیئے تمام اسباب فراہم کرتا ہے۔ اسی لیئے وہ اپنا تعارف رب کی حیثیت سے کراتا ہے اور اپنی مخلوق کی ترقی اور نشو و نماء پر اسے حد درجہ خوشی ہوتی ہے۔

میں نے ہمیشہ اس بات پر زور دیا ہے کہ اگر ہم اللہ کی صحیح معرفت کے خواہاں ہیں تو اس کے لیئے ہمیں خود اپنی فطرت پر غور کرنا اور اسے سمجھنا ہوگا۔ کیونکہ یہ فطری امر ہے کہ کوئی بھی تحریر اور کتاب اس کے محرر اور مصنف کی شخصیت اور خیالات کی واضح طور پر عکاس ہوتی ہے۔ اسی طرح ایک پینٹینگ میں آرٹسٹ کے تصور اور اس کے زیر و بم کا باآسانی ملاحظہ کیا جا سکتا ہے۔ ہم مصنف کی تحریر اور آرٹسٹ کے شاہکار سے اس کے خیالات، میلانات اور ذہنی سانچے کو بخوبی پڑھ سکتے ہیں۔ اسی طرح ہم اللہ کی فطرت کو بھی خود اپنی فطرت کی روشنی میں سمجھ سکتے ہیں۔تو پھر ہماری یہ فطرت کیا ہے؟ ہماری فطرت ہر چیز کو بالکل فطری انداز میں دیکھنا اور اسے اس کی تکمیل تک پہنچانا ہے۔ تکمیل کی یہ قدرت ہمارے اندر موجود ہے اور وہ حقیقی آزادی ہے ، اور آزادی کے اسی مشن اور طریق کار کو اللہ نے ہمارے سامنے رکھ دیا ہے۔ اللہ نے غور و فکر اور سوال کرنے کی ہمیشہ حوصلہ افزائی کی ہے۔ اسے اس سے بہت خوشی ہوتی ہے کہ اس کے بندے اپنے سوالات اور غور و فکر کے ذریعے کسی بات کو رد یا قبول کریں۔ میں عموما کہا کرتا ہوں کہ کیا یہ ایک تعجب انگیز امر نہیں کہ کلمہ کا آغاز 'لا الہ' سے ہوتا ہے جس کا مطلب یہ ہے کہ 'کوئی الہ نہیں' ؟ اس کا آغاز ہی نفی اور سوالیہ انداز سے ہوا۔ چنانچہ یہی نفی پھر تکمیل

کی جانب بھی اشارہ کرتی ہے اور اسی عمل کی اللہ حوصلہ افزائی بھی کرتا ہے۔ کیونکہ وہی ہماری آزادی کی سب سے بڑی قوت اور سب سے بڑا مظہر ہے۔ وہی ہمیں ذہنی اور علمی دونوں لحاظ سے آزادی کی نعمت سے سرفراز کرتا ہے۔ کبھی آپ نے اس پر غور کیا ہے کہ ہم کعبہ کے گرد طواف کیوں کرتے ہیں؟ طواف کا مقصد ان تمام بتوں سے اپنے آپ کو آزاد کرنا ہے جو عقلی اور نفسیاتی دونوں اعتبار سے ہم پر حاوی ہیں، اور اسی طرح ہر اس چیز سے چھٹکارا حاصل کرنا ہے جو تقدس کے نام پر ہمارے ذہنوں میں موجود ہے تاکہ اس کے بعد ہم حقیقی اور خالص رنگ میں اللہ کے ساتھ جڑ سکیں۔ اللہ اس بات پر قطعا ناراض نہیں ہوتا کہ اس کے متعلق سوالات کیئے جائیں اور اپنے علم میں اضافہ کیا جائے۔خود اللہ ہی نے ہمیں سوال کرنے کی یہ فطرت عطاء کی ہے اور اس کے لیئے وہ ہماری حوصلہ افزائی بھی کرتا ہے۔

اگر اس کائنات میں کوئی خدا ہے تو اسے وہی ہونا چاہیئے جو اس کی ذات کے لائق ہے۔ اسے بامعنٰی ذات ہونا چاہیے، نا کہ ایک مبہم اور ناقابل فہم ذات۔ اے رب، تیری ذات کہاں تک میرے لیئے فائدہ مند ہو سکتی ہے اگر میری رسائی تجھ تک ممکن نہیں؟ تو کہاں تک میرے لیئے مفید ہو سکتاہے جب کہ تیرے ہاں سوال کی بھی کوئی گنجائش نہیں؟ تو کہاں تک میرے لیئے مددگار ہو سکتاہے جب کہ تو بہت دور ایک تخت پر ہے اور صرف قیامت کو ہی ظاہر ہوگا تاکہ میرے اعمال کا فیصلہ سنا سکے اور بس؟ اے رب، میری توقعات اس سے بہت بلند ہیں کہ جو کچھ یہاں میں نے سنا ہے اور ابھی بیان کیا ہے۔ مجھے اس

الٰہ کی ضرورت ہے جو میرے قریب موجود ہو اور قابل رسائی ہو۔ اے رب، تیری عظمت کی قسم، مجھے پوری امید ہے کہ تو مجھے نار جہنم میں نہیں پھینکے گا بلکہ ایسے میں خود میں اسے گلے لگا لوں گا اگر وہاں نافرمان ثابت ہوگیااور تیرے ساتھ محبت میں خیانت کا ارتکاب کرتا رہا۔ اس معاملہ کی مشابہت اپنی ماں سے اس مکالمہ کی ہے جس میں ایک فرمانبردار بیٹا کہتا ہے کہ اے میری ماں میں ہر سزا کو قبول کرنے کے لیئے تیار ہوں مگر تیری ناراضگی میرے لیئے ناقابل برداشت ہے۔یہی وہ خدا ہے جس کی مجھے ضرورت ہے۔ میں اس کے ساتھ محبت کرتا ہوں اور وہ میرے ساتھ محبت کرتا ہے اور میری دیکھ بھال بھی کرتا ہے۔ میں اس سے سوالات بھی کر سکتا ہوں کہ یہ بات میری سمجھ میں نہیں آسکی، اور اس معاملہ کی منطق اور سبب کیا ہے؟ مجھے ایسے الٰہ کی ضرورت نہیں جو اپنی ذات میں اس قدر غیر محفوظ ہو کہ ہمارے سوالات بھی اسے گوارا نہ ہوں۔

چنانچہ خدا کی تلاش اور اسے پانا انسانیت کی سب سے اہم ضرورت ہے۔ اللہ خود اپنی ذات میں کیا ہے اور اس کا اپنی مخلوق سے رشتہ کیا ہے؟ اس تلاش اور جدو جہد میں ہم لازما اس نتیجے پر پہنچیں گے کہ اللہ اپنی ذات میں سب سے محبت کرنے والا، مہربان اور دیکھ بھال کرنے والا ہے۔ جیسا کہ قرآن میں اس کا ارشاد ہے: ''یقینا ہم ہی نے انسان کو پیدا کیا، اور ہم اس سے بھی اگاہ ہیں جو خیال اس کے دل میں گزرتا ہے۔ اور ہم اس سے اس کی شہ رگ سے بھی زیادہ قریب ہیں۔ (۱۶ : ۵۰) اسی طرح دوسرے مقام پر ارشاد ہے: ''اور جان لو کہ اللہ

انسان اور اس کے دل کے درمیان حائل ہوتا ہے اور اسی کی طرف تم سب کو لوٹ کر جانا ہے۔" (۲۴ : ۸) انسان اور اس کے دل کے مابین اللہ کا حائل ہونا در حقیقت اس کی نہایت قربت کی نشانی ہے۔اس مقام پر میں تو یہی کہوں گا کہ، 'اے اللہ تو کس قدر میرے قریب ہے، مجھے اپنی ملکیت اور پناہ میں لے لے۔' میری یہ تمنا قرآن کی اس آیت کے مطابق ہے۔ "اللہ ان کا دوست ہے جو صاحب ایمان ہیں۔ وہ ان کو اندھیروں سے نکال کر روشنی کی طرف لاتا ہے۔" (۲۵۷ : ۲)

چنانچہ رب حقیقت میں وہی ہے جو ہماری تربیت کرتا اور پالتا ہے اور یہ پرورش ہماری آزادی کے لیئے زینہ مہیا کرتی ہے۔ اسی کا اظہار اس نے بار بار قرآن میں کردیا ہے کہ اس نے یہاں اپنے انبیاء بھیجے جنہوں نے نیکی کو قائم کیا اور باطل کو مٹانے کی کوشش کی۔ انسانیت کو اس بوجھ سے نکالا جس نے ان کی پیٹھ کو زمین سے لگا دیا تھا ، ان زنجیروں سے آزاد کر دیا جن میں وہ جکڑے ہوئے تھے۔اپنے انبیاء کے ذریعہ اللہ تعالیٰ نے یوں انسانیت کو آزاد کیا اور یہی وہ انداز ہے جس کے ذریعے خدا وند تعالیٰ اپنی کتاب مقدس میں اپنا تعارف پیش کرتا ہے۔ یہ ایک عام اصول ہے کہ ہر استاد اس بات کا خواہش مند ہوتا ہے کہ اس کا شاگرد کامل ہو اور آگے بڑھے اور اس کی خوشی میں اس وقت مزید اضافہ ہوتا ہے جب شاگرد اس سے سوالات کرتا ہے۔ کیونکہ یہ اس کی قابلیت کا ثبوت ہے۔ اسی طرح تمام والدین کی بھی یہی خواہش ہوتی ہے کہ ان کی اولاد کامل اور جوان ہو اور انہیں بھاری ذمہ داریوں سے آزاد کردے۔ یہ ہماری فطرت ہے جس پر اللہ تعالیٰ نے ہمیں پیدا

کیا ہے۔ یہ کیسے ممکن ہے کہ اللہ ہمارے معاملے میں ایک چیز کو پسند کرتا ہے مگر خود اس کی اپنی فطرت جیسا کہ اس کی شان ہے، اسی کو ناپسند کرنے والی ہو؟ اللہ بھی یہی چاہتا ہے کہ اس کے بندے کامل اور باصلاحیت ہوں اور ان کے اندر کوئی بھی کمی اور نقص اسے پسند نہیں۔ یقین کیجیے، کہ اگر دنیا کی پوری سات بلین پر مشتمل آبادی مکمل طور پر خدا کے آگے جھک جائے تو اس کی شان، حیثیت اور خدائی میں ایک ذرہ برابر بھی اضافہ نہیں کرسکتی۔ اور اسی طرح یہی آبادی اگر خدا کا انکار کردے تو اس کی شان اور مملکت میں سے ایک ذرہ کا بھی نقصان نہیں کر سکتی۔ کیونکہ خدا سے بھاگنا بھی درحقیقت خدا ہی کی طرف آنا ہے۔ کوئی بھی انسان خدا کی خدائی سے باہر نہیں جا سکتا۔ اس نافرمانی میں بھی ایک نوع کی فرمانبرداری کا پہلو شامل ہے۔ یہی خدا کی عظمت ہے۔ اس سے بھاگنا ممکن نہیں۔ یہاں تک کہ خود شیطان کی نافرمانی میں بھی خدا کی شان کے اعتراف کا پہلو موجود تھا۔ اس سے اندازہ کیا جا سکتا ہے کہ خدا کی شان کس قدر عظیم اور ناقابل تصور حد تک ارفع و اعلیٰ ہے۔

اللہ اپنے بندوں کے لیئے اپنا تعارف نہایت خوبصورت اور با معنیٰ انداز میں کرتا ہے۔ جیسا کہ اس کی کتاب میں ہم پاتے ہیں: "اللہ کسی کو بھی برائی اور نا انصافی کا حکم نہیں دیتا۔ وہ دوسروں کے لیئے اچھائی اور تقویٰ کی ہدایت کرتا ہے۔ وہ ہمیں معاف کرنے اور دوسروں کے لیئے ایثار اور قربانی کا حکم دیتا ہے۔ وہ ہمیں ہدایت کرتا ہے کہ ہم ہمیشہ سچائی پر قائم رہیں۔ (۹۰ : ۱۶) تصور کریں کہ جس خدا کی

صفات یہ ہوں تو پھر اس کے بندوں کی حیثیت سے ہم کہاں تک اس سے منسلک ہیں اور کہاں تک خدا پرستی کی اس عظیم زندگی کو اپنائے ہوئے ہیں؟ یہی وہ تعلق ہے جو ہماری اندرونی کمزوریوں اور خوف پر مبنی اندیشوں کو دور کرتا اور اس نفرت کو بھی محو کر دیتا ہے جو آج ہم سب کے لیئے وبال جان ہے۔ دیکھیئے، اللہ کس اہم اور خوبصورت پیرائے میں اسی محبت کو پیش کرتا ہے: " اچھائی اور برائی کبھی آپس میں برابر نہیں ہو سکتیں۔ چنانچہ تم برائی کو اس طریقہ سے دور کرو جو سب سے احسن ہے۔ یہاں تک کہ وہ شخص کہ اس کے اور تمہارے درمیان دشمنی ہے، ایسے ہو جائے جیسا کی ایک گہرا دوست ہوتا ہے۔" (۳۴ : ۴۱) اگر کچھ لوگ اعلی انسانی معیار سے گر چکے ہیں تو اس صورت میں تمہارا فرض ان کے ساتھ محبت اور ہمدردی کرتے ہوئے انہیں اس حقیر درجہ سے اوپر اٹھانا اور مطلوبہ معیار تک پہنچانا ہے۔ ہم ان سے نفرت نہیں کر سکتے ، اس لیئے کہ وہ پھر برائی میں مزید نیچے چلے جائیں گے۔ اٹھانے کے لیئے ضروری ہے کہ ان کے ساتھ ہمدردی کی جائے اور اصلاح کی حکمت کو اپنایا جائے۔ اللہ نے کس طرح مؤثر پیرائے میں اپنی کتاب میں ان تمام انسانی خوبیوں کو بیان کیا ہے ، خصوصا اس تعلق کی قربت اور گہرائی کو جو ساری مخلوق کا اپنے خالق کے ساتھ ہے۔ یہی تعلق ہماری روح کو تازہ رکھتا اور ہماری زندگی میں تقوی کی صفات بیدار کرتا ہے۔اللہ سے یہی وہ قربت اور محبت پر مبنی روحانی رشتہ ہمیں اس آزادی سے بھی ہمکنار کرتا ہے جس کے تحت ہم بغیر کسی تردد کے سوالات کر سکتے ہیں اور یہی رابطہ ہمیں کامیابی کی اعلیٰ منزل تک لے جاتا ہے۔

اللہ قرآن میں ہماری فطرت اور اس کے ساتھ ہماری خصوصی انفرادی نسبت اور تعلق کو بھی واضح طور پر بیان کرتا ہے۔ یہاں اس انفرادی نسبت سے اگاہ ہونا ازحد ضروری ہے۔اگر آپ گہرائی سے قرآن کا مطالعہ کریں گے تو آپ کو معلوم ہوگا کہ انسانی حالات اور جذبات کو کس طرح ایک مخصوص انداز میں بیان کیا گیا ہے۔مثال ملاحظہ کیجئیے: " ہم نے کچھ انبیاء کو دوسروں پر فضیلت دی ہے۔ ان میں سے کچھ ایسے ہیں جن کے ساتھ اللہ نے کلام کیا ہے، اور کچھ ایسے ہیں جن کے درجہ کو بلند کر دیا ہے۔ ہم نے عیسیٰ ابن مریم کو واضح نشانیاں دیں اور روح القدس کے ذریعے اسے تقویت بخشی۔" (۲۵۳ : ۲) اللہ مزید فرماتا ہے: " ہم نے کچھ نبیوں کو دوسروں پر فضیلت دی، اور داود کو زبور سے نوازا۔" (۵۵ : ۱۷) یہیں اضافیت بھی آپ کو نظر آئے گی۔ کیونکہ ایک مقام پر فرمایا گیا کہ ، 'ہم نے انبیاء میں کوئی فرق نہیں رکھا اور وہ سب ایک ہی ہیں۔ جب کہ دوسرے مقام پر فرمایا گیا، 'ہم نے ان میں سے بعض کو بعض پر فضیلت بھی دی ہے۔'

اگر آپ قرآن کا مطالعہ کریں گے تو آپ کو 'رب موسیٰ، رب ابراہیم اور رب عیسیٰ' کی تکرار ملے گی۔ یہاں بھی رب تعالیٰ اسی انفرادی اور اضافی تعلق کو نئے انداز میں پیش کر رہا ہے۔ کیونکہ ہر انسان کا اپنے رب کے ساتھ ایک خصوصی تعلق اور رشتہ ہوتا ہے جس میں اپنی نوعیت کی گہرائی اور مٹھاس ہے۔ اس خاص انفرادی تعلق کی روشنی میں یوں محسوس ہوتا ہے کہ میرا رب دوسرے کے رب سے مختلف ہے۔کیونکہ وہ تو میرے لیئے ہی خاص ہے، حالانکہ حقیقت میں

ایسا نہیں۔ بلکہ رب تو ایک ہی ہے مگر ہر انسان کا محبت پر مبنی یہ انفرادی رشتہ ہی ایسا ہے جو اس لطیف اور شفقت آمیز احساس کا باعث بنتا ہے۔ اس کی مثال ماں اور اس کی اولاد کی سی ہے۔ ماں اپنی ساری اولاد کے لیئے ایک اور یکساں ہوتی ہے۔ اس یکسانیت میں کوئی فرق نہیں۔ یہی ایک ماں کی سب سے اہم خصوصیت ہے۔ لیکن اولاد میں سے ہر ایک کا اپنی محبت اور لگاؤ کے اعتبار سے اپنی ماں کے ساتھ ایک جداگانہ تعلق ہوتا ہے اور اسی کے تحت ہر ایک یہی محسوس کرتا ہے کہ ماں صرف اسی کے لیئے ہے اور دوسروں کے تعلق کی نوعیت اس سے جدا ہے۔ حالانہ حقیقت کے اعتبار سے سب کا تعلق اور رشتہ ماں کے ساتھ ایک ہی ہے اور وہ اپنی ساری اولاد کے لیئے مشترک ہے۔ اللہ اس انفرادی تعلق اور اس نسبت کو پسند کرتا اور اس کے لیئے حوصلہ افزائی کرتا ہے۔ کیونکہ اس کی رو سے ہم میں سے ہر فرد پوری آزادی کے ساتھ یہ جاننے کی کوشش کرتا ہے کہ وہ بذات خود کیا ہے اور اسی کے تحت وہ اپنے رب سے تعلق استوار کرتا اور زندگی کو سنوارتا ہے۔ ذات کی معرفت ہی رب کی معرفت تک لے جاتی ہے۔

جب ہم اپنے عمومی نظریات اور مزعومات کا تجزیہ کرتے ہیں تو سب سے اہم سوال ہمارے سامنے خود خدا کے متعلق آتا ہے کہ کیا اس وسیع کائنات کا کوئی رب ہے یا نہیں؟ اور جواب ہمارے سامنے یہی آتا ہے کہ ہاں اس کائنات کا خالق موجود ہے۔ پھر اس کے بعد یہ سوال اٹھتا ہے کہ اس عالم میں موجود یہ خدا اپنی فطری نوعیت کے اعتبار سے کیا ہے؟ کیا وہ مہربان اور پالنے والا ہے؟ اسے پانے کے لیئے یہ سفر

کیا اجتماعی ہے یا انفرادی؟ پھر ایسی کیفیات بھی سامنے آتی ہیں کہ میرا خدا کوئی اور ہے اور تمہارا خدا کوئی اور۔ تمہیں اپنے خدا کی تلاش کرنا چاہیئے اور مجھے اپنے خدا کی۔ ہم دونوں ایک دوسرے کے الٰہ کو نہیں پا سکتے۔ علاوہ ازیں یہاں ہمیں ایک خاص مذہبی رویہ سے بھی سابقہ پڑتا ہے۔ اس کے مطابق تم پابندی سے پانچ نمازیں ادا کرتے رہو۔ ان میں تمہیں خدا تو نہیں ملے گا مگر تم نے اپنا فریضہ ادا کر دیا۔ تم ذمہ داری کے ساتھ روزے رکھتے رہو۔ وہاں خدا تو نظر نہیں آئے گا مگر فریضہ ادا ہو جائے گا۔ اسی طرح کعبہ کے گرد بھی سات طواف کرو جو کہ اللہ کا گھر ہے۔ ہم اسے اللہ کا گھر کہتے ہیں مگر اللہ کے ہاں یہ تمام انسانیت کا گھر ہے جو سب کو روشنی فراہم کرتا ہے۔ جیسا کہ قرآن کہتا ہے: " یقینا وہ سب سے پہلا گھر جو انسانوں کے لیئے تعمیر کیا گیا وہ وہی ہے جو مکہ میں واقع ہے۔ جو بابرکت اور تمام جہانوں کے لیئے ہدایت کا مرکز ہے۔" (۹۶ : ۳) بہرحال اس مذہبی رویہ کے مطابق تم ایک مشینی روبوٹ کی طرح اس گھر کا سات مرتبہ طواف کرو، اللہ تو خیر وہاں نہیں ملے گا مگر تمہاری ڈیوٹی ادا ہو جائے گی۔

ہمارے مذہبی لوگوں کا رویہ عموما یہی ہے اور یہی ذہنیت اس کی خاص پہچان ہے کہ میں نے اپنی ڈیوٹی ادا کر دی اور بس۔ مگر اصل حقیقت یہ ہے کہ اللہ کے ساتھ اس کے بندے کا رشتہ ایک عام مالک اور مزدور جیسا نہیں۔ یہ ایسا نہیں کہ تم نے آج کی ڈیوٹی ادا کر دی اور یہ رہی تمہاری مزدوری اور اب تم گھر چلے جاؤ۔ مگر خدا کے ساتھ بندے کے تعلق کی نوعیت ایسی نہیں۔ یہ تعلق نہایت گہرا، نہایت

قریب اور بے مثال ہے۔ یہ تعلق روح کا ہے جس کی فطرت اور نوعیت اس سے بالکل جدا ہے جس کا ذکر اوپر کیا گیا۔ یہ رشتہ قلب اور روح کا ہے جس کی اپنی الگ دنیا ہے۔ اسے سمجھنے کے لیئے قرآن کی یہ درج ذیل آیت بہت اہم ہے: "اور اپنے رب کے نام کا ذکر کرو اور اسی کی طرف مکمل طور پر متوجہ ہو جاؤ۔" (۸ : ۷۳) کامل توجہ اور ایثار کا مطلب لازما یہ نہیں کہ ہم رکوع اور سجدے کریں۔ کعبہ کے گرد طواف کریں اور صفا اور مروہ کے درمیان سعی کا عمل بجا لائیں اور بس۔ اس کامل توجہ اور ارتکاز (Full devotion) کو سمجھنا ہو تو اس کی عمدہ مثال قیس کی اس فدائیت کی ہے جو اس کے دل میں لیلیٰ کے لیئے تھی۔ وہ لیلیٰ ہی کی ذات میں اس قدر محو ہو چکا تھا کہ اسے ہر طرف لیلیٰ ہی نظر آتی تھی۔ اس کی ہر نشست و برخاست، ہر سانس، ہر حرکت اور ہر عمل لیلیٰ ہی کے لیئے خاص ہو چکا تھا۔ اور یہی محویت کا آخری مقام تھا۔ چنانچہ یہی محویت یہاں اللہ اور بندے کے باہم تعلق کے سلسلے میں بھی مطلوب ہے۔ اس توجہ اور فدائیت کے جذبہ کے تحت اگر ایک سجدہ بھی کیا جائے گا تو وہ تمام فرشتوں کے اجتماعی سجدے سے بھی افضل اور گراں ہوگا۔کیونکہ اس میں وہ جذبہ عبدیت اپنے پورے عروج پر ہے جس سے فرشتے محروم ہیں۔ اسی جذبہ فدائیت کا ہم سب سے مطالبہ ہے اور یہی اس تعلق کو بھی ظاہر کرتا اور دنیا کے سامنے نمایاں کرتا ہے جو بندے اور خالق کے درمیان پایا جاتا ہے اور سب سے مطلوب ہے۔ اس تعلق میں مٹھاس، سکون اور گہرائی ہے۔ روح یہاں بے اختیار پکار اٹھتی ہے کہ، 'اے رب، اگر اس

سجدے میں تیری رضاء اور خوشی ہے تو پھر میں نے اپنے آپ کو اسی کے لیئے وقف کر دیا ہے۔

چنانچہ اللہ کی ذات ہمیں آزادی سے ہمکنار کرنے والی اور ہماری پرورش کی ضامن ہے۔ اسے تعلق کے حوالے سے ہماری یہ انفرادی ادا اور خصوصی نسبت بہت ہی عزیز ہے۔ دو الگ روح اور دو مختلف آدمی کبھی بھی ایک جیسے نہیں ہو سکتے۔ اور نہ ہی اللہ کے ساتھ ان کے رشتہ کی نوعیت بعینہ ایک جیسی ہو سکتی ہے۔ اسی طرح ہر انسان کو اس کی انفرادی حیثیت میں اللہ کی طرف یہ راستہ طے کرنا پڑے گا۔ یہ میرے لیئے کسی طور بھی مناسب نہیں کہ میں قرآن کے خدا کے ساتھ اپنا ناتہ جوڑنے کا دعوی کرتا پھروں مگر وہی خدا عملا میرے اندر موجود نہ ہو اور یوں محسوس ہوتا ہو کہ میرا اپنے رب سے کوئی واسطہ ہی نہیں۔ اگر میری بے حسی کی یہی حالت رہی تو پھر خواہ میں کتنے ہی سجدے کیوں نہ کر لوں اور کتنے ہی قرآن کیوں نہ پڑھ لوں ، میں اسے ہرگز نہ پا سکوں گا۔ اس کا کوئی فائدہ نہیں کہ میں نمازوں پر نمازیں ادا کرتا رہوں مگر اس ذات کو نہ پا سکوں جس کی میں عبادت کرتا ہوں اور جس کے لیئے میں نے اپنے آپ کو وقف کر دیا ہے۔ اس عبادت اور ریاضت کا کیا فائدہ کہ جو اس جزبہ عبدیت اور محویت سے عاری ہو جو براہ راست رب کائنات سے ملانے والا ہے۔

چنانچہ اس مقام پر میں کچھ باتیں دعا کے متعلق بھی کہنا چاہتا ہوں۔ دعا حقیقت میں وہی ہے جو آپ کے دل کی گہرائیوں سے نکلے اور اس کلمہ کی حقیقتا غماز ہو؛ 'اے میرے رب، میں تجھے پکار رہا ہوں۔' امام

علیؑ کی معروف دعاء جسے دعائے کمیل کے نام سے یاد کیا جاتا ہے، اللہ کے ساتھ مناجات اور محویت کے لحاظ سے عظیم مثال ہے۔ اسی محویت کے مقام کو ہم بھی پا سکتے ہیں اگر ہم بھی اپنے آپ کو اس کے ساتھ منسلک کر دیں۔ وہی دعا اللہ کے ہاں زیادہ مقبول ہے جو دل و دماغ کی گہرائیوں سے نکلے اور شعور پورے طور پر اس کا گواہ ہو۔ اس میں بیدلی کا کوئی پہلو بھی شامل نہ ہو۔ ورنہ ایک طوطا بھی پوری دعا کو اپنی زبان سے ادا کر سکتا ہے، جب کہ اس کا کوئی مطلب نہیں ہوتا۔ اسی طرح ایک بچہ بھی اپنے بڑے بھائی کی نقالی میں کچھ ادا کر لیتا ہے مگر اس کا بھی کوئی معنی نہیں ہوتا۔ مگر اس کے بر خلاف، جب ایک ننھا سا بچہ اپنے معصومانہ انداز میں اپنی خاص توتلی زبان میں اپنے والدین سے کچھ کہتا ہے تو والدین اس پر خوشی سے پھولا نہیں سماتے۔ کیونکہ پیار کے اس معصومانہ انداز میں وہ بہت کچھ پوشیدہ ہے جسے والدین ہی بہتر سمجھ سکتے ہیں۔ اس کی حیثیت ایک ٹیپ ریکارڈر کی نہیں جو محض الفاظ کو دہرا رہا ہے۔ بلکہ ایک حقیقی انسان کی ہے جو دل کی گہرائیوں سے کچھ کہہ رہا ہے اور اس کہنے کی قیمت بہت زیادہ ہے۔ یہ معصومانہ انفرادی محویت اللہ تعالیٰ کے ساتھ مناجات کے بارے میں بھی مطلوب ہے۔ اے رب، میں تیرے علی جیسا بلیغ نہیں۔ میں اپنے انداز میں اپنی ٹوٹی پھوٹی زبان اور غیر مربوط الفاظ میں اپنا مدعا بیان کر رہا ہوں۔ میں اس قابل نہیں کہ اپنا مدعا بھی پیش کر سکوں۔ مگر تو اچھی طرح جانتا ہے کہ میرے دل میں کیا ہے۔ اے مولیٰ، یہی وہ دکھ اور تکلیف ہے جسے لے کر تیری بارگاہ میں حاضر ہوا ہوں۔ یہی امید ہے جس کے لیئے یہاں فریاد کناں ہوں۔ اسی پریشانی سے نجات کے لیئے آج اس در پر

حاضری دی ہے۔ یہی دعا کی روح اور مغز ہے جس کا اللہ کے ہاں مقام ہے۔ اور یہی وہ خدا ہے جس کی ہمیں ضرورت ہے۔ تصور کیجیئے کہ اگر اسی خدا کو ہم نے پا لیا تو اس خوش قسمتی اور محویت کا کیا عالم ہوگا۔

سوچیئے، اگر ہم اس الٰہ کو پانے اور اس کے ساتھ تعلق جوڑنے میں کامیاب ہو جائیں جو ہمیں علمی اور فکری سطح پر آزادی سے ہمکنار کرتا اور ذہنی معیار کو بلندی عطا کرتا ہے، تو اس کے نتیجے میں ہم کس قدر پر اعتماد اور با اختیار ہو جائیں گے۔ اگر ایک انسان اس حقیقی الٰہ سے اپنی فکری اور جذباتی سطح پر آشنا ہو جائے تو وہ روح کس قدر کامل، بے خوف اور پر اعتماد ہو جائے گی۔ اپنی زندگی کے اکثر حصے میں ہم دوسروں سے صلہ اور رضامندی (Validity) کے طلب گار رہتے ہیں۔ ہم چاہتے ہیں کہ کچھ دوسرے لوگ ہمیں validity عطا کر دیں۔ حالانکہ اسے صرف اور صرف اللہ ہی کی جانب سے ہونا چاہیئے، کسی اور کی جانب سے نہیں۔ کسی اور کی طرف سے کامیابی کی سند کوئی معنٰی نہیں رکھتی۔اللہ اپنے تمام بندوں کو مصنوعیت اور کھوکھلے پن سے نکال کر اس دنیا میں لانا چاہتا ہے جو حقائق اور واقعیت کی دنیا ہے۔ اس دنیا میں زندگی کی قدر و قیمت بھی ہے اور اس کے لیئے جزاء بھی۔ کاروان کربلاء سے تعلق رکھنے والی شخصیات کی زندگیاں اسی نوعیت کی تھیں جنہوں نے صحیح معنی میں اپنے خالق کو پا لیا تھا اور آج ان مبارک راتوں میں ان کا ذکر ہم سب کے لیئے عظیم اور بڑی متاع حیات ہے۔

چوتھی شب

جب ہم تنقیدی نگاہ سے اپنی زندگی کا جائزہ لیتے ہیں تو واضح طور پر نظر آتا ہے کہ اس زندگی کا لازما کوئی نہ کوئی مقصد ضرور ہے، اور وہ مقصد ہماری عقلی اور فکری تکمیل، اخلاقی بلندی اور روحانی ارتقاء ہے۔ مقصد سے متعلق یہ تیسرا پہلو جو روحانی ترقی سے منسلک ہے، اسی میں ہمارے وجود کا اصل معنی بھی ہے اور یہی ہمارے لیئے مقصد کی شاہراہ متعین کرتا ہے۔کیونکہ اس کا براہ راست تعلق اللہ کی عظیم ذات سے ہے۔اللہ کی ذات کے متعلق جو بھی سوالات اٹھتے ہیں، کہ اس کائنات میں کوئی رب ہے یا نہیں، اگر ہے تو اپنی فطرت کے اعتبار سے کیا ہے اور ہمارا رابطہ اس کے ساتھ کیا ہے؟ اس قسم کے تمام سوالات اسی پہلو کے زمرے میں آتے ہیں۔ اسی کے تحت ہم اس سے قبل جواب دے چکے ہیں کہ یہاں خدا موجود ہے جسے ہم محسوس کر سکتے ہیں ، وہ ہم سے دور نہیں ، اس کے باوجود کہ وہ ہماری فکر و عقل سے ماوراء ہے۔قرآن نے اس بارے میں بڑی خوبصورت بات کہی ہے اور اسے بار بار تکرار کے ساتھ واضح کیا ہے کہ، ' اس کائنات میں بے شمار نشانیاں ہیں ان لوگوں کے لیئے جو سوچتے اور غور کرتے ہیں۔' تمھیں جاننا چاہیئے کہ اللہ زمین کو زندہ کرتا ہے اس وقت جب کہ وہ زندگی

سے محروم ہو جاتی ہے۔ہم نے اپنے پیغام کو تمہارے لیئے واضح اور آسان کر دیا ہے تاکہ تم اپنا عقل استعمال کر سکو۔' (۱۷ : ۵۷)

یہ نشانیاں محض عقلی مشاہدات نہیں جنکا کام صرف سیاہ اور سفید کو نمایاں کرنا ہوتا ہے اور بس۔ بلکہ یہ وہ نشانیاں ہیں جو ہر فرد کو اپنی طرف کھینچتی ہیں اور اس کی ذات کا حصہ ہیں۔ ہم انہیں عقلی طور پر ہی نہیں جانتے بلکہ ذاتی طور پر بھی اپنے اندر محسوس کرتے ہیں اور نظر آتا ہے کہ ان میں ایک خاص کشش ہے جو سب کو اپنی جانب متوجہ کرلیتی ہے۔یہی علامات ہماری مدد کرتی ہیں کہ ہم ان کے ذریعے اپنے رب تک رسائی حاصل کر لیں۔ جہاں تک روائتی کلامیوں (Traditional Theologians) کے خدا کا تعلق ہے، وہ زیادہ تر ذہنوں میں ہی بستا ہے، خارجی دنیا سے اس کا کوئی تعلق نہیں۔فلسفیانہ موشگافیوں نے اس کے وجود کو عام لوگوں کے لیئے دھندلا دیا ہے۔ اس فلسفیانہ تصور خدا میں عوام الناس کے لیئے کوئی کشش نہیں۔اس کے برعکس ایک محبت کرنے والے کا خدا ہر وقت اس کے ساتھ ہے۔ وہ اپنے روح کی گہرائیوں میں اسے محسوس کرتا ہے۔ اس کی ہر گفتگو اور سانس اللہ کے وجود کو محسوس کرتی اور اس سے فیض حاصل کرتی ہے۔تمنا اور تلاش کے اس مقام پر اللہ تعالٰی خود اپنے آپ کو اس بندے کے قریب کر دیتا ہے جو اس کا متلاشی ہے۔یہاں یہی متلاشی بندہ اپنے خالق کے ساتھ وہ تعلق قائم کر لیتا ہے جو بامقصد بھی ہے اور بامعنی بھی۔ تعلق کی یہ نوعیت اور اللہ کے ساتھ یہ قربت اس کی روحانی تکمیل کا ذریعہ بن جاتی ہے اور وہ ان صفات سے بھی متصف ہو

جاتا ہے جنہیں خدا اس میں پیدا کرنا چاہتا ہے۔ جیسا کہ عام محاورے میں کہا جاتا ہے کہ 'اللہ کے اخلاق اپناؤ۔' اللہ مالی مدد کرنے والا ہے، تو یہ شخص بھی دوسروں کی اپنے مال سے مدد کرنا شروع کر دیتا ہے۔ اللہ علم والا ہے۔ تو یہ محب بھی اپنے آپ کو علم کے لیئے وقف کردیتا ہے۔ اللہ سخی ہے تو اس کی تقلید میں یہ متلاشی بھی سخی بن جاتا ہے۔ اللہ کی ذات وسیع اور آزاد ہے، تو یہ متلاشی شخص بھی اپنے آپ کو تمام مصنوعی پابندیوں سے آزاد کرکے اللہ کی متابعت میں آجاتا ہے۔الغرض اللہ کی صفات اس کے اخلاق اور کردار کا حصہ بن جاتی ہیں۔

قربت کے اس بلند مقام پر پہنچنے کے بعد اب یہی محب اور متلاشی رب اپنے ذاتی محاسبے کے ذریعے اپنی نشوو نماء کرتا اور بلند منازل کی طرف گامزن ہو جاتا ہے۔اب یہ خود اعتمادی سے بھرپور ہوجاتا ہے کیونکہ اسے کامیابی کی سند مل جاتی ہے۔ یہ وہ کامیابی ہے جس کے بعد کسی اور سند کی ضرورت نہیں۔ اب یہ ہر قسم کے خوف سے بے نیاز ہو جاتا ہے اس لیئے کہ پوری دنیا اس کیلیئے وسیع اور ایک سفرنامہ کی مانند ہو گئی ہے۔ اس میں اس کا علمی، عقلی اور فکری سفر جاری ہو جاتا ہے اور اسی کے ذریعے اس کی روحانیت میں اضافہ ہو جاتا ہے۔ اب خدا کی ذات بھی اس کے لیئے بامعنی ہو جاتی ہے۔ وہی مقصد بھی اور مقصد تک پہنچنے کا ذریعہ بھی بن جاتی ہے۔ رب کی ذات اس کے لیئے آزادی کا ذریعہ بن جاتی ہے۔ بخلاف اس تصور رب کے جس کے ساتھ وہ پہلے سے وابستہ تھا جہاں ہر جانب پابندیاں ہی پابندیاں تھیں، یہ نہیں کہ سکتے، وہ سوال نہیں کر سکتے، اس فلاں مقام پر نہیں جا سکتے، وغیرہ وغیرہ۔

مگر محبت اور عشق سے سرشار انسان کا خدا بالکل جدا ہوتا ہے۔ یہ وہ خدا ہے جو انسان کے دل کی گہرائیوں میں ہے۔یہ وہ رب ہے جو ہمیں ترقی کے سفر کے لیئے ابھارتا اور شوق دلاتا ہے۔ وہ ہم سے سوال کرتا ہے: ' دنیا میں موجود ان اشیاء کی جانب آنکھ اٹھا کر دیکھو، کیا یہ ایک اللہ کے علاوہ کسی اور کی طرف سے ہو سکتی ہیں؟ کیا ان میں تمہیں کوئی نقص اور تضاد نظر آتا ہے؟ اسی طرح وہ فرماتا ہے: "کیا تم قرآن میں غور نہیں کرتے؟ اگر یہ اللہ کے بجائے کسی اور کی طرف سے نازل کیا گیا ہوتا تو تم اس میں بہت زیادہ تضادات پاتے۔" (۸۲ : ۴) دوسرے لفظوں میں اللہ ہم سے یہ کہ رہا ہے کہ یہ تمہارے لیئے ایک چیلنج ہے کہ اس سے بہتر کلام لا کر دکھا دو۔ اگر تم ایسا نہیں کر سکتے تو پھر اس حقیقت کو علمی سطح پر تسلیم کر لو کہ یہ کلام ایک عظیم ہستی کی طرف سے نازل کیا گیا ہے اور اس کا ماخذ بے مثال ہے۔

اس جہان کا اصلی رب وہی ہے جو ہمیں آزادی کی نعمت سے ہمکنار کرتا ہے۔ جو اس بات پر خوش ہوتا ہے کہ اس کے مظاہر پر غور کیا جائے اور انہیں علمی طور پر چیلنج کیا جائے۔ تصور کیجئے کہ اس کا خطاب ہم سے کچھ اس انداز کا سا ہے : ' میرے بندو، میری ذات کی اصل معرفت اس علمی اور فکری چیلنج پر منحصر ہے۔ تم مجھے صرف اس وقت پا سکو گے جب تم اعراض اور استفسار کی فطرت سے لیس ہو جاؤ گے اور کہو گے کہ میں فلاں فلاں چیز کو اس کی ظاہری شکل و شباہت پر قبول نہیں قبول کر سکتا۔ مجھے ان کے اصل معانی تک رسائی حاصل کرنے کی ضرورت ہے۔ ' صدیوں تک ہم اس نظریہ پر جمے رہے کہ یہ

زمین ہی اس پوری کائنات کا مرکز ہے۔ لوگوں نے اسے مقدس نظریہ کا عنوان دیا حالانکہ اس میں تقدس نام کی کوئی چیز نہ تھی۔ یہاں اس بات کی ضرورت تھی کہ اسے چیلنج کیا جائے، مزید غور و فکر کیا جائے تا کہ اس سے بھی بہتر نظریہ سامنے آسکے۔ چنانچہ اس دوران اللہ کے کچھ عظیم بندے اٹھ کھڑے ہوئے اور انہوں نے ان نظریہ کی مقبولیت کو چیلنج کیا کہ زمین کائنات کا مرکز نہیں۔ انہوں نے اس مصنوعی تقدس کی حقیقت کو دنیا کے سامنے آشکار کیا اور یہ ثابت کردیا کہ اس دنیا میں اگر کوئی چیز مقدس ہے تو وہ خود یہ علمی تحقیق اور اس پر مبنی چیلنج ہے جو سچائی تک ہمیں پہنچاتا ہے۔

چنانچہ اس علمی اور فکری غور و فکر کے نتیجے میں اللہ کی ذات ہماری ترقی اور نشو و نماء کا ذریعہ بن جاتی ہے۔ ہماری زندگی بامقصد اور سب کے لیئے نفع بخش بن جاتی ہے۔ اس کی مہار مکمل طور پر ہمارے ہاتھ میں آجاتی ہے۔ ہم تہ دل سے اس حقیقت کے قائل ہو جاتے ہیں کہ ہم خود ہی ان تمام کلفتوں اور مصائب کے ذمہ دار ہیں جو زندگی میں ہمیں ملتی ہیں۔ خود میرے علاوہ کوئی اور ان کا ذمہ دار نہیں۔ نہ بھائی، نہ رشتہ دار، نہ کوئی فرشتہ، نہ نبی اور نہ ہی کوئی امام ان کا ذمہ دار ہے۔ یہ میری اپنی کہانی ہے جو میرے اور میرے خدا کے درمیان ہے۔ یہاں کوئی بھی صحیح معنوں میں نہ افلاطون ہے، نہ سقراط اور نہ ہی ارسطو۔ افلاطون، سقراط اور ارسطو کے پاس بھی وہی دماغ تھا جو آج ہمارے پاس ہے۔ انہوں نے زندگی کے اس عظیم سفر میں اپنے دماغ کا استعمال کیا اور بہت بڑا کام کیا۔ ہم بھی اپنے دماغ کو اسی سفر میں

استعمال کریں۔ سقراط تاریخ میں ایک عظیم سقراط کیسے بنا؟ اسی طرح سوالات کرنے ، چیلنج کرنے اور اپنے وقت کے متداول نظریات کا تنقیدی جائزہ لینے سے اس کی عظمت دنیا کے سامنے آئی ۔ یہ وہی شخص تھا کہ جس نے زہر کا بھرا پیالہ پیا۔ یہ کام اس نے پورے یقین اور اعتماد کے ساتھ کیا۔ اس کی سزا یہی مقرر کی گئی تھی جسے اس نے بڑی خوشی سے قبول کیاتب جاکر وہ عظیم سقراط بنا۔ پھر آپ کے سامنے ایک اور عظیم شخصیت افلاطون کی آتی ہے جو اپنے زمانے کا جلیل القدر مفکر اور مدبر تھا۔ مگر ہم دیکھتے ہیں کہ ارسطو ہر مقام پر افلاطون کو چیلنج کرتا ہوا دکھائی دیتا ہے جب کہ افلاطون بھی اپنے دور کا سب سے بڑا علمی مرکز تھا۔ مگر علمی ارتقاء کو کہیں بھی نہیں روکا جا سکتا۔

ان ہی سطور سے آپ نے اندازہ کر لیا ہوگا کہ اللہ تعالیٰ کی ذات ہمارے لیئے آزادی اور وسعت کا ذریعہ ہے، نہ کہ تنگی اور حد بندیوں کا۔ اس نے ہمیں وہ زندگی عطاء کی ہے جو صحیح معنوں میں نوع بشر کی عظمت اور جلال کی حیثیت کے عین موافق ہے۔ ہمیں اس نے خوبصورت اور دلآویز جنت کے لیئے پیدا کیا، خاک ہی میں دفن کر دینے کے لیئے نہیں۔ یہ شاندار جنت کسی خلاء میں نہیں بلکہ خود اس انسان کے اندر اس کی حسین روح ہے جو لازوال ہے۔یہی حقیقی جنت کی بھی مستحق ہے۔ کیا ہم یہ نہیں کہتے کہ اس جہان کے سلیمان نے اس دنیا پر حکمرانی کی اور اس سلطنت میں اس کے ماتحت انسان، جن اور تمام چرند پرند بھی شامل تھے۔ مگر دلوں کے سلیمان حسین کی حکمرانی اس سے زیادہ وسیع تھی جس کی بازگشت آج بھی پوری قوت کے ساتھ سنائی

دے رہی ہے اور قیامت تک اس میں کوئی کمی نہیں آ سکتی۔ کیونکہ انسانی آزادی کے وہ سب سے عظیم نشان تھے۔ اسی آزادی کے حوالے سے یہ نکتہ قابل ملاحظہ ہے کہ اللہ کی قدرت گہرائی کے ساتھ ہمارے وجود میں ہے جو اس بات کے لیئے مسلسل انگیخت کر رہی ہے کہ ہم اپنے آپ کو آزاد کر دیں اور ان وسعتوں سے اپنے آپ کو آشنا کریں جو انسانی عظمت کے لیئے بنیاد کا کام دیتی ہیں۔ اللہ ہی آزادی کی حقیقی قوت ہے۔ مگر ہمیں یہاں ٹھہر کر یہ دیکھنا اور سوال کرنا ہوگا کہ وہ ذات ہمارے بارے میں اس عمل کو کس طرح انجام دیتی ہے؟

میرے لیئے یہ جاننا بہت ضروری ہے کہ وہ کون سی قوت ہے جو میرے اندر اس آزادی کی تشکیل کرتی اور میری نشو و نماء اور ترقی میں اہم کردار ادا کرتی ہے۔ کیونکہ میں اس دنیا میں ایک تنہا انسان نہیں ہوں۔ میں ایک اجتماعی معاشرے میں اجتماعی تقاضوں کے تحت رہ رہا ہوں۔ اجتماعیت اس کی خصوصیات میں سے ہے۔ مجھے کاروبار کرنا پڑتا ہے جس کے لیئے مجھے لوگوں کے ساتھ میل جول رکھنا اور تعلقات استوار کرنا ازحد ضروری ہے۔ یہاں مختلف قسم کی ثقافتیں اور رواج ہیں جن کی پاسداری کرنا پڑتی ہے۔ میرے والدین ہیں، بچے ہیں اور بیوی ہے۔ اب دیکھنا یہ ہے کہ میں ان حالات میں اپنے اس مقصد کو کیسے حاصل کر سکتا ہوں۔ بلاشبہ اللہ ہمارے نہایت قریب ہے اور اس کے جلوے ہماری ذات میں موجود ہیں اور ہماری وابستگی ان کے ساتھ قطعی ہے۔ مگر اس کا ذریعہ یہ ہے کہ اللہ تعالٰی نے ہمیں بہترین دین سے

نوازا ہے جو اعلیٰ اصول و ضوابط پر مشتمل ہے۔ یہی اصول ہمیں انسانیت کی تکمیل کی راہ میں مدد کرتے اور روشنی دکھاتے ہیں۔

چنانچہ اسی لیئے ایک طرف ہم یہ کہتے ہیں کہ اس مقصد کی تشکیل تین اہم اجزاء سے ہوتی ہے۔ علمی اور فکری انقلاب، اخلاقی تطہیر اور روحانی تکمیل۔ ان ہی کے حصول کے بعد ہم میں وہ صفات آ سکتی ہیں جنہیں خدا پیدا کرنا چاہتا ہے اور جنہیں خدائی صفات بھی کہا جاتا ہے۔ پھر ان تین صفات کے حصول میں کامیابی کے بعد ہم اسے انسانیت کی تکمیل کے الفاظ سے یاد کر سکتے ہیں جو اس صورت حال کے لیئے عین مناسب ہے۔ اب ہمیں ان تین صفات کی روشنی میں ان عملی راستوں کی بھی ضرورت پڑے گی جو خدا تک ہمیں پہنچا سکیں۔ یہ تو میرا اپنا ایک ذاتی دعوی ہے کہ میں اپنے رب کے زیادہ قریب ہوں، مگر کیا میں اس سے بھی واقف ہوں کہ میرا دوسرے مذاہب کے لوگوں کے ساتھ کیسا تعلق ہونا چاہیے؟ ان کے ساتھ میرے معاملات کیسے ہوں؟ ان کے ساتھ معاشرت کی صورت میں اپنے مقصد کی جانب سفر کی نوعیت کیا ہو گی؟ ہمارا دعوی ہے کہ اللہ نے اس ضرورت کے لیئے ایک دین عنائیت کیا ہے اور یہی سب سے بڑی ہدایت ہے اور ہدف کی جانب ہماری رہنمائی کرتا ہے۔ اسی دوران یہ نظریہ بھی ہمارے سامنے آتا ہے کہ اگر یہ دین انسانیت کی تکمیل کی راہ میں ہماری رہنمائی کرتااور یہ خدا کی طرف سے ہے اور یہ مقدس بھی ہے اور دائمی بھی۔ اگر میں آخری دین کا ماننے والا ہوں تو لازما اسے ایک ہی ہونا چاہیئے، ایک سے زیادہ

نہیں ہو سکتے ۔ان تمام دعووں کا جائزہ لینا ضروری ہوگاتا کہ ابہام اور اشتباہ سے لوگوں کو دور رکھا جا سکے۔

مذہب اور مذہبی نظریات سے وابستہ 'تقدس' کے اس عقیدہ کے بارے میں یہ جاننا ضروری ہے کہ اس کی حقیقت کیا ہے۔ عام طور پر اس کا مطلب یہ لیا جاتا ہے کہ مذہب غلط نہیں ہو سکتا کیونکہ یہ خدا کی طرف سے ہوتا ہے۔ لیکن یہاں میری طرف سے سوال یہ ہے کہ اس مذہب میں کتنا حصہ خدا کی جانب سے ہے اور کتنا انسانی تعبیر اور تشریح سے ہے؟ مگر عام طور پر یہی جواب دیا جاتا ہے کہ مذہب سے متعلقہ ہر بات مقدس ہے اس لیئے کہ یہ اللہ کی جانب سے ہے۔ اور یہی تقدس کا وہ مفہوم ہے جو عوام اور خواص کے ہاں معروف اور مروج ہے۔ مگر میرا سوال ان سے یہی ہے کہ مجھے متعین طور پر بتاؤ کہ اس میں سے کونسا حصہ اللہ کی جانب سے نازل کردہ ہے اور کونسا انسانی تشریحات سے متعلق ہے؟ مگر اس پر بھی ایک مبہم سا جواب ملتا ہے کہ ہم قرآن کے ترجمہ کے ساتھ منسلک ہیں اور یہ ترجمہ بھی اللہ کے کلام کا ہے ، اس لیئے ہمارے نزدیک یہ بھی مقدس ہے اور ہم اعتقاد رکھتے ہیں کہ یہ بھی اللہ کی جانب سے ہے۔ مگر اس ترجمہ کے بارے میں بھی یہی سوال اٹھتا ہے کہ اس کا کتنا حصہ اصل کلام کا ہے اور کتنا تشریحی ہے؟ اس گہرے سوال کے جواب میں بالعموم یہ کہا جاتا ہے کہ سوائے قرآن کے متن کے باقی مذہب کا تمام حصہ اگرچہ انسانی تشریحات سے متعلق ہے مگر یہ تشریحات اور تعبیرات بھی اللہ کے اصولوں کی نمائندگی کرتی ہیں، اس لیئے یہ بھی مقدس اور متبرک

ہیں۔ اگر صورت حال یہی ہے تو پھر اس صورت میں کوئی بھی انسانی ذہن دوسرے انسانی ذہن پر فضیلت اور فوقیت کا دعوی نہیں کر سکتا جب تک کہ اس کے پاس ذہن نبوت نہ ہو جو براہ راست خدا سے غذا پاتا ہے۔ لہذا ان حالات میں مذہب کے کلی مقدس ہونے کا معاملہ ایک سوالیہ نشان ہے۔ مذہب کے ہر پہلو کے بارے میں سوال ہوگا حتیٰ کہ اس حصہ کے متعلق بھی جو نبیؐ اور آپ کی پاک اولاد سے بھی ثابت ہے۔ عقل و دانش کا یہی تقاضا ہے اور اسی کی طرف قرآن میں بار بار ہمیں متوجہ کیا گیا ہے۔

قرآن یقینا اللہ کی کتاب ہے مگر اس کا ترجمہ اور تفسیر کیا یہ بھی اللہ کی جانب سے نازل کردہ ہیں؟ اس کا جواب نفی میں دیا جاتا ہے۔ پھر اس کا مطلب یہی ہے کہ اس ترجمہ اور تفسیر کو چیلنج کیا جا سکتا ہے اور اس سے اختلاف بھی ممکن ہے۔ کیونکہ یہ وہ حق ہے جو خود اللہ نے ہمیں اپنی کتاب میں دیا ہے کہ ہم تحقیق کریں، اور تنقیدی جائزہ لیں اور یوں سچائی تک پہنچنے کی کوشش کریں۔ مذہب کے نام پر جو اکثر حصہ ہمارے سامنے پیش کیا جاتا ہے اس کا تعلق ہمارے آباء کی آراء اور رسم و رواج سے ہوتا ہے جو بہت سے امور میں اس مقصد عظیم سے متصادم ہوتی ہیں جس کا یہاں بار بار ذکر کیا گیا۔ یہ رسوم جو عقل و دانش کے خلاف ہیں اور ان کے نقصانات سے کسی کو بھی انکار نہیں۔ مگر بد قسمتی سے یہی رسمیں مذہب ہی کے نام پر ہم میں رواج پا گئی ہیں۔ لوگ حقیقت کو جان لینے کے باوجود ان کے ساتھ اس لیئے چمٹے ہوئے ہیں کہ انہیں معاشرے کی طرف سے خوف لاحق ہے۔ اسی

خوف اور بعض اوقات وہ اپنی غفلت کے باعث اس امر کے قائل ہو گئے ہیں کہ یہ رسمیں بھی مذہب کا باقاعدہ حصہ ہیں۔ حالانکہ ان کی غیر معقولیت اور لغویت سب پر واضح ہے۔

یہاں میں آپ کو ایک دوسری مثال دینا چاہتا ہوں جسے ابھی تک یہاں شامل نہیں کیا گیا۔ یہ مثال آپ کے اس پڑوسی کی ہے جو اپنے اخلاق اور کردار میں آپ سے بہتر ہے ، اور اس کی زندگی اس مقصد کے قریب تر ہے جو ہماری اس کتاب کی روح ہے۔ وہ پڑوسی علمی لحاظ سے بھی آپ سے بہتر ہے اس لیئے کہ وہ علم کے حصول کے لیئے ہر وقت مستعد ہے اور پھر اس کا ذہن بھی اس کے لیئے کھلا ہے۔ اخلاقی طور پر بھی وہ آپ سے اس طور پر بہتر ہے کہ وہ جھوٹ نہیں بولتا اور نہ ہی کسی کو دھوکہ دیتا ہے اور نہ ہی چوری کا ارتکاب کرتا ہے۔ وہ اپنے تمام پڑوسیوں کا خیال رکھتا ہے۔ وہ سخی بھی ہے اور اپنی اس سخاوت میں ان غریبوں، یتیموں اور بے کسوں کی مدد کرتا ہے جو افریقہ، پاکستان اور افغانستان میں کسمپرسی کی حالت میں ہیں۔ وہ حکومت کی زیادتیوں کے خلاف اپنی آواز بھی بلند کرتا ہے۔ وہ عیسائی ہونے کے باوجود اپنے مذہب کی روایات کے برعکس مسلمانوں کے ساتھ اس طرح پیش آتا ہے گویا وہ اسی کے ہم مذہب ہیں، مسلمان نہیں۔ وہ عیسائیت کو ایسا مذہب نہیں سمجھتا جو اسلام کا مخالف اور مسلمانوں کے خلاف تعصب میں مبتلاء ہو۔ اس شخص کو اس کا یہ مذہبی عقیدہ اس بات کی پورے طور پر اجازت دیتا ہے کہ وہ مسلمان بچوں کو بھی اسی طرح گلے لگائے اور بوسہ دے جس طرح وہ اپنے عیسائی بچوں کو دیتا

ہے۔ روحانی طور پر وہ مجھ سے زیادہ خدا کے قریب ہے۔انسانیت کو تڑپتا دیکھ کر اس کی آنکھوں میں بے اختیار آنسو آجاتے ہیں۔ اپنی ذات میں وہ ایک کمزور اور غیر محفوظ انسان نہیں ہے، اس کے برعکس وہ اللہ کے بارے میں مکمل طور پر پر اعتماد اور پر یقین ہے۔ لیکن ان سارے اوصاف کے باوجود میں اپنے روائتی مذہبی نظریات کے تحت اس تصور میں مبتلاء ہوں کہ میں اپنے اس پڑوسی سے بہتر ہوں کیونکہ میرے مذہب کی تعلیم یہی ہے۔ حالانکہ میں جانتا ہوں کہ میرے دل و دماغ دونوں اس عقیدہ سے متفق نہیں۔ مگر میں اپنے اس روائتی مذہبی نظریہ کے ہاتھوں مجبور ہوں۔ حیرت کی بات ہے کہ جو چیزیں عقل و دانش کے اعتبار سے رد کر دی جاتی ہیں وہی مذہبی دنیا میں قبولیت کا درجہ حاصل کر لیتی ہیں۔ جو امور عام طور پر معاشرے اور انسانوں کے لیئے نقصان دہ اور ترقی کے لیئے سب سے بڑے مانع ہوتے ہیں وہی مذہبی تقدس کے نام پر معاشرے میں رواج پا جاتے اور بڑے اہتمام کے ساتھ ان کی پیروی کی جاتی ہے۔ حالانکہ عملا ان کے نقصانات اور خرابیاں کسی سے بھی مخفی نہیں ہوتیں۔

ہمارے عظیم نبیؐ ایک ایسی سوسائٹی میں تشریف لائے جو فطری طور پر خانہ بدوشوں پر مشتمل تھی۔ یہ وہ لوگ تھے جو اپنی بیٹیوں کو زندہ درگور کر دیا کرتے تھے۔ وہ اپنے بچوں کو بتوں کے نام پر بھینٹ چڑھا دیا کرتے تھے۔ مگر ایک قلیل عرصے میں انہوں نے اس معاشرے کی کایا پلٹ کر رکھ دی۔ انہوں نے ان ہی خانہ بدوشوں کو محقق اور مفکر بنا دیا۔ ان ہی لوگوں نے آگے چل کر ایک نئی مگر عظیم تہذیب کی داغ

بیل ڈالی اور انسانیت کو بہت کچھ عطاء کیا۔ اب یہاں قابل غور نکتہ یہ ہے کہ مذہب نے ان انسانوں کو کیا دیا اور ان کے بارے میں کیا کردار ادا کیا؟ جواب واضح ہے کہ اسی مذہب نے ان کے اخلاق میں بلندی اور پاکیزگی پیدا کی۔ ان کی علمی اور فکری قابلیتوں کو جگایا اور انہیں جلاء بخشی۔ اور روحانی طور پر انہیں صحیح معنوں میں خدا کے قریب کر دیا اور توحید کی روشنی سے آشنا کیا۔ آج پوری دنیا کے مسلمانوں کی اس موجودہ ۱.۷ بلین آبادی میں سے کتنے افراد ایسے ہیں جو ان عظیم انسانوں کی صفات کے حامل ہوں؟ انہوں نے تو یہودیوں اور عیسائیوں کو بھی گلے لگایا تھا اور صابئیوں کو بھی اہل کتاب میں شمار کیا تھا۔ انہوں نے اپنے حسن کردار اور بہترین معاشرتی تعلقات کے ذریعے دنیا میں اسلام کی شمع روشن کی تھی۔ مگر آج وہ مسلمان کہاں ہیں؟ کیا آج مذہب کا یہ مقدس نظریہ لوگوں کو اسی آزادی سے ہمکنار کر رہا ہے جس کا ابھی ذکر ہوا، یا یہ ایک خرابی اور پسماندگی کی علامت بن گیا ہے جسے مذہبی تقدس کی آڑ میں رواج دیا جا رہا ہے؟

مذہب کو چونکہ بالعموم تقدس کا درجہ حاصل ہے، اسی سے فائدہ اٹھاتے ہوئے مذہبی لوگوں نے بڑی ہوشیاری سے ان امور کو بھی تقدس کا جامہ پہنا دیا ہے جو حقیقت میں مقدس نہیں۔ اور یہ امور اس مقصد کے بھی خلاف ہیں جسے اس زندگی کے لیئے اللہ تعالیٰ نے مقرر کر دیا ہے۔ چنانچہ یہ فکر بھی تنقید و تنقیح کی محتاج ہے۔ کیونکہ جس انداز میں ہم یہ دعوی کرتے ہیں کہ مذہب ہر لحاظ سے مکمل طور پر مقدس ہے، اس سے مذہب کی حیثیت کاملا ایسے معصوم کی سی ہو جاتی ہے جس پر

کوئی تنقیدی گفتگو نہیں کی جا سکتی۔ حالانکہ اس کا اکثر حصہ غیر مذہبی ہوتا ہے جیسا کہ ہم بیان کر آئے ہیں۔ چنانچہ اسی روائتی مذہب کے تحت ہم بہت سے امور انجام دیتے ہیں جن کا حقیقی خدا وندی مذہب سے کوئی ناتہ نہیں ہوتا۔ مثلا اسی کے تحت بڑے جذ باتی انداز میں بغیر کسی تحقیق و تفتیش کے ہم چور کے ہاتھ اور دوسرے مجرموں کو سنگسار کرنے کا حکم دیتے ہیں۔ میں ایسے لوگوں سے پوچھتا ہوں کہ اللہ کی کتاب کی کونسی آیت میں سنگسار کرنے کے اس حکم کا ذکر ہے؟ یہ کہاں موجود ہے کہ لوگوں کو آگ میں پھینک دیا جائے؟ کیا نبی اکرمؐ نے یہ نہیں فرمایا کہ میری کوئی بھی حدیث اگر قرآن کے خلاف نظر آجائے تو اسے رد کر دیا جائے؟ مگر آج یہ لوگ اس حدیث کی روح کے خلاف عمل میں مصروف ہیں۔

قرآن بلا شبہ خدا کا کلام ہے۔ لیکن اس کے باوجود مسلمان تنقیدی فکر کے بجائے جمود کا شکار کیوں ہیں؟ وہ اشیاء کو ان کی صحیح حقیقت کی روشنی میں دیکھنے اور پرکھنے کے عادی کیوں نہیں؟ انہوں نے اپنے آپ کو اس عظیم حق سے کیوں محروم کر رکھا ہے جسے اللہ نے فطرتا انہیں بخشا تھا اور وہ تنقید و تحقیق کا حق تھا۔ آج کمیونٹی اس شدید جمود کا شکار کیوں ہے؟ آج یہی مذہب ہمارے لیئے کیوں غیر نفع بخش ہو کر رہ گیا ہے؟ اس جمود اور تعطل کے اسباب کیا ہیں؟کیا وجہ ہے کہ یہی مذہب اپنے ابتدائی عہد میں انتہائی نفع بخش اور عظمت کا ضامن تھا مگر آج یہی غیر نفع بخش اور جمود کا نشان بن کر رہ گیا ہے؟ کیا وجہ ہے کہ آج اسی مذہب سے داعش جیسے لوگ پیدا ہو رہے ہیں جو اپنی تمام

دہشت گردانہ کاروائیوں کے لیئے جواز اسی مذہب سے لا رہے ہیں۔ یہ صورت حال اس بات کی متقاضی ہے کہ ہم اس پورے نظام پر تنقید کریں اور کھلے ذہن سے اسے سمجھنے کی کوشش کریں۔ مجھے ایسے مذہب کے ساتھ منتھی ہونے کی کیا ضرورت ہے جس کے نتیجے میں مجھے ندامت کا سامنا کرنا پڑے؟ ہر وقت اپنے نظریات کو چھپا کر رکھنا پڑے اور لوگوں کے سامنے اپنی اصلیت کو چھپانے کے لیئے عجیب و غریب عذروں کا سہارا لینا پڑے۔

مجھے معلوم ہے کہ بہت سے واعظین جب مذہب کا ذکر کرتے ہیں تو وہ بڑے خوش نما اور میٹھے انداز میں ایسی باتوں کو بھی دین کا حصہ بنا دیتے ہیں جن کا اصل دین سے کوئی تعلق نہیں ہوتا۔ مگر یہ ان کا انداز بیان ہے جو لوگوں کو قائل کر لیتا ہے۔ حالانکہ انہیں اس بات کا احساس نہیں ہوتا کہ وہ کیا کر رہے ہیں اور نہ ہی وہ صحیح معنوں میں قرآن کے عالم اور مفسر ہوتے ہیں۔ اسی لا علمی کی بنا پر وہ ایسے امور کو بھی دین کی بنیادی اساسات کا حصہ شمار کر لیتے ہیں جن کی اصلا یہ حیثیت نہیں اور نہ ہی انہیں مقدس ہونے کا رتبہ حاصل ہے۔ یہی وجہ ہے کہ یہ لوگ ایسے امور پر تنقیدی نگاہ نہیں ڈال سکتے اور یوں یہ اشیاء دین کا اساسی حصہ بن جاتی ہیں۔ داعش والوں کا دعوی یہ ہے کہ ان کے تمام نظریات کی اساس قرآن کی آیات ہیں۔ اس لیئے آج تمام علماء کا فرض ہے کہ وہ ان تمام نظریات کا محاکمہ کریں اور ان پر تنقید کریں اور ان کمزوریوں کو واضح کریں جو عقل و دانش کے خلاف ہیں اور محض ان کی ظاہری شکل و صورت کو دیکھ کر انہیں مذہب کا جز بنا

لیا گیا ہے۔ ہم جانتے ہیں کہ آج انہیں تقدس کا درجہ حاصل ہے مگر حقیقتا ایسا نہیں۔ میں جانتا ہوں کہ میرا خالق ایسا نہیں ہو سکتا جیسا کہ یہ روایات کہ رہی ہیں۔ ہمیں اپنا ذہن کھلا اور وسیع کرنے کی ضرورت ہے تا کہ ہم ان غیر مقدس روایات کو اصل دین سے الگ کر سکیں۔

مذہب کے متعلق عام نظریہ اور عقیدہ یہی پایا جاتا ہے کہ مذہب مقدس اور دائمی ہے۔ اس لیئے ضروری ہے کہ مذہب کے مفہوم اور اس کی صحیح تعریف سے لوگوں کو آشنا کیا جائے۔ مذہب کی جامع تعریف یہ ہے کہ مذہب مخصوص تعلیمات کا مجموعہ ہے جو انسان کو اس کی انفرادی سطح پر زندگی کے معنی اور مقاصد سے اگاہ کرتا ، اور ان تمام امور کے بارے میں ہدایات فراہم کرتا ہے جن سے یہ انسان بہت گہرائی کے ساتھ منسلک ہے۔ یہ مذہب کی جامع اور وسیع تعریف ہے جو یہاں پیش کی گئی۔ اس تعریف کی رو سے مذہب انسانی زندگی کو با مقصد اور با معنی بناتا اور اس امر کو واضح کرتا ہے کہ با مقصد زندگی کو کیسے حاصل کیا جا سکتا ہے۔ لیکن یہ مذہب کی ایک عمومی تعریف ہے جو خصوصیات کو الگ کرکے بیان کی جاتی ہے۔ یہ مذہبی خصوصیات کیا ہیں؟ جب ہم ان خصوصیات کی روشنی میں مذہب کا جائزہ لیتے ہیں تو ہمارے سامنے یہ واضح ہوتا ہے کہ مذہب کے کچھ مخصوص اور بنیادی خد وخال ہیں جو اس کے تشخص کا حصہ ہیں۔ ان کا علم اس وقت ہوتا ہے جب ہم قرآن کا گہرائی کے ساتھ مطالعہ کرتے ہیں۔ یہ وہ فیچرز اور عناصر ہیں جو دنیاوی مقاصد اور نجات کے متعلق ضمانت فراہم کرتے ہیں اور بنیادی طور پر یہ تین ہیں۔ اولا، اللہ کے ساتھ گہرا تعلق اور

ربط جسے قرآن کی زبان میں 'ایمان باللہ' بھی کہا جاتا ہے۔ ثانیا، قیامت اور جزا و سزا کا عقیدہ اور نظام کہ جس کی طرف ہم میں سے ہر ایک کو پلٹنا ہے۔ اور آخری چیز وہ اعمال ہیں جن کی بناء پر ہم کچھ حاصل کرتے ہیں، جنہیں 'اعمال صالحہ' بھی کہا جاتا ہے۔

یہ تینوں مذہب کی وہ خصوصیات ہیں جن کی اہمیت بنیادی ہے اور جن پر کسی حال میں بھی سودے بازی نہیں ہو سکتی۔ یہ کم و بیش تمام انسانی مذاہب بالخصوص ابراہیمی مذاہب میں واضح شکل میں پائی جاتی ہیں۔ یہی وجہ ہے کہ قرآن میں مسلمانوں کے علاوہ دوسرے مذاہب کے ان پیروکاروں کو بھی کامیابی کی خوشخبری دی گئی ہے جو اخلاص کے ساتھ ان تینوں مذہبی اساسات پر قائم رہے اور ان کی خاطر جدوجہد کرتے رہے۔ خصوصا قرآن کی ابتدائی پانچ سورتوں میں ان امور کا بار بار اعادہ کیا گیا ہے۔ جیسا کہ اہل کتاب کے دونوں گروہوں یہود اور نصاریٰ سے خطاب کیا گیا ہے: "اے اہل کتاب، تم کسی چیز پر بھی نہیں ہو جب تک کہ تم تورات اور انجیل کو قائم نہ کر لو۔" (۵ : ۶۸) اگر یہ لوگ مذہب کی روح سے یوں بیگانہ نہ ہو چکے ہوتے تو اللہ اس انداز میں انہیں خطاب نہ کرتا۔ چنانچہ یہ تینوں وہ مذہبی اساسات ہیں جن پر دنیا اور آخرت کی کامیابی اور نجات کا دار و مدار ہے، اور اسی خصوصیت کی وجہ سے یہ ناقابل سودہ بازی اور ناقابل سمجھوتہ ہیں۔ اللہ کے ساتھ مضبوط اور گہرا تعلق ، حشر اور جزا و سزا کا نظام وہ امور ہیں جو ہم سب کو انسانیت کی تکمیل اور نجات کے حصول کے سلسلے میں رہنمائی دینے والے ہیں۔ اعمال صالحہ ان دونوں تک پہنچنے کا خصوسی

ذریعہ ہیں۔ ان اہم اور ضروری امور کے علاوہ کچھ غیر ضروری امور بھی ہیں جن پر گفتگو ضروری ہے۔

یہ غیر ضروری امور کیا ہیں؟ مذہب میں کم اہمیت والے امور کا تعلق اس سے ہے کہ اعمال صالحہ کو کس طرح اور کس انداز میں انجام دیا جائے، اور مذہب اس بارے میں کیا رہنمائی فراہم کرتا ہے۔ اس مقام پر یہ بات ذہن نشین کر لینی چاہیے کہ ان تمام نیک اعمال کی تشکیل اور انجام دہی ان مقاصد کے تحت ہوتی ہے جنہیں شریعت نے انسانیت کی فلاح کی خاطر متعین کر دیا ہے۔ اس لیئے اعمال صالحہ ان ہی مقاصد اور ان سے متعلقہ صورت احوال کے ساتھ مربوط ہیں۔ مثال کے طور پر مذہب اس پر زور دیتا ہے کہ انسان اپنی گفتگو میں سچ بولے اور یہی اس کے لیئے عمل صالح ہے۔ لیکن ایک ظالم حکمران کے نرغے سے کسی بے گناہ انسان کی جان بچانے کی خاطر جھوٹ بولنا بھی اپنے مقام پر عمل صالح کی حیثیت رکھتا ہے۔ گرچہ یہ بظاہر جھوٹ ہے۔ اس سے معلوم ہوا کہ نیک عمل کی تشکیل کا تعلق حالات کی مخصوص شکل اور تقاضوں سے ہے۔یہ بالکل آزاد نہیں جیسا کہ عموما سمجھ لیا گیا ہے۔ اسی طرح ہمارے سامنے مذہبی تعلیم کی ایک دوسری مثال ہے جس کی رو سے انسانی جان کا تحفظ ایک بہت بڑا نیک عمل ہے۔ مگر اپنی کمیونٹی کے تحفظ اور استحکام کی خاطر دفاع میں ان حملہ آوروں اور دہشت گردوں کا مقابلہ کرنا اور اس مقام پر ان میں سے کسی کی جان لے لینا ہی ایک نیک عمل ہے۔ اس لیئے کہ اب سیاق بدل گیا ہے۔ اللہ کی راہ میں مال خرچ کرنا ایک بہت بڑا عمل صالح ہے۔ لیکن ایسی

مسلم حکومت جو ظلم اور دہشت گردی کو فروغ دیتی ہے، اس سے مال کو روک لینا اور نہ دینا ہی اس جگہ عمل صالح شمار ہوگا۔ اس لیئے یہ ضابطہ ہے کہ عمل صالح کا تعین اور وجود اس مقصد کے تحت ہوگا جسے شریعت نے مقدر کر دیا ہے۔ اسے نظر انداز کر دینے کی صورت میں بہت بڑے فساد کا خطرہ ہے جس سے اجتناب ضروری ہے۔ یہی وہ مقصد ہے جو ہمارے انفرادی اور اجتماعی معاملات اور مفادات کی آبیاری کرتا ہے۔چونکہ نیک اعمال کی تشکیل اور تعین مخصوص حالات اور سیاق کے تحت ہے جو اپنے تقاضوں کے تحت بدلتے رہتے ہیں اس لیئے مذہب کے اس حصہ کو غیر اساسی امور میں شامل کیا گیا ہے۔اصولی لحاظ سے کسی بھی عمل کا نیک ثابت کیا جانا اس پر منحصر ہے کہ وہ افراد اور معاشرے کے لیئے کس قدر نفع بخش اور دافع مضرت ہے۔

گزشتہ بحث کا مختصر اعادہ یہ ہے کہ مذہب کے بنیادی اور ضروری اجزاء تین ہیں جن پر ہماری کامیابی کا انحصار ہے۔ پہلا اللہ تعالیٰ کی ذات سے مضبوط تعلق اس طور پر کہ جو انسان کو اخلاق اللہ، یعنی خدائی صفات کا پرتو بنا دے۔ دوسرا عقیدہ جزا و سزا سے متعلق ہے جو اس دنیا میں ہمیں ذمہ داریوں کا احساس دلاتا اور ہماری ذات کی تکمیل کرتا ہے۔ اور تیسرا اور آخری جز نیک اعمال ہیں جو ہمارا سب سے بڑا اثاثہ ہیں۔ پھر ان اعمال صالحہ کے بھی دو اہم درجے ہیں۔ پہلا درجہ اعمال کی وہ مخصوص شکل ہے جس کے تحت ہم انہیں بجا لاتے ہیں اور ان ہی کو مستقل اور دائمی کہا جا سکتا ہے۔کیونکہ اعمال کی یہ انجام دہی ان ہی اشکال پر منحصر ہے۔ اور دوسرا غیر دائمی اور غیر مستقل ہے جو کبھی

پایا جاتا ہے اور کبھی نہیں۔تو یہ دائمی حصہ کونسا ہے؟ اہل اسلام کے لیئے یہ دائمی حصہ عبادات کی مخصوص شکلیں ہیں جنہیں ہم ان ہی کے مطابق بجا لاتے ہیں۔ مثلا نماز اور روزے کی خاص ظاہری صورتیں جو کہ مسلمانوں کے حق میں دائمی اور غیر متغیر ہیں۔ مثال کے طور پر جب آپ زمین پر ہیں تو تو اس صورت میں آپ اس بات کے پابند ہیں کہ نماز کو اس کی پوری شکل میں قبلہ رخ ہو کر ادا کریں۔ اور جب آپ خلاء میں ہیں تو پھر بھی نماز کے پابند ہیں گرچہ قبلہ کا مسئلہ وہاں نہیں۔

اسی طرح دوسرے مذاہب کے پیروکاروں کے ہاں بھی عبادات کے سلسلے میں دائمی اور مخصوص شکلیں ہیں جن کے مطابق وہ اپنی عبادات بجا لاتے ہیں۔ اسی بات کو اللہ تعالیٰ بڑے خوبصورت انداز میں پیش کرتا ہے۔ ''ہم نے عبادات کے مختلف طریقے مقرر کر دیئے ہیں تا کہ وہ ان کی پیروی کر سکیں۔'' (٦٧ : ٢٢) آپ کے لیئے مخصوص طریقہ ہائے عبادت ہیں جنہیں آپ دائمی حیثیت سے ادا کرتے ہیں۔ اور اسی طرح دوسرے اہل مذاہب کے لیئے بھی خاص طریقے اور شکلیں ہیں وہ ان کے مطابق اللہ کی عبادت کرتے ہیں۔ یہاں اللہ پھر ہمیں متوجہ کر رہا ہے کہ ہم ان مخصوص شکلوں کے متعلق آپس میں کوئی تنازع نہ کریں۔ کیونکہ جس طرح ہمارے لیئے اس نے یہ طریقے مقرر کر دیئے ہیں اسی طرح وہ بھی اپنے مقررہ طریقوں کے مطابق اپنے رب کو راضی کرنے کی کوشش کرتے ہیں۔ ان کے لیئے ان کے اپنے دائمی اصول ہیں اور ہمارے لیئے ہمارے اپنے دائمی طریقے ہیں۔ ہمارے یہ طریقے

ان مقاصد کی طرف دلالت کرتے ہیں جو ہمارے ساتھ مخصوص ہیں اور ان کے اصول ان کے ساتھ مخصوص ہیں جو انہیں ان کے مقاصد کی طرف لے جا رہے ہیں۔ جیسا کہ قرآن میں ہے۔ "ہر قوم کے لیئے ہم نے شریعت اور طریقہ (منہاج) مقرر کر دیا ہے۔" (۴۸ : ۵)

عبادت کی یہ دائمی شکلیں خود عبادات کیلیئے تعارف اور پہچان کا درجہ رکھتی ہیں۔ مگر ان کے علاوہ اور بھی ایسے نیک اعمال ہیں جو اللہ کے اعلیٰ اور متبرک علم پر مبنی ہیں جن کو سمجھنا بہت ضروری ہے۔ ان میں سے بہت سوں کا تعلق اشیائے خورد و نوش سے ہے۔ جیسا کہ اللہ قطعی انداز میں قرآن میں فرماتا ہے: "یقینا اس نے حرام کر دیا ہے تم پر مردار ، اور خون، اور خنزیر کا گوشت، اور اسے جس پر (وقت ذبح) اللہ کے علاوہ کسی اور کا نام لیا جائے۔" (۱۷۳: ۲) اب یہاں ہمارے لیئے ان اسباب کو بھی جاننا ہوگا جن کے باعث یہ اشیاء حرام قرار دی گئیں۔ اس سلسلے میں امام علیؑ کا قول بہت بڑی حجت ہے جیسا کہ وہ فرماتے ہیں : 'اگر اللہ نے تمہارے لیئے حرام اور حلال کو واضح نہ بھی کیا ہوتا تو پھر بھی تم اپنی عقل اور بصیرت کی روشنی میں اس تک پہنچ سکتے تھے۔ مگر اس نے اپنی کمال مہربانی اور شفقت کے تحت تمہیں اس کوشش سے بے نیاز کر دیا۔' تو چنانچہ ان اشیائے خورد و نوش میں خدا وند تعالیٰ نے اپنے اعلیٰ علم کے تحت حرام و حلال کے تمام امور کو عیاں کر دیا ہے۔ اس بارے میں آخری مستقل نیک عمل جسے اللہ نے حرام و حلال کے علاوہ ہمیں دیا ہے وہ 'حیاء اور عمدگی' ہے جو ایمان کی زینت ہے۔

مذکورہ بالا امور کے علاوہ وہ کون سے ایسے امور ہیں جنہیں مذہب نے انسانوں پر لازمی اصول کے طور پر لاگو کیا ہے؟ مثال کے طور پر، سزائے موت اور بہترین تجارت کے اصول و معاملات اور انسان کی عمومی بصیرت۔ ہمارے ہاں مختلف ثقافتیں، سماجی رویے اور انسانی تعلقات اور باہم میل جول کی لا تعداد شکلیں پائی جاتی ہیں جنہیں اصلا مذہب نے تو لاگو نہیں کیا بلکہ مذہب کی آمد سے قبل ہی یہ معاشرے میں موجود تھیں۔ مگر ان کی تہذیب اور تزیین میں مذہب نے بہت بڑا کردار ادا کیااور معاشرے اور انسان دونوں کے لیئے انہیں مفید بنایا۔ اسی بناء پر ہم کہتے ہیں کہ یہاں اسلامی معیشت، اسلامی سیاست اور اسلامی سوشیالوجی جیسی اصطلاحات کا کوئی تصور نہیں۔ یہ ہمارے مختلف مفکرین کے اجتہادات کا حصہ ہیں، جن کا مقصد انسانی زندگی کو متعین طور پر مربوط کرنا اور اس کے لیئے آسانیاں لانا ہے، ورنہ کتاب مبین اس لحاظ سے خاموش ہے جیسا کہ عموما بیان کیا جاتا ہے۔ جیسا کہ ابھی بیان کیا گیا کہ مذہب کا کردار یہاں ان تمام معاملات کو توازن، اعتدال اور انصاف کے اصولوں سے آشنا کرنا ہے تاکہ انسانی سماج بہتر طور پر ترقی کر سکے اور مصائب سے پاک ہو۔لیکن جب یہ کہا جاتا ہے کہ مذہب پر تنقید نہیں کی جاسکتی تو یہ بات ہمارے لیئے سراسر ناقابل فہم بن جاتی ہے۔ ہم اس کا مطلب سمجھنے سے بالکل قاصر ہیں۔ مذہب کا کونسا حصہ آخر ناقابل تنقید ہے؟ اس کا معاشی نظام، سیاسی نظام یا معاشرتی؟ ان میں سے کوئی بھی حصہ ایسا نہیں جسے متبرک اور مقدس ہونے کا درجہ دیا جا سکے۔ ان تمام مذکورہ نظاموں کی وقت اور حالات

کے تقاضوں کے تحت تشریح کی جاتی ہے اور ان کا اکثر حصہ اجتہادی ہے، منصوص نہیں۔

اس سلسلہ میں اسلامی بنکنگ کی مثال بہت اہم ہوگی۔ اسلامی بنکنگ اصل میں کیا ہے؟ میں اسے صحیح معنوں میں سمجھنے سے قاصر ہوں۔ ہاں اگر آپ نفع (Interest) کی بات کرتے ہیں تو یہ قابل فہم ہے۔ کیونکہ انسانی عقل اس کا تقاضا کرتی ہے کہ غریبوں کا ہرگز استحصال نہ کیا جائے۔ یہ ایک بہت بڑی برائی ہے۔ لیکن اس سے یہ ثابت نہیں ہوجاتا کہ یہ 'نفع' بذات خود غلط ہے کیونکہ یہی استحصال کا ذریعہ ہے۔ یہ نفع کئی مقامات پر نہایت مفید اور پیدا آوری کا ذریعہ بھی بن جاتا ہے جیسا کہ عموما دیکھا گیا ہے۔ سماجی معاملات میں اسے دوستانہ حیثیت حاصل ہے۔ کیا اس سوچ کے تحت ایسے نفع کو بھی رد کر دیا جائے گا جو استحصال سے پاک اور باہم روابط پر مشتمل ہو؟ یہاں ہمیں یہ بتایا جاتا ہے کہ مذہب کا متن (وحی) مقدس اور متبرک ہے۔ اس پر ہمارا جواب بھی ہاں میں ہے۔ مگر سوال یہ ہے کہ اس متن کے متعلق آپ کا فہم اور ادراک بھی اسی درجے میں مقدس ہے جس درجے میں یہ متن ہے؟ کیا آپ کا فہم اس مقام پر پہنچ گیا ہے جسے تقدس کا درجہ دیا جا سکے؟

چنانچہ گزشتہ مباحث کی روشنی میں یہ بات واضح ہو چکی ہے کہ مذہب کے جو بنیادی اصول ہیں وہ اپنی فطرت میں ناقابل سمجھوتہ اور مفاہمت ہیں۔ یعنی انہیں مصالح اور ضروریات کے تحت تبدیل نہیں کیا جا سکتا۔ یہ دائمی طور پر اسی طرح اپنی حیثیت میں رہیں گے۔ یہ

وہ اصول ہیں جنہیں ہر انسانی معاشرے میں اسی طرح مانا گیا ہے اور ان کی افادیت سے کسی نے بھی اختلاف نہیں کیا بشرطیکہ ان کا اعتقاد خدا کی ذات سے وابستہ رہا ہو ۔ خدا کے ساتھ اخلاص پر مبنی لا زوال تعلق وہ پہلا اصول ہے جو ہمیں علمی، فکری ، روحانی اور عقلی سطح پر آزادی اور سکون سے آشنا کرتا ہے۔ خدا سے آشنا کوئی بھی انسان اس سے اختلاف نہیں کر سکتا۔ دوسرا اہم اور بنیادی اصول عقیدہ آخرت اور اس سے متعلقہ جزا و سزا کا نظام ہے جو انسان کی ذات کی تکمیل میں اعلیٰ کردار ادا کرتا ہے۔ اس سے بھی کوئی ذی عقل انسان انکار نہیں کر سکتا۔ اور تیسرا اور آخری اصول نیک اعمال کی اہمیت اور ضرورت ہے جو سب پر عیاں ہے اور اس سے بھی کسی صاحب ہوش کے لیئے انکار ممکن نہیں۔ حسن کردار وہ خوبی ہے جس کے تمام مذاہب اور نظام یکساں طور پر قائل ہیں۔ مگر ان مذکورہ اصول کے علاوہ مذاہب میں کوئی بھی چیز اور ضابطہ ایسا نہیں جس کے بارے میں سوال نہ پوچھا جا سکے۔ اگر مذہب کے متعلق یہ حقیقی اور فطری فہم پوری طرح ہمارے اندر آجائے تو ہم تصور نہیں کر سکتے کہ اسلام کس قدر حسن اور خوبی کے ساتھ انسانیت پر جلوہ گر ہوگا۔اور اگر ہم مسلمان ان تینوں اصولوں پر تندہی اور اخلاص کے ساتھ عمل کرنا شروع کر دیں، اپنی سوسائٹی کے جملہ سماجی، معاشی اور سیاسی معاملات کو ان کے مطابق ڈھالنے میں کامیاب ہو جائیں تو پھر ہم تصور نہیں کر سکتے کہ اسلام ہمارے لیئے کتنی بڑی رحمت ثابت ہوگااور اسی سے انسانیت کی وہ تکمیل وجود میں آئے گی جو ابھی تک اس لیئے تشنہ ہے کہ ہمارا مذہبی فہم ہنوز ناقص اور بوسیدہ ہے۔

مذہب کا خیراتی نظریہ (Religious Charity) اپنی جگہ بہت عظیم اور اہمیت کا حامل ہے۔ تصور کیجئیے کہ اگر اس چیرٹی نظریہ کے متعلق ہمارا فہم و ادراک درست ہو جائے جیسا کہ مذہب ہمیں حکم دیتا ہے کہ یہ نظریہ اصولا کمیونٹی کے عمومی مفاد سے منسلک ہے ، اور اسی کے مطابق ہم اگر اپنے خیراتی اداروں کو منظم کریں تو اس شکل میں ہم اس قابل ہوں گے کہ کمیونٹی کے بہتر مفاد کے لیئے کوئی سرمایہ کاری (Investment) کر سکیں اور اس کے شاندار اور دیرپا نتائج دنیا کے سامنے آ سکیں۔ یہ اس موجودہ شکل سے زیادہ بہتر اور افضل ہے جس میں ہم غریب لوگوں کو خیرات کا ایک معمولی سا حصہ دے دیتے ہیں جو ان کی تمام ضروریات کے لیئے کافی نہیں ہوتا اور وہ اسی حالت میں بدستور غریب رہتے ہیں۔ ہمارا روائتی تصور یہ ہے کہ خیرات کو محض خیرات ہی کی نیت سے دیا جائے جو اسلام کے تصور خیرات اور انفاق کے خلاف ہے۔ اس روائتی تصور کو کوئی بھی پسند نہیں کرتا۔ ہر آدمی اس بات کا قائل ہے کہ چیرٹی کا مطلب کمیونٹی کی حاجات کو اجتماعی انداز میں سب سے بہترین شکل میں پورا کیا جائے۔ اسے اس انداز اور طریق پر خرچ کیا جائے کہ ایک گداگر اس کے ذریعے اس قابل ہو جائے کہ وہ اپنی کفالت خود کر سکے اور کسی کے آگے ہاتھ پھیلانے کا محتاج نہ ہو۔ کیا اس سے کوئی اختلاف کر سکتا ہے؟

یہاں ایک بڑی مشکل یہ بھی ہے کہ مذہب کے اکثر حصے کے ساتھ 'تقدس' کا لیبل چسپاں ہوتا ہے اور یہی لیبل سولات کی رہ میں سب سے بڑی رکاوٹ ہے۔حالانکہ اس میں بہت سا حصہ ایسا ہے

جس پر سوالات اٹھتے ہیں کیونکہ اس کا تعلق وحی سے نہیں بلکہ انسانی تشریحات سے ہے اور اسے بھی بدقسمتی سے وحی کے مساوی مان لیا گیا ہے۔ چنانچہ آج داعش نے اپنی مسلط کردہ جنگوں کے دوران یزیدی عورتوں کو گرفتار کر کے اپنی باندیاں بنا لیا اور اس کے لیئے دلیل خود قرآن سے انہوں نے پیش کی۔ لیکن اس کا جواب ہم یوں دیں گے کہ قرآن کا مقصد ایک خاص دور میں اعمال صالحہ کو انجام دینا اور انسانی حقوق کی بہتر طور پر حفاظت کرنا تھا۔ اس خاص دور میں جنگی قیدیوں کو غلام بنانا وقت کا ایک مستقل قانون اور فیشن تھا۔ اسلام یکطرفہ طور پر اس کے خلاف نہیں جا سکتا تھا۔ البتہ قرآن نے اس بارے میں بہترین اساسی اصلاحات کیں اور انسانی حقوق کو اس زمانے میں تحفظ فراہم کیااور انصاف پر مبنی نظام دیا۔ اسلام کا مقصد یہ نہیں تھا کہ غلامی کی اس رسم کو ہمیشہ کے لیئے قائم کر دیا جائے۔ ہم دیکھتے ہیں کہ اسی دور میں اس غلامی سے آزادی کے لیئے اسلام نے بہت سے اقدامات کلیئے تاکہ انسانی عظمت کو دوبارہ بحال کر دیا جائے اور یہ اقدامات کافی حد تک کامیاب بھی رہے، اور ان کوششوں کو نمایاں حد تک پزیرائی حاصل ہوئی۔ چنانچہ غلامی کا یہ قانون ہر گز مقدس نہیں۔ اس پر دلائل کی روشنی میں تنقید ہوگی کیونکہ آج اس کا تعلق انسانی اجتہاد اور انسانی تعبیرات کے ساتھ مخلوط ہو گیا ہے۔ اور ان انسانی تعبیرات کو تقدس کا درجہ نہیں دیا جا سکتا۔

حقیقت میں تقدس کا مقام نیک اعمال کو حاصل ہے۔ مگر ان نیک اعمال کو مختلف حالات میں انجام دینے کے طور طریقے تقدس کے دائرہ

سے باہر ہیں۔ جیسا کہ اسلام کی ابتدائی تاریخ میں ہمیں اس کے نمونے ملتے ہیں۔ اسی نقطہ نظر کی روشنی میں ہم اسلامی سزاؤں مثلاً قصاص اور قطع ید کا جائزہ لیں گے اور کہیں گے کہ قاتل سے قصاص لینا اور چور کے ہاتھ کاٹنا بذات خود متبرک نہیں۔ اسلام کا مقصد چونکہ نیک اعمال کے ذریعے ایسی سوسائٹی قائم کرنا ہے جو اپنی فطرت میں خدا پرست ہو۔ اور یہ حدود ان مقاصد تک پہنچنے کا اہم ذریعہ ہیں، اصل مقاصد نہیں۔ اسی طرح دو عورتوں کی گواہی کا مسئلہ بھی اپنی فطرت میں مقدس نہیں کہ جہاں ایک مرد کی گواہی کو کافی سمجھا جاتا ہے۔ اس کا تعلق بھی اس دور کے خاص سیاق اور حالات کی حد بندیوں سے تھا۔ اس زمانے میں خواتین بالعموم ایسے معاملات میں شریک نہیں ہوتی تھیں۔ پھر اس کلچر میں ان کا علم اور تجربہ بھی بہت محدود تھا۔ اس سیاق میں ان کے خصوصی حالات کے پیش نظر اسلام نے یہ ضابطہ دیاتا کہ شہادت کے تمام تقاضوں کو ان کی روح کے مطابق مکمل کر لیا جائے اور کسی کے ساتھ نا انصافی نہ ہونے پائے۔ پھر یہ نکتہ بھی اپنی جگہ انتہائی اہم ہے کہ قرآن نے اس متعلقہ آیت میں عملاً گواہی دینے کے سلسلے میں صرف ایک ہی عورت کا ذکر کیا ہے، دو کا نہیں۔ قرآن کے مطابق دوسری عورت خاموش رہے گی اور صرف اس وقت بولے گی جب عملاً گواہی دینے والی عورت کوئی بات بھول جائے یا کوئی غلطی سرزد ہو جائے۔ بصورت دیگر اس کے بولنے کی کوئی ضرورت نہیں۔ یہ وہ نکتہ ہے جس پر بہت کم غور کیا گیا ہے۔

تقدس اور تقویٰ پر مبنی اس تصور کے متعلق کیا ہوگا جس کے تحت ہم شیعوں کا یہ عقیدہ ہے کہ سنی گمراہ ہیں کیونکہ وہ قرآن کو بالکل نہیں سمجھ سکے اور اس کی غلط تشریحات کی ہیں؟ ہم ان کے اعمال پر ہنستے اور طنز کرتے ہیں کہ یہ سب راندہ بارگاہ ہیں۔ اسی طرح سنیوں کا بھی یہی عقیدہ ہے کہ سب شیعہ گمراہ اور جہنم کا ایندھن ہیں۔یہاں سوال یہ ہے کہ اگر تمام سنی اور شیعہ اپنے اپنے عقیدے کے مطابق جہنم میں جائیں گے تو پھر بقیہ انسانیت کا کیا بنے گا؟ جنت میں پھر کون جائے گا؟ یہ وہ بدیہی نتیجہ ہے ہمارے ان نظریات کا جنہیں ہم ایک دوسرے کے مقابلے میں درست اور مقدس مانتے ہیں اور ایک دوسرے کی سختی سے تردید کرتے ہیں۔ حالانکہ یہ نظریات قرآن کے پیغام کے سراسر خلاف ہیں۔ اگر قرآن کا کھلے دل سے مطالعہ کیا جائے تو اس میں انسانی اقدار کے تحفظ کی تعلیمات ملیں گی، نہ یہ کہ بہترین انسانوں کو واصل جہنم کر دیا جائے۔ایک مخلص انسان کی حیثیت سے کیا یہ آپ کے لیئے ممکن ہے کہ ایسے مذہبی نظریات سے آپ بھی اتفاق کر لیں اور ان کے ساتھ اپنے آپ کو منتھی کر دیں؟

ہمیں اچھی طرح معلوم ہے کہ پیغبر اسلامؐ کا لایا ہوا دین اپنی فطرت میں ایک نامی اور تخلیقی مذہب ہے۔ اس کی تعلیمات میں نشو و ارتقاء ہے، جمود اور تعطل نہیں۔ یہ خدا وندی دین ہے جو تمام انسانیت کا ہر قسم کے اختلافات کے باوجود احترام سکھاتا اور اسے گلے لگاتا ہے۔ تھوڑی دیر کے لیئے تصور کریں کہ آپ اس دنیا کے لیئے بالکل اجنبی ہیں اور کسی دوسرے کرہ سے تازہ تازہ یہاں منتقل ہوئے ہیں۔ اب آپ کو ایک

مذہب اختیار کرنے کی ضرورت ہے۔ مگر موجودہ مذاہب میں سے کوئی بھی آپ کو اپیل نہیں کر رہا۔ کیونکہ آپ کو نظر آتا ہے کہ یہ تمام مذاہب خدا کے نام پر ایک دوسرے کا رد کرتے اور ایک دوسرے پر لعنت بھیجتے ہیں۔ جب کہ اپنی جگہ سب یہ عقیدہ رکھتے ہیں کہ وہ رب سے محبت کرتے ہیں اور ان کا رب نہایت ہی مہربان اور رحیم ہے اور وہی سب کا خالق ہے۔ وہ سب سے محبت کرتا اور امن کو پسند کرتا ہے۔ لیکن ان بہترین عقائد کے باوجود یہ مذاہب ایک دوسرے کو برداشت کرنے کے لیئے تیار نہیں بلکہ انہیں جہنم رسید کرنے کے لیئے ہر وقت کوشاں ہیں۔ اس سے اندازہ کیا جا سکتا ہے کہ یہ لوگ کس قدر انسانیت سے نابلد اور شرافت کے اصولوں سے دور ہیں، اور نفرت بھی خدا کے نام پر پھیلا رہے ہیں جس کی بنیادی تعلیم ہی محبت ہے۔

چنانچہ مذہب کے بارے میں کلی تقدس کا عقیدہ اس مقام کا حامل نہیں جس پر ہم اسے سمجھ رہے ہیں۔ یہ تقدس حقیقت میں ان بنیادی اصولوں سے متعلق ہے جنہیں مذہب نے اسی حیثیت سے پیش کیا ہے۔ ان میں خدا پرستی اور خدا محویت، انسانیت کی نشو و نماء اور تکمیل اور اعمال صالحہ بہت بنیادی ہیں۔ ان اعمال کی شکلیں اور ارکان اپنے سیاق اور حالات کی وجہ سے ایک دوسرے سے مختلف بھی ہو سکتے ہیں۔اس سے کوئی بڑا اور بنیادی فرق واقع نہیں ہوتا۔ اگر ہم اس حقیقت کو اچھی طرح ذہن نشین کر لیں تو پھر ہمارے لیئے مذہب کی روح تک پہنچنا دشوار نہ ہوگا جس کی روشنی میں کامل ہم آہنگی، پرامن بقائے باہمی، دوطرفہ تعلقات، اور باہم احترام جیسی اعلیٰ صفات پروان چڑھتی اور

بہترین معاشرے جنم لیتے ہیں۔ اس سلسلے میں اختلافات وہ راستے ہیں جن پر چل کر لوگ اپنے اپنے طریقوں کے مطابق اپنے اعمال کی تشکیل کرتے ہیں۔ مگر ایک نیک عمل اسی وقت تک نیک عمل ہے جب تک کہ وہ انسانیت کے لیئے ترقی اور نشو و نماء کا باعث بنا رہے اور انسانوں کو خدا پرستی کی راہ پر چلاتا رہے۔ اسے نیک عمل کا نام گرگز نہیں دیا جا سکتا جو نفرت اور تقسیم کا باعث بنے۔ ایسے مذہب کا خدا کی ذات سے کوئی واسطہ نہیں۔ اسے صحیح معنوں میں خدا سے منحرف مذہب ہی کہا جا سکتا ہے۔ در حقیقت ہر وہ مذہب خدا سے منحرف ہے جو اپنے ماننے والوں میں تکبر اور نفرت کے جذبات پیدا کرتا ہے۔

اس مقام پر میں یہ بھی کہہ دینا چاہتا ہوں کہ آج کی رات جس شخصیت کے ذکر کے لیئے مختص ہے، ممکن ہے اس نے امام حسینؑ کو ان معنوں میں امام نہ مانا ہو جن معنوں میں وہ حقیقتاً امام تھے اور نہ ہی اسے اس کا موقع مل سکا ۔ اس نے امام حسینؑ کے پیچھے نماز بھی پڑھی ہوگی مگر اس احساس کے بغیر کہ وہ امام بھی تھے۔ یہ بھی ممکن ہے کہ اس نے ہاتھ باندھ کر نماز پڑھی ہو۔ مگر اس سے امام کو کوئی فرق پڑنے والا نہ تھا۔ کیونکہ یہ تو عمل کی محض ظاہری شکل تھی۔ اصل مسئلہ مذہب کی روح اور خدا پرستی ہے جس کا حقیقت میں اعتبار ہے اور وہ اس شخص میں بدرجہ اتم موجود تھی۔ تصور کریں کہ یہی شخصیت حضرت حر کس طرح انسانیت کے لیئے عظیم مثال بن گئے۔ وہ حر کہ جس کے متعلق امام حسینؑ نے فرمایا تھا کہ 'اے حر، تمہاری ماں نے صحیح طور پر تمہارا نام حر رکھا تھا۔ تم صحیح معنوں میں ایک آزاد انسان ہو۔'

یقینا وہ اصلی معنوں میں ایک آزاد شخص تھا جو مذہب کی روح کو اپنا کر نجات کا مستحق ہو گیا۔ عمل کی مخصوص شکل اس کی راہ میں رکاوٹ نہ بن سکی۔ بلکہ اس کی بجائے وہ اس کے حق میں مقصد کے حصول کا ذریعہ ثابت ہوئی۔ آج ہمارا المیہ یہ ہے کہ اعمال کی مخصوص شکلیں ہی ہماری نگاہ میں اہم اور مقدس بن گئی ہیں ۔ اس کے خلاف ہم نہیں جا سکتے اگرچہ اس کا نتیجہ ہماری ناکامی اور خسارے کی شکل میں ہی کیوں نہ برآمد ہو۔ ہمارے لیئے اس پر تنقید کرنا اس لیئے مشکل ہے کہ ہم اندر سے ناقص اور ٹوٹ پھوٹ کا شکار ہو چکے ہیں اور اسی کمزوری کے باعث اس نام نہاد تقدس کا تنقیدی جائزہ لینے کو تیار نہیں جو حقیقت میں تقدس نہیں۔ یہی ہمارا سب سے بڑا مسئلہ ہے۔

پانچویں شب

گزشتہ لیکچر میں اس بات کا تفصیل سے ذکر ہو چکا ہے کہ مذہب میں ایسے بہت سے معاملات اور امور ہیں جنہیں مقدس مان لیا گیا ہے حالانکہ ان کا تعلق انسانی فکر اور اجتہادات سے ہے۔ اور ان میں بہت سے امور ایسے بھی ہیں جو انسانی زندگی کے مقاصد سے کوئی مطابقت نہیں رکھتے۔آج ایسے تمام امور نظر ثانی کے محتاج ہیں اور اس قابل ہیں کہ انہیں نظام سے الگ کر دیا جائے۔ مقدس وہی اصول ہیں جو انسانی زندگی کو با معنی اور مفید بناتے اور اس جہان میں اس کے لیئے اعلیٰ مقام متعین کرتے ہیں۔ ان میں سر فہرست خدا سے گہرا اور مضبوط رشتہ ہے جو محبت اور اخلاص پر مبنی ہو۔ اسے خدا محویت اور خدا سپردگی جیسے ناموں سے بھی موسوم کیا جاتا ہے۔ پھر اس کے بعد یوم آخرت اور حساب کا عقیدہ ہے جو انسان میں اعلیٰ درجے کی احساس ذمہ داری اور مقصد کے لیئے لگن پیدا کرتا ہے۔ اور آخر میں اعمال صالحہ کی انجام دہی ہے جو سابقہ دونوں عقائد کا فطری حصہ ہے۔ اعمال صالحہ ہی کے ذریعے انسان اپنے مقاصد حاصل کرتا اور اپنے آپ کو اللہ کی بہترین مخلوق ثابت کرتا ہے۔ ان اعمال کی ظاہری اشکال اور خدو خال اپنی فطرت میں اس عظیم معنی میں مقدس نہیں۔ مقدس وہ روح

اور تڑپ ہے اور وہ احساس عبدیت ہے جو ان اعمال کی انجام دہی کا بنیادی محرک ہے۔ اگرچہ ظاہری اشکال بھی بہت اہم ہیں مگر وہ مقدس نہیں۔ اس لیئے وہ باہم مختلف بھی ہیں۔ اخلاص اور محبت کے ساتھ خدا کے آگے جھکنا اور مکمل اطاعت کرنا ہی اپنے اندر تقدس کی شان رکھتا ہے۔ مگر اس پر ہماری توجہ بہت کم ہے اور ظاہری اشکال پر بہت زیادہ۔ مقصد کے حصول کی راہ میں جدو جہد بھی ایک لحاظ سے احترام و تقدس کی حامل ہے کیونکہ یہی ہمیں ایک کامل انسان بنانے میں تمام غذا فراہم کرتی ہے۔اس کے برعکس جو امور اس تکمیل انسانی کا ذریعہ ہیں وہ مقدس نہیں۔ حالات کے تحت ان میں تغیر و تبدل ہوتا رہتا ہے۔ جیسا کہ پہلے بیان ہو چکا ہے کہ اعمال صالحہ دو قسم پر ہیں۔ ایک دائمی اور دوسری غیر دائمی۔ مگر ان دونوں میں سے کوئی بھی اپنی ذات میں مقدس نہیں۔ ہر مذہب میں اس کے اپنے مخصوص اور دائمی امور ہوتے ہیں جو ایک دوسرے سے جدا ہوتے ہیں۔ مگر اس جدائی کے باوجود اللہ ان سب کو نجات کا پروانہ دیتا ہے اس شرط پر کہ انہوں نے مذہب کی روح اور اس کی مبادیات کو اخلاص کے ساتھ قائم رکھا ہو۔

ان ضروری امور پر گفتگو کے بعد اب ہمارا موضوع نجات اور عقیدہ جزا و سزا (Eschatology) ہے۔ اس نظریہ سے ہماری مراد ہمارا وہ آخری انجام ہے جس کی طرف ہم بڑھ رہے ہیں۔ ہم کس طرف جا رہے ہیں؟ وہ کون سی تقدیر ہے جو اس زمین پر ہمارا انتظار کر رہی ہے؟ اگر معنی کی وسعت پر غور کریں تو نظر آئے گا کہ یہاں تقدیر دو قسموں پر ہے۔ ان میں سے پہلی تقدیر کا تعلق اس زمین پر انسان

کی انفرادی حیثیت اور پھر پوری انسانیت کے ساتھ اس کے تعلق کے حوالے سے ہے۔ اور دوسری کا تعلق یوم بعث سے ہے جب یہی انسان اپنی خدا پرستی اور اطاعت کے ذریعے اپنی کاملیت کے سب سے اعلیٰ اور آخری مقام پر فائز ہو جائے گا۔ اور یہی نجات کا حقیقی مفہوم ہے۔ سر دست ہم تقدیر کی اس پہلی قسم سے بحث کر رہے ہیں جس کا تعلق اس زمین سے ہے۔ اگرچہ یہ دونوں باہم متعلق اور مربوط ہیں کیونکہ نجات بنیادی طور پر اس تقدیر سے منسلک ہے جو اولا اس زمین پر جنم لیتی ہے۔ آئندہ آنے والی دو راتوں میں یہ مسئلہ مزید واضح ہو جائے گا۔ اسی عقیدہ بعث اور نجات کے بارے میں درست فہم و ادراک ہی ہمارے تمام انفرادی اور اجتماعی رویوں کی تشکیل کرتا اور اپنوں اور غیروں کے حقوق کی پاسداری کا احساس بیدار کرتا ہے۔اور اسی کا نام تقویٰ ہے۔

اسی سیاق میں یہ بات بھی بہت اہم ہے کہ اگر ہمارا نقطہ نظر یہ ہو کہ نجات کا مدار پورے اجتماعی انسانی معاشرے کی تقدیر پر ہے، تو اس کا فائدہ یہ ہوگا کہ ہم اپنی انفرادی نجات اور فلاح ہی کے غلام بن کر نہیں رہ جائیں گے بلکہ باقی انسانوں اور پورے معاشرے کی فلاح کے لیئے بھی اپنے آپ کو وقف کر دیں گے۔ کیونکہ ہمارا انفرادی مفاد پوری انسانیت کے اجتماعی مفاد کے ساتھ جڑا ہوا ہے ، اس سے الگ نہیں۔ ہماری ہر انفرادی کامیابی انسانیت کی اجتماعی کامیابی کا ایک مربوط جز ہے۔اس بارے میں اسی بات کو سمجھنے کے لیئے یونیورسٹی اور اس کے طلباء کے باہم تعلق کی مثال بہت عمدہ اور مفید ہوگی۔ طلباء کی اپنی اپنی جگہ انفرادی کامیابی کاملا ان کی اپنی کارکردگی پر موقوف نہیں، بلکہ

اس کامیابی میں جامعہ کے نظام اور معیار کا بھی کافی حد تک عمل دخل ہے جو طلباء کو کامیابی کے اس مرحلہ تک پہنچانے میں کلیدی کردار ادا کرتے ہیں ۔ اس نظام اور معیار کی تخلیق میں یونیورسٹی کا عملہ اور طلباء دونوں کی کاوشیں شامل ہوتی ہیں۔ اسی لیئے ایک منفرد طالب علم کی کامیابی کو جامعہ کے تمام طلباء کی مجموعی کامیابی کے تناسب میں دیکھا اور پرکھا جاتا ہے۔ چنانچہ یہی مثال پوری انسانیت پر بھی صادق آتی ہے۔ یہاں بھی ایک انسان کی انفرادی کامیابی پورے انسانی معاشرے کے نظام اور اقدار سے وابستہ ہے، اس سے ہٹ کر نہیں۔ اور یہاں بھی کامیابی کو معاشرہ میں موجود تمام انسانوں کی کامیابی کے مجموعی تناسب کی روشنی میں دیکھا جائے گا، محض ایک انسان کی کامیابی کو سامنے رکھتے ہوئے نہیں۔اس دنیا کے حوالے سے تقدیر کی یہی وہ خوبصورت تشریح ہے جو اس کے مقصد کو واضح کرتی ہے۔

اب عظیم انبیاء کی تاریخ کی طرف رجوع کیجیے، ان میں سے کون ایسا تھا جو سماجی مصلح نہ تھا؟ جب ہم قرآن کا مطالعہ کرتے ہیں تو ہمیں واضح نظر آتا ہے کہ ان میں سے ہر ایک پیغمبر اپنے مقام پر ایک عظیم سماجی مصلح تھا۔اسی طرح ائمہؑ میں سے بھی ہر امام ایک عظیم سماجی مصلح تھا۔ اس میں استثناء صرف حضرت یحیؑ اور حضرت خضرؑ ہی کو حاصل ہے جن کی زندگی معاشرہ سے ہٹ کر بسر ہوئی۔ باقی تمام انبیاء نے اپنی زندگی انسانوں کے درمیان بسر کی۔ ان کی اصلاح کے لیئے سر توڑ جدو جہد کی اور اس بات کو یقینی بنانے کی کوشش کی کہ انسانیت اپنی مطلوبہ کامیابی سے ہمکنار ہو سکے، کیونکہ یہی ان کا اصل مشن تھا۔

وہ اس حقیقت سے بخوبی واقف تھے کہ معاشرہ کی اصلاح ہی افراد کی اصلاح ہے اور اس کا بگاڑ پوری قوم کے لیئے بگاڑ کا باعث بنتا ہے، اس لیئے انہوں نے معاشرہ کی اصلاح اور تطہیر پر بھی خصوصی توجہ دی۔ اسی لیئے ہم دیکھتے ہیں کہ ان میں سے کسی نبی نے بھی کسی خاص فرقہ اور عقیدہ کے لیئے نہ تو کام کیا اور نہ ہی اس کے لیئے دعوت دی۔ ان کی دعوت اور پیغام جامع اور پوری انسانیت کے لیئے تھا۔ حضرت عیسیٰؑ کوئی عیسائی نہ تھے اور نہ ہی عیسائیت کی طرف کسی کو بلایا۔ موجودہ عیسایت ان کے بہت بعد وجود میں آئی۔ اسی طرح حضرت موسیٰؑ اس معنی میں یہودی نہ تھے جیسا کہ ہم جانتے ہیں۔ وہ یہود کی موجودہ محدودیت اور نسلی برتری کے موجودہ نظریہ سے بہت بلند تھے اور انسانیت کے لیئے وقف تھے۔اسی طرح حضرت ابراہیمؑ بھی پوری انسانیت کے ترجمان تھے کسی خاص عقیدہ کے لیئے مخصوص نہ تھے۔

چنانچہ یہی حیثیت آخری نبی حضرت محمد مصطفیٰؐ کی تھی۔ قرآن نے واضح الفاظ میں ان کی اس حیثیت کو بیان کیا ہے کہ وہ تمام انسانیت کے لیئے خوشخبری لانے والے اور اللہ کے عذاب سے ڈرانے والے ہیں۔ (۲۸ : ۳۴) نبی اکرمؐ صرف مسلمانوں کے لیئے ہی نبی نہ تھے، اور یہ کیسے ممکن ہو سکتا تھا؟ جب انہوں نے مکہ کی وادی میں اللہ کے گھر کے قرب و جوار میں اپنی دعوت کا آغاز کیا تو اس وقت ایک مسلمان بھی وہاں نہ تھا۔جو مسلمان ہوئے وہ آپ کی دعوت کی بدولت ہوئے۔ ان کی دعوت اور نبوت پوری انسانیت کے لیئے تھی مگر آج مسلمانوں کی اس تنگ نظری نے اس کامل اور جامع پیغام کو محدود بنا دیا ہے۔ در

اصل تقدیر اور نجات کے حوالے سے ہماری بنیادی فکر اور نظریہ ہی ہماری زندگی کے طور اطوار کا تعین کرتا ہے۔ مثال کے طور پر اگر تقدیر کے متعلق ہمارا فہم و ادراک محدود اور تنگ ہوگا تو لا محالہ اس کے نتیجے میں ہمارے تمام نظریات اور رویے بھی محدود اور تنگ نظری کا شکار ہو جائیں گے۔کیونکہ اس صورت میں یہی نظریہ ہمارا بنیادی مقصد ہوگا جس کی خاطر ہماری پوری جدو و جہد وقف ہوگی۔اور یہ جدو و جہد وسعت فکری سے محروم ہوگی۔

آج ہم سب اس سوال کے جواب میں مشغول ہیں کہ اس زمین پر بنی نوع انسان کا منتہائے مقصو د کیا ہے؟ ہمیں اس سلسلے میں ان عمومی نظریات اور عقائد کا جائزہ لینے کی بھی ضرورت ہے جو اس زندگی کے بارے میں انسان کی تقدیر سے منسلک ہیں اور عام طور پر متداول ہیں۔ اور یہی نظریات ہماری زندگی کو متاثر کرتے اور اس کے لیئے مختلف راہیں متعین کرتے ہیں۔پھر اس امر کا جائزہ بھی ضروری ہے کہ ہم اس مقصد کے لیئے کہاں تک مخلص ہیں اور کہاں تک اپنے آپ کو اس کی خاطر وقف کر سکتے ہیں۔ وہ مثالی تقدیر کیا ہے جو انسان کی رہنمائی کرتی اور اس سر زمین پر اس کا انتظار کر رہی ہے۔ یہاں ایک دلچسپ امر یہ بھی ہے کہ تمام بڑے مذاہب میں سے ہر ایک اس بات کا مدعی ہے کہ مستقبل میں کوئی نہ کوئی مسیحا آئے گا جو انہیں تمام آفات سے بچا لے گا، جسے ان کے ہاں نجات دہندہ کے نام سے یاد کیا جاتا ہے۔ عیسائی اور یہودی دونوں اپنی اپنی جگہ اسی نجات دہندہ اور مسیحا کے قائل ہیں۔ ہندو بھی ایک منتظر (Avatar) کے مدعی ہیں۔

اسی طرح شیعہ اور سنی دونوں مہدی کے منتظر ہیں۔ ایک کے ہاں ان کی ولادت ہو چکی ہے اور وہ موجود ہیں جب کہ دوسرے کے نزدیک اس کی ولادت اپنے خاص وقت پر ہوگی۔ مگر اس کے وجود پر دونوں کا اتفاق ہے۔ان تمام مذاہب کا اس پر اتفاق ہے کہ ایک نجات دہندہ ضرور آئے گا جو ان کی مدد کرے گا اور مصائب سے آزادی دلائے گا۔ لیکن نجات کا یہ نظریہ بھی ہمارے ہاں بہت محدود اور مخصوص ہو کر رہ گیا ہے۔ ہم مسیحا اور اس کے ذریعے نجات کو صرف اپنے ساتھ ہی مخصوص سمجھتے ہیں اور دوسروں کو اس سے خارج کر دیتے ہیں۔ نظریات کی یہی فطرت اور تعصب ہمارے خیالات کی تشکیل کرتے اور پھر اسی کی روشنی میں زندگی کے مختلف رویے پروان چڑھتے ہیں۔ یہ رویے پھر مثبت نہیں ہوسکتے۔

اس سے قبل کہ ہم اس نظریہ معاد (Eschatology) پر خالص مذ ہبی نقطہ نظر سے گفتگو کریں اور اس کا جائزہ لیں، یہ زیادہ مناسب ہو گا کہ پہلے اس نظریہ کا انسانی وجود اور اس کی نشو و نماء کی سطح پر جائزہ لے لیا جائے جو اس کے لیئے پہلا مرحلہ ہے۔ تا کہ ہم اس کی روشنی میں اچھی طرح سمجھ جائیں کہ اس جہان میں انسان کے وجود کا ارتقاء کیا ہے اور پھر اس کے بعد اس کا اصل اختتام کیا ہے۔یہ دونوں ایک دوسرے کے ساتھ باہم مربوط ہیں۔ یہ سوال اپنی جگہ بہت اہم ہے کہ اس انسان کے حق میں نظریہ معاد کی نوعیت کیا ہوگی جسے اللہ تعالیٰ خصوصیت کے ساتھ علمی، عقلی، فکری اور روحانی طور پر آزادی سے ہم کنار کرنا چاہتا ہے۔ وہ مقصد کیا ہے جس کی جانب ہم بڑھ رہے اور

جس کے حصول کی خاطر ہم جدو و جہد کے اس میدان میں کھڑے ہیں؟ چلیئے، پہلے ہم اس جہان میں موجود اشیاء اور ان کی نوعیت پر غور کرتے ہیں ۔ جب ہم ان اشیاء کی حقیقت پر غور کرتے ہیں تو معلوم ہوتا ہے کہ یہ تمام اشیاء اپنی ذات کی نشوو نماء اور تکمیل کے لیئے ایک ہی منزل کی طرف رواں دواں ہیں۔ ہم دیکھتے ہیں کہ بیج کس طرح زمین سے پھوٹتا، اگتا، مسلسل نشو و نماء کے مراحل سے گزر کر ایک کامل پھل دینے والے درخت کی صورت اختیار کر لیتا ہے۔اسی طرح ایک انسانی بیضہ رحم مادر میں ترقی کی منازل سے گزرتاہوا ایک بچے کی صورت اختیار کرتا، پھر نونہال بنتا اور آخر میں عقل و بصیرت کے اعتبار سے ایک کامل انسان بن جاتا ہے۔ یہاں ہر چیز میں حرکت اور ارتقاء ہے، کوئی چیز بھی جمود کی حالت میں نہیں۔ ہر چیز اپنی مخصوص حرکت کے ذریعے اپنی تکمیل کی منزل تک پہنچنا چاہتی ہے جو اس کے لیئے مقدر ہے۔ مگر کیا یہی سب کچھ ہے جو ہم یہاں اپنی آنکھوں سے دیکھ رہے ہیں؟ یہاں ہم ایک اجتماعی طرز پر ارتقاء اور تکمیل کا نظارہ کر رہے ہیں۔ ہم دیکھتے ہیں کہ محض ایک ہی درخت نہیں اگتا اور اپنی تکمیل کی منازل طے کرتا ہے، بلکہ اس کے ساتھ اور بھی بہت سے درختوں کا بڑا جھنڈ وجود میں آجاتا ہے۔ اسی طرح باغات کی مثال بھی ہے جہاں درختوں کا ایک طویل سلسلہ دیکھنے کو ملتا ہے ۔اور یہی صورت حال باقی تمام ابنائے نوع کی بھی ہے۔ یہاں ہر انفرادی چیز کا احیاء اور اس کی بقاء اجتماعیت کی شکل میں ایک دوسرے پر منحصر ہے۔

اسی طرح بنی نوع انسان کی نشو و نماء اور اس کی بقاء بھی اپنی نوعیت میں انفرادی نہیں بلکہ اجتماعی ہے اور اپنی ترقی کی موجودہ صورت حال کے لیئے پوری انسانی کمیونٹی کی مقروض ہے۔ انسانی معاشروں کی یہ علمی اور روحانی ترقی اور تکمیل کسی ایک خاص گروہ کی وجہ سے بھی نہیں ، اس میں پوری انسانیت کی جدو و جہد اور سرگرمیاں شامل رہی ہیں۔تاریخ کے ہر مرحلہ پر انسانی معاشروں سے متعلق مختلف لوگوں اور گروہوں نے اس علمی اور روحانی تکمیل کے لیئے قابل قدر محنتیں کیں اور اپنے آپ کو اس مقصد کے لیئے وقف کیئے رکھا۔ یہی صورت حال ہماری اخلاقی تاریخ اور اس کے ارتقاء کی بھی ہے۔ اس مقصد کے لیئے بھی بہت سی انفرادی شخصیات اور گروہوں نے مل کر نہایت تندہی سے کام کیا اور حد درجہ ریاضت کی جس کے نتائج بہتر طور پر دنیا کے سامنے آئے۔ ان ہی میں سے ایک انسانی حقوق کا چارٹر بھی ہے جسے اس سلسلے کی ایک عظیم کڑی کہا جا سکتا ہے۔ تو چنانچہ یہ تجزیہ ہمیں اس حقیقت تک لے جاتا ہے کہ اس جہان میں ہمارے وجود کی تکمیل اور بقاء ایک عظیم اجتماعی جدو وجہد کے ساتھ وابستہ ہے اور انفرادی کردار اسی کا ایک حصہ ہے۔ یہی نظام اس عالم میں ہر چیز کے وجود کی خصوصیت ہے۔

ہر وجود اپنی تکمیل اور ترقی کے لیئے ایک اجتماعی شکل اور معاشرے کا محتاج ہے، انفرادی طور پر یہ ترقی ممکن نہیں۔ حقیقت یہ ہے کہ لوگوں کو اگر ان کی انفرادی حالت پر چھوڑ دیا جائے اور اجتماعیت کو ختم کر دیا جائے تو موجودہ ترقی اور تہذیب کا وجود ممکن ہی نہیں۔ تصور کریں کہ اگر کمیونٹی کی یہ اجتماعی شکل نہ ہوتی تو آرٹ، کلچر

اور تجارت کے میدان میں نہ تو موجودہ ترقی نظر آتی اور نہ ہی تمدن کی یہ رنگینیاں ہمیں دیکھنے کو ملتیں۔ آج جو اخلاقی ضابطے اور قانون کی موجودہ شکل ہم اپنی آنکھوں سے دیکھ رہے ہیں اس کی بنیادی وجہ معاشرے کا وجود اور لوگوں کا سماجی اور معاشی طور پر ایک دوسرے کے ساتھ میل جول اور ربط و ضبط ہے جو کلیدی کردار ادا کرتا ہے۔ ذرا تصور کریں اس وقت سچ بولنے کی کیا قدر و قیمت ہوگی اور پھر اس کا فائدہ کیا ہوگا جب اس دنیا میں تنہا میرا اپنا ہی وجود ہو اور میرے علاوہ کوئی اور موجود نہ ہو۔ انسانی جان کو بچانے کا اس وقت مفہوم کیا ہوگا جب کہ وہ جان اس دنیا میں بالکل ایک ہی ہے اور تنہا ہے؟ زندگی کی یہ ساری خوبصورتی اور رنگینیاں محض اس لیئے ہیں کہ ہم اجتماعی طور پر ایک دوسرے کے ساتھ مل جل کر رہتے ہیں۔ اخلاقی اور سماجی انقلاب اسی وقت ممکن ہے جب ہم ایک معاشرے کی شکل میں اپنی زندگی بسر کریں۔ اسی طرح علمی اور عقلی انقلاب بھی اجتماعی معاشرت پر منحصر ہے کہ جہاں مختلف ثقافتیں اور تہذیبیں مل کر انسانی علم اور تجربہ میں اضافہ کرتی اور اجتماعیت کے لیئے راہیں ہموار کرتی ہیں۔ ہمیں نظر آتا ہے کہ ہمارے لیئے نصب العین ایک ہی ہے جس کی خاطر اب پوری انسانیت مل کر جدو و جہد کرے گی اور اپنی آخری تکمیل تک پہنچ جائے گی۔

یہ ایک عام حقیقت ہے کہ والدین اور اساتذہ دونوں اپنے بچوں اور شاگردوں کی کامیابی کو انفرادی حیثیت کے مقابلے میں اجتماعیت کی شکل میں دیکھنا زیادہ پسند کرتے ہیں ۔ تو پھر اللہ کی ذات اس سے زیادہ بلند

اور پاک ہے کہ وہ اپنے بندوں کے معاملات کو اس فطری ڈگر سے ہٹ کر دیکھے اور چلائے۔ والدین کو اس بات کا احساس ہے کہ ان کے بچے دوسرے بچوں کے ساتھ مل کر اجتماعی شکل میں ایک ادارہ کے اندر بہتر کامیابی حاصل کر سکتے ہیں۔ اور اس وقت ان کی خوشی اور شادمانی دیدنی ہوتی ہے جب وہ دیکھتے ہیں کہ ان کے بچے دوسروں کے ساتھ مل کر تعلیمی میدان میں اعلیٰ کامیابی حاصل کر چکے ہیں اور اپنے اوصاف میں مکمل ہیں۔ اسی طرح ایک یونیورسٹی کے شعبہ کا سربراہ اور معلم دونوں اپنی خوشی اس بات میں دیکھتے ہیں کہ ان کے طلباء مجموعی طور پر نہایت عمدہ کامیابی حاصل کر چکے ہیں، وہ اس میدان میں کسی ایک یا بعض طلباء کی کامیابی کو اپنا معیار نہیں ٹھہراتے۔ جب عام انسانوں کی یہ حالت ہے کہ وہ کامیابی کے سلسلے میں اعلیٰ معیار کو اختیار کرتے اور اس سے نیچے نہیں اترتے، تو پھر اس بارے میں یہ کیسے ممکن ہوگا کہ اللہ کی ذات اس عمدہ معیار سے ہٹ جائے جب کہ تمام عمدہ معیارات سے نوازنے والی ذات ہی وہی ہے۔ خود میری اپنی خدا پرستی اور اس کے ساتھ مقصد کا احساس جو میری فطرت کا اہم حصہ ہیں، اس بات کی گواہی دیتے ہیں کہ میری حقیقی کامیابی پوری انسانیت کی کامیابی پر منحصر ہے۔ یہی تمام انبیاء کی تاریخ بھی ہے کہ انہوں نے بھی انسانیت کی بات کی اور ان کی فلاح کی خاطر جدو وجہد کرتے رہے ۔ آخری پیغمبر حضرت محمدؐ نے اپنی پوری زندگی ان لوگوں کی اصلاح کے لیئے وقف کر دی جو اپنی فطرت میں سفاک اور ظالم تھے۔ آج میں اور آپ سب داعش کے مخالف ہیں اور ہر لحاظ سے اسے انسانی معاشروں کے لیئے خطرناک گردانتے ہیں۔ لیکن اس کے ساتھ ہمیں اس کی بھی

خبر ہونی چاہیے کہ جس شخصیت نے داعش جیسے وحشیوں کو انسانیت سے آشنا کیا وہ شخصیت وہی امام الانبیاء ہیں جن کا ہم کلمہ پڑھتے ہیں۔ ان کی آمد سے قبل یہ لوگ مظالم میں داعش سے کم نہ تھے۔ مگر پیغمبر اعظم نے اپنی دعوتی جدو و جہد کے ذریعے انہیں بہترین انسانوں میں تبدیل کر دیا۔ اس لیئے کہ نبی اکرمؐ اس حقیقت کو جان چکے تھے کہ انسانیت کی کامیابی ان کی اجتماعی ہیئت کی اصلاح اور تبدیلی میں مضمر ہے۔ اس سے الگ ہو کر نہیں۔ پھر اس کے نتیجے میں جس امت کی انہوں نے تشکیل کی وہ محض مسلمانوں پر ہی مشتمل نہ تھی، بلکہ اس میں یہودی اور مشرک بھی شامل تھے اور وہ اس عظیم میثاق کا حصہ تھے جسے معروف معنوں میں 'میثاق مدینہ' کہا جاتا ہے۔ اس سے اندازہ کیا جا سکتا ہے کہ وہ اپنی سوچ کے لحاظ سے کس قدر بلند اور وسیع تھے اور اس بات سے کس قدر باخبر تھے کہ انسانیت کو خود انسانیت ہی کی حیثیت سے زندہ اور برقرار رکھا جا سکتا ہے۔

یہاں ہمیں ایک مشکل درپیش ہے اسے حل کیئے بغیر ہم آگے اپنے اس موضوع کی طرف نہیں بڑھ سکتے جس میں ہم یہ بیان کرنے کی کوشش کریں گے کہ انسانیت بحیثیت انسانیت ، یہ تنوع اور اختلافات پر بھی مشتمل ہے اور ان تمام تر اختلافات کے باوجود اس میں اجتماعیت بھی پوری طرح موجود ہے اور یہ اجتماعیت ان ہی اختلافات اور تنوع پر قائم ہے۔ یہ مشکل محض ہمارے مذہبی لوگوں حلقوں کی جانب سے ہے جیسا کہ ان کا نظریہ ہے کہ یہ انسانیت کیسے کامیابی سے ہم کنار ہو سکتی ہے جب کہ اس میں خصوصیت کا کوئی خاص جوہر نہیں، کیونکہ

یہ تو اب کینسر زدہ ہو چکی ہے۔ یہاں تو اختلافات کی کثرت ہے۔ ہم مذہبی لوگوں کا اصل المیہ یہ ہے کہ ہم تنوع ، اختلافات اور اجتماعیت کے اصل مفہوم سے واقف نہیں۔ یہی وجہ ہے کہ ہم عموما اس حدیث پر سب سے زیادہ زور دیتے ہیں کہ یہ امت تہتر فرقوں میں بٹ جائے گی، صرف ایک ہی فرقہ جنت میں جائے گا اور باقی سب جہنم کا ایندھن ہوں گے۔ اگر آپ یہ حدیث کسی ایسے شخص سے بیان کریں گے جو وسعت فکر و نظر کا مالک ہو تو وہ پہلے ہی مرحلہ پر اس کا اس بنا پر انکار کر دے گا کہ یہ حدیث اللہ تعالیٰ کے مقصد تخلیق سے کوئی مناسبت نہیں رکھتی اور یہ مکمل طور پر بے معنی ہے۔ جب کہ اس کا مخالف مفہوم ہی حقیقت میں سچائی پر مبنی ہے کہ بہتر فرقے تو جنت میں جائیں گے جب کہ ایک ہی فرقہ دوزخ میں جائے گا۔ جب کہ یہ واضح ہے کہ حدیث کا یہ مفہوم نہیں۔ میں سمجھتا ہوں کہ اس حدیث کی تشریح قرآن کی تمام آیات نجات اور اسی حوالے سے پائی جانے والی احادیث کی روشنی میں کی جائے۔ ورنہ اس کا موجودہ مفہوم پوری امت کے لیئے انتہائی مایوس کن ہے۔

کیا آپ جانتے ہیں کہ اس حدیث کا ایک دوسرا ایڈیشن بھی ہے جس کی رو سے بہتر جنت میں جائیں گے اور صرف ایک ہی جہنم کے سپرد ہوگا۔یہ اس حدیث کا وہ حصہ ہے جس کے متعلق کوئی بھی بات نہیں کرتا۔اس کی وجہ یہ ہے کہ ہمارے لوگ اجتماعیت اور اس پر مبنی انسانی تقدیر اور نجات کو صحیح معنوں میں سمجھنے سے قاصر رہے ہیں۔اور اسی طرح ہم اس حقیقت سے بھی بے خبر رہے کہ معاملات میں تنوع

کیا ہے اور اس کے ثمرات کیا ہیں۔ یہ وہی تنگ نظری ہے جس کی بنا پر ہم یہ کہتے ہیں کہ بوقت وضو فلاں سمت کی جانب رخ کرکے اپنے بازو نہ دھوئے جائیں، کیونکہ اس سے نماز قبول نہ ہوگی۔ اور اسی وجہ سے ہمارا یہ بھی نظریہ ہے کہ اگر نماز ہاتھ باندھ کر پڑھی جائے اور آخر میں سلام کے وقت اگر سر دائیں اور بائیں پھیرا جائے تو اس سے بھی نماز باطل ہو جاتی ہے اور اللہ کے ہاں وہ مردود ہوگی۔ اسلام کی حکمت اور پیغمبر اسلامؐ کی وسعت فکر کو اس وقت تک ہم نہیں جان سکتے جب تک کہ ہم روائتی تنگ نظری اور رواجی مذہبی نظریات کے اس جنجال سے باہر نہیں نکل جاتے۔

اسی بات کو ایک دوسرے زاویے سے سمجھنے کی کوشش کرتے ہیں۔ آپ مجھے یہ بتائیں کہ ہمارے اس مجمع میں کون سے ایسے دو افراد ہیں جو بعینہ ایک ہی انداز میں اشیاء کو دیکھتے اور پرکھتے ہیں؟ کیا آپ یہاں صرف ایسے دو آدمیوں کی نشان دہی کر سکتے ہیں جو اپنے جسمانی خدو خال میں بالکل ایک ہی جیسے ہوں اور ذرہ فرق بھی نہ ہو؟ جواب یقیناً نفی میں ہوگا۔ تو کیا اس فرق کے باوجود اور ان خدو خال کے واضح اختلافات کے باوجود ہم آپس میں ایک نہیں ہیں؟ وہ کون سی چیز ہے جو اختلافات کے باوجود ہمیں متحد رکھے ہوئے ہے؟ جواب یہی ہوگا کہ امام حسینؑ کی محبت اور ان کے مشن کی کشش ہے جس نے ہمیں یہاں جمع کر رکھا ہے۔ مشن کے لیئے یہ جذبہ ایک فطری اجتماعیت اور اتحاد کی بنیاد اپنے اندر رکھتا ہے جس کی وجہ سے ہم اختلافات کے باوجود اس کی خاطر اپنے آپ کو ایک ہی جگہ اکٹھا پاتے ہیں۔ ہمارے باہم

اختلافات اس کی راہ میں مانع نہیں۔ اس مجمع میں موجود ہر شخص اس بات کا مدعی ہے کہ وہ حسین ابن علیؑ کی دعوت اور مشن کے ذریعے اپنی نجات کا طلب گار ہے۔ مگر اس کے باوجود یہ مجمع اپنی رنگت، جسمانی خصوصیات، جنس اور خاندانی وابستگی کے اعتبار سے ایک دوسرے سے خاصا مختلف اور متغائر ہے۔ اسی طرح جب ہم حج کے لیئے جاتے ہیں تو وہاں دیکھتے ہیں کہ مسلمانوں کے یہ تہتر فرقے موجود ہیں اور اکٹھے ہی تمام ارکان ادا کر رہے ہوتے ہیں۔ اس موقع پر جب کہ تہتر فرقوں والی حدیث پر گفتگو ہوتی ہے، میں نے ہمیشہ یہ کہا ہے کہ اگر آج آپ لوگ مسلمانوں میں موجود فرقوں کی تعداد کا شمار کریں تو یہ تعداد تہتر کے عدد سے بہت زیادہ بڑھ جائے گی۔ اس کے باوجود بھی ہم اسے بیان کرتے ہیں اور اس بات کی ضرورت محسوس نہیں کرتے کہ اس کا تنقیدی جائزہ لیں اور اصول درایت کی روشنی میں اس کا مفہوم متعین کریں۔ آج تاریخی لحاظ سے چیک کریں کہ ہمارے اندر اس وقت عملا کتنے فرقے پائے جاتے ہیں۔ حج کے موقع پر یہ تمام فرقے جمع ہوتے ہیں اور ہم سب انہیں مسلم کے نام سے ہی پکارتے اور یاد کرتے ہیں۔ کسی اور لقب سے نہیں۔ وہ کون سی قوت ہے جس نے ان سب کو باہم باندھ رکھا ہے؟ یہ حج کے ارکان کی وہ یکسانیت ہے جس نے انہیں تسبیح کے دانوں کی مانند باہم مربوط کر رکھا ہے، جن میں طواف کعبہ، اور دیگر تمام مناسک حج ہیں جنہیں ایک ہی انداز پر یہ تمام فرقے ادا کرتے ہیں۔ بے شمار اختلافات کے باوجود ہم سب انہیں مسلمان کے نام ہی سے پکارتے ہیں، کوئی اور نام نہیں دیتے۔ یہ وہ حقیقت ہے جسے سمجھنے اور غور کرنے کی ضرورت ہے۔

پانچویں شب

انسانیت کو اپنی کامیابی اور ارتقاء کے مطلوبہ معیار تک لا محالہ پہنچنا ہوگا، کیونکہ اس کے بغیر وہ اعلیٰ مقصد حاصل نہیں ہو سکتا جو اس کی معراج ہے۔ مگر اس کا حصول کیسے ممکن ہوگا؟ یہاں انسان کی اپنی انفرادی حیثیت فیصلہ کن کردار ادا کرتی ہے اور اس کے ثمرات ہم اپنے ارد گرد بخوبی دیکھ سکتے ہیں۔ ان ثمرات کی نوعیت اپنی انفرادیت کے باوجود اجتماعیت اور تنوع میں ڈھلی ہوئی ہے۔ سیب کے درختوں کی ہی مثال لے لیں کہ کس طرح وہ ایک ہی جیسا پھل دیتے ہیں مگر یہ درخت بذات خود ایک دوسرے سے جدا ہوتے ہیں۔ اسی طرح انبیاء کی مثال بھی ہے۔ سورہ البقرہ میں اللہ تعالیٰ فرماتا ہے کہ 'ہم اللہ کے رسولوں میں کوئی فرق نہیں کرتے۔' (۲۸۵ : ۲) دوسرے مقام پر اللہ فرماتا ہے۔ 'ہم نے رسولوں میں سے بعض کو بعض پر فضیلت دی ہے۔ ان میں سے وہ بھی ہیں جن کے ساتھ اللہ نے کلام کیا اور اسی طرح بعض کے درجات کو بلند کیا۔' (۲۵۳ : ۲)

تمام انبیاء باہم مختلف بھی ہیں مگر ایک دوسرے لحاظ سے متحد اور یکساں بھی ہیں۔ ان میں سے ایک اگر کلیم ہے تو دوسرا صفی ہے۔ ایک اگر خلیل ہے تو دوسرا روح ہے اور حبیب ہے۔ اختلافات کے باوجود وہ آپس میں ایک اور متحد ہیں۔ یہاں ایک حقیقت ہے جس نے ان انبیاء کو باہم مربوط کر رکھا ہے اور اس کی حیثیت روح کی ہے۔ کچھ امور ایسے ہیں جن کی رو سے یہ انبیاء باہم جدا بھی ہیں مگر ان کی حیثیت بنیادی اور اصولی نہیں۔ تمام اللہ کی ولایت کے تحت ہیں اور یہی ولایت ان کے اتحاد کی روح ہے۔ یہ اللہ سے براہ راست ہدایت اور احکامات

حاصل کرتے ہیں اور پھر انہیں خوش خبری اور تنبیہات کی شکل میں لوگوں تک پہنچاتے ہیں۔ ان کا پیغام تفصیلات اور جزئیات کے اعتبار سے ایک دوسرے سے مختلف ہوتا ہے مگر اپنی روح اور مقصد کے اعتبار سے وہ ایک ہی ہے۔ ہر ایک کے احکامات اپنی تفصیلات کے اعتبار سے دوسرے انبیاء سے مختلف اور جدا تھے ، عبادات کے طریقے بھی مختلف تھے مگر روح اور نصب العین میں کوئی اختلاف نہ تھا۔ سیب کے تمام درخت ایک ہی قسم کا پھل دیتے ہیں مگر اس کے باوجود ان پھلوں کی رنگت اور جسامت میں ہمیں واضح فرق نظر آتا ہے۔ پھر سیب کی بھی اپنی جگہ بہت سی اقسام ہیں مگر اس کے باوجود یہ تمام سیب اپنی فطرت اور روح کے اعتبار سے ایک جیسے ہی ہوتے ہیں۔ چنانچہ یہی مثال باقی تمام پھلوں پر صادق آتی ہے کہ وہ باہم اختلافات کے باوجود اپنی روح اور جنس کے اعتبار سے ایک ہی ہیں۔

اسی طرح ایک انسان ہونے کے ناتے ہم آپس میں مختلف ہیں۔ ہمارے خدوخال، جسمانی ساخت اور وجودی حیثیت یہ سب باہم نہیں ملتے۔ ہم اپنے خاندان اور معاشرے کے اعتبار سے بھی ایک دوسرے سے جدا ہیں۔ مگر اس کے باوجود یہ اختلافات اپنے اندر یکسانیت کا بھی ایک پہلو رکھتے ہیں اور اس لحاظ سے ان کی حیثیت محض ضمنی ہے۔ کیا آپ نے اس پر غور کیا ہے کہ میں خود اپنی انفرادی حیثیت میں دوسروں سے بالکل الگ ہوں مگر ایک کنبہ کے اعتبار سے میں اس میں شامل بہت سے افراد کا ایک حصہ ہوں۔ اسی طرح ایک کنبہ کی حیثیت سے ہمارا کنبہ اور خاندان دوسرے خاندانوں سے الگ اور مختلف ہے۔ مگر

ایک معاشرہ کی حیثیت سے ہمارا کنبہ اس کا لازمی جز ہے اور ہم یہاں بہت سے انسانوں کا ایک حصہ ہیں۔ اسی ایک کمیونٹی کی حیثیت سے ہم دوسری کمیونٹیز سے جدا ہیں مگر امام حسینؑ کے لیئے محبت کے لیول پر میری کمیونٹی باقی تمام کمیونٹیز کا ایک جز ہے، ان سے الگ نہیں۔ اور اس صورت میں ہم ایک عظیم کمیونٹی کی شکل میں ڈھل جاتے ہیں۔ پھر اس عظیم کمیونٹی کے لیول پر ہم دوسری عظیم کمیونٹیز سے بظاہر جدا ہیں ، مگر ایک امت کی حیثیت سے ہم باہم متحد ہیں اور اس صورت میں انسانیت کا ایک عظیم حصہ بن جاتے ہیں۔ قرآن پر غور کرو کہ کس طرح اس نے اہل کتاب سے خطاب کیا ہے۔ " اے اہل کتاب، اس کلمہ کی طرف آؤ جو ہمارے اور تمہارے درمیان یکساں ہے، کہ ہم کسی کی بھی عبادت نہ کریں سوائے ایک اللہ کے۔" (۶۴ : ۳) یہ وہ 'نکتہ یکسانیت' ہے جو آج مروجہ عیسائیت، یہودیت اور اسلام سے بھی بہت آگے جاتا اور انسانیت کو وسیع معنوں میں خطاب کرتا ہے۔ یہ وہ خطابی وسعت ہے جسے اللہ نے اپنے تمام انبیاء کو عطاء کیا ہے۔ خود قرآن میں اسی حقیقت کا یوں اظہار کیا گیا ہے۔ "اے انسانو، ہم نے تمھیں ایک ہی عورت اور مرد سے پیدا کیا ہے۔ اور تمھیں قوموں اور قبیلوں کی شکل دی تاکہ تم ایک دوسرے کی معرفت حاصل کر سکو۔ یقینا تم میں سے اللہ کے ہاں سب سے زیادہ مقرب وہی ہے جس میں تقوی سب سے زیادہ ہو۔" (۱۳ : ۴۹) اس آیت کریمہ میں ابراہیمی مذاہب سے بھی آگے جاتے ہوئے اللہ تعالیٰ نے تمام انسانیت سے خطاب کیا ہے۔ اس میں اہم نکتہ معیار فضیلت کا ہے جس کا تعلق نسل اور قومیت سے نہیں بلکہ خدا پرستی ہے اور یہی خدا پرستی انسانیت کا مغز اور جوہر ہے۔

یہی وجہ ہے کہ ہم یہاں جس نکتہ کی طرف دعوت دیتے ہیں وہ دراصل انفرادیت کی وہ اہمیت ہے جس کی بنیاد پر اجتماعیت کی عمارت کھڑی ہوتی ہے۔ افراد کے بغیر کسی بھی اجتماعیت کا تصور نہیں کیا جا سکتا۔ پھر یہاں اجتماعیت سے بھی ہماری مراد کوئی جسمانی یا خالصتہ معاشرتی اجتماعیت نہیں بلکہ ہماری مرادوہ اجتماعیت ہے جو خدا کے ساتھ گہرے تعلق اور عقیدہ پر قائم ہوتی ہے۔ اب آپ دیانت داری سے اپنے آپ سے یہ سوال کریں کہ کیا ہم دو میں سے ہر ایک فرد اسی ایک خدا کی عبادت نہیں کرتا؟ کیا میں اسی اللہ کی پرستش نہیں کرتا جس کی تم کرتے ہو؟ اور کیا تم بھی اسی کے سامنے جھکتے ہو جس کے آگے میں اپنی جبین رکھتا ہوں؟ یقینا خدا سب کے لیئے اپنی ذات میں ایک ہی ہے اس پر کسی کا بھی اختلاف نہیں۔ مگر اس کے ساتھ تعلق کی نوعیت میں افراد کے درمیان بہت بڑا فرق ہے۔ اس موقع پر میں آپ کو نبی کریمؐ کی ایک اہم حدیث یاد دلاتا ہوں، جس میں آپ نے فرمایا: ' سلمان ایمان کے دسویں درجے پر قائم ہے، جب کہ ابو ذر کا درجہ نواں ہے۔ اگر ابو ذر کو معلوم ہو جائے کہ سلمان کے دل میں کیا ہے تو وہ اسے فورا کافر قرار دیدے اور اس کے قتل پر امادہ ہو جائے۔اس کے باوجود کہ سلمان اور ابو ذر دونوں ایک ہی خدا کے پرستار اور عبادت گزار ہیں۔ '

یہاں تنوع اور اجتماعیت کے سواہ کچھ بھی نہیں۔ یہاں انفرادیت اور مقصدیت کے علاوہ کچھ نہیں۔ اس ایک ہال میں موجودگی کے باوجود ہمارے بیٹھنے کا انداز ایک دوسرے سے جدا ہے اور ہر آدمی اپنے خاص

انداز میں اس ہال کے ساتھ منسلک ہے۔ میں عموماً یہ کہتا ہوں کہ اگر میں یہ کہوں کہ یہ چیز سفید ہے، وہ سیاہ ہے اور وہ سرخ ہے۔ اس پر مجھے پورا یقین نہیں کہ جس انداز میں ان چیزوں کو میں نے دیکھا ہے تم بھی بعینہ اسی انداز میں ان چیزوں کو دیکھ رہے ہو۔ میں وہی بیان کر رہا ہوں جو میں دیکھتا ہوں۔ کیونکہ ہماری زبان اپنی اصطلاحات اور الفاظ کے اعتبار سے بہت وسیع اور بامعنی ہے۔ ممکن ہے جو چیز مجھے سفید نظر آئے وہ آپ کی نظر میں سفید نہ ہو۔ اور اس کے برعکس جو آپ کی نگاہ میں سفید ہو وہی میری نظر میں کچھ اور ہو۔ یہ وہ معاملات ہیں جو عام انسانی سطح پر پائے جاتے ہیں اور حواس کی معرفت سے بھی ان کا گہرا تعلق ہے۔ جب میں یہ کہوں کہ 'کعبہ بہت خوبصورت ہے' تو یہ اپنی نوعیت میں ایک خاص زبان پر مشتمل جملہ ہوگا۔ اب خوبصورتی کا انداز بھی ہر فرد کا اپنا ہوتا ہے۔ خوبصورتی کا جو تصور میری نظر میں ہے وہ اس سے مختلف ہوگا جو آپ کی نظر میں ہے۔

اگر غور سے کام لیا جائے تو بظاہر ان تمام اشیاء میں کوئی مماثلت نظر نہیں آتی۔ زندگی کا ہر چھوٹا ذرہ بھی اپنی خاص انفرادیت کو برقرار رکھے ہوئے ہے۔ اجتماعیت انفرادیت ہی کا قدرتی پھل ہے۔ اللہ کی اس سلطنت میں ہر طرف ہمیں انفرادیت ہی نظر آتی ہے اور یہی انفرادیت بالآخر اجتماعیت کے سانچے میں ڈھل جاتی ہے۔ اسی سے معلوم ہوا کہ اگر ہماری انفرادیت میں اجتماعیت پوشیدہ ہے تو پھر یہی انفرادیت ہمارے احساس اور ادراک میں بھی لازماً ہوگی۔ تو چنانچہ ایک انفرادیت وہ ہے جس کے ذریعے ہم ایک دوسرے سے ملتے اور تعلقات استوار

کرتے ہیں۔ اور ایک وہ کہ جس کے ذریعے ہم اپنے خالق کی معرفت حاصل کرتے ہیں۔ اگر یہ بات صاف ہوگئی تو پھر اس کی روشنی میں یہ بھی سمجھ لیں کہ کوئی بھی دو آدمی اور کوئی بھی دو موحد آپس میں بعینہ ایک نہیں ہو سکتے۔ اگر موسیٰؑ اور خضرؑ آپس میں ایک ہوتے ہوئے بھی باہم مختلف ہیں تو عام سطح پر دو آدمی بطریق اولیٰ باہم جدا ہوں گے۔ جو چیز انہیں آپس میں متحد کرتی ہے وہ ان کی جنس انسانیت، مقصد اور خدا مرکزیت پر مبنی جدو و جہد اور ارتقاء ہے۔

اگر یہ حقیقت پوری طرح سمجھ میں آگئی ہے تو پھر یہ بات بھی ذہن نشین کر لیں کہ انسانوں کی اس دنیا میں آخری اور فیصلہ کن تقدیر اس امر سے وابستہ ہے کہ یہ پوری انسانیت ایک ہی خاندان سے وابستہ ہے۔

یہ اس کا بنیادی تقاضا ہے کہ یہ باہم امن، پیار اور ہم آہنگی کے ساتھ اس دنیا میں رہے۔ اس لیئے کہ یہاں تعلقات کا معاملہ دونوں جانب سے ہے، یکطرفہ نہیں۔ اور اسی طرح مفادات بھی دو طرفہ ہیں جن کا احترام کرنا اسی تقدیر کا حصہ ہے۔ یہ حقیقت ہے کہ زندگی کے امور دونوں طرف سے جاری ہیں اور یہ فطری نظام ہے خواہ ہمیں اس کا احساس ہو یا نہ ہو۔ اس کا سبب یہ ہے کہ اللہ نے اگرچہ یہاں انسان کو انفرادی حیثیت سے پیدا کیا۔ مگر یہی انسان اپنی فطری ضروریات اور مجبوریوں کے تحت دوسروں کی مدد اور سہارے کا محتاج ہے۔ اس کی تکمیل دوسروں سے ملے بغیر نہیں ہو سکتی۔ چنانچہ یہی وہ بنیادی امر ہے جو مختلف انسانوں کو آپس میں مربوط رکھتا اور ان کی اجتماعی تکمیل اور

کامیابی میں اہم کردار ادا کرتا ہے۔ یہ دونوں اجتماعی اور انفرادی تعلق کچھ اس طور پر باہم متحد اور مربوط ہیں کہ اگر کوئی انہیں ایک ہی جسم قرار دیدے اور فیصلہ کر لے کہ اس جسم میں انفرادیت کی کوئی حیثیت نہیں، تو اسے غلط نہیں کہا جا سکتا۔ اگرچہ دونوں کا اپنی جگہ مقام اور اہمیت مسلمہ ہیں اور کسی کے لیئے بھی انکار ممکن نہیں۔ دونوں ایک دوسرے کے لیئے ناگزیر ہیں اور دونوں کا تصور ایک دوسرے کے بغیر ممکن نہیں۔ مزید برآں، ہر اجتماعی باڈی کی یہ خصوصیت ہے کہ انفرادی اجسام اس میں سے واضح جھلکتے نظر آتے ہیں، جیسا کہ ایک ہی مذہب سے تعلق رکھنے والی اقوام اور نسلوں کا معاملہ ہے کہ مذہب کی شکل میں تو وہ ایک ہی اجتماعی باڈی ہیں مگر اس کے ساتھ ساتھ ان کی اپنی اپنی انفرادی حیثیت بھی الگ نمایاں دیکھنے کو ملتی ہے۔

یہ ثابت شدہ امر ہے کہ انسان کی انفرادیت اور معاشرے کی اجتماعیت دونوں ساتھ ساتھ چلتی ہیں۔ افراد اپنی ذاتی حیثیت سے اس اجتماعی باڈی کی بہتری اور فلاح کے لیئے اپنی اپنی قدر کے مطابق حصہ ڈالتے رہتے ہیں اور یوں یہ تہذیب اپنی ترقی کی جانب گامزن رہتی ہے۔ مثال کے طور پر ایک زمانہ تھا کہ مسلمانوں نے تہذیب کی اس باڈی کی خدمت کی اور اس کی علمی اور عقلی ترقی کے لیئے مختلف ایجادات کے میدان میں نمایاں کام کیا۔ آج اس میدان میں مغرب سب سے آگے ہے۔ ماضی بعید میں مصری اس میدان میں تھے۔ ان کے بعد یونانیوں نے اس شعبہ میں کام کیا اور اسے ترقی دی۔ ان سب کی مثال ایک کنبہ کی ہے جس کی وجہ سے ترقی کا یہ عمل مسلسل جاری رہا ، کبھی جمود

کا شکار نہیں ہوا۔ آج کا یہ دور بین الاقوامیت (Globalisation) سے موسوم ہے اور اس کی تشکیل میں دو عناصر، یعنی مختلف کلچرز اور باہر کے مہاجرین کا نمایاں حصہ ہے۔ اسی کی وجہ سے ہم آہستہ آہستہ ایک دوسرے کے قریب آ رہے ، تنگ نظری کم ہو رہی اور وسعت نظری کو بڑی کامیابی مل رہی ہے۔اور یوں ہم سب بھی زمانہ کے ساتھ ساتھ ایک وسیع اور عالمگیر نظریہ کے حامل ہوتے جا رہے ہیں۔ کیا آپ اقوام متحدہ کے وجود پر غور نہیں کرتے؟ کیا آپ اس انسانی حقوق کے چارٹر کو نہیں دیکھتے کہ جس میں سب کے حقوق کی ضمانت دی گئی ہے خواہ اس کا تعلق کسی بھی مذہب، قوم، نسل، رنگ اور زبان سے ہو۔ حتّٰی کہ وہ موحد ہو کہ ملحد سب کے حقوق مساوی ہیں۔ کیا آپ نے غور نہیں کیا کہ انسانوں کے یہ باہم تعلقات اور میل جول موجودہ ترقی میں کس طرح اپنا کردار ادا کر رہے ہیں ؟ یہ وہی بات ہے جسے اللہ تعالیٰ نے اپنی کتاب میں 'لتعارفو' قرار دیا ہے، جس کا مطلب باہم تعارف اور میل جول کے ذریعے آگے بڑھنا ہے۔ (۴۹ : ۱۳)

تمام انسان ایک خاندان کی مانند ہیں۔ اور اس متحدہ انسانی فیملی کو علمی ترقی، اخلاقی بہتری اور اعلیٰ اور حقیقی روحانی اقدار پر مبنی نظام کی طرف رجوع کرنا ہوگا۔ یہ ائمہؑ میں سے کسی ایک کا قول ہے۔ 'اگر تم میں سے کسی کو یہ معلوم ہو جائے کہ تمہاری تخلیق کس طرح ہوتی ہے تو کوئی بھی کسی سے نفرت نہ کرے۔کیونکہ تم سب حقیقت میں ایک ہی ہو۔' میں آسانی کے ساتھ 'تم' بن سکتا ہوں اور تم آسانی کے ساتھ 'میں ' بن سکتے ہو۔ آگے بڑھنے سے پہلے میں یہاں آپ سے

ایک سوال پوچھتا ہوں۔ مجھے بتائیے ، کہ اگر میں اور آپ ایک عیسائی گھرانے میں جنم لیتے تو اس وقت کیا کر رہے ہوتے؟ ہم اس فکر میں ہوتے کہ عیسائیت ہی راہ نجات ہے اور اس کے علاوہ تمام انسان مردود اور نجات سے دور ہیں۔ انہیں بچانے کا ایک ہی راستہ ہے کہ ان سب کو عیسائی بنا دیا جائے۔ اسی طرح اگر ہم کسی سنی گھرانے میں پیدا ہوئے ہوتے تو اس وقت شیعوں کا رد کر رہے ہوتے اور یوں اس وقت امام حسینؑ کی شہادت کا ذکر نہ کر رہے ہوتے۔

یہاں ایک اہم سوال میں آپ سب کے سامنے رکھتا ہوں کہ ہم میں سے کتنے افراد نے اپنے مذہبی نظریات کا تنقیدی جائزہ لیا ہے جو ورثے میں ہمیں ملے ہیں ؟ عام طور پر تو ہم اسی مذہب اور اس سے وابستہ روایات پر صابر اور قانع رہتے ہیں جو ہمیں اپنے مہد یعنی گھریلو ماحول سے وراثت میں ملی ہیں۔ ہم میں سے کوئی بھی یہ تکلیف گوارا نہیں کرتا کہ ان مذہبی روایات پر ایک تنقیدی نظر ہی ڈال دے تاکہ غلط روایات کو صحیح سے الگ کیا جا سکے۔ اور یہ معلوم کیا جا سکے کہ یہ نظریات کہاں تک ہمارے لیئے بامعنی ہیں اور کہاں تک یہ مقصد زندگی سے اگاہی کے معاملے میں ممد و معاون ہیں۔ جب کہ ایک مذہب کا بنیادی مقصد اور غایت ہی یہی ہے کہ وہ انسانیت کو ترقی کے راستہ پر ڈال دے اور اس کی صحت مند نشو و نماء میں اپنا مثبت کردار ادا کرے۔ خود تقدیر اور نجات کی بھی بہترین تشریح یہی ہے کہ اس کی روشنی میں انسانیت اپنے سفر کی تکمیل تک پہنچ سکے، ورنہ تقدیر کی ناکامی سامنے آتی ہے جس کا سلسلہ خالق کے ساتھ بھی جڑا ہوا ہے۔ غور

کیجئیے، جب کہ خالق نے فرشتوں سے کہا تھا: ""میں زمین پر خلیفہ پیدا کرنا چاہتا ہوں۔"" فرشتوں کا جواب یہ تھا۔ ""کیا آپ زمین پر انہیں پیدا کرنا چاہتے ہیں جو فساد برپا کریں گے اور خون بہائیں گے، جب کہ ہم تیری حمد و ثنا اور تقدیس میں لگے ہوئے ہیں۔"" اللہ کا جواب یہ تھا: ""میں وہ کچھ جانتا ہوں جو تم نہیں جانتے۔"" (۲: ۳۰) فرشتوں کو جواب دیتے ہوئے اللہ نے یہ فرمایا کہ ہم نے اس انسان کو علم کی دولت سے نوازا ہے اور اس کی وجہ سے یہ اس قابل ہوگا کہ صحیح اور غلط کی پہچان کر سکے اور اس طرح اپنے خالق کی اطاعت کر سکے۔ اس مقام پر 'خلیفہ' کا لفظ محض انفرادی طور پر نہیں بلکہ پوری انسانیت کے لیئے استعمال ہوا ہے۔ آدمؑ محض ایک تنہا فرد نہ تھے جیسا کہ قرآن میں آیا ہے: "یقینا ہم نے تم کو پیدا کیا اور پھر شکل و صورت سے نوازا، اور پھر فرشتوں کو حکم دیا کہ وہ آدم کے آگے سجدہ کریں۔ اور ان سب نے سجدہ کیا سوائے ابلیس کے۔"" (۷ : ۱۱) اس مقام پر 'تم' یعنی جمع کا صیغہ پورے بنی نوع انسان کے لیئے ہے۔

معلوم ہونا چاہیے کہ پوری انسانیت کی کامیابی بنی نوع انسان کی کامیابی اور تکمیل پر منحصر ہے، کسی ایک فرد یا گروہ پر نہیں۔ ذرا تصور کریں کہ ہمارے ذہن میں بنی نوع انسان کی قسمت اور تقدیر کے بارے میں تصور اگر یہ تھا کہ مسلمان اس دنیا میں انسانیت کے لیئے سب سے بڑے معمار ہوں گے۔ وہ انسانیت میں سب کے لیئے روشن مثال ہوں گے ان تعلیمات کی بدولت جو قرآن نے انہیں عطاء کی ہیں، اور جنہیں نبی اکرمؐ اور ان کے اہل بیتؑ نے چار دانگ عالم

میں روشن کیا ہے۔وہ بہترین سائنس دان ہوں گے جنہیں دنیا نے کبھی دیکھا اور مشاہدہ کیا ہے۔ اور جو انسانیت کی خدمت میں سب سے آگے ہوں گے۔ وہ داعش جیسی تنظیمیں پیدا کرنے والے نہیں ہوں گے۔ وہ دنیا کو مفید انسان مہیا کرنے والے ہوں گے۔ یہ وہ لوگ ہوں گے جن کے متعلق حدیث میں پیش گوئی درج ہے کہ وہ مستقبل میں بہترین ٹیکنالوجی کے موجد ہوں گے۔ میں عموما اس حدیث کا ذکر کرتا ہوں جس میں یہ مذکور ہے کہ جب آخری امام تشریف لائیں گے تو اس وقت تم سب ایک دوسرے کو اپنی ہتھیلیوں پر دیکھ سکو گے۔ ہم نے اس حدیث کو سادہ طور پر معجزہ کے معنوں میں لے لیا اور تحقیق سے دست بردار ہو گئے۔ حالانکہ اس میں اشارہ تھا کہ ہم علم کے میدان میں آگے بڑھیں، تحقیق کریں اور ایسے آلات ایجاد کریں کہ ایک دوسرے کو اپنی ہتھیلیوں پر آمنے سامنے دیکھ سکیں۔ لیکن ہم اپنی جہالت اور قسمت کے عجیب تصور کی بدولت کوئی ایجادات عمل میں نہ لا سکے اور معجزات کے انتظار میں ہاتھ دھرے بیٹھے رہے، جب کہ دوسری قومیں آگے بڑھ گیئں اور ہم سے بازی لے گیئں۔ وہ امام جو پوری انسانیت کی فلاح اور نجات کی خاطر تشریف لائیں گے، ہم نے تو ان کا تصور ہی بدل دیا اور یہ نظریہ عام کر دیا کہ وہ آکر صرف ہمیں ہی نجات دلائیں گے اور باقی سب کو قتل کر دیں گے۔ذرا غور کریں کہ ہم کس قدر خود غرضی اور محدودیت کا شکار ہو چکے ہیں کہ وہ ہم ہی ہیں جو کامیاب ہوں گے اور باقی سب نامراد ہیں۔ یہ رویہ بالآخر ہمیں کہاں لے جائے گا؟

یہاں ہمارے پاس ایک اہم حدیث ہے جسے النعمانی نے 'الغیبہ' میں نقل کیا ہے۔ اس حدیث کے مطابق جب آخری امام تشریف لائیں گے تو وہ شام میں موجود ایک غار سے تورات کو حاصل کرکے اس کی روشنی میں یہودیوں کے معاملات طے کریں گے اور عیسائیوں کے ساتھ معاملہ انجیل کی تعلیمات کی روشنی میں ہوگا اور اہل قرآن کے ساتھ قرآن کی تعلیمات کی روشنی میں۔ مگر امام کے پاس قرآن کی طرح تورات اور انجیل بھی اپنی اصلی شکل میں ہوں گی۔ یہ حدیث اپنے اندر کیا پیغام رکھتی ہے؟ پیغام واضح ہے کہ امام مذاہب کے مابین اختلافات کا احترام کرتے ہوئے مختلف ملتوں کے معاملات طے کریں گے اور ان کی حکمت یہ ہوگی کہ تبدیلی مذہب کے بغیر ہی سب کو تمام مذاہب کی اصل روح اور مرکز سے پورے شعور کے ساتھ جوڑ دیا جائے تاکہ وہ اس شعور کی روشنی میں خود بخود اپنی اصلاح کر سکیں اور تمام گمراہیوں سے توبہ کر سکیں۔ امام کا بنیادی ہدف انسانیت کو ایسا نظام دینا ہوگا کہ جو کامل انسانی ہم آہنگی اور باہم مودت پر مبنی ہوگا۔ جس میں اختلافات کو برداشت کرتے ہوئے اصولوں سے وابستگی اختیار کرنا ہوگی۔ یہاں اختلافات کو بھی ان کی اصلی حالت کی طرف لوٹاتے ہوئے اس معیار پر لایا جائے گا کہ یہ انسانیت کے لیئے رحمت اور ترقی کا ذریعہ بن جائیں گے۔ قرآن نے عیسائیوں، یہودیوں اور صابئیوں کو نجات کی ضمانت دی ہے۔ اور یہ ضمانت اس بنیاد پر ہے کہ ان کا ایمان اللہ کی ذات پر اور یوم آخرت پر کامل اخلاص پر مبنی ہو، اور اس کے ساتھ ان کے اعمال بھی درست اور صالح ہوں۔ (۶۹ : ۵) تو چنانچہ اس آیت کی رو سے نبیؐ کی امت میں یہود و نصاریٰ اور مشرک بھی آجاتے ہیں۔امام علیؑ کی طرف یہ

حدیث منسوب کی جاتی ہے جس میں وہ فرماتے ہیں: 'اگر مجھے اتھارٹی مل جائے تو میں اہل قرآن پر قرآن کے مطابق اور اہل انجیل پر انجیل کے مطابق، اہل زبور پر زبور کے مطابق اور اہل تورات پر تورات کے مطابق حکومت کروں گا۔' اب خود ہی سمجھ لیں کہ آخری امام ان سے کیسے مختلف ہو سکتے ہیں؟

ہم ابھی تک اس حقیقت سے ناواقف ہیں کہ اس زندگی میں ہماری کامیابی اور آخرت میں نجات یہ دونوں اس پر منحصر ہیں کہ ہم انسانیت کی بہتری اور تکمیل کے سلسلے میں اس کے مطلوبہ معیار تک پہنچ جائیں۔ یہی ہماری حقیقی منزل ہے جس میں دونوں جہان کی کامیابی کی ضمانت ہے۔ ذرا اپنے اس بیانیہ پر بھی غور کر لیں جو تقدیر اور اخروی نجات کے متعلق ہمیں بچپن سے ملا ہے اور جو سادگی اور رجائیت کی عجیب مثال ہے۔ ہمیں بچپن میں یہ پڑھایا گیا کہ یہ زمین اپنے آخری زمانے میں شر اور برائی سے بھر جائے گی۔ ہر آنے والا دن پہلے دن سے بدتر ہوگا۔ یہ صورت حال اسی طرح جاری رہے گی یہاں تک کہ بارہویں امام کی آمد ہوگی اور وہی آکر ہمیں اس برائی اور مظالم سے نجات دلا ئیں گے۔ یہ پہلے سے ذہنوں میں بٹھائے گئے نظریات اور خیالات کہاں تک ہماری بہتر تربیت کر سکتے ہیں؟ یہ ہمارے اندر بیجا امید اور خوف کی کیفیات کو جنم دیتے ہیں۔ ان کی موجودگی میں ہم اس زندگی اور اس دنیا کے متعلق مثبت سوچ نہیں رکھ سکتے چہ جائیکہ اس کی تعمیر میں کوئی کردار ادا کر سکیں۔ ایسی صورت میں کون اس انسانیت کی فلاح کے لیئے کمر بستہ ہوگا جب پہلے سے ہی لوگوں کے ذہن میں یہ بٹھا دیا گیا

ہو کہ حالات کی بہتری کی کوئی امید نہیں؟ ایسے مایوس کن خیالات سے کون محفوظ رہ سکے گا اور امید کی جوت جگائے گا؟

کیا آج ہماری رہنمائی اور قیادت امید اور حوصلہ پر مبنی جذبات کر رہے ہیں یا مایوسی اور ناامیدی نے ہمیں گھیر رکھا ہے؟ مگر حقیقت تو یہی ہے کہ آج ہم سب ناامیدی اور بے حوصلگی کا شکار ہو چکے ہیں اور پھر ہماری مہار بھی اسی مایوسی کے ہاتھ میں ہے۔ دنیا اور اس کی زندگی کے بارے میں ہمارا یہ نظریہ (Worldview) اس حقیقی ورلڈ ویو سے کس قدر مختلف ہے جسے اللہ نے اپنے بندوں کے لیئے متعین کیا ہے اور جو تنگی، تعصب اور ناامیدی سے بالکل پاک ہے۔ ہم اپنے بچوں کو بہترین تعلیم سے آراستہ کرتے ہیں تا کہ وہ کیمبرج اور آکسفورڈ تک پہنچ سکیں اور دنیاوی زندگی میں اعلیٰ مقام حاصل کر سکیں۔ ہم بچوں کو اپنے اس کمزور دنیاوی نظریہ کے برعکس اعلیٰ تعلیم دلاتے ہیں جس کامطلب یہ ہے کہ ہمارا یہی نظریہ ہمارے بچوں کے معاملے میں غیر مؤثر ہے اور یہاں ہم اسے ترک کر دیتے ہیں ۔ اپنے بچوں کی تعلیم اور مستقبل کے بارے میں ہم اس قدر پر امید ہیں کہ انہیں کسی حالت میں بھی ناکام نہیں دیکھ سکتے اور یہاں ہم اپنے اس مایوسانہ ذہنیت کی بھی کوئی پرواہ نہیں کرتے۔ مگر جب ہم کمیونٹی کی طرف آتے ہیں تو ہمارا نقطہ نظر فورا بدل جاتا ہے۔ فکر مندی پر مبنی امید اور حوصلہ یہاں مایوسی میں بدل جاتا ہے۔ تنگ نظری اور قنوطیت کے جذبات ہم پر غالب آجاتے ہیں۔ ہم سمجھتے ہیں کہ یہ صرف امام ہی کا کام ہے کہ وہ آکر اس امت کی اصلاح کریں ۔ ہمارا وظیفہ محض یہی ہے کہ ہم اپنے گھروں میں ہی

بیٹھے رہیں، عبادت میں مشغول رہیں اور اس روائتی پرہیزگاری پر ہی گزارا کریں تا آنکہ امام تشریف لے آئیں۔ یہ پرہیزگاری کی آخر کون سی قسم ہے جسے ہم نے اپنے اوپر طاری کر رکھا ہے؟ اس کی آخر حقیقت کیا ہے؟ ہمارے مذہبی رہنماؤں نے اس رواجی اور بے روح پرہیزگاری کے ذریعے لوگوں کے دماغ اور عقل کو ماؤف کر دیا ہے۔وہ بدقسمتی سے ترقی کے بجائے جمود کے ساتھ چمٹے ہوئے ہیں۔

یہ ایک واقعہ ہے کہ ایک شخص چھٹے امامؑ کے پاس آیا اور درخواست کی کہ اس نے یہ عہد کر لیا ہے کہ وہ اب اس دنیا سے کنارہ کش ہوکر بقیہ زندگی ایک غار میں بسر کرے گا۔ امامؑ نے سوال کیا کہ اس کی کیا وجہ ہے؟ اس نے جواب دیا کہ معاشرے میں رہنے کی وجہ سے مجھ سے گناہ سرزد ہوتے ہیں۔ امامؑ نے جواب دیا کہ یہ زیادہ بہتر ہے کہ تم معاشرے میں رہو اور تم سے گناہ صادر ہوتے رہیں بہ نسبت اس کے کہ تم لوگوں سے کٹ جاؤ اور مکمل طور پر ایک راہب بن جاؤ۔ اس نے کہا کہ سماج میں رہنے سے مجھے ایسی چیزیں دیکھنا پڑتی ہیں جو حرام ہیں۔ امامؑ نے جوابا فرمایا کہ اس کے باوجود بھی تم دوسروں کے ساتھ ہی رہو۔ اس نے کہا کہ اس طرح مجھے بہت سی غلط باتیں بھی کرنا پڑتی ہیں۔ امامؑ نے فرمایا کہ کوئی ہرج نہیں۔ اس نے کچھ اصرار کرتے ہوئے کہا کہ حضرت اس طرح مجھے بہت سی غلط چیزیں دیکھنا پڑتی ہیں جو میں نہیں چاہتا۔ یوں معلوم ہوتا ہے کہ وہ اپنے گناہوں کا اعتراف کر رہا تھا۔ مگر امامؑ نے فرمایا کہ پھر بھی کوئی ہرج کی بات نہیں۔ کیونکہ

اس طرح اجتماعی زندگی کی برکت سے تم معاشرے سے بہت کچھ اپنے لیئے سیکھو گے اور سماج بھی تمہاری خدمات سے فائدہ حاصل کرے گا۔

ہمارا المیہ یہ ہے کہ ہم بہت زیادہ مایوسی کا شکار ہو چکے ہیں۔ ہم مدارس میں بچوں کو کیا تعلیم دے رہے ہیں؟ یہ دنیا برائیوں کا مرکز ہے اور اس کا خاتمہ بہت عبرتناک ہوگا۔ بارہویں امام تشریف لا کر اسے تمام برائیوں سے پاک کریں گے۔ کس قدر عجیب ہے یہ نظریہ؟ آخری امام کے نانا ؐ جب تشریف لائے تھے تو اس وقت پوری دنیا اور ان کا اپنا معاشرہ برائیوں سے پر تھااور ایک خوفناک گھڑے میں گرنے کے قریب تھا۔ مگر نبی کریمؐ نے ان میں سے کسی کو بھی قتل نہیں کیااور نہ ہی انہیں مایوس ہونے دیا۔ انہوں نے اپنی دعوت اور محبت کے ذریعے سب کو ذلت کے اس جہنم سے نکال کر ہدایت سے آشنا کیا اور انہیں بہترین انسان بنا دیا۔ اب خود ہی فیصلہ کر لیجیے کہ نواسے کا مشن اپنے عظیم نانا سے کیسے مختلف ہو سکتا ہے؟ وہ کون سا ایسا نبی ہے جس نے اپنی قوم کو رد کر کے مایوسی کے سپرد کر دیا ہو؟ ہر نبی نے اپنی امت کو حوصلے کے ذریعے آگے بڑھایا اور انہیں مزید ترقی دی۔ یہ کیسے ممکن ہے کہ پیغمبر کا یہ عظیم مشن جو حوصلوں اور ارادوں سے بھرپور ہو، یوں مایوسی اور انحطاط کا شکار ہوکر رہ جائے؟ امت کی تقدیر اور خاتمہ کے بارے میں یہ نظریہ جس کی تعلیم ہم اپنے مدرسوں میں دے رہے ہیں،اس کی موجودگی میں ہم اقوام کی قیادت کیسے کر سکتے ہیں جب کہ یہ کردار اور عمل کے بجائے مایوسی اور بے عملی کی طرف دھکیلتا ہے۔ ہمارا یہ عقیدہ ہے کہ تہتر فرقوں میں سے ایک ہی جنت

میں جائے گا اور باقی سب جہنم میں جلیں گے۔ اور جب امام مہدیؑ تشریف لائیں گے تو وہ باقی تمام مذاہب کے ماننے والوں کو موت کے گھاٹ اتار دیں گے۔ اس کا مطلب یہ ہوا کہ ہماسے نظریہ میں غیر مسلموں کے لیئے کوئی حقوق نہیں اور ان کی حیثیت محض ثانوی کلاس شہری سے بھی کم ہے۔ زیادہ سے زیادہ ہم مسلمان اہل کتاب کے ساتھ یہ مہربانی ضرور کر دیں گے کہ انہیں جزیہ (حفاظتی ٹیکس) کے ذریعے محفوظ بنانے کی کوشش کرلیں گے مگر اس سلسلہ میں ہندو اور بدھ برادری کو یہ حق بھی شاید حاصل نہ ہوگا۔ یہ ہماراوہ عقیدہ نجات ہے جو ہمیں وراثت میں ملا ہے۔

اب ذرا ایسی دنیا کا تصور کیجئے کہ جس میں ہم ایک مثبت اور کارآمد نظریہ تقدیر اور نجات کے ساتھ داخل ہوتے ہیں۔ پھر اس موجودہ اور موروثی نظریہ نجات کو ہم یوں اختیار کرتے ہیں جس کی رو سے تمام انسانیت نامراد اور جہنم کا ایندھن ہے۔ پھر آپ بجا طور پر سوچ سکتے ہیں کہ یہی مسلمان کس طرح پورے عالم کے لیئے باعث رحمت بن سکتے ہیں؟ ممکن ہے کہ اقوام متحدہ کا آئندہ سربراہ کوئی مسلمان منتخب ہو جائے۔ اس جامع تصور کے ساتھ جب کوئی اس منصب پر آئے گا تو اس کی حیثیت محض ایک عام سربراہ کی نہ ہوگی بلکہ ایک مسلم سربراہ کی ہوگی جو اپنے ایمان سے دنیا کی اقوام کو بہتر اور مفید منشور سے آشنا کر سکے گا۔ اس کے دکھوں کا بہتر مداوا کر سکے گا اور جو انسانیت کے مسائل کے حل میں تمام تعصبات سے بالا ہو کر اپنے آپ کو وقف کرسکے گا۔ یہ کرشمہ اس وقت ہی ظاہر ہو سکے گا جب کہ ہم اخروی

نجات کے اس مثبت اور تخلیقی عقیدہ کی طرف آئیں گے جس کا اوپر تفصیل سے ذکر کیا گیا۔ اسی کی بدولت ہم زندگی کے ہر شعبے میں اپنے تخلیقی عمل کے ذریعہ بہترین انقلاب لا سکتے ہیں۔ اس کے ذریعے ہماری کمیونٹی کو ایک نئی زندگی، نئی حرارت و تمازت اور صلاحیتوں کے میدان میں نیا اعتماد ملے گا۔

اس مقام پر پیغمبر اسلامؐ کی مثال سب کے لیئے مشعل راہ ہے۔ جس کمیونٹی کی طرف آپ تشریف لائے، قرآن اس کا نقشہ یوں کھینچتا ہے کہ وہ تباہی اور بربادی کی آگ کے دھانے پر کھڑے تھی اور اس میں گرنے والی تھی ۔ وہ لوگ سماج کی مختلف زنجیروں میں جکڑے ہوئے تھے۔ وہ اس بوجھ کے نیچے دبے ہوئے تھے جو انہیں زمین سے لگا رہا تھا۔ یہ پیغمبر ہی تھے جنہوں نے انہیں ان زنجیروں سے آزاد کیا اور اس بوجھ سے نجات دلائی۔ ان کی دعوت کی بدولت ان میں انسانیت آگئی۔ اور بالآخر ان خانہ بدوشوں میں وہ تبدیلی آگئی کہ یہ ایک عظیم سلطنت کے مالک بن گئے اور ایسی تہذیب قائم کی جس نے خود کسریٰ اور روما جیسی طاقتوں کو شرما دیا۔ یہ سب اس مثبت اور عظیم نظریہ کی بدولت ممکن ہو سکا جو انہیں اپنے پیغمبر سے ملا تھا۔ اس میں محبت، نمو، خوبی اور ترقی تھی۔ اس کی روح یہ تھی کہ یہ جہان اللہ نے تمہارے لیئے پیدا کیا ہے۔ تمام انسانیت تمہاری اپنی ہے اور اس کی خدمت اور بہتری ہی تمہارا نصب العین ہے۔

تو چنانچہ تقدیر اور نجات کا اصل مطلب صحت مند بنیادوں پر ترقی اور نشو و نماء ہے۔ ہاتھ پر ہاتھ دھر کر بیٹھے رہنا نہیں۔ اس کے لیئے

ضروری ہے کہ ہم اپنے اندر وہ جرائت اور بصیرت پیدا کریں جس کی رو سے ہم موجودہ مذہبی لٹریچر اور اسی عنوان سے نصابی ٹیکسٹ کا تنقیدی جائزہ لے سکیں اور اس میں سے جو مواد غلط اور مذہب کی روح کے منافی ہے اس کی نشان دہی کریں اور اصل مواد سے خارج کر دیں۔ یہ اگرچہ مذہب کے نام پر ہے مگر اس کا بہت سا حصہ مذہب کی روح سے کوئی مطابقت نہیں رکھتا۔ پھر اس نظریہ نجات کا تعلق محض شیعہ یا دیگر مسلمانوں سے نہیں بلکہ یہ وہ فلاح ہے جس کا تعلق پوری انسانیت سے ہے۔ اور اس کا بنیادی اور آخری مقصد یہ ہے کہ انسانیت ان مشترکہ انسانی اقدار، بلند اخلاقیات، علمی ترقی اور روحانیت کے اس گہرے رشتہ کے تحت اس قابل ہو سکے کہ وہ باہم امن و محبت کے ساتھ جینا سیکھ لے اور آپس میں متعدد رشتوں اور گونا گوں برادریوں سے منسلک ہونے کے باوجود تعاون کی فضا کو فروغ دے سکے۔ یہی وہ پلیٹ فارم ہے جو آج انسانیت کی سب سے بڑی ضرورت ہے۔ ہم جتنا جلدی اس کی طرف رجوع کریں گے اتنا ہی جلد با مقصد زندگی کا آغاز کر سکیں گے۔ یہی با مقصد زندگی ہمیں کامیابی اور نجات سے سرخرو کرے گی۔

اللہ تعالیٰ نے اپنے تمام بندوں کو اجتماعی حیثیت سے انسانیت کا عنوان دیا ہے اور اسی حیثیت سے اسے پکارا ہے۔ اور اسے اختیار دیا ہے کہ وہ اس دنیا میں موجود تمام اشیاء پر کنٹرول حاصل کرکے اپنی تقدیر کے مالک بن سکتے ہیں۔ کیونکہ اس ذات نے اسی انسان کو بہترین علمی اور جسمانی صلاحیتوں سے نوازا ہے۔ بالخصوص اسی ذات نے اسی انسان میں خود اپنی روح پھونک کر یہ پیغام بھی دے دیا ہے کہ اس انسان کو اب

اس کے خالق کی صفات کا نمونہ بننا چاہیئے۔ تقدیر کی وہی تشریح سب سے موزوں ہو سکتی ہے جس کی رو سے یہ انسانیت اپنے اخلاق، علم، کردار اور روحانیت میں ترقی کرتے ہوئے آخری تکمیل تک پہنچ سکے۔ یہی کامیابی انسانیت کی منزل مقصود ہے۔ عقیدہ تقدیر کی یہی تشریح انسان کو خود اعتمادی اور خود شناسی جیسے عظیم جوہر سے آشنا کر سکتی ہے جو تقدیر کی روح ہے۔

چھٹی شب

ہم اس امر سے بخوبی اگاہ ہیں کہ انسانی تقدیر کے دو حصے ہیں۔ پہلے کا تعلق اس دنیا کے ساتھ ہے اور دوسرے کا رابطہ عالم آخرت کے ساتھ۔ ہم اس سے قبل اس دنیا میں انسانی زندگی کے وجود اور اس کے اختتام کا ذکر چکے ہیں۔ ہم تفصیلا بیان کر چکے ہیں کہ ایسے تمام نظریات اور بیانیے غلط، فرسودہ اور بے بنیاد ہیں جو محدود سوچ پر مبنی ہیں ۔ اس مفروضہ بیانیے کے مطابق معروف نعرہ یہی ہے کہ 'ہمارا فرقہ ہی افضل اور ناجی ہے اور باقی سب گمراہ اور جہنمی ہیں۔' ایسے نظریات کی حق اور انسانی کرامت کے ساتھ کوئی مناسبت نہیں۔ مگر بد قسمتی سے ہمارے مذہبی فرقوں کے ہاں یہ مخصوص اور محدود بیانیہ بہت عام ہے اور اسے اپنے مقاصد کے لیئے خوب استعمال کیا جاتا ہے۔ انسان کی اجتماعی کامیابی اور نجات کے حوالے سے ہم مختلف آیات اور احادیث کی روشنی میں تفصیلی گفتگو کر چکے ہیں۔ اگر علمی انداز میں غور کیا جائے تو معلوم ہوگا کہ ہمارے علم میں اضافہ اور ترویج ہماری انفرادی اور اجتماعی دونوں قسم کی کوششوں پر منحصر ہے اور تاریخ بھی اسی پر شاہد ہے۔ قرآن میں اللہ تعالیٰ فرماتا ہے کہ ہم نے آدم کو تمام اسماء کا علم دے دیا تھا۔ اب سوال یہ ہے کہ وہ اسماء کہاں ہیں؟ یہ اسماء یہاں اسی جہان میں موجود ہیں۔ اب اس بات کی ضرورت ہے کہ ہم

ان تک پہنچنے کی کوشش کریں اور دنیا کے سامنے انہیں آشکارا کر دیں۔ انسانیت کی اٹھان اور تعمیر اس امر پر مبنی ہے کہ اس کے لیئے کس حد تک اجتماعی جدو و جہد کا جذبہ انسانوں میں موجود ہے۔ اجتماعی جدو و جہد کے بغیر ہم کچھ بھی نہیں۔ ہمارا رب ہم سے یہ چاہتا ہے کہ ہم آگے بڑھیں، علم اور ایجادات میں ترقی کرتے ہوئے اپنے آپ کو دنیا پر ظاہر کر دیں اور یوں اپنے آپ کو دنیا کی بہترین اور نفع بخش مخلوق ثابت کر دیں۔ اللہ چاہتا ہے کہ انسانیت اسی دنیا میں اپنی علمی عظمت اور کمالات کی منزل تک پہنچ جائے۔ یہ پہلا مرحلہ ہے جس کا تعلق انسانیت کی عظمت سے ہے۔

اس بحث کا دوسرا حصہ انسانیت کی اخلاقی تطہیر سے متعلق ہے۔ یعنی انسانیت اپنی اس اجتماعی شکل میں اخلاقی تطہیر اور نظافت کی محتاج ہے۔ انسا نیت کو اخلاقی روایات پر قائم رکھنا اس کی بقاء اور تعمیر کے لیئے انتہائی لازمی ہے۔ انسان خواہ وہ خدا کی ذات کے قائل ہوں یا منکر، اس امر کے بہرحال پابند ہیں کہ وہ بنیادی انسانی اخلاقی اصول اور روایات کا باہم احترام کریں اور ان کی خلاف ورزی سے باز آجائیں۔ یہی وہ بات ہے جس کا اظہار امام حسینؑ نے عاشورہ کے دن کیا تھا کہ: 'اگرچہ تمہارا خدا اور آخرت کی بازپرس پر کوئی ایمان نہیں، مگر اس کے باوجودایک انسان ہونے کے ناتے تم اپنے آپ کو انسانیت کے درجہ سے محروم کرکے ذلالت کے گڑھے میں مت گراؤ۔ تمہارا یہ عمل اور کردار انسانیت کے مقام سے گر چکا ہے۔' یہاں انسانیت اور اس سے وابستہ اخلاقی اصول اور روایات ہیں۔ جیسا کہ ہم بیان کر آئے ہیں کہ

اخلاقیات انسانیت کے اجتماعی نظام کا اہم جز ہیں ، اس سے جدا نہیں۔ انسانیت کے اجتماعی نظم کے بغیر اخلاقی اصول غیر ضروری اور بیکار ہو کر رہ جاتے ہیں۔ ایک تنہا اور الگ تھلگ انسان کی بات میں وہ وزن اور اہمیت نہیں جو اجتماعی معاشرہ میں ہمیں نظر آتی ہے۔ مثال کے طور پر اگر اس روئے زمین پر صرف ایک ہی انسان کی شکل میں میرا ہی وجود پایا جائے ، اور میرے علاوہ اور کوئی نہ ہو، تو اس صورت میں میرا سچ بولنا، اچھائی کو اختیار کرنا، خیراتی کاموں کی طرف متوجہ ہونا، دنیاوی معاملات میں کھڑا ہونا اور انسانی جان کو بچانے کا عہد کرنا اپنے اندر کوئی معنی نہیں رکھتا۔ اس لیئے کہ یہاں معاشرہ ہی سرے سے موجود نہیں۔ اس سے معلوم ہوا کہ اجتماعی معاشرہ کا تصور ہی انسانوں کو باہم مربوط رکھ سکتا ہے اور اسی میں اعمال کی قدر و قیمت متعین ہوتی ہے اور اسی سے انسانوں کی اجتماعی قسمت بھی پیوستہ ہے۔

اب اسی حقیقت پر غور کریں اور تصور کریں کہ اگر ہم سب ایک ہی قبیلہ، خاندان، مذہب، ذات، رنگ اور ثقافت سے متعلق ہوتے، اور یہ مختلف اقوام و ملل کی صورت میں موجودہ رنگا رنگی نہ ہوتی، تو اس شکل میں آج ان موجودہ انسانی سچائیوں اور دیگر کائناتی حقائق کی دریافتوں تک رسائی کیونکر ممکن ہوتی؟ مثال کے طور پر اگر ہم سب ایک ہی قبیلہ، ایک ہی مذہب اور ایک ہی قسم کے خیالات کے مالک ہوتے تو پھر یہاں انسانی حقوق کے تحفظ کے قانون کا معاملہ کبھی جنم نہ لیتا۔ اس لیئے کہ ایسے معاملات کا تعلق اختلافات اور رنگا رنگی سے ہے، وحدت سے نہیں۔ انسانی زندگی میں اختلافات اور گوناگونی سے متعلق

پایا جانے والا یہ جوہر ہمیں اخلاق کے اس اعلیٰ معیار تک لیجاتا ہے جو ان تمام اختلافات کے باوجود ہمیں متحد اور مربوط رکھتا ہے، اور قرآن بھی اسی کی توثیق کرتا ہے۔ 'ہم نے تمہیں قوموں اور قبیلوں کی شکل میں پیدا کیا۔' (۱۳ : ۴۹)

ہم اس سے قبل روحانی تکمیل اور اجتماعی مقدر کے حوالے سے گفتگو کر چکے ہیں۔ یہ انسانی تکمیل کا وہ مقام ہے جہاں انسان خدا محویت اور خدا ترسی جیسی صفات سے کاملا متصف ہوجاتا ہے۔پھر اس کی زندگی میں مثبت انقلاب آجاتا ہے۔ یہ زندگی پھر محض دکھاوے اور فریب کی زندگی نہیں رہتی بلکہ اس میں کردار کی پختگی اور ایمان کی حرارت آجاتی ہے۔ یہ زندگی خدا مرکزیت کا عملی نمونہ بن جاتی ہے۔ اس سے پہلے یہ روایت بیان ہو چکی ہے کہ جب امام مہدیؑ تشریف لائیں گے تو وہ اہل انجیل کے معاملات انجیل کے مطابق، اہل تورات کے تورات کے متعلق، اہل زبور کے زبور کے مطابق اور اہل قرآن کے قرآن کی روشنی میں نمٹائیں گے۔ اللہ نے قرآن میں اسی حقیقت کی واشگاف الفاظ میں صراحت کر دی ہے کہ اہل کتاب اور صابئین میں سے جو کوئی بھی اللہ اور آخرت پر ایمان لائے اور نیک اعمال کرے ، ان کے لیئے اجر ہے۔ اور انہیں کوئی خوف اور حزن نہ ہوگا۔ اس مقام پر قرآن ہمیں اجتماعیت کا درس دے رہا ہے۔ یہ آیت دو مرتبہ دہرائی گئی ہے۔ اور یہی مفہوم سورہ البقرہ سے لے کر سورہ المائدہ تک کئی آیات میں پیش کیا گیا ہے۔ نبی کریمؐ نے خود امت کی تشکیل میں اس اجتماعیت کو

قائم اور نافذ کیا ہے۔ خود مہدیؑ کی آمد کے متعلق نظریہ اپنی فطرت میں اسی اجتماعیت کی نشان دہی کرتا ہے۔

گزشتہ بحث کے مختصر اعادہ کے طور پر یہ کہوں گا کہ انسانیت کی اجتماعی کامیابی کے بارے میں پیشنگوئی ہمارے مذاہب کی الہامی کتابوں میں پہلے سے ہی دی جا چکی ہے۔اور اسے انسانی حالات کی رفتار کی روشنی میں بآسانی سمجھا جا سکتا ہے۔ انسانیت کا اس سر زمین پر اختتامی مرحلہ بڑی اہمیت کا حامل ہے۔ یہ مرحلہ اس لحاظ سے بہت عظیم ہے کہ انسانیت اس مقام پر اپنے تمام تر اختلافات اور تفاوت کے باوجود اپنی حقیقی بلوغت سے آشنا ہو جائے گی۔ سچائی کی اہمیت اس پر واضح ہو جائے گی اور یہ حقیقت بھی کھل کر سامنے آجائے گی کہ علم انسانیت کی مشترکہ میراث ہے۔ ہماری ترقی اور کمال سب اسی علم سے محبت اور وابستگی سے جڑے ہوئے ہیں۔ علم کے بغیر ہماری ترقی اور صحت مند نشو و نماء کا تصور ممکن نہیں۔ لطف کی بات یہ ہے کہ ہمارے درمیان یہ تفاوت اور اختلافات کی کیفیت بذات خود علم کے فروغ میں اعلیٰ کردار ادا کرتی ہے۔ اس زندگی میں ایسا کیوں ہے کہ ایک انسان کسی خاص حقیقت کا مشاہدہ کر لیتا ہے مگر وہی بات دوسرے کو نظر نہیں آتی؟ اس کی وجہ باہم نظریات کا اختلاف اور اپروچ میں فرق ہے۔ لوگ عموما اپنے ہی خاص نظریات کے خول میں قید رہتے اور دوسروں سے اجتناب کرتے ہیں۔ لیکن یہی مختلف نظریات اور تصورات باہم اکٹھے ہو کر ایسی صورت اختیار کر لیتے ہیں جو علم کی ترقی کے لیئے بہت بڑی غذا کا کام دیتے ہیں۔علم کی نشو و نماء نظریات اور خیالات کے باہم تفرق

اور تفاوت کے بغیر غیر متصور ہے۔ بعینہ یہی معاملہ انسانی اخلاقیات کی ترقی اور فروغ کا بھی ہے۔ یہاں بھی تصورات اور نظریات کے اختلافات وہی کردار ادا کرتے ہیں جن کا ذکر ابھی علم کے ذیل میں ہو چکا ہے۔ اخلاقیات میں بھی فکری اختلاف کے یہ درجات انسان کو خدا مرکزیت اور خدا پرستی جیسی کامل صفات سے مزین کر دیتے ہیں جو انسانی ترقی کی آخری منزل ہے۔ لیکن اس کے حصول میں اجتماعیت کی اہمیت اور اس کے کردار سے انکار نہیں کیا جا سکتا۔ ایک تنہا اور الگ تھلگ انسان کی کوئی حیثیت نہیں۔

جب آپ عیسائیوں، یہودیوں اور مسلمانوں کے نظام ، اور اسی طرح مسلمانوں میں شیعہ اور سنیوں کے نظام کا اندرونی طور پر تفصیلی جائزہ لیں گے تو آپ کو نظر آئے گا کہ ان سب میں نیک اور خدا ترس لوگوں کی ایک معقول تعداد موجود ہے، اور ایسے بھی ہیں جو ان صفات سے خالی ہیں۔ آپ کو محسوس ہوگا کہ یہ فرق محض مذاہب کی وجہ سے نہیں بلکہ اس کے لیئے معروف فطری معیار 'خدا پرستی' اور 'خدا سے بیگانگی' میں مضمر ہے۔ اس سلسلہ میں رہنما اصول قرآن کی اس آیت میں ہے۔ 'لکم دینکم ولی دین' یعنی تمہارے لیئے تمہارا دین ہے اور میرے لیئے میرا دین ہے۔ (۶ : ۱۰۹) اس آیت کی رو سے دین اس کے سواہ کچھ نہیں کہ خدا کے آگے اپنے آپ کو مکمل طور پر جھکا دیا جائے ، جو کہ انسانی عظمت اور تمناؤں کا حقیقی مرکز ہے۔ یہ مذاہب، ثقافت، زبانوں، نسلوں اور جنس کے مابین تفاوت اور اختلافات قدرت کے حسن کو مزید اجاگر کرتے اور اللہ کے لیئے مزید محبت اور اطاعت

کا جزبہ بیدار کرتے ہیں۔ یہ اختلافات اور گونا گوں تصورات درحقیقت اللہ کی موجودگی کا پتہ دیتے اور اس کی حکمت کو سمجھنے میں مدد فراہم کرتے ہیں۔ تنگی اور مصنوعی حد بندیاں اس کی فطرت کے خلاف ہیں۔ خدا پرستی کی منزل تک پہنچنے کے لیئے ضروری ہے کہ انسان ان مصنوعی حدود کو پھلانگ کر آگے بڑھے اور اس وسیع دنیا میں قدم رکھے جہاں اللہ کی معرفت اور نور عام ہیں جو مذاہب و رنگ کے ان ہی اختلافات کی شکل میں اپنے آپ کو نمایاں کر رہے ہیں۔

قرآن انسانوں کے بارے میں اس فرق کے حوالے سے جو ہدایات دیتا ہے وہ اصولی طور پر اللہ کی ذات سے تعلق اور وابستگی سے منسلک ہیں۔ یا تو انسان خدا کے قائل اور اس کے پرستار ہوں گے یا پھر اس کے برعکس خدا کے منکر اور باغی۔ یہ حقیقت بھی اسی وقت صحیح معنوں میں کھل کر سامنے آتی ہے جب ہم اجتماعی معاشرہ میں رہتے اور مختلف نظریات اور تجربات سے اگاہ ہوتے ہیں۔ یہیں سے پتہ چلتا ہے کہ روحانی اقدار اس قدر بلند اور وسیع ہیں جو ہمارے ان مروجہ مذہبی مزعومات اور سماجی رسوم کی حدوں سے بہت آگے جاتی ہیں۔ یہاں پر میں آپ سے ایک اہم سوال کرتا ہوں کہ فرض کریں اگر تمام دنیا کے انسان مسلمان بن جائیں تو کیا تمام اختلافات ختم ہو جائیں گے؟ آپ کا جواب یہی ہوگا کہ نہیں، اختلافات باقی رہیں گے۔ خود اسلام کی تعبیر اور تشریح کے حوالے سے ان میں بیحد اختلافات رونما ہوں گے اور یہ ایک فطری بات ہے۔ اس کا سب سے بڑا ثبوت آج مسلمانوں میں اختلافات اور فرقوں کی موجودہ کثرت ہے۔ اسی طرح فرض کریں

کہ اگر سب سنی بن جائیں تو کیا اختلافات مٹ جائیں گے؟ یقیناً ایسا نہیں ہوگا۔ اس کے باوجود بھی فقہی اور کلامی مباحث میں اختلافات بدستور باقی رہیں گے۔ ایک کے نزدیک عدل الٰہی کا تصور یہ ہوگا اور دوسرے کے نزدیک اس سے الگ اور کچھ اور ہوگا۔ اسی طرح سنت نبویؐ کی تعریف و تشریح کے بارے میں بھی تشریحات مختلف ہوں گی اور ان پر مختلف فرقے وجود میں آجائیں گے۔ اور آج عملاً صورت حال بھی اسی کی عکاسی کر رہی ہے۔ اور یہی معاملہ تمام امت کے شیعہ ہو جانے میں ہے۔

انسان اور اجتماعیت دونوں کچھ اس طور پر باہم لازم و ملزوم ہیں کہ انہیں ایک دوسرے سے جدا نہیں کیا جا سکتا۔ اس دنیا میں ہم مشاہدہ کرتے ہیں کہ ہر چیز اپنی انفرادی حیثیت سے کچھ اس انداز میں قائم ہے کہ محسوس ہوتا ہے کہ اجتماعیت سرے سے موجود ہی نہیں۔ انفرادیت سے یہاں ہماری مراد یہ ہے کہ ہر چیز اپنے طور پر الگ سے قائم ہے اور اپنے کام میں مگن ہے۔ مثلاً آپ ایک الگ آدمی ہیں اور میں بھی الگ انسان ہوں۔اور یہی انفرادیت کی اصل حقیقت ہے۔ مگر یہی وہ انفرادیت ہے جو اجتماعیت کو جنم دیتی ہے۔ معاشرے افراد ہی کی سطح پر قائم ہوتے ہیں۔ آپ جس قدر بھی کوشش کر لیں اجتماعیت سے چھٹکارا نہیں پا سکتے۔ کیونکہ یہ ایک فطری امر ہے جو بہت بڑی حکمت سے وابستہ ہے۔ ورنہ تنہا انسان معاشرے کے بغیر کوئی کارنامہ انجام نہیں دے سکتا۔

اب اگر ہم اس بات پر اصرار کریں گے کہ ہماری یہ مخصوص اور محدود حیثیت ہی اصل میں حق ہے اور اس انداز میں سچائی کا نشان ہے کہ تہتر میں سے صرف یہ ایک ہی جنت کی مستحق ہے اور باقی تمام جہنم کا ایندھن بنیں گی ، تو دوسرے الفاظ میں ہم اس بات کا اظہار کر رہے ہیں کہ اللہ تعالیٰ (معاذاللہ) اپنے اس منصوبہ میں ناکام ہو چکا ہے جس کی رو سے اس نے اس انسان کو اس دنیا میں 'خلیفہ' کی حیثیت سے تخلیق کیا اور اسے علم عطاء کیا۔ پھر اس کے علاوہ یہ بیانیہ قرآن کی اس آیت کے بھی خلاف ہے جس میں کہا گیا کہ جہنم میں صرف وہی جائیں گے جو انتہائی ظالم ہوں گے۔ (۱۶-۱۴ : ۹۲) اور اسی طرح یہ اس آیت کے بھی خلاف ہے جس میں فرمایا گیا کہ اہل کتاب اور صابیوں میں سے وہ لوگ کامیاب اور جنتی ہیں جنہوں نے اللہ اور آخرت پر ایمان رکھا اور نیک اعمال کرتے رہے۔ جیسا کہ اس کا ذکر پہلے کر دیا گیا ہے۔ اب حقیقت کے واضح ہو جانے کے بعد ہمارے سامنے دو ہی راستے ہیں۔ یا تو ہم اس محدود اور منفی بیانیے کے ساتھ ملحق ہو جائیں جو دلائل کے اعتبار سے کمزور اور لغویت پر مبنی ہے۔یا پھر اس جامع اور مثبت عقیدہ نجات کی طرف آجائیں جو قرآن اور انسانی عقل کے عین مطابق ہے اور جس کی رو سے انسانیت کی واضح اکثریت کے لیئے کامیابی اور نجات ہے، اور اس کی خاطر راہیں بھی متعین کر دی گئی ہیں۔ اور پھر ان راہوں کو اختیار کرنا انسانیت کے لیئے کچھ مشکل نہیں۔

یہاں ہمارے لیئے قابل غور نکتہ یہ ہے کہ انسانیت کی قسمت اور نجات سے متعلق ہمارا اجتماعیت پر مبنی یہ بیانیہ کس طرح اور کس انداز

میں ہمارے رویوں اور طرز زندگی پر اثر انداز ہوتا ہے۔ جیسا کہ اوپر بیان کیا گیا کہ ہم اب زندگی کے بارے میں محدود اور مخصوص مذہبی نظریات کو ترک کرکے وسیع اور اجتماعی معتقدات کی طرف آچکے ہیں۔ انسانیت کے وسیع مفادات کی تکمیل بھی اسی اجتماعی نقطہ نظر سے وابستہ ہے۔کوئی بھی مسلمان اپنے آپ کو ان مخصوص اور انفرادی تصورات سے نہیں جوڑ سکتا بشرطیکہ وہ انسانیت کے وسیع مفاد سے آشنا ہو اور اس کی کامیابی اور تکمیل کے لیئے کوشاں ہو۔ ایک مخلص مسلمان اس حقیقت سے اگاہ ہے کہ اسلام بحیثیت دین پوری انسانیت کی فلاح کے لیئے ہے، کسی بھی مخصوص گروہ کے لیئے نہیں۔ اسلام اہل ایمان کو اس کی ترغیب دیتا ہے کہ وہ باقی تمام انسانوں کے ساتھ مل کر کام کریں۔ ان کے ساتھ مخلصانہ تعاون کریں ۔ اجتماعیت کے لیئے اپنے آپ کو وقف کر دیں تاکہ یہ انسانیت اپنی کامیابی کے اس مطلوبہ معیار تک پہنچ سکے جو اس عالم میں اس کے لیئے مقدر ہے۔ اس مقام پر پہنچنے کے بعد ہم محسوس کرتے ہیں کہ ہم نے انسانیت کی اجتماعی فلاح اور نجات (The Human Collective Echchatology) پر اپنی بحث مکمل کر لی ہے اور یہ واضح کر دیا ہے کہ اس دنیا میں انسان کی اجتماعی تقدیر کیا ہے اور اس کے اہم لوازمات کیا ہیں۔

اب ہم اسی تقدیر اور نجات کے دوسرے پہلو کی جانب متوجہ ہوتے ہیں جس کا تعلق عالم آخرت اور قیامت کے ساتھ ہے۔ قیامت کے بارے میں یہ واضح ہے کہ وہاں نجات کا معاملہ بنیادی طور پر انفرادی نوعیت کا حامل ہے جسے قرآن میں بار بار پیش کیا گیا ہے۔ مگر اس کے

ساتھ خود قرآن میں اجتماعی نجات اور عذاب کو بھی نظر انداز نہیں کیا گیا بلکہ اسے بھی متعدد مقامات پر اسی انداز میں بیان کیا گیا ہے۔ مثال کے طور پر اگر آپ سورہ مریم، سورہ الزمر، سورہ الاعراف اور ان کے علاوہ بھی کئی اور مقامات کا مطالعہ کریں گے تو آپ کو معلوم ہو جائے گا کہ قیامت کے روز بے شمار لوگ جماعتوں کی صورت میں جنت میں جائیں گے اور اسی طرح گروہوں کی شکل میں دوزخ میں بھی جائیں گے۔ ایک مقام پر آیت کا عمومی مفہوم یہ ہے کہ ایک کمیونٹی اپنی دوسری برادر کمیونٹی کو وہاں کوسے گی اور اس پر لعنت کرے گی۔ دوسری کمیونٹی یہ سوال کرے گی کہ وہ کون تھا جس کے سبب ہمیں اس جہنم میں پھینکا گیا؟ یہ آیات اس بات پر دلالت کرتی ہیں کہ آخرت میں بھی نجات کے سلسلے میں انسانوں کا اجتماعی تشخص بڑی اہمیت رکھتا ہے ، اور اس نجات اور عذاب کے باب میں اس کا کردار کلیدی ہے۔ خود قوموں کی جو تاریخ قرآن نے پیش کی ہے، اس میں بھی اقوام پر اجتماعی عذاب اور ہلاکت کا بار بار ذکر کیا گیا ہے، انفرادی نہیں۔ یہ اس بات کا ثبوت ہے کہ اجتماعیت ایک فیصلہ کن اور غالب امر ہے۔ خود 'خیر امت' کا تصور بھی اپنے اندر اجتماعی نجات کا مفہوم رکھتا ہے اور اس دنیا کے اعتبار سے اس میں اجتماعی فلاح اور کامرانی کا نظریہ بھی مضمر ہے۔

یہ مذکورہ تاریخ اس امر پر بھی دلالت کرتی ہے کہ یہ دنیاوی زندگی اپنے افراد کو اجتماعی تشخص سے آشنا کرتی ہے۔ پھر اس تشخص کا رشتہ محض ضمنی قسم کے امور سے نہیں ہوتا جن میں آپ کا محل

وقوع ، زبانیں، رسمیں اور روایات خصوصیت کے ساتھ قابل ذکر ہیں۔ بلکہ یہ تشخص ان سے کہیں بہت آگے جاتا اور افراد کی عمومی تعلیم و تربیت کے ساتھ اس کا رشتہ ہے ۔اس تربیت کا بنیادی تعلق افراد کے اخلاق، بصیرت و ادراک، نفسیات اور روحانی معاملات سے بہت گہرا ہے۔ اسی اصول کی روشنی میں ہم بآسانی یہ معلوم کر سکتے ہیں کہ ایک خدا پرست سوسائٹی کس طرح اپنے افراد کی اخلاقی اور روحانی تربیت کرتی اور انہیں نجات کے مرحلہ کی خاطر تیار کرتی ہے۔ اور اس کے برعکس ایک خدا نا آشنا معاشرہ کس انداز میں اپنے افراد کو ناکامی کے حوالے کرنے کے لیئے جتن کرتا ہے۔ قرآن کی بہت سی آیات اس بات کی گواہی دیتی ہیں کہ جہنم میں ایسے کثیر گروہ ہوں گے جو اپنی ناکامی کے لیئے ایک دوسرے کو مورد الزام ٹھہرائیں گے اور اپنی بدبختی پر ماتم کریں گے۔

قیامت کا ہمارے ہاں غالب تصور کیا ہے جو ہمارے ذہنوں پر چھایا ہوا ہے؟ وہ تصور یہ ہے کہ میری نجات خود میری اپنی ذاتی پرہیزگاری اور صالحیت پر مبنی ہے۔ نجات کے اس عقیدہ اور تصور نے امت کی اجتماعی حالت کو نقصان پہنچانے میں نمایاں رول ادا کیا ہے۔ کیونکہ اس عقیدہ نے روح کو دنیاوی امور سے بالکل جدا کر دیا ہے۔ اس کی رو سے نجات صرف اسی کے لیئے ہے جو دنیا سے الگ ہو جائے یا اتنا ہی تعلق رکھے کہ اس کی زندگی کا سلسلہ باقی رہے۔ میں پوچھنا چاہتا ہوں کہ یہ پرہیزگاری کی کون سی قسم ہے کہ اس زندگی کو ایک بوجھ سمجھا جائے اور شب و روز تسبیحات اور عبادات میں گزار دیئے

جائیں؟ اگر آپ کا خیال ہے کہ تقویٰ کی حقیقت یہی ہے تو پھر نبی اکرمؐ کی اس حدیث پر بھی غور کر لیجیے جس میں آپ فرماتے ہیں: 'ایک عالم کی نیند بھی جاہل کی بیداری سے افضل ہے' جب نبی اکرمؐ نے یہ الفاظ ارشاد فرمائے تو اس زمانے میں علماء اس کثرت اور اس معنی میں نہ تھے جیسا کہ آج ہیں۔آج تو تفسیر، فقہ اور دیگر علوم میں الگ سے ماہر اور متخصص پائے جاتے ہیں۔ اس دور میں عالم کے معنی ایک پڑھے لکھے شخص کے ہوا کرتے تھے۔ امام علیؑ کا قول ہے: 'اگر موت سے پہلے تمہیں تھوڑی سی بھی مہلت مل جائے تو اس میں بھی کرنے کا بہترین کام یہ ہے کہ تم کچھ نہ کچھ سیکھ لو' اس کی وجہ یہ ہے کہ یہ علم قیامت کے روز نجات کے ساتھ پوری طرح جڑا ہوا ہے۔ اسی علم کی وجہ سے انسانی کرامت اور فضیلت کی تکمیل ہے۔ یہ علم ہی ہے جس کی بدولت انسان اس پرہیزگاری سے آشنا ہوتا ہے جسے خدا کی معرفت اور خدا مرکزیت کہا جاتا ہے اور یہی اصلی معنوں میں طریق نجات ہے۔

میں عموماً یہ مثال دیا کرتا ہوں کہ ہماری اس زمین پر ایسے کیڑے بھی ہیں جن کی آنکھیں نہیں اور جن کی منہ کی نوک اس قدر نازک اور نرم ہے کہ اس کے ذریعے وہ کسی بھی سخت خوراک کو حاصل نہیں کر سکتے۔ کیونکہ وہ اسے اچکنے اور چبانے سے قاصر ہیں۔ ان کی خوراک وہ مردہ کیڑے ہیں جو زمین کی تہ میں پڑے ہوتے ہیں۔انہیں حاصل کرنے کے لیئے وہ اپنی نوک سے زمین کو کھودتے ہیں اور یوں انہیں اس تہ میں موجود یہ مردہ کیڑے خوراک کے لیئے مل جاتے ہیں جن

کے سہارے وہ زندہ رہتے ہیں۔ اور اگر بالفرض یہ زمین کی تہ بھی سخت ہوتی تو یہ کیڑے اس قابل نہ تھے کہ اسے کھود کر اپنی خوراک حاصل کر سکتے۔ قابل غور نکتہ یہ ہے کہ یہ کیڑے دیکھ نہیں سکتے کیونکہ آنکھوں سے محروم ہیں۔ اور پھر منہ کی چونچ اس قدر نازک ہے کہ وہ زمین پر موجود کسی بھی سخت خوراک کو نہیں پکڑ سکتے، اس کے باوجود وہ کس طرح زندہ رہتے ہیں؟ اس مثال کے ذریعے جو میں بیان کرنا چاہتا ہوں، براہ کرم اسے توجہ سے سنیئے، کیونکہ وہ بہت اہم اور شاندار ہے۔ آتش فشاں کے تجربہ کے دوران یہ دیکھا گیا ہے کہ اس کے پہلے دھماکے کے نتیجے میں جو گیس مسلسل خارج ہوتی ہے وہ اپنے ساتھ ان کیڑوں کی بھی ایک بہت بڑی تعداد کو اٹھا لے جاتی ہے اور انہیں اپنی جگہ سے اٹھا کر دور کہیں پہاڑوں کی چوٹی پر پھینک دیتی ہے۔ یہ کیڑے راستے میں ہی مر جاتے ہیں کیونکہ یہ گیس کی اس شدید گرمی کو برداشت نہیں کر سکتے۔ پھر اس دوران گیس کی دوسری لہر اٹھنے سے قبل ہی پہاڑوں پر برف باری شروع ہو جاتی ہے۔ برف کا یہ عمل ان کیڑوں میں جان ڈال دیتا ہے اور یہ دوبارہ زندہ ہو جاتے ہیں۔ گیس کی دوسری لہر پہلی سے بھی زیادہ شدید ہوتی ہے۔ وہ بینائی سے محروم ان تمام نازک نوک والے کیڑوں کو دوبارہ پہاڑوں پر پہنچا دیتی ہے۔ اب یہاں یہ حشرات اس کے سواہ اور کچھ نہیں جانتے کہ وہ اپنے نیچے سے زمین کو کھودیں جیسا کہ اللہ نے انہیں علم دیا ہے اور اسی طرح اپنی خوراک تلاش کریں، اور یہی ان کی زندگی ہے۔ سوچئیے، اسی طرح اگر ایک انسان بھی اللہ پر توکل کر لے اور یقین کر لے کہ وہ رب العالمین ہے اور سب کے لیئے روزی رساں ہے۔ وہ اپنی عبادت

میں اللہ کے ساتھ خوب لو لگا لے اور اپنی پوری زندگی کو اسی رنگ میں ڈھال لے۔ اس امر پر اپنے اعتماد کو پختہ کر لے کہ اللہ کس طرح انتہائی گہرائی اور باریکی کے ساتھ اپنی معمولی سے معمولی مخلوقات کا بھی خیال رکھتا اور ان کی پرورش کرتا ہے۔ پھر آپ خود ہی اندازہ کر سکتے ہیں کہ وہ شخص اپنے تقویٰ اور خدا پرستی میں کس مقام پر فائز ہوگا۔

تقویٰ اور پرہیزگاری کے اس روائتی تصور اور رواج کا انسانیت اور مذہب کو کیا فائدہ پہنچ سکتا ہے جس کی رو سے انسان اپنے مصلے پر عبادات میں مشغول رہے، مختلف ریاضتوں کے ذریعے اپنے آپ کو مشقت میں مبتلاء رکھے۔ اس کے ایام روزے سے ہی عبارت ہوں۔ مگر اس کے باوجود اس کا دل دوسروں کے لیئے نرم نہ ہواور ہمدردی سے خالی ہو۔ اس کا کردار اور روح دونوں اصلاح اور احسان کی صفت سے محروم ہوں۔ اسی پر رومی نے کہا ہے: 'تم سمجھنے کی کوشش کیوں نہیں کرتے؟ تم کیوں نہیں جانتے کہ خیراور بھلائی نماز میں نہیں، بلکہ بھلائی وہ ہے جو نماز کے نتیجے میں تمہارے اندر آتی ہے۔ نماز اس کا بہت بڑا ذریعہ ہے۔ اگر اس سجدے کے باوجود تمہارے اندر خدا کی اطاعت نہ آسکی تو پھر ایسے سجدے کا فائدہ کیا ہے؟ اگر روزے کی پیاس کی یہ شدت برداشت کر لینے کے باوجود تمہارے اندر دوسروں کی خدمت اور ہمدردی کا جذبہ پیدا نہ ہو سکا تو پھر ایسے روزے کا کیا فائدہ ہے؟ اگر کعبہ کے گرد سات چکر لگا لینے کے باوجود تمہارا دل امت کی خاطر نہیں دھڑکتا تو پھر ایسا طواف کس کام کا ہے؟' اصل بات یہ ہے کہ پرہیزگاری کے اس روائتی تصور اور رواج نے ہمیں ناکامی سے دوچار کیا

ہے۔ اگر ہم کامیابی کے خواہاں ہیں تو پھر ہمیں اصل تقویٰ کی طرف لوٹنا ہوگا جس میں عبادت بھی ہے اور اس کے ساتھ علمی اور فکری سطح پر وہ نشو نماء بھی ہے جو ہماری ذات کی تکمیل ہے۔ اخلاق اور روحانیت میں ترقی اسی سے ممکن ہے جو خدا کی معرفت عطاء کرتی ہے۔

میری تقریریں سننے کے بعد لوگ عموما مجھ سے سوال کرتے ہیں کہ ایسا کیوں ہے کہ غیر مسلم سب جہنم میں جائیں گے؟ اس پر میرا جواب یہ ہوتا ہے کہ آپ لوگوں کو اس موضوع پر پریشان ہونے کی ضرورت نہیں۔اللہ کی جنت اس قدر وسیع اور عریض ہے کہ اگر آج دنیا کی یہ سات بلین انسانی آبادی بھی اس میں چلی جائے تو پھر بھی اس کی وسعت میں ذرا برابر بھی فرق نہ پڑے گا۔ آپ دوسروں کو محض جہنم ہی میں بھیجنے کے فکرمند کیوں ہیں؟ ان کی جنت کے بارے میں پریشان کیوں نہیں؟ جس رب پر آپ کا ایمان ہے وہ سب کا رب ہے۔ وہ سب کے لیئے مہربان ہے۔ وہ سب کو جنت دینے والا ہے۔ وہ سب کو پالنے والا ہے۔ ہم اس کے معاملات میں اس قدر کنجوس کیوں بن گئے ہیں؟ ہمار ا تو وظیفہ ہی یہی ہے کہ ہم اپنے آپ اور دوسروں کو جنت کا مستحق بنانے کی فکر کریں۔

جو بات میں آپ سے کرنے جا رہا ہوں اس پر صحیح معنوں میں غور کرنے کی ضرورت ہے۔ ممکن ہے کہ یہ بات بادی النظر میں آپ کو عجیب محسوس ہو۔ جب میری کسی عیسائی کے ساتھ ملاقات ہوتی ہے تو میں اس سے کہتا ہوں کہ ممکن ہے کہ آپ کے پاس ایک سچائی ہے اور میں اس سے ناواقف ہوں۔ اگر تم مجھے اس پر قائل کر لو تو مجھے

قبول کرنے میں کوئی مشکل نہ ہوگی۔ میرا بنیادی مقصد اللہ کی بندگی اور اطاعت ہے۔ اور خالق کی صحیح بندگی ہمیشہ سچائی کی متلاشی رہتی ہے اور اس راہ میں وہ کبھی بھی ہار نہیں مان سکتی۔ موجودہ مذاہب مثلاً عیسائیت اور بدھ مت کی یہ روائتی اور قانونی صورت میرے نزدیک بے معنی ہے۔ یہ محض نام ہیں اور اس کے آگے کچھ بھی نہیں۔ اصل سچائی وہی ہے جو اللہ کی طرف سے ہو۔ اور میرا مشن ہی یہی ہے کہ یہ سچائی جہاں سے بھی ملے، اسے فورا حاصل کر لوں۔ اس کا تعلق درحقیقت مجھ ہی سے ہے اور اسے تمام انسانوں تک پہنچ کر رہنا چاہیے، کیونکہ یہ سب کا مشترکہ ورثہ ہے۔ جب لوگ مجھ سے کہتے ہیں کہ غیر مسلم سب جہنم میں جائیں گے، تو میں ان سے کہتا ہوں کہ کتنے مسلمان جنت میں جائیں گے؟ آپ کے عقیدہ کے مطابق تو مسلمانوں کے بھی بہتر فرقے جہنم میں جائیں گے اور اس صورت میں تو آپ کی یہ جنت بالکل ویران اور تنہائی کا مقام بن کر رہ جائے گی۔ یہ آپ کے دل کی حالت ہے جبکہ آپ کا پڑوسی ایک خدا پرست انسان ہے۔ یہ اس بات کی دلیل ہے کہ آپ نے خود اپنے دل میں ایک جہنم بسا رکھا ہے۔ یہ اسی کا ثمر ہے کہ آپ ہر وقت اپنے اندر اپنے خاص نظریہ کے مطابق ایک جنت اور ایک دوزخ سجائے رکھتے ہیں۔ اور اپنے خیالات میں ان دونوں کا خود ساختہ نقشہ پیش کرنے کی کوشش کرتے رہتے ہیں۔ ظاہر ہے کہ اس کا اصلیت سے کوئی واسطہ نہیں۔

یہاں میں آپ کو ایک مثال دیتا ہوں کہ مجھ سے کسی نے سوال کیا کہ کامیابی اور ناکامی ان دونوں کی حقیقت کیا ہے؟ جواباً میں نے کہا

کہ خود تمہاری ذات ہی کامیابی اور ناکامی دونوں کا معیار ہے۔ جب ایک یونیورسٹی کا طالب علم مجھ سے پوچھتا ہے کہ ناکامی کیا ہے، تو جواب میں اسے میں یہ نہیں کہتا کہ ناکامی کا معنی اس مطلوبہ معیار سے کم نمبر حاصل کرنا ہے جو اس خاص پیپر کے لیئے مختص کیئے گئے ہیں۔ بلکہ ناکامی یہ ہے کہ تم نے کوئی محنت نہیں کی اور علم کے مطلوبہ ہدف کے حصول میں ناکام رہے۔ اور اسی طرح کامیابی یہ نہیں کہ تم نے ڈگری حاصل کرنے کے بعد ہزاروں پونڈز کی کوئی اعلیٰ ملازمت حاصل کر لی اور بس۔ بلکہ حقیقت میں کامیابی اس کا نام ہے کہ تم صلاحیت اور قابلیت کے اعلیٰ معیار کے مالک بن گئے جو دوسروں کے لیئے بھی مفید ہے۔ اس لیئے تم خود ہی کامیابی بھی ہو اور ناکامی بھی۔ اگر آپ نے دوسروں کو دوزخ میں ہی بھیجنا ہے اور اسی پر مصر ہو تو اس کا مطلب یہ ہے کہ آپ نے خود اپنے لیئے ہی آگ بھڑکا دی ہے۔ ایسا کیوں ہے کہ ہمارے لوگ ایک دوسرے کو جہنم رسید کرنے پر تلے ہوئے ہیں؟ کیا ہم انبیاء سے بھی بہتر ہیں؟ آپ مجھے کسی ایک نبی کی ہی مثال دے دیں جس سے سابقہ اقوام کے بارے میں سوال کیا گیا ہو اور اس نے جواب میں ان سب کو جہنمی بتایا ہو؟ بلکہ یہاں تو سب کا جواب یہی تھا کہ ان کے متعلق اصل علم اللہ ہی کے پاس ہے اور وہی اس بارے میں بہتر جانتا ہے۔

اس بارے میں پیغمبر اسلامؐ نے قرآن کی ایک آیت کے مطابق یہاں تک کہ دیا ہے کہ 'میں نہیں جانتا کہ میرے ساتھ کیا پیش آئے گا اور تمہارے ساتھ کیا برتاؤ کیا جائے گا۔' یعنی جب میں خود اپنی

قسمت کے بارے میں نہیں بتا سکتا تو تمہاری قسمت کے متعلق کیا کہہ سکتا ہوں۔ میں تو مکمل طور پر اپنے رب کے رحم اور فضل پر ہوں۔ میں کیسے دوسروں کی قسمت کا فیصلہ کر سکتا ہوں؟ آخر ہم کون سے قرآن کی تلاوت کرتے ہیں؟ ہم تلاوت کے ساتھ ساتھ قرآن پر غور و فکر کیوں نہیں کرتے؟ کس قدر عجیب بات ہے کہ اس قسم کے تکبر اور بالکل غیر اخلاقی رویہ کا مظاہرہ ان لوگوں کی جانب سے دیکھنے میں آرہا ہے جو اپنے آپ کو مذہبی کہتے اور پانچوں وقت کی نماز بڑی پابندی سے ادا کرتے ہیں۔ آج مسلم کمیونٹی کی صورت حال کو دیکھ لیں کس طرح مسلمان ایک دوسرے کو قتل کرنے اور فنا کر دینے پر تلے ہوئے ہیں۔ یہ سب ان غلط مذہبی نظریات کی وجہ سے ہے جو ہمارے ہاں رائج ہیں۔ آج ضرورت ہے کہ ایسے تمام نظریات کا تنقیدی جائزہ لیا جائے اور غلط کو صحیح سے الگ کیا جائے۔ اس مقصد کے لیئے قرآن کا دوبارہ مطالعہ کرنا ہوگا۔

آخرت میں نجات کے حوالے سے جب کوئی دوست مجھ سے اس انداز میں سوال کرتا ہے کہ فلاں قسم کے لوگوں کا تو آخری نبی پر ایمان ہی نہیں۔ میں اس سے کہتا ہوں کہ کیا اللہ تعالیٰ کو اس کی خبر ہے یا نہیں؟ جب اللہ نے اپنی کتاب میں خود فرما دیا ہے کہ یہودی، عیسائی اور صابئ نجات کے مستحق ہیں اور اس کے لیئے تین امور کو لازمی قرار دیا ہے ، اور وہ اللہ اور آخرت پر ایمان اور پھر اعمال صالحہ ہیں۔ یہاں اللہ نے نبی اکرمؐ پر ایمان کا ذکر نہیں کیا۔ اللہ اپنے اس معاملے سے پوری طرح باخبر ہے مگر ہم ابھی تک اندھیرے میں ٹامک

ٹوئیاں مار رہے ہیں۔ تو اصولی جواب یہ ہے کہ قرآن میں وہ کون سی جگہ ہے جہاں رب کائنات نے نجات کی اصولی شرائط میں انبیاء پر ایمان کا بھی ذکر کیا ہو اور اس کا انداز یہ ہو کہ انبیاء پر ایمان آخرت میں نجات کی بنیادی شرط ہے۔ جب کہ نجات کے سلسلہ میں اللہ اور آخرت پر ایمان اور نیک اعمال کا صراحت کے ساتھ ذکر موجود ہے۔ بلا شبہ قرآن انبیاء پر بھی ایمان لانے کا حکم دیتا ہے اور یہ بھی ایک عظیم عمل ہے۔ انبیاء کا براہ راست انکار اور مخالفت کفر ہے۔ مگر ہماری گفتگو کا تعلق ان لوگوں سے ہے کہ جن کی زندگیاں اپنے انبیاء کی تعلیمات پر قائم ہیں اور نجات کی شرائط پر وہ پورا اترتے ہیں۔ انبیاء اللہ کے احکامات کو بنی نوع انسان تک پہنچانے اور سمجھانے کا سب سے بڑا ذریعہ ہیں۔

قرآن نے نبی کی پیروی کو اللہ کی محبت اور قربت کا سب سے بڑا ذریعہ قرار دیا ہے اور یہی نجات کا سب سے بڑا اور فطری راستہ ہے۔ جیسا کہ فرمایا گیا: ”کہ دے، اگر تم اللہ کے ساتھ محبت کے خواہاں ہو تو میرا اتباع کرو، اللہ تمہارے ساتھ محبت کرے گا اور تمہارے گناہوں کو معاف کردے گا۔ وہ معاف کرنے والا اور رحم کرنے والا ہے۔“ (۳۱ : ۳) اور اسی طرح ایک دوسرے مقام پر نبی کی ذات اور سیرت کو عظیم اسوہ اور نمونہ قرار دیا گیا ہے۔ ” بلاشبہ اللہ کے رسول کی زندگی میں تمہارے لیئے بہترین نمونہ ہے۔۔“ (۲۱ : ۳۳) آپ نے ملاحظہ کر لیا کہ یہاں معاملہ بندے اور اس کے خالق کے درمیان ہے۔یہیں سے اس کا آغاز ہوتا ہے اور اسی نکتہ پر اس کا اختتام ہوتا ہے۔ پیغمبر چونکہ خدا کا نمائندہ ہوتا ہے اس لیئے اس کی پیروی نجات کا سب سے

محفوظ راستہ ہے۔ مگر صحیح معنوں میں اللہ کا مطیع شخص بھی کسی نہ کسی رنگ میں انبیاء کا پیرو ہی ہوتا ہے اگرچہ وہ ان سے واقف نہیں۔ اس لیئے کہ وہ اللہ، یوم آخرت پر ایمان اور اعمال صالحہ کی بنیادی شرائط پر قائم ہے، جنھیں نجات کی شرائط کے طور پر قرآن نے پیش کیا ہے۔ ان شرائط کو پورا کرنے والا خود بخود انبیاء کا پیرو بن جاتا ہے۔ یہاں اس امر کا انکار نہیں کیا جا رہا کہ انبیاء کی شفاعت اور اسی طرح ائمہؑ اور اولیاء کی شفاعت کی اپنی جگہ کوئی حیثیت نہیں۔ یہ تصور ہی محال ہے۔ ان سب کی شفاعت اور مقام اپنی جگہ مسلمہ ہے۔ مگر یہاں ہمارا بنیادی نکتہ اللہ کی مرکزیت اور بندے کا اسی مرکزیت سے رشتہ اور اس کی نوعیت ہے۔ پھر اسی کی روشنی میں اس کی تربیت اور نشو نماء ہے۔ ایک ایسا شخص جو ہمارے آخری نبیؐ سے واقف نہیں۔ مگر اس کی زندگی نبی کے نظام کے مطابق ہے۔ وہ اگرچہ ہماری طرح نماز، روزے اور حج ادا نہیں کرتا مگر اپنی جگہ وہ فطری انداز سے ان ہی تعلیمات کا پیرو ہے۔ مگر بوجوہ وہ حضورؐ کی ذات اقدس سے واقف نہیں۔ ہم ایسے شخص کے بارے میں یہ فتویٰ نہیں لگا سکتے کہ وہ نجات کا مستحق نہیں اور سیدھا جہنم میں جائے گا۔ پھر اس طرح تو وہ بہت سے اہل ایمان بھی جہنم میں جائیں گے جو اس شخص تک دعوت پہنچانے میں ناکام رہے۔ اس حقیقت کو سمجھنے کے لیئے قرآن کی اس ذیل کی آیت پر غور کرنا ہوگا جس میں اللہ تعالیٰ فرماتا ہے: "ہر ایک امت کے لیئے ہم نے ایک سمت متعین کر دی ہے جس کی وہ پیروی کرے گی۔۔ تو چنانچہ خیر کے کاموں میں ایک دوسرے پر سبقت لے جانے کی کوشش

کرو۔" (۲:۱۴۸) چنانچہ یہ اللہ کی ذات ہے جس نے مختلف قوموں اور ملتوں کے لیئے الگ الگ شرائع، طریقے اور رسوم مقرر کر دی ہیں۔ جو بھی اخلاص کے ساتھ ان پر کھڑا رہے گا ، اس کا معاملہ ان لوگوں سے بالکل مختلف ہے جنہیں قرآن نے 'ظالمین، منافقین اور کافرین' جیسے ناموں سے یاد کیا ہے۔ ان دونوں میں فرق کرنا بہت ضروری ہے۔

مذکورہ بالا آیات کا مفہوم یہی ہے کہ اللہ نے مختلف ملتیں پیدا کیں اور ان کے لیئے مختلف طریقے مقرر کر دیئے۔ اب آپ کے لیئے آپ کا طریقہ اور ان کے لیئے ان کا اپنا طریقہ اور ملت۔ ان کے متعلق تمہیں فکرمند ہونے کی کوئی حاجت نہیں۔ جس بات کی ضرورت ہے وہ یہ کہ نیک کاموں میں ایک دوسرے کا مقابلہ کیا جائے اور ایک دوسرے کا احترام کیا جائے۔ اسلام کے فروغ کا یہی سب سے بہترین راستہ ہے۔ کوئی بھی مذہب جھوٹ بولنے کو روا نہیں رکھتا۔ وہ کون سا مذہب ہے جو انسانی قتل کو جائز ٹھہراتا ہے؟ وہ ایسا کون سا مذہب ہے جو یہ پڑھاتا ہو کہ بے حیائی نیکی کا راستہ ہے؟ وہ کون سا مذہب ہے جو فریب اور دھوکے کو جائز ٹھہراتا ہے؟ ظاہر ہے کہ اس کا جواب نفی میں ہے۔ تمام مذاہب کی تعلیمات ان مذکورہ باطل امور کے رد پر مبنی ہیں۔ اس سے معلوم ہوا کہ ان مذاہب کی اساسی تعلیمات ہمارے نبی کریمؐ کی تعلیمات کی روح کے مطابق ہیں ، ان سے مختلف نہیں۔ وہ اپنی شکل و صورت میں اگرچہ ہم سے مختلف ہوں ، ممکن ہے اس اعتبار سے وہ تعلیم موسیٰؑ کے مطابق ہوں ، مگر اپنی روح کے اعتبار سے وہ تعلیمات

محمدی کے موافق ہی ہوں گی۔ اسی موافقت کا احترام ہماری دعوت کا بہت بڑا حصہ ہے اور اسی کا نام حکمت بھی ہے۔

انسان کی قسمت کا آخری مرحلہ جسے صحیح معنوں میں مرحلہ نجات بھی کہا جاتا ہے وہ قیامت ہے۔ نجات ان کے لیئے مقدر ہے جو خدا پرست رہے اور خدا مرکزیت جن کا شعار رہی۔ یہ مرحلہ انسان کی تکمیل کا اعلان ہے اور یہ تکمیل اللہ کے ساتھ مخلصانہ تعلق اور وابستگی کی بنیاد پر ہے۔ نجات کا تعلق بھی اسی طرح اللہ کی ذات کے حوالے سے ہے۔ہماری ذات کی نشو و نماء اور عیوب سے دوری یہ سب خدا پرستی اور خدا محویت ہی سے مربوط ہیں، اس سے ہٹ کر کچھ بھی نہیں۔ اس مقام کو پا لینے کے بعد وہ تمام خوف اور اندیشے دور ہو جاتے ہیں جو قیامت اور نجات کے حوالے سے فطری طور پر انسان میں پائے جاتے ہیں۔ یہاں خوف کے بجائے امید، توکل اور اعتماد کی کیفیت پیدا ہو جاتی ہے جو کردار کو مزید مزین کر دیتی ہے۔ قیامت کے روز نجات کا راستہ بھی اسی سے ہموار ہوگا۔ انسان بعض اوقات نجات کے حوالہ سے شدید مایوسی اور اضطراب کا شکار ہوجاتا ہے۔ وہ اس وسوسہ اور واہمہ میں غرق جاتا ہے کہ میں تو بالکل جاہل ہوں ، میں اللہ کی عظمت اور رحمت کو کیسے سمجھ سکتا ہوں۔ حالانہ اس کا علاج علم سے ہے۔ علم سے محبت اور اس کا حصول انسان کو خدا کے قریب کر دیتا ہے۔ پھر اسے ہر چیز میں اللہ ہی کے جلوے نظر آنے لگتے ہیں۔ پھر یہی انسان مایوسی کے عالم میں یہ کہنے لگتا ہے کہ میں تو بہت ہی گنہ گار ہوں۔ اخلاقی طور پر حد سے زیادہ گیا گزرا ہوں۔ مگر یہ مایوسی مصنوعی ہے۔ اللہ سے

محبت اور قربت اس کا علاج ہے۔ کچھ لوگ اپنے رنگ ، جنس ، خاص مذہب اور سماجی حیثیت کے اعتبار سے بھی اسی احساس کمتری اور مایوسی کا شکار ہو جاتے ہیں۔ حالانکہ اس کا علاج یہ ہے کہ وہ اپنے رنگ، نسل، مذہب اور سماجی حیثیت کے حوالے سے کسی بھی مایوسی کا شکار نہ ہوں۔ وہ ان تمام علائق سے آگے بڑھتے ہوئے اللہ کی رحمت اور فضل کے ساتھ اپنے آپ کو وابستہ کر لیں کہ جہاں بخشش ہے، مایوسی نہیں۔ خدا کی ذات سے وابستگی اور امید ہی نجات کا دوسرا نام ہے۔

خدا مرکزیت کی اس اعلیٰ کیفیت کو حاصل کرنے کے لیئے ضروری ہے کہ اپنے آپ کو مکمل طور پر خدا کے سامنے سرنگوں کر دیا جائے۔ اطاعت کا یہی جذبہ تمام کمزوریوں اور خامیوں سے نجات دلا دیتا ہے۔ اس اطاعت کے بدلے انسان کو اللہ کی طرف سے رحمت ، مغفرت اور خصوصی تائید مل جاتی ہے۔ اس سے آپ اندازہ کر سکتے ہیں کہ اس خالص جذبہ اطاعت کے ذریعے انسان کس طرح نجات کا مستحق بن جاتا ہے جو اس انسان کی اصل معراج ہے۔ قیامت کے دن نجات کا تصور بھی بہت اہم اور عجیب ہے۔ اس کی شکل یہ نہیں کہ اس دن اللہ تعالیٰ ہماری نیکیوں اور برائیوں کو تولے گا اور پھر اس کے نتیجے میں نجات کا فیصلہ ہوگا۔ بلکہ بات اس سے زیادہ عجیب اور واضح ہے۔ جیسا کہ قرآن کی سورتوں، سورہ الکہف اور سورہ الاسراء میں بیان کیا گیا ہے کہ یہ انسان خود ہی اپنے حساب کے لیئے ایک کتاب کی مانند ہے۔ اعمال نامہ ایک کتاب کی صورت میں اس کے سامنے ہوگا اور اللہ کی جانب سے حکم ہوگا: " اب پڑھ لے اپنی کتاب۔ آج تو خود ہی اپنی

ذات کے بارے میں حساب کرنے والا ہے۔" (۱۴ : ۱۷) یہ وہ دن ہوگا کہ تیرے اعضاء بھی تیرے بارے میں گواہ ہوں گے۔ اس سے یہ حقیقت پورے طور پر ثابت ہوگئی کہ اے انسان، یہ تو ہی ہے جو اپنی کامیابی کا بھی معیار ہے اور اسی طرح اپنی ناکامی کا بھی۔ یہاں کسی اور کا عمل دخل نہیں۔

دنیا میں ایسی کوئی کتاب نہیں جس کے پڑھنے کا انداز یہ ہو جس کا ابھی ذکر کیا گیا۔ یہ ایک انوکھی کتاب ہوگی۔ یہاں اللہ کو کسی گواہ کی بھی ضرورت نہیں۔ خود یہ انسان ہی اپنی گواہی کے لیئے کافی ہے۔ آج تو اس دنیا میں کچھ بننے اور کچھ حاصل کرنے کے عمل سے گزر رہا ہے۔ لہذا تجھ پر لازم ہے کہ اپنے وقت کو ان کاموں میں صرف کر جو اعلیٰ اور تخلیقی ہیں۔ یہاں اللہ نے تمہارے لیئے بیشمار مواقع رکھ دیئے ہیں۔ان مواقع کا صحیح استعمال اب تمہارے ہاتھ میں ہے۔ ان کا صحیح اور مثبت استعمال ہی انسان کو اعلیٰ کامیابی سے نوازتا اور خدا پرستی کی صفت سے آشنا کرتا ہے۔چنانچہ اب یہ تمہارے لیئے آگے بڑھنے کا وقت ہے۔ اب یہ وقت ہے کہ تم علم میں ترقی کرو۔ کائنات میں پوشیدہ رازوں کو تلاش کرو اور انہیں دنیا کے سامنے آشکارا کر دو۔ اللہ کے آخری نبی کے یہ الفاظ کس قدر پیارے اور حکمت سے پر ہیں: 'اے رب، مجھے اشیاء کو اسی طرح دکھا جس طرح کہ وہ حقیقت میں ہیں۔ اور مجھے یہ توفیق دے کہ میں تجھے گہرائی کے ساتھ سمجھ سکوں۔' ان الفاظ سے آپ اندازہ کر سکتے ہیں کہ نبی کریمؐ کس قدر عظیم تھے۔ فتح مکہ کے موقع پر آپ کے یہ الفاظ انسانیت کا منشور ہیں۔ 'آج کسی

بھی انسان کو دوسرے پر کوئی فضیلت حاصل نہیں، سب برابر ہیں۔' غور کیجیئے کہ کس طرح انہوں نے انسانی مساوات کا عملی نمونہ قائم کیا۔ غلام جو سوسائٹی کا سب سے ادنی حصہ تھے، انہیں انسانیت کے اعلی مقام پر کھڑا کر دیا۔

اس لیئے اس وقت آپ نشو و نماء اور ترقی کے مرحلہ میں ہیں۔ کردار سازی کے اعتبار سے یہ بہت اہم مرحلہ ہے۔ یہاں نبیؐ کی اس وصیت کو مد نظر رکھنا ہوگا جس کے مطابق زندگی کے ہر لمحہ کو غنیمت سمجھا جائے۔ اسے مفید طور پر استعمال کیا جائے اور کسی موقع کو بھی ضائع نہ کیا جائے۔ اللہ کے انعامات میں سے یہ سب سے بڑا انعام ہے کہ ہم ان تمام بتوں کو پاش پاش کردیں جو علمی ترقی اور تحقیق کی راہ میں حائل ہیں۔ آپ کو معلوم ہے کہ ان علم دشمن بتوں کا کردار کیا ہے؟ ان کا کردار معاشرے میں جمود پیدا کرکے اسے علمی افلاس اور پسماندگی کا نشان بنا دینا ہے، تاکہ یہ آبادی کے بجائے بربادی کا شکار بن کر رہ جائے۔ خدا کی ذات ایسی تمام پابندیوں سے ماوراء ہے۔ یہ جکڑ بندیاں اور تنگ نظری صرف ہمارے ذہنوں میں رچ بس گئی ہیں ۔ میں یہ نہیں کر سکتا، وہ نہیں کر سکتا، وغیرہ وغیرہ۔ یہ خود ہمارے اپنے ذہن کی پیداوار ہے، خدا کی جانب سے نازل شدہ نہیں۔ فرض کیجیئے کہ اگر ہم ان تمام مصنوعی پابندیوں سے اپنے آپ کو آزاد کر دیں۔ اس دنیا میں زندگی کے مقصد سے کما حقہ واقف ہو جائیں اور اس کے مطابق کام شروع کر دیں ، تو اس صورت میں ان تمام زنجیروں سے اپنے آپ کو آزاد کر دیں گے جو وراثت میں ہمیں ملی ہیں ، اور علمی

ترقی کے اس سفر پر گامزن ہو جائیں گے جو ہماری شخصیت اور کردار کی تکمیل ہے۔

یہاں حضرت موسیٰؑ کے متعلق ایک دلچسپ حکایت پائی جاتی ہے کہ ایک دن وہ کوہ طور پر جا رہے تھے کہ راستے میں ایک منکر خدا سے ملاقات ہوئی۔ اس نے پوچھا کہ اے موسیٰ کہاں جانے کا ارادہ ہے؟ حضرت موسیٰؑ نے جواب دیا کہ کوہ طور پر جا رہا ہوں۔ اس نے کہا کہ خدا کے ساتھ کلام کرو گے؟ موسیٰؑ نے جواب دیا کہ ہاں ایسا ہی ہے۔ اس پر اس منکر نے کہا کہ اللہ کا یہ دعوی ہے کہ وہ سب کو روزی دے رہا ہے اور سب کا پالنہار ہے۔ مگر میں اسے اپنا رب تسلیم نہیں کرتا۔ کوہ طور پر اپنے رب سے کہ دینا کہ جو روزی وہ مجھے دے رہا ہے اسے واپس لے لے۔ اسی طرح وہ ہوا بھی مجھ سے چھین لے جس کے ذریعے میں سانس لے رہا ہوں۔ چنانچہ اللہ کے ساتھ ہمکلامی کے دوران اس منکر کا بھی ذکر آیا۔ اس پر اللہ تعالیٰ نے فرمایا کہ جا کر اس منکر سے کہو کہ بے شک تو نے میرا انکار کر دیا ہے اور میرا ناشکرا بن گیا ہے۔ مگر میری طرف سے تیرے لیئے امن اور رحمت کا پیغام ہے۔ کیونکہ اس انکار کے باوجود تو میری ہی مخلوق ہے۔ اور میں تیرے رب کی حیثیت سے تجھے روزی دیتا رہوں گا جب تک کہ تجھے اس دنیا میں زندہ رکھوں گا۔

خدا سے تعلق اور اطاعت کا یہی وہ معیار ہے جسے مجھے اور آپ کو اپنانا ہے۔اس سلسلے میں نبی کریمؐ کی سیرت اور اخلاق حسنہ ہمارے لیئے سب سے بڑے رہنما ہیں۔ اخلاق نبوی کے بارے میں یہ روایت کس

قدر حسین اور موثر ہے جسے ہمارے خطباء عموما بیان کرتے ہیں کہ جب اللہ تعالیٰ نے نبی اکرمؐ کو منع کردیا کہ وہ منافقین میں سے نہ تو کسی کی قبر پر جا کر کھڑے ہوں اور نہ ہی ان کے لیئے مغفرت کی دعا کریں۔ اور اگر وہ ستر بار بھی ان کے لیئے بخشش کی دعا مانگیں گے تو اللہ انہیں نہیں بخشے گا۔ اس فرمان کے بعد نبیؐ کے الفاظ یہ تھے: 'اگر اللہ مجھے یوں فرماتا کہ تم وہاں کھڑے ہو جاؤ اور جب تک ان کے لیئے ستر مرتبہ استغفار نہ کرو گے میں انہیں بخشنے والا نہیں۔ تو اس پر میں ضرور ان کے لیئے ستر بار مغفرت مانگتا تا کہ یہ بھی عذاب سے بچ جاتے۔ اس سے اندازہ کیا جا سکتا ہے کہ حضورؐ کس قدر خدا ترس اور انسانیت کے لیئے کس حد تک محسن تھے۔ ایک اور روایت کے مطابق نبی اکرمؐ نے اپنے ساتھیوں سے ایک دن فرمایا کہ گزشتہ رات میرے پاس جبریل آئے اور رب کی طرف سے یہ پیغام لائے کہ اللہ نے آپ کو یہ اختیار دے دیا ہے کہ قیامت کے روز آپ اپنی نصف امت کو بخشوا سکیں گے۔ یہ سنتے ہی صحابہ کچھ پریشان ہوگئے اور سوال کیا کہ اس پر آپ نے کیا جواب دیا؟ حضور اکرم نے فرمایا کہ میں نے انکار کر دیا۔ اس پر صحابہ میں مسرت کی لہر دوڑ گئی اور کسی حد تک سکھ کا سانس لیا۔ پھر حضورؐ نے اپنی بات جاری رکھتے ہوئے فرمایا کہ جبریل دوبارہ میرے پاس آئے اور کہا کہ اب آپ کے رب نے آپ کو پوری امت کی بخشش کا اختیار دے دیا ہے۔اس پر بنی اکرم بہت خوش ہوئے اور آپ نے فرمایا کہ میں قیامت کے دن اپنی امت کے ہر فرد کے حق میں شفاعت کروں گا تا کہ وہ جنت میں جاسکے۔ اس حدیث سے نبی اکرمؐ کی اس محبت اور بے پایاں شفقت کا اندازہ کیا جا سکتا ہے جو

امت کے لیئے آپ کے دل میں تھی۔ مگر بخشش کے سلسلے میں قرآن کی وہ آیات اصل کا درجہ رکھتی ہیں جن میں اطاعت اور اعمال صالحہ پر بار بار زور دیا گیا ہے۔

خدا سے تعلق اور قربت کا یہی وہ معیار اور مقام ہے جسے اپنانا اور اور جس پر عمل کرنا ہم میں سے ہر ایک فرد کے لیئے ازحد لازم ہے۔ خدا شناسی اور خدائی صفات سے متصف ہونے کے لیئے ضروری ہے کہ ہم کچھ سیکھیں، علم حاصل کریں اور اس قابل ہو جائیں کہ دکھی انسانیت کی کوئی خدمت کر سکیں۔اسی طرح ہمیں اپنے آپ کو اس بات کا پابند بنا دینا چاہئیے کہ ہم ایک دوسرے کی مدد کر سکیں اور ایک دوسرے کو معاف کر سکیں اور اپنے رزق میں دوسروں کو بھی شامل کرنے کی کوشش کریں۔ اس بارے میں چوتھے امامؑ کا قول تمام امت کے لیئے رہنمائی اور نجات کا زریں اصول ہے۔ چوتھے امامؑ نے فرمایا: 'اگر کوئی شخص مجھے برا بھلا کہ دے تو میں اپنے رب سے التجا کرتا ہوں کہ وہ مجھے توفیق دے دے کہ میں جواب میں اسے کوئی سخت سست نہ کہوں اور صبر کر سکوں۔ اور اللہ توفیق دے کہ میں اس کے لیئے دعا کر سکوں۔' دیکھیئے، یہ کس قدر بلند معیار ہے جو انسانیت کے حوالے سے پیش کیا گیا ہے۔ پھر اسی سلسلہ میں امامؑ کی یہ دعا بھی منقول ہے: 'اے رب، اگر یہ شخص اپنی بات میں درست ہے تو مجھے معاف کر دے، اور اگر غلط ہے تو اس کی خطا معاف کر دے۔' انسان کے مقدر اور نجات کے معاملے میں اللہ تعالیٰ نے ہمیں بہت سی اشیاء کا علم عطا کیا ہے اور بہت سی ہدایات اور احکام دیئے ہیں جو درحقیقت ایک میثاق

کا درجہ رکھتے ہیں۔ ان ہی میں سے ایک امر وہ عظیم مواقع ہیں جو اس زندگی میں ہمارے سامنے رکھ دیئے گئے ہیں۔ یہ مواقع مختلف چیلنجز کی صورت میں بار بار ہمارے سامنے آتے ہیں۔ یہ چیلنجز در حقیقت ہماری اندرونی صلاحیتوں کو ابھارتے اور مزید پروان چڑھاتے ہیں۔ ان کا صحیح استعمال ہی ہماری کامیابی اور ہماری ذات کی درست نشو ونماء کا ذریعہ ہے اور اسی سے اللہ کی معرفت بھی پیدا ہوتی ہے۔ اگر آپ کہیں اپنی معروف اور پختہ رائے کے مقابلے میں کوئی مختلف رائے سن لیں تو یہی حقیقت میں وہ موقع ہے جو آپ کے لیئے ایک چیلنج بن کر سامنے آتا ہے۔ یہ آپ کے ذہن کا امتحان ہے کہ آپ اس نئی اور اپنے سے مختلف رائے کے بارے میں کیا رویہ رکھتے ہیں اور اپنے جذبات سے بلند ہو کر کس حد تک اس نئی رائے پر غور و فکر کر سکتے ہیں۔

مسلم کمیونٹی اپنی فطرت کے اعتبار سے ایک وسیع الظرف اور وسعت فکر کی حامل جماعت ہے۔ تعصب اور تنگ نظری کی یہاں کوئی گنجائش نہیں۔ اس پر یہ لازم ہے کہ علمی اور فکری چیلنج کے موقع پر وسعت ظرفی کا ثبوت دے ، نا کہ تنگ نظری کا مظاہرہ کرتے ہوئے یہ کہے کہ اسے مت پڑھو، اس پر پابندی لگا دو، اسے جیل میں ڈال دو، وغیرہ وغیرہ۔ یہ سب مسلم امت کی خصوصیات اور تشخص کے منافی ہیں ۔ اسلام کے معنی مکمل اطاعت اور انقیاد کے ہیں۔ اس اطاعت اور خود سپردگی کا تعلق محض عبادت کی حد تک ہی نہیں بلکہ اس کا تعلق علم، دانش اور اخلاقیات کے دائروں سے بھی ہے۔ ایک انسان علم و دانش میں کس طرح آگے بڑھ سکتا ہے اگر وہ اس کا خواہاں ہو کہ اس کے

نظریات اور خیالات کو چیلنج نہ کیا جاسکے اور نہ ہی کوئی ان سے اختلاف کر سکے؟ تعصب اور تنگ نظری یہیں سے جنم لیتے ہیں۔ کیا قرآن نے خود اس مقام پر اس رویہ کو چیلنج نہیں کیا۔ ”اور جب ان سے کہا جاتا ہے کہ اس کا اتباع کرو جو اللہ کی طرف سے نازل کیا گیا ہے۔ تو وہ کہتے ہیں کہ نہیں، بلکہ ہم اس کی پیروی کریں گے جس پر ہم نے اپنے باپ دادا کو پایا۔ اس کے باوجود بھی کہ ان کے اجداد نہ تو عقل رکھتے تھے اور نہ ہی وہ کسی ہدایت پر قائم تھے۔“ (۱۷۰ : ۲)

یہاں علمی چیلنج کے علاوہ ایک دوسرا چیلنج بھی ہمیں درپیش ہے جسے اللہ نے ہمارے لیئے مقدر کر دیا ہے، اور وہ اخلاقی چیلنج ہے۔ اس چیلنج کو سمجھنے اور صحیح انداز میں اس کا سامنا کرنے کے لیئے ہمیں ان تمام تعصبات سے بالا ہوکر ان مشترکہ اقدار کو تسلیم کرنا اور ان سے وابستہ رہنا ہوگا جن کا تعلق انسانیت کے وسیع تصور سے ہے۔ رنگ، نسل اور جنس کی بنیاد پر ہمارے درمیان جو فرق اور امتیازات ہیں، ان کی کوئی اصولی حیثیت نہیں۔ یہ امتیازات خود ہمارے قائم کیئے ہوئے ہیں۔انہیں انسانیت کے وسیع مفاد کی راہ میں کبھی بھی حائل نہیں ہونا چاہیئے۔ کچھ عرصہ قبل والدین میں سے ایک نے مجھ سے پوچھا کہ میری بیٹی ایک نوجوان کے ساتھ شادی کی خواہشمند ہے مگر میں راضی نہیں، کیونکہ وہ نوجوان ہماری خاص کمیونٹی اور برادری سے متعلق نہیں۔ میں نے جواب میں کہا کہ اس میں کیا ہرج ہے؟ اگر وہ شخص درست اور معقول ہے تو اس شکل میں آپ کو رکاوٹ نہ بننا چاہیئے۔ صرف اتنی بات کہ وہ تمہاری برادری کا نہیں اور برادری کے اعتبار سے تمہارے اندر جو

برتری اور فضیلت کا احساس ہے اور جو عموماً ہمارے ہاں پایا جاتا ہے ، یہ سراسر نامعقول ہے۔ جو لوگ برادری اور قبیلہ کے اس احساس برتری کا شکار ہیں ، ان کے لیئے مشکل یہ ہے کہ انہوں نے اپنی برادری کے خاص کلچر میں جنم لیا اور وہیں ان کی نشو و نماء ہوئی جو ان کے لیئے فطرت ثانیہ بن گئی۔ اب اسی انداز میں سوچنا ان کے لیئے معمول بن گیا ہے۔ امام علیؑ کی طرف منسوب یہ نظم کس قدر موئثر اور خوبصورت ہے۔آپ فرماتے ہیں: 'تم جس کے بھی بیٹے بننا چاہتے ہو، ٹھیک ہے اور اس کا تمھیں اختیار ہے۔ مگر ہمیشہ نیکی پر قائم رہو یہ تمھارا فریضہ ہے۔ جو تعریف تقوی کی جانب سے تمھیں ملے گی وہی اصل ہے جو تمھیں کسی بھی شجرہ نسب سے بے نیاز کردے گی۔' تو آج یہ اخلاقی چیلنج ہے جو ہمیں درپیش ہے اور جس سے کامیابی کے ساتھ ہمیں نمٹنا ہے۔ 'یہ آدمی حیثیت میں مجھ سے مختلف ہے اور نیچے ہے' یہ تعصب اور تنگ نظری پر مبنی ذہنیت ہے جس سے نجات حاصل کرنا ہو گی۔ اس کے بغیر ہماری حقیقی ترقی اور نشو و نماء کے عمل کا آغاز کبھی بھی نہ ہو سکے گا۔

ہم دیکھتے ہیں کہ اللہ تعالیٰ ہمیں بعض اوقات ایسے چیلنجز اور آزمائش میں مبتلاء کر دیتا ہے جو ہمارے لیئے غم اور تکلیف کا باعث ثابت ہوتے ہیں ۔ مگر یہی تکلیف حقیقت میں ہماری شخصیت کی تعمیر اور ارتقاء کی عمارت کا بنیادی پتھر ثابت ہوتی ہے۔ تکلیف کا یہ احساس ہمارے اندر جرائت پیدا کرتا اور آگے بڑھنے کا حوصلہ دیتا ہے۔ یہ آزمائش کوئی تکلیف یا خسارہ نہیں۔ اصل میں یہ ایک نتیجہ ہے اس

خاص نفسیاتی برتاؤ کا جو ہم اس آزمائش کے ساتھ کرتے ہیں۔ جب اللہ کسی آدمی کو ہمارے درمیان میں سے لے لیتا ہے تو اس سے ہمیں دکھ پہنچتا ہے۔ اسی طرح جب وہ دولت ہم سے چھین لیتا ہے تو اس سے بھی ہمیں کافی تکلیف ہوتی ہے۔ اسی طرح جب وہ کسی دشمن کو ہمارے سامنے لا کھڑا کرتا ہے تو یہ منظر بھی ہمارے لیئے خاصا دلخراش ہوتا ہے۔ لیکن اگر غور سے دیکھا جائے تو یہ ساری آزمائشیں ہمارے لیئے مزید ترقی اور بڑھوتری کا ذریعہ ہیں۔ ایک دشمن بھی ہمارے لیئے دوست ہی ہوتا ہے۔ اس سے بھی اچھے تعلقات رکھنا چاہیئے اور اسے معاف کر دینے کی صلاحیت بھی اپنے اندر پیدا کرنی چاہیے تا کہ ترقی اور نشو و نماء کا عمل زیادہ تیزی کے ساتھ جاری رہ سکے۔ ہم اس بات کو سمجھنے کی کوشش کیوں نہیں کرتے کہ یہ زندگی بہت مختصر ہے۔ یہ اس لیئے ہمیں نہیں بخشی گئی کہ ہم ایک دوسرے سے نفرت کریں۔ عداوتوں کو پروان چڑھاتے رہیں۔ اور ایک دوسرے کو نیچا دکھاتے ہوئے اس مختصر مہلت کو برباد کر دیں۔ یہ زندگی مواقع کی زندگی ہے۔ جس نے ان مواقع کو سمجھ لیا اور انہیں صحیح طور پر استعمال کر لیا، وہی دونوں جہان میں سرخرو ہو گیا۔

یہ جان لینا چاہیے کہ مصائب اور مشکلات ہماری زندگی کا لازمی جز ہیں، ان سے علیحدگی ممکن نہیں۔ اس لیئے ہر انسان کو چاہیے کہ پورے حوصلے اور اطمینان کے ساتھ ان کا سامنا کرے۔ اپنے اوپر مایوسی اور غم طاری کر دینے سے یہ مصائب کبھی بھی ٹلنے والے نہیں۔ ان مشکلات میں اللہ تعالیٰ نے مواقع رکھ دیئے ہیں۔ ہمارا فرض یہ ہے

کہ ہم ان مواقع کو سمجھ کر انہیں اپنی بہتری کے لیئے استعمال کریں۔ یہاں ہر آزمائش ہماری بہتری اور ترقی کے لیئے ہے۔ مثال کے طور پر، جب سمندر میں جہاز طوفانی لہروں میں گھر جائے اور بظاہر مدد کا کوئی امکان نہ ہو، تو اس حالت میں بھی مجھے پریشان اور خوف زدہ ہونے کی ضرورت نہیں۔اس کے لیئے بہترین راستہ اپنے آپ کو اطمینان کی حالت میں رکھنا اور مکمل طور پر اللہ کی مشیئت کے حوالے کر دینا ہے۔اگر اللہ کی مشیئت نجات میں نہیں تو اس صورت میں بھی مجھے اپنے آپ کو تقدیر کے حوالے کر دینا چاہیے۔ آخر یہ بھی اللہ کے ساتھ ملاقات کی ایک سبیل ہے۔ اے میرے رب، اگر تیرے ساتھ ملاقات پانی کی ان اٹھتی ہوئی بے رحم لہروں کے اندر ہے تو میں اس پر راضی ہوں۔ اگر یہ ملاقات رات کے گھپ اندھیروں میں مقدر ہے تو مجھے یہ بھی قبول ہے۔ اے رب، تو ہی ان اندھیروں میں میرے لیئے روشنی ہے، اور تیری ذات ہی ان خوفناک طوفانی لہروں میں میرے لیئے حفاظت کا سامان ہے۔ یہی وہ مواقع ہیں جو ان مصائب میں ہمارے منتظر رہتے ہیں۔ اگر ہمارے جسم کا کوئی عضو کسی وجہ سے کاٹ دیا جائے تو اس پر بھی اللہ کا شکر ادا کرتے ہوئے یہ کہا جائے: 'اے رب، یہ تیری ہی امانت تھی اور اب تیری طرف ہی لوٹ گئی۔' اور اگر کسی خطرے کا سامنا ہو جائے تو یہ کلمات ہمارے لیئے اکسیر ہیں۔ 'لا حول ولا قوہ الا باالله' نہ کوئی طاقت ہے اور نہ ہی کوئی قوت ، سوائے اللہ کے۔

تو چنانچہ یہ ایک فطری حقیقت ہے کہ زندگی میں مصائب اور آزمائشوں کا وارد ہونا ہماری خفیہ صلاحیتوں کو بیدار کرنے کے لیئے

ہے۔دل جس قدر تکلیف سے گزرے گا اسی قدر اس میں پاکیزگی اور حرارت پیدا ہوگی۔ جس قدر ہم اپنے عزیزوں کی موت کا مشاہدہ کریں گے اسی حساب سے ہمارے اندر خدا کے قرب اور آخرت کے احساس میں اضافہ ہوتا رہے گا۔ جتنا بھی دولت کا نقصان ہوگا اسی قدر اللہ کے سامنے محتاجی کا سلسلہ بڑھ جائے گا۔ حسین ابن علی کی یہ بات کس قدر حسین اور سبق آموز ہے جو اللہ کی بارگاہ میں کی گئی: 'اے رب، اے وہ ذات کہ جس نے مجھے رحم مادر میں تشکیل دیاکہ جہاں پیدائش پر پیدائش کاسلسلہ اندھیروں میں تین تہوں پر مشتمل ہے۔ اور بالآخر یہ تو ہی ہے جو مجھے ایک مکمل انسان کی صورت میں اس جہان میں لایا۔ اے رب، یہ تو ہی ہے جس نے مجھے اس جہان میں لانے سے پہلے اس بات کو یقینی بنا دیاکہ سورج چمکے گا، یہ عظیم اور دلکش آسمان ہم پر برسے گا، اور زمین ہمارے لیئے زرخیز ثابت ہوگی۔مجھے اس دنیا میں لانے سے پہلے تو نے اس بات کا بندوبست کر لیا تھاکہ روزی رحم مادر میں میری منتظر ہوگی۔ دانتوں کے نکلنے اور ضروریات کے پیدا ہونے سے قبل ہی تو نے دسترخوان پر میرے لیئے کھانے کا انتظام کر دیا۔ اے وہ ذات کہ جس نے ان گزشتہ ایام میں میرے لیئے اس قدر روزی کا عمدہ اہتمام کیا، کیا وہ یہی اہتمام میرے آنے والے ایام میں نہیں کرے گی؟'

اگرکسی وجہ سے میری پوری کاروباری سلطنت بھی برباد ہوجائے تو بجائے مایوسی اور فریاد کے مجھے اس موقع سے فائدہ اٹھاتے ہوئے ایسی دولت کو تلاش کرنا چاہیے جس کے لیئے خسارہ اور فنا نہیں۔ جو ہمیشہ

باقی رہنے والی ہے۔ وہ نفوس بد بختی اور حماقت کا شکار ہیں جو کسی بھی دباؤ کے آگے ہتھیار ڈال دیتے اور اپنے کردار سے دست بردار ہو جاتے ہیں۔ اس کے مقابلے میں کس قدر خوش نصیب اور سعادت مند ہیں وہ روح جو دباؤ اور امتحان میں مزید ترقی کرتے اور نشو نماء پاتے ہیں۔ وہ نفوس بھی بد بخت ہیں جو کسی کی عداوت میں انسانیت کے مقام سے گر جاتے ہیں۔ اور کس درجہ خوش قسمت اور کامران ہیں وہ جو عداوت میں بھی انسانی قدروں کو پائمال نہیں ہونے دیتے۔ مسلمان کس طرح کامیابی اور سکون سے ہمکنار ہو سکتے ہیں جب کہ وہ اس زعم باطل میں مبتلاء ہیں کہ چونکہ وہ مسلمان ہیں اس لیئے کامیابی اور فتح ان کا مقدر ہے۔ لیکن آپ نے دیکھ لیا کہ احد میں مسلمان ہار گئے ، اور یہ ایک مثال ہے کہ جس کے ذریعے اللہ تعالیٰ نے یہ دکھا دیا کہ فتح اور شکست کا تعلق محض کسی مخصوص نام کے ساتھ نہیں بلکہ اس کے لیئے کچھ اور اصول ہیں۔اور یہ بھی کہ جہاں اللہ کچھ دیتا ہے وہیں وہ لے بھی لیتا ہے تا کہ نظام میں توازن برقرار رہے اور بندوں میں رعونت بھی نہ آنے پائے۔ کل ہماری فتح تھی اور آج یہی فتح دشمن کے ہاتھ میں ہے اور یہی نظام فطرت ہے جسے سمجھنے کی ضرورت ہے۔ سورہ آل عمران میں ہمیں یہ سبق دیا گیا ہے کہ فتح اور ناکامی دونوں شکلوں میں ہمیں خدا کو تلاش کرنا چاہیے کہ اس کی مرضی ہی سب کچھ ہے۔ جس شکست میں آپ نے اپنے مالک کو پا لیا، وہ حقیقت میں شکست نہیں بلکہ بہت بڑی فتح ہے۔ کیونکہ اللہ کے نظام میں اس دنیاوی فتح اور شکست کی کوئی اہمیت نہیں۔فتح اور شکست کا اصل تعلق اور مرکز تمہارے اندر ہے۔ اگر دنیاوی طور پر تم فتح یاب بھی ہو گئے مگر اس سے تمہارے

اندر تواضع کے بجائے ناشکری اور تکبر جیسے جذبات نے جنم لے لیا تو یہ حقیقت میں فتح نہیں بلکہ تمہاری شکست ہے۔

کیا ہم یہ دعوی نہیں کرتے کہ حسینؑ جیت گیا اور اس کے دشمن ہار گئے؟ مگر بظاہر تو ان کے جسد اطہر کو تلواروں اور نیزوں سے چھلنی کر دیا گیا اور کربلا میں شہید کر دیا گیا تھا۔ مگر یہاں فتح کا تعلق نصب العین اور پھر اس اعتماد اور سکون کے ساتھ ہے جو ان مصائب میں امامؑ کی طرف سے دیکھنے کو ملا۔ اسے کہا جاتا ہے مشکلات میں خود اعتمادی اور توکل کے ذریعے آگے بڑھنا اور اپنے آپ کو نشو و نماء دینا ہے تا کہ انسانیت کی تکمیل ہو سکے۔ حسین اس تکمیل کی سب سے بلند مثال ہیں۔ میدان جنگ میں زخمی ہو جانے اور بھوک پیاس کی شدت کے باوجود ان کی زبان پر خدا کی حمد تھی۔ ان کا چہرہ چمک رہا تھا۔ زخموں سے نڈھال تھے اور طاقت جواب دے چکی تھی۔ مگر ان حالات میں بھی وہ صبر، توکل، ایثار اور قربانی کا وہ نشان تھے جس کی مثال تاریخ انسانی میں کہیں بھی نہیں مل سکتی۔ وہ موت کے ان اندوہناک لمحات میں بھی استقامت اور وقار کا عظیم مجسمہ تھے اور ان کی زبان پر اللہ ہی کے لیئے حمد و ثناء جاری تھی کہ اس مقام کے لیئے اسی ذات نے حسین کا انتخاب کیا۔ حسین کس طرح مصائب کے ہجوم میں بھی استقامت کے ساتھ کھڑے رہے، اور انسانی تکمیل سے وابستہ قدروں کو بلند کیا، آج یہی ہم سب کے لیئے سب سے بڑا سبق اور پیغام ہے۔

اس دنیا میں ہم دیکھتے ہیں کہ ہر مذہب کا اصولی شعار یہی ہے کہ وہ ایک ایسی کمیونٹی کی تخلیق کے لیئے کوشش کرتا ہے جو اپنے رنگ میں

مثالی اور خدا ترس ہو اور یوں اس کے ماننے والوں کی اکثریت نجات سے سرخرو ہو سکے۔ اللہ کے تمام انبیاء کا مشن بھی یہی تھا اور وہ اس بات سے اچھی طرح اگاہ تھے کہ عظیم اخروی نجات کا دارو مدار اس پر ہے کہ یہاں اس دنیا میں انسانوں کو خدا کے ساتھ جوڑتے ہوئے ایک مثالی معاشرہ تشکیل دیا جائے جو تمام انسانیت کے لیئے اسوہ کا کام دے سکے۔ امام حسینؑ اسی جدو جہد کے سب سے بڑے نشان تھے اور ان کی زندگی کا سب سے برا مقصد امت کے معاملات کی اصلاح تھی اور امت کو ضلالت سے ہدایت و نجات کی طرف لانا تھا۔ امامؑ کے اپنے الفاظ میں: 'میں اس لیئے کھڑا نہیں ہوا کہ امت میں اختلاف اور انتشار پیدا کروں۔بلکہ میرے اٹھنے کا بنیادی مقصد اپنے نانا کی امت کی اصلاح ہے اور اس کے معاملات کو صحیح ڈگر پر لانا ہے۔ میری کوشش ہے کہ حق کو غلبہ ملے اور باطل سرنگوں ہوجائے' چنانچہ اس سرزمین پر ایک اہم اور قابل کمیونٹی کی اصلاح اور کامیابی جس اصول پر مبنی ہے وہ انسانیت کے وجود اور اس کے مقصد کی تکمیل ہے۔ اور یہی تکمیل بالآخر انسانیت کی اکثریت کے حق میں نجات کا باعث ثابت ہوگی۔

ساتویں شب

گزشتہ شب ہم نے نجات کے تناظر میں ان اہم مواقع، چیلنجز اور مصائب پر گفتگو کی تھی جو انسان کو حقیقی بیداری سے آشنا کرتے اور اللہ کی معرفت عطاء کرتے ہیں۔ یہی اللہ کی ذات کا حسن ہے کہ وہ اپنے بندوں میں سے ہر ایک کے ساتھ انتہائی قربت کی حد تک منسلک ہے اور ہر معاملے میں اس کا حصہ اور دین ہے۔ یہاں ہر چیز اور مخلوق اللہ کی ملکیت میں ہے اور یہ ملکیت اپنی نوعیت میں عظیم اور بے مثال ہے۔ ملکیت کے اسی رشتے کی بدولت ہم خدا کی رضا حاصل کرتے اور اس کی صفات سے اپنے آپ کو منور کرتے ہیں۔ ان صفات کو پا لینے کے بعد ہماری تمام پریشانیاں، دکھ، مصائب، خوف اور اندیشے ایک عظیم اعتماد، حوصلے، اور اندیشوں سے آزادی جیسی نعمتوں سے بدل جاتے ہیں۔ یہ اللہ ہی ہے جو اپنے خاص فضل و کرم سے ہمیں ان آلام سے آزادی دیتا ہے۔ اور اسی آزادی کے ذریعے پھر ہم اپنے مقصد عظیم کو بھی حاصل کر لیتے ہیں جسے انسانی تکمیل کہا جاتا ہے۔ ہم نے اس نکتہ پر بھی بحث کی تھی کہ اس عالم میں میری خود اپنی انفرادی کامیابی معاشرے کی اجتماعی کامیابی پر منحصر ہے۔انسانیت کی کامیابی میری اپنی ذاتی کامیابی پر مقدم ہے۔ اگرچہ قیامت کے روز نجات کا معاملہ انفرادی

نوعیت کا ہے۔ ہر ایک سے الگ الگ حساب ہوگا۔ مگر اس کے باوجود اجتماعی حساب اور نجات کے مسئلہ کو بھی قرآن نے نظر انداز نہیں کیا اور اس کا تفصیلی ذکر بھی ہم کل کی مجلس میں کر چکے ہیں۔ ہم یہ بھی بیان کر چکے ہیں کہ ہر چیز اپنی فطرت کے اعتبار سے انفرادیت کی حامل ہے مگر یہی انفرادیت پھر ایک خاص عمل کے ذریعے اجتماعی شکل میں ڈھل جاتی ہے۔

آج ہم ایک دوسرے موضوع کی جانب بڑھتے ہیں اور وہ بھی اپنی نوعیت میں اہم ہے۔ ہمارا یہ بنیادی نظریہ اور عقیدہ ہے کہ اللہ نے اپنی عظیم کتاب قرآن مجید کے ذریعے ہم سے کلام کیا ہے اور ہدایت سے نوازا ہے۔ مگر اس کے ساتھ ہم یہ بھی دیکھتے ہیں کہ آج اللہ کی اسی کتاب کے ذریعے ہر نئے نظریہ اور عقیدہ کو جواز کا جامہ پہنایا جا رہا ہے۔ یہاں تک کہ خود داعش جیسی تنظیم اپنے خوفناک اور دہشت گردانہ نظریات کو بھی اسی قرآن سے ثابت کرنے کی کوشش کرتی ہے۔ مگر اصل حقیقت یہی ہے کہ اسلام کے نام پر کوئی بھی نظام حکومت خوہ وہ اہل تشیع کا ہو یا اہل سنت کا، اپنے جواز اور تصدیق کے لیئے قرآن ہی کا محتاج ہے۔ اور اس کے لیئے اس حقیقی روح اور اپروچ کی ضرورت ہے جو کسی بھی تصنع اور تشدد سے پاک ہواور انسانیت کی بھلائی کے لیئے ہو۔ اس کے برعکس ہم تو آج قرآن کا مطالعہ اس لیئے کرتے ہیں تا کہ اپنے مسلکی اور گروہی نظریات کے لیئے کوئی تصدیق یا توثیق یہاں سے پا سکیں۔ اسی طرح دوسری جانب قرآن میں ہمیں کچھ ایسی آیات بھی ملتی ہیں جن کے بارے میں ہم محسوس کرتے ہیں کہ اس موجودہ

دور میں ان کی تشریح کسی حد تک مشکل کا باعث بن جاتی ہے، کیونکہ خود ہمارے اپنے اور غیر بھی ان آیات کی روح اور مقاصد کو صحیح تناظر میں سمجھنے سے قاصر رہتے ہیں ۔ مثلا وہ آیات جن میں بیویوں کے مارنے اور عورت کے لیئے آدھی جائداد کا ذکر کیا گیا ہے۔ اور اس کا تعلق ایسے حالات سے بھی ہے جب کہ عورت پورے خاندان کے لیئے کفیل ہو اور خود کما بھی رہی ہو۔ اس مقام پر ہم اپنے آپ کو مشکل میں پاتے ہیں ۔ یہاں ہمیں خود اپنے آپ سے سوال کرنا ہوگا کہ اللہ کی کتاب کے متعلق ہمارا نظریہ اور ایمان کس سطح پر ہے اور ان حالات میں موزوں اپروچ کیا ہو گی؟ ہمارا یہ مطلب ہر گز نہیں کہ آیات کو استغفراللہ بدل دیا جائے۔ بلکہ ہمارا مقصد یہ ہے کہ موجودہ حالات میں ان آیات کی تشریح کو قرآن کی فکری عظمت کے ہم آہنگ کیا جائے۔

اگر ہمارے اندر ان نظریات پر تنقید کرنے اور سنوارنے کی صلاحیت ہو جو ہم نے اپنے طور پر اللہ کی کتاب کے بارے میں اپنا رکھے ہیں ، تو اس شکل میں یہ کتاب ہمیں راہ مستقیم پر گامزن کر سکتی ہے۔ اللہ کا فرمان ہے: " یہ وہی (اللہ) ہے جو رحم میں تمہاری تشکیل کرتا ہے جیسے کہ وہ چاہتا ہے ۔اس کے علاوہ کوئی معبود نہیں ۔" (۶ : ۳) اور حضورؐ نے فرمایا: ' وہ (اللہ) اپنے مطابق تمہاری تشکیل کرتا ہے۔' ہم جانتے ہیں کہ اللہ کی اس طرح کی شکل و صورت نہیں جیسا کہ ہمارے ذہنوں میں ہے۔ یقینا یہاں معنی اس جسمانی ہیئت سے بہت دور اور مختلف ہے، اور وہ یقینا اللہ کی فطرت رحیمی اور کریمی سے عبارت ہے۔اللہ کی فطرت کا خلوص اور پاکیزگی بھی انسانی فطرت کا حصہ ہونا

چاہیے۔ کیونکہ قرآن کے مطابق اللہ نے انسان کو خود اپنی فطرت کے مطابق پیدا کیا ہے، اور اس فطرت کے لیئے کوئی تبدیلی ممکن نہیں۔ (۳۰ : ۳۰) چنانچہ اس آیت کی رو سے انسان کی زندگی اس کے متعین مقصد کے مطابق ہونی چاہیے۔ اور یہ مقصد انسانیت کی تکمیل ہے جس کے مطابق ہمیں اپنی نشو ونماء کرنا اور انسانی اقدار میں آگے بڑھنا ہے تا کہ ہم اس تکمیل کی منزل کو اپنی زندگی میں ہی پا سکیں جو ہماری منتظر ہے ۔یہ نکتہ بھی اپنی جگہ قابل غور ہے کہ خود خالق اپنی اس خاص فطرت کے خلاف کوئی فیصلہ کیسے دے سکتا ہے جس پر اس نے اس انسان کو تخلیق کیا ہے؟ اگر اللہ نے ہماری فطرت میں اپنے جلووں کو رکھ دیا ہے تو اس صورت میں یہ کیسے ممکن ہے کہ وہ کسی ایسی چیز کا حکم دے جو اس فطرت کے بالکل خلاف ہو؟ یہ کیسے ممکن ہے کہ وہ اپنے خلیفہ کی فطرت میں ایک حکم رکھ دے اور پھر اپنی وحی میں اسی کی تردید کر دے؟ اللہ کی ذات سے یہ بہت بعید ہے۔

اب ہم اس مسئلہ کے اہم اور مشکل حصہ کی طرف آتے ہیں۔ اس میں کوئی شبہ نہیں کہ قرآن اللہ کی آخری کتاب ہے اور یہ وحی ہدایت ہے۔ اسی کے ساتھ ہم اپنے اس معصومانہ عقیدہ کو بھی لیتے ہیں کہ قرآن ہمیشہ کے لیئے ہے ، تمام زمانوں اور قوموں کے لیئے کتاب ہدایت ہے، اور اس کی یہ خصوصیت قیامت تک باقی رہے گی۔ اس کے ساتھ ہمارا مذہبی نظریہ یہ بھی ہے کہ اس کتاب میں ہر چیز موجود ہے جسے اللہ نے انسانیت کی ہدایت کے لیئے درج کر دیا ہے۔ خود اللہ کا فرمان ہے: ”کوئی بھی ایسی خشک اور تر نہیں جسے اس کتاب مبین میں بیان

نہ کر دیا گیا ہو۔" (۵۹ : ٦) یہاں ہمیں اس بات کو اچھی طرح سمجھنا ہوگا کہ اس آیت کا حقیقی مفہوم کیا ہے۔ کیونکہ ہم دیکھتے ہیں کہ قرآن میں بے شمار چیزوں کا ذکر نہیں۔ مثلاً کینگرو کا ذکر ہمیں قرآن میں نہیں ملتا اور اسی طرح بہت سی اشیاء ہیں قرآن ان کے ذکر سے خالی ہے۔ اس سلسلے میں اصولی بات یہ ہے کہ قرآن اپنی ذات میں ایک جامع اور ابدی کتاب ہے۔ اس میں خداوند تعالیٰ نے اصولی شکل میں اعتقادات، ایمانیات، اخلاقیات، حلال و حرام اور باہم معاملات وغیرہ کے متعلق تمام ہدایات اور احکام واضح صورت میں بیان کر دیئے ہیں۔ آج ہم کسی بھی صورت مسئلہ کے بارے میں ہدایت اور حکم قرآن سے معلوم کر سکتے ہیں کہ آیا یہ جائز ہے یا ناجائز، یا اس کے ساتھ عملی رویہ کیا ہوگا۔ کیونکہ ہدایات اصولی شکل میں موجود ہیں صرف ان کے انطباق کی ضرورت ہے۔ جیسا کہ بیان کیا گیا کہ قرآن اپنی فطرت میں جامع، ابدی اور اصولی (Value-based) کتاب ہے۔ اس کے برعکس اگر ہر چیز کا نام لے کر اس کے احکامات بیان کیئے جاتے تو پھر اس کتاب کا حجم اس قدر بڑھ جاتا کوئی بھی اس قابل نہ ہوتا کہ اسے شروع سے آخر تک ختم کر سکے۔ اور پھر اس کے نزول کے لیئے بھی طویل مدت درکار تھی جو انسانوں کے لیئے تنگی اور مشقت کا باعث ثابت ہوتی۔

ہمیں قرآن کی حقانیت اور اس کی ابدی حیثیت کے بارے میں سنجیدگی اختیار کرنا ہوگی۔ آج چودہ صدیوں سے زائد عرصہ گزر جانے کے بعد قرآن کی کچھ آیات کے متعلق بظاہر ہم محسوس کرتے ہیں کہ یہ زمانہ کے تقاضوں کے لحاظ سے اب غیر متعلق ہو چکی ہیں اور ان کا

انطباق اب باقی نہیں رہا۔ مثال کے طور پر اس میں غلامی کے رواج کا ذکر ہے جس کا اب خاتمہ ہو چکا ہے اور جسے ممنوع قرار دیا جا چکا ہے۔ اسی طرح بیویوں کو مارنے کے حوالے سے یہ ذکر اس موجودہ سوسائٹی میں مسائل کا باعث بن سکتا ہے۔ مگر یہاں بھی اصولی بات یہی ہے کہ ان آیات کا حکم اور روح اپنی جگہ پر باقی ہے مگر حالات اور ماحول کے تقاضوں کی روشنی میں ان کی مناسب تشریح وتعبیر کی ضرورت ہے تا کہ اسلامی احکامات کے متعلق اعتماد مجروح نہ ہونے پائے اور اپنے و پرائے اسے فرسودہ (Out-dated) تصور نہ کر لیں۔ قرآن کے احکامات ابدی اور قیامت تک کے لیئے ہیں، ان میں تغیر و تبدل ممکن نہیں۔ میں آپ سے پوچھتا ہوں کہ اگر قرآن میں موجود کچھ آیات اپنی ظاہری شکل میں موجودہ دور کے انسانی اخلاقیات کے کچھ ضابطوں کے موافق نہیں تو اس صورت میں ان کی تشریح کیا ہوگی اور جدید انطباق کی شکل کیا ہوگی؟ یہ آج ہمارے لیئے سب سے بڑا چیلنج ہے۔ کیونکہ قرآن تمام انسانیت کے لیئے ہدایت نامہ ہے اور ہمارا عقیدہ ہے کہ یہ ہر قسم کے حالات میں انسانیت کی رہنمائی کرتا ہے۔ ہماری کمیونٹی کی مشکل ہی یہی ہے کہ وہ کچھ نظریات کو اصول کی حیثیت سے اختیار کر لیتی ہے مگر نہ تو ان پر غور کرتی اور نہ ہی ان پر تنقیدی نگاہ ڈالتی ہے۔ ہم میں سے تو ہر آدمی اس بات کا قائل ہے کہ قرآن میں موجود ہر چیز اور حکم قیامت تک کے لیئے ہے۔ مگر اس نے کبھی بھی اس پر غور نہیں کیا کہ اس جملہ کا حقیقی مطلب کیا ہے اور اس کی اصل تشریح کیا ہے۔ اس کا سبب یہ ہے کہ ہم میں سے ہر آدمی قرآن کو محض برکت اور ثواب کے لیئے پڑھتا ہے، اس کو سمجھنے اور اس پر غور و فکر کے لیئے

نہیں۔ یہی مسلمانوں کا سب سے بڑا المیہ ہے اور یہی ان کے زوال کا سب سے بڑا سبب ہے۔

قرآن خود کہتا ہے۔ "بے شک یہ قرآن اس راستہ کی طرف رہنمائی کرتا ہے جو سب سے بہترین اور سیدھا ہے۔" (۹ : ۱۷) "بے شک یہ (قرآن) ہدایت ہے ان لوگوں کے لیئے جو متقی ہیں۔" (۲ : ۲) اسی طرح ایک حدیث کا مفہوم بھی یہی ہے کہ 'جب اشیاء کی حقیقت تمہارے لیئے مشتبہ ہو جائے یا وہ رات کے شدید اندھیروں میں تمہاری نظروں سے اوجھل ہو جائے، تو اس صورت میں فورا قرآن کی طرف رجوع کرو، کیونکہ یہ قرآن ہی ہے جو ان اندھیروں میں تمہاری رہنمائی کرے گا اور تمہیں ہدایت کی روشنی بخشے گا۔' اب سوال یہ ہے کہ ہم میں سے ایسے کتنے لوگ ہیں جو اس قسم کی صورت حال میں ہدایت کے لیئے قرآن کی جانب رجوع کرتے ہیں؟ رسول خداؐ کا فرمان ہے: 'میری احادیث کا قرآن کے ساتھ موازنہ کرو۔ اگر ان میں سے کوئی ایک قرآن کے موافق نہ نکلے تو اسے ترک کر دو۔'

قرآن میں ایک اور اہم آیت ہے جو ہماری خصوصی توجہ کی مستحق ہے۔ اللہ فرماتا ہے: "یہ لوگ قرآن پر غور کیوں نہیں کرتے؟ اگر یہ اللہ کے علاوہ کسی اور کی طرف سے نازل ہوتا تو وہ اس میں بہت زیادہ تناقضات پاتے۔" (۸۲ : ۴) کیا ہم میں سے کسی نے اس حیثیت سے قرآن پر غور کیا کہ آیا اس میں کچھ تناقضات بھی ہو سکتے ہیں؟ ہم تو پہلے سے اس نظریہ کو اپنے ذہنوں میں بٹھا چکے ہیں کہ اس میں کوئی تناقض نہیں۔ ذرا تصور کریں کہ ایک شخص اسی چیلنج کی روشنی

میں اس نیت کے ساتھ قرآن کا مطالعہ کرتا ہے کہ آیا اس میں کوئی تناقض ہے یا نہیں، قرآن سے وہ کس قدر فائدہ اٹھائے گا اور قرآن کس قدر اس کی رہنمائی کرے گا۔ کیونکہ اس کا یہ مطالعہ غور و فکر پر مبنی ہوگا اور یہی مقصود بھی ہے ۔ اور یہ تدبر ہی کی ایک قسم ہے جس کا قرآن میں حکم دیا گیا ہے ، قرآن سے باہر نہیں ۔ اسی لیئے قرآن کہتا ہے۔ "وہ قرآن پر غور و تدبر کیوں نہیں کرتے؟ کیا ان کے دلوں پر تالے پڑ گئے ہیں؟ (۴۷ : ۲۴) ہم میں سے کتنے ایسے افراد ہیں جو اس انداز میں سوچتے ہیں کہ اے رب، بے شک قرآن اور اس کی تعلیمات ابدی ہیں اور ان میں سے کوئی بھی وقتی اور عارضی نہیں۔ مگر اس عقیدہ کے باوجود میں اپنی حد تک یہ سمجھنے سے قاصر ہوں کہ اس میں بیوی کو مارنے کی سزا کا ذکر کس حد تک انسانی اخلاق کے معیار کے موافق ہے؟ کیا آج کے اس دور میں ہم میں سے کسی نے اپنے رب سے یہ سوال کیا ہے کہ اے میرے خالق، یہ دو عورتوں کی گواہی ایک مرد کے برابر کیوں قرار دی گئی ہے؟ اس کا حقیقی مفہوم کیا ہے جو مجھ سے اوجھل ہے؟ کیونکہ آج ہم ایسی بہت سی عورتوں کو جانتے ہیں جو کیمبرج اور آکسفورڈ کی تعلیم یافتہ ہیں اور ان کے علاوہ بھی اہم دینی اداروں کی فاضلہ ہیں جو عرب کی ان عورتوں کی مانند نہیں ہیں جو بھول جایا کرتی تھیں۔ ان میں تمام معلومات کو نہایت صحت اور درستگی کے ساتھ یاد رکھنے اور محفوظ رکھنے کی پوری صلاحیت موجود ہے۔ یاد رہے کہ اس سے قبل ہم بیان کر چکے ہیں کہ قرآن کی اسی آیت کی رو سے عملاً گواہی ایک ہی عورت دے گی ۔ دوسری عورت گواہی نہیں

دے گی۔ اگر بالفرض گواہی دینے والی عورت اگر کہیں بھول جائے تو وہ دوسری اسے یاد کرا دے گی۔ اس معیار کی سوچ اور فکر ہمارے اندر پروان نہیں چڑھ سکی۔ اس لیئے کہ ہم اللہ تعالی کے کلام پر غور نہیں کرتے۔ ہم سمجھتے ہیں کہ ایسی فکر کی اسلام میں کوئی گنجائش نہیں اور یہ سراسر غیر اسلامی ہے۔ حالانکہ سوچ کے یہی زاویے ہمیں قرآن کے ان حقائق تک پہنچا دیتے ہیں جن تک محض سادہ مطالعہ کے ذریعے رسائی ممکن نہیں۔ مطالعہ کا یہی انداز ہمیں ایسے ترچھے سوالات کے صحیح اور شافی جوابات تک بھی پہنچا دیتا ہے۔ ہمیں اپنے تمام روائتی نظریات کے خول سے باہر نکلنے کی ضرورت ہے۔

اس امر کی ضرورت ہے کہ ہم اس مسئلہ کو اس کے درست پس منظر میں جاننے کی کوشش کریں، اور یہی کوشش ہمیں اس روائتی خول سے باہر نکال سکتی ہے۔ اللہ نے یہاں ہمارے لیئے جو لفظ استعمال کیا ہے وہ 'اسلام' ہے جس کا مأخذاور اصطلاحی تذکرہ خود قرآن میں موجود ہے اور اسی کی روشنی میں اس کے اصل مفہوم کو سمجھنا ہوگا اور اس کی تشریح کرنا ہوگی۔ یہ لفظ نبی ابراہیمؑ کی دعوت کے سیاق میں بھی استعمال کیا گیا ہے۔اب سوال یہ ہے کہ کیا ابراہیمؑ بھی بعینہ اسی طرح کے مسلمان تھے جیسے کہ آج ہم ہیں، اور ان کا اسلام بھی بالکل ہماری طرح ایک ضابطہ کے مذہب کی شکل کا سا تھا؟ ہم جانتے ہیں کہ اس کا جواب نفی میں ہی ہوگا۔ قرآن میں اس بات کا ذکر ہے کہ اللہ تعالی نے یہود اور عیسائیوں دونوں سے یہ سوال کیا تھا کہ تم ابراہیم کو یہودی یا نصرانی کیوں کہتے ہو، حالانکہ یہ دونوں مذاہب اس حالت میں تو ابراہیم کے بہت بعد وجود میں آئے ہیں۔ ابراہیم کا دور تو

ان سے بہت پہلے کا تھا۔ اسی طرح موجودہ شکل میں ہمارا یہ ضابطے کا اسلام بھی حضرت ابراہیمؑ سے بہت بعد میں وجود میں آیا ہے۔ چنانچہ حضرت ابراہیمؑ اس معنی میں مسلمان نہ تھے جس معنی میں آج ہم ہیں۔ حضرت عیسیٰؑ اور حضرت یعقوبؑ اور ان کی اولاد یہ سب مسلمان تھے ۔ مگر سوال یہ ہے کہ یہ سب کس طرح اور کس انداز کے مسلمان تھے؟ یہ بات تو واضح ہے کہ وہ ہماری طرح محض ضابطے کے مسلمان نہ تھے۔ ان ہی آیات پر جب ہم علامہ طباطبائی کے تفسیری نکات پر غور کرتے ہیں تو اس نتیجے تک پہنچنے میں کوئی دقت نہیں ہوتی کہ اللہ کے ہاں دین ایک ہی ہے اور وہ اسلام ہے۔ اسلام کے یہاں معنی مکمل اطاعت اور انقیاد کے ہیں۔ اس اطاعت اور خود سپردگی پر مبنی دین اس ضابطے کے دین سے قطعا مختلف ہے جس پر آج ہم قائم ہیں۔ بلاشبہ ابراہیمؑ، موسیٰؑ، عیسیٰؑ، یعقوبؑ اور محمدؐ یہ سب اسی حقیقی معنی میں مسلمان تھے ۔ اسی لیئے اللہ نے اپنی کتاب میں اس کو واضح کر دیا ہے: "یقینا اللہ کے ہاں دین اسلام ہے۔" (۱۹ : ۳) یہاں اللہ کے نزدیک اس دین سے مراد خدا پرستی اور خدا شناسی پر مبنی زندگی ہے جس کی بیشمار برکات ہیں۔ اسلام اس نظام زندگی کا نام ہے جو انسان کو خدا کی معرفت سے آشنا کرتا ہے اور خدا شناسی ہی اس کا مطمع نظر بن جاتی ہے۔ یہی سچے دین کی روح ہے، اور وہ ضابطے اور رسوم دین کی روح نہیں جنھیں آج ہم اصل سمجھ بیٹھے ہیں۔

اب ہم دوبارہ اس بحث کی طرف لوٹتے ہیں جس میں قرآن کی ابدی حیثیت کا ذکر کیا گیا تھا۔ جب ہم قرآن کا گہرائی سے مطالعہ کرتے

ہیں تو ہمیں یہ نکتہ ملتا ہے کہ قرآن اور کتاب میں ایک بنیادی اور اصطلاحی فرق ہے جو عام مطالعہ میں نظر نہیں آتا۔ یہاں قرآن کا لفظ اس متن کے لیئے استعمال ہوتا ہے جو وحی پر مبنی ہے ، جب کہ لفظ کتاب اصطلاحا اس سے قدرے مختلف ہے۔ سورہ البقرہ کے آغاز میں ہمیں ملتا ہے: 'ذالک الکتاب' اور یہ وحی حضور نبی کریمؐ پر مدینہ میں نازل ہوئی اور یہ سورہ بھی سب سے بڑی ہے جو مدینہ میں نازل کی گئی، جس میں زندگی کے جملہ ضوابط، معاشرتی اصول اور عبادات سے متعلق سب ہدایات بیان کر دی گئی ہیں ۔ میں آپ سے پوچھتا ہوں کہ یہاں 'الکتاب' سے مراد بعینہ وہی قرآن ہے جو نازل شدہ وحی کی صورت میں موجود ہے؟ ہمیں قرآن کا گہرائی کے ساتھ مطالعہ کرنا چاہیے اور اس آیت پر خوب غور کرنا چاہیے۔ "بے شک یہ ایک عزت والا قرآن ہے ایک محفوظ کتاب میں۔ اس کو وہی چھوتے ہیں جو پاک بنائے گئے ہیں۔" (۷۸-۷۷ : ۵۶)

اس کے علاوہ بھی متعدد آیات میں اللہ تعالیٰ نے اپنی اس کتاب کا ذکر کیا ہے۔ مثلا ہم نے موسیٰ کو کتاب دی، عیسیٰ پر کتاب نازل کی، اے نبی تم پر کتاب نازل کی۔یہ ذکر بار بار ہمیں قرآن میں ملتا ہے۔ قابل غور بات یہ ہے کہ یہ کتاب حقیقت میں کیا ہے؟ ان متعلقہ آیات پر خوب غور و خوض کے بعد یہ حقیقت عیاں ہو جاتی ہے کہ ان آیات میں لفظ 'کتاب' سے مراد وہ 'عظیم حقیقت' ہے جو تمام حقائق کا مرکز اور روح ہے۔ اور یہی وہ کتاب ہے جو تورات، انجیل، زبور اور قرآن کی شکل میں مختلف انبیاء پر نازل کی گئی۔ جب ہم اس حقیقت کو

اچھی طرح ذہن نشین کر لیں گے تو پھر اس مسئلہ کو سمجھنے میں بھی کوئی دشواری نہ ہو گی کہ قرآن اپنی ذات اور حقیقت میں اٹل اور ابدی ہے مگر اپنے تنظیمی اور احکامی ڈھانچہ کے اعتبار سے یہ ایک خاص سیاق سے منسلک ہے۔یہی وجہ ہے کہ سابقہ تمام کتب، تورات، انجیل اور زبور بھی ان ہی سچائیوں پر مشتمل تھیں جن کا ذکر قرآن میں کیا گیا ہے ۔ ان میں سے کوئی کتاب بھی اس کا حکم نہیں دیتی کہ جھوٹ بولنا جائز ہے۔کوئی بھی قتل و غارت کی حمایت نہیں کرتی۔ سورہ المائدہ میں خدا وند تعالیٰ کا ارشاد ہے۔"اور ان کو آدم کے دو بیٹوں کا قصہ حق کے ساتھ سناؤ۔ جب کہ ان دونوں نے قربانی پیش کی تو ان میں سے ایک کی قربانی قبول ہوئی اور دوسرے کی قربانی رد ہو گئی۔ اس نے کہا میں تم کو مار ڈالوں گا۔ اس نے جواب دیا کہ اللہ صرف متقیوں سے قبول کرتا ہے۔ اگر تم مجھے قتل کرنے کے لیئے ہاتھ اٹھاؤ گے تو میں تم کو قتل کرنے کے لیئے تم پر ہاتھ نہیں اٹھاؤں گا۔ میں ڈرتا ہوں اللہ سے جو سارے جہان کا رب ہے۔ میں چاہتا ہوں کہ میرا اور اپنا گناہ تو ہی لے لے اور پھر تو آگ والوں میں شامل ہو جائے۔ اور یہی سزا ہے ظلم کرنے والوں کی۔پھر اس کے نفس نے اس کو اپنے بھائی کے قتل پر راضی کر لیا اور اس نے اس کو قتل کر ڈالا۔ پھر وہ نقصان اٹھانے والوں میں شامل ہو گیا۔ پھر خدا نے ایک کوے کو بھیجا جو زمین میں کریدتا تھا تا کہ وہ اس کو دکھائے وہ اپنے بھائی کی لاش کو کس طرح چھپائے۔ اس نے کہا افسوس میری حالت پر کہ میں اس کوے جیسا بھی نہ ہو سکا کہ اپنے بھائی کی لاش کو چھپا دیتا۔ پس وہ بہت شرمندہ ہوا۔ اسی سبب سے ہم نے بنی اسرائیل پر یہ لکھ دیا کہ جو شخص کسی کو قتل

کرے ، بغیر اس کے کہ اس نے کسی کو قتل کیا ہو یا زمین میں فساد برپا کیا ہو تو گویا اس نے تمام انسانوں کو قتل کر ڈالا، اور جس نے ایک شخص کو بچا لیا تو گویا اس نے تمام انسانوں کو بچا لیا۔" (۵ : ۲۷-۳۲)

مذکورہ بالا آیات کی روشنی میں آپ اس حقیقت تک پہنچ گئے ہوں گے کہ یہ آیات عملا تو بنی اسرائیل کی جانب نازل کی گئیں مگر اپنی روح اور انطباق کے اعتبار سے ان کا تعلق ہمارے ساتھ بھی ہے اور ہم بھی بنی اسرائیل کی طرح ان احکامات کے مکلف ہیں، ان سے خارج نہیں۔ کیونکہ یہ انسان کے عمومی اخلاق، تقوی اور پرہیزگاری، ایثار و قربانی، مذموم صفات سے اجتناب، معاملات میں انصاف اور دیانتداری، اور قتل و غارت جیسے خوفناک امور سے کاملا دوری جیسے اہم امور پر مشتمل ہیں جو تمام زمانوں اور معاشروں کے لیئے ضروری اور یکساں ہیں۔

تاریخی روایات میں مدینہ کے ایک باشندہ کا ذکر بھی ملتا ہے جس نے باقی لوگوں کی طرح یہ سن رکھا تھا کہ مکہ میں ایک جادوگر پیدا ہوگیا ہے جو اپنے خاص جادو کی بدولت لوگوں کے ایمان کو برباد کر رہا ہے۔ لہذا اسے کوئی بھی نہ سنے اور نہ ہی اس کے قریب جائے۔ جب سورہ الانعام مکہ میں نازل ہوئی تو یہ شخص اس موقع پر مکہ میں اتفاقا موجود تھا۔ وہ خود یہ واقعہ اپنی زبانی بیان کرتا ہے۔ 'مجھے کسی کام کی غرض سے مکہ جانے کا اتفاق ہوا۔ وہاں میں نے دیکھا کہ محمدؐ لوگوں کے ایک گروہ کے ساتھ کھڑے تھے اور ان سے باتیں کر رہے تھے۔ اس وقت وہ قرآن کی ان آیات کو لوگوں کے سامنے پیش کر رہے تھے جو تازہ تازہ ان پر نازل ہوئی تھیں۔ 'اے لوگو، اپنی اولاد کو تنگدستی کے خوف

سے قتل نہ کرو۔ کیونکہ ہم انہیں بھی رزق دیتے ہیں اور تمہیں بھی۔ جب تم کوئی معاملہ کرو تو اسے احسن طریقے پر انجام دو۔ جھوٹ سے اجتناب کرو۔ معاملات میں کھرے اور دیانت دار بنو۔ قسم اور عہد کو پورا کرو۔ اپنے والدین کا ادب کرو۔' چنانچہ ان آیات اور گفتگو سے یہ شخص حیران بھی ہوا اور متاثر بھی۔ اس نے کہا کہ یہ آدمی تو انسانی اخلاق کی عظیم اقدار کی باتیں کرتا ہے اور ان سماجی برائیوں سے بچنے کی تلقین کرتا ہے جنہوں نے ہماری سوسائٹی کو تباہی سے دوچار کر دیا ہے۔ اس میں جادو جیسی تو سرے سے کوئی بات ہی نہیں۔' اگر آج ہم تحقیق کریں تو یہی آیات ہمیں تورات اور انجیل میں بھی نظر آئیں گی۔ اس لیئے کہ ان کا تعلق بنیادی انسانی اخلاقیات سے ہے جنہیں بالعموم مشترکہ اقدار کی حیثیت حاصل ہے اور تمام انسانی معاشروں میں انہیں تسلیم کیا گیا ہے۔ چنانچہ یہی اخلاقی اصول حضرت موسیٰؑ اور حضرت عیسیٰؑ کی تعلیمات کا بھی نچوڑ تھے۔ انبیاء کی شریعتوں کے جن امور میں باہم اختلادف تھا ان کا تعلق ضمنی اور ثانوی امور سے ہے جو وقت اور حالات کے تقاضوں کے ساتھ منسلک ہیں۔ تمام شرائع کے بنیادی اصول ایک ہی ہیں جو اللہ کی مرکزیت اور توحید، بنیادی انسانی اخلاقیات، اور زندگی کے عظیم مقصد سے عبارت ہیں۔

عیسائیت کی تعلیمات پر غور کیجیئے، ان میں آپ کو ترغیب ملے گی کہ آپ خدا پرست بننے کی فکر کریں۔اسی طرح یہودیت کی روحانی تعلیمات بھی خدائی صفات سے مشرف ہونے پر زور دیتی ہیں۔انسان کی تخلیق کا اصل اور بنیادی مقصد ہی یہی ہے کہ وہ غور و فکر کے ذریعے

اپنے خالق کی معرفت حاصل کر لے اور اس کی صفات کو اپنا لے۔ جب ایک آدمی اپنی سخاوت اور ایثار میں خدا کی مانند یعنی خدا کی اس صفت سے متصف ہو جاتا ہے، وہ محبت کرنے میں بھی خدا کا متبع ہو جاتا ہے، اور اسی طرح وہ معاف کر دینے میں بھی خدا کی صفت کو اختیار کر لیتا ہے۔ وہ اپنے مقابلے میں دوسروں کو ترجیح دیتا ہے، تو یہی وہ مقام ہے کہ وہ اپنی شخصیت کی کاملیت کو پا لیتا ہے۔ وہ ایک کامل اور محفوظ انسان بن جاتا ہے۔ اس میں اعتماد کی اعلی صلاحیت پیدا ہو جاتی ہے۔ وہ ہر قسم کے خوف اور وسوسوں سے بے نیاز ہو جاتا ہے۔ تمام آسمانی صحائف کی بنیادی تعلیمات ایک ہی ہیں۔ ان میں خدا سے کامل وابستگی کے سلسلے میں اخلاق اور روحانیت پر حد درجہ زور دیا گیا ہے۔ کیونکہ یہ تمام تعلیمات ایک ہی مرکز یعنی 'الکتاب' سے منسلک ہیں اور ایک ہی سچائی اور حقیقت کی علم بردار ہیں۔

ہمارا یہ ایک عمومی تصور ہے کہ ہر بعد میں آنے والی شریعت سابقہ شریعت کو منسوخ کر دیتی ہے۔ اس تصور کی رو سے عیسیٰؑ کی شریعت نے موسیٰؑ کی شریعت میں بہت سے امور کی اصلاحات کیں اور اس میں تبدیلیاں بھی پیدا کیں۔ مگر جو کچھ حضرت عیسیٰؑ نے کہا ، خود ان کے اپنے الفاظ میں یہ ہے: 'میں بہت سی ایسی چیزوں کو تمہارے لیئے حلال کرنے آیا ہوں جنہیں تم نے از خود اپنے اوپر حرام کردیا ہے۔' عیسیٰؑ نے آکر یہ نہیں کہا کہ جھوٹ بولنا اچھی بات ہے، یا خدا کی نافرمانی کوئی گناہ نہیں۔ کیا ان امور کو انہوں نے موسیٰؑ کی شریعت سے نکال دیا تھا اور منسوخ کر دیا تھا؟ بلکہ اس کے برعکس حضرت عیسیٰؑ

نے تو علانیہ یہ کہا تھا کہ جو کچھ موسیٰؑ نے کہا وہی درست اور حق پر مبنی ہے۔ موسیٰؑ کی تعلیمات تو ان امور پر مبنی تھیں کہ، کسی کی زندگی کو بچانا عظیم عبادت ہے۔ مالی معاونت بہت بڑا کام ہے۔ اور خدا محویت کے مقام کو پا لینا زندگی کا سب سے بڑا مقصد ہے۔ تو ان میں سے کون سا ایسا امر ہے جسے حضرت عیسیٰؑ نے منسوخ کر دیا تھا؟ جب آخری نبی حضرت محمدؐ تشریف لائے، تو انہوں نے ابراہیمؑ، موسیٰؑ اور عیسیٰؑ کی بنیادی اخلاقی اور روحانی تعلیمات میں سے کن امور کو منسوخ کیا تھا؟ کیا انہوں نے کوئی ایسی بات کہی تھی جو آدمؑ کے دور کے اعتبار سے بھی غیر مناسب اور غیر موافق تھی؟ جب قابیل نے ہابیل کو قتل کر دیا تو اس پر اللہ نے فرمایا کہ یہ ایک بہت بڑا جرم تھا۔ کیا نبی اکرمؐ نے (معاذاللہ) اسے درست فعل قرار دیا تھا؟ کیا نوحؑ، ابراہیمؑ، موسیٰؑ اور عیسیٰؑ اور دیگر انبیاء میں سے کسی ایک نے بھی اس فعل کی توثیق کی تھی؟ یہاں دوبارہ اس نکتہ کی طرف رجوع کی ضرورت ہے جس کا 'الکتاب' کے حوالے سے ذکر گزر چکا ہے۔ یہ 'الکتاب' ہی ہے جو ہر دور میں اپنے ابدی احکامات اور ضوابط کو بنی نوع انسان کے سامنے وحی کی شکل میں ظاہر کرتی ہے۔ اگرچہ تفصیلات کے اعتبار سے ان میں کچھ ضمنی اختلافات بھی پائے جاتے ہیں۔ یہ اختلافات فطری نوعیت کے ہیں۔ ان کا تعلق زمانے کے تغیرات اور انسان کی بلوغت اور نشو و نماء کے معیار کے اعتبار سے ہے۔

حضرت موسیٰؑ کے دور میں بنی اسرائیل چونکہ تازہ تازہ غلامی سے نکلے تھے، اس لیئے ان کے اس محدود سیاق میں جو احکامات ان کے

حالات سے نہایت موافق تھے وہ اوامر اور نواہی، یعنی حلال و حرام، اور جائز و ناجائز جیسے امور پر مشتمل تھے۔ حضرت عیسیٰؑ کے زمانہ میں یہی سیاق بدل کر خاصا وسیع ہوچکا تھا۔ اس لیئے ان ہی احکامات کو کچھ تغیرات کے ساتھ مزید وسیع اور منضبط کیا گیا تاکہ یہ اس نئے سیاق کے موافق ہو جائیں ۔ جب حضرت محمدؐ تشریف لائے تو یہی سیاق مزید پھیل کر ایک وسیع انسانیت کی شکل اختیار کر چکا تھا۔ اور یہی انسانیت پھر بہت سی ملتوں، عقائد اور اقوام پر مشتمل تھی۔ ان میں خدا پرست اور منکر خدا ہر قسم کے لوگ موجود تھے اور ان کے درمیان باقائدہ میل جول اور سماجی تعلقات بھی پائے جاتے تھے۔ تو چنانچہ جو وحی الکتاب کے ذریعے اس وسیع ترین سیاق میں بھیجی گئی وہ اپنی روح کے اعتبار سے تو وہی تھی مگر اپنی تفصیلات میں اس نئے سیاق کے تقاضوں کے عین مطابق تھی۔ یہاں یہ جاننے کی ضرورت ہے کہ وحی کا اصل مقصد کیا ہے؟ وحی کا بنیادی مقصد انسان کو علم کے زیور سے پوری طرح آراستہ کرنا، اور اسی کے ذریعے اس کے اخلاق اور کردار کو بلند کرنا اور روحانی طور پر اسے اللہ کی عظیم معرفت سے آشنا کرنا ہے۔ قرآن نے وحی کے اس مقصد کو پورے طور پر واضح کر دیا ہے۔ چنانچہ قرآن میں جو چیز ابدی اور غیر متبدل ہے وہ اس کے پیغام اور احکامات کی روح اور مغز ہے۔ البتہ وہ امور جن کے ذریعے اس روح کا اظہار ہوتا اور معاشرے پر اس کا اطلاق کیا جاتا ہے، وہ اپنی فطرت میں دوامی نہیں ہیں۔ ان میں حالات کے اعتبار سے تبدیلی آسکتی ہے۔

قرآن کے ساتھ تعلق اور قرآن فہمی کے سلسلے میں ہمیں اپنے موجودہ رویے میں تبدیلی لانے کی ضرورت ہے۔اس بارے میں ہمیں اس حقیقت کو سمجھنا ہوگا کہ قرآن کا نزول مخصوص حالات اور سیاق میں ہوا۔ اور اس سیاق کا تعلق وہ سیاسی، سماجی اور معاشی حالات اور چیلنجز تھے جن سے حضور اکرمؐ کو گزرنا پڑا اور ان ہی کے اندر رہتے ہوئے اپنے تمام دعوتی کام کو انجام دینا پڑا۔ اسی لیئے یہ سوال بھی اپنی جگہ بڑی اہمیت کا حامل ہے کہ آخر قرآن کریم ان عربوں کی زبان اور لہجے میں ہی کیوں اتارا گیا جو حضورؐ کے ارد گرد تھے۔ چنانچہ آنحضرتؐ کے ماحول، سوسائٹی کی مخصوص اقدار اور حالات کے مختلف تقاضوں نے مل کر ایک سیاق کی تخلیق کی جس میں قرآن نازل ہوا اور اس کے پورے نظام کی تشکیل ہوئی جس کی فطرت ابدی ہے ۔ لیکن جب آپ یہ دعوی کریں گے کہ قرآن کا ہر ہر لفظ عمل اور انطباق کے لحاظ سے ابدی ہے ، تو اس پر میرا آپ سے سوال یہ ہوگا کہ پھر ان آیات کے بارے میں آپ کیا کہیں گے جو اللہ ہی کی قدرت اور علم سے منسوخ ہو چکی ہیں اور ان پر سب کا اتفاق ہے ؟ ان ہی میں سے ایک آیت وہ بھی ہے جو اس وقت سورہ المجادلہ میں موجود ہے۔ اس آیت کے متعلق اہل تشیع کی تفسیر کی رو سے آغاز میں یہ تھا کہ تم پیغمبرؐ کے پاس اس وقت تک نہ جاؤ جب تک کہ تم کوئی صدقہ نہ دیدو۔ پھر اسے سورہ المائدہ کی اس معروف آیت نے منسوخ کردیا جس کی تعمیل میں جب امام علیؑ نے بحالت رکوع صدقہ دے دیا ۔ حکم کے اعتبار سے اس منسوخ شدہ آیت کو کیا عمل کے میدان میں بھی ابدی اور دائمی مانا جائے گا؟

اسی مذکورہ بالا اصول کی روشنی میں ہم کہیں گے کہ قرآن اپنے پیغام کی روح اور احکامات کے لحاظ سے دائمی اور ابدی ہے۔ مگر اس کی تشکیل چونکہ ایک خاص ماحول اور سیاق میں ہوئی، اس لیئے اس اعتبار سے اس میں بہت سے امور دائمی نہیں، بلکہ ان کا تعلق اسی ماحول اور فضا سے تھااور پھر انہیں ابدی طور پر رکھنا مقصود بھی نہ تھا۔ کیونکہ پھر اس سے انسانوں کے لیئے بے شمار دشواریوں کے پیدا ہو جانے کا خدشہ تھا۔ مثال کے طور پر پیغمبر اسلامؐ کے متبنیٰ زید کا ذکر بھی قرآن میں آیا ہے۔ زید کا یہ محض نام آج کے اس سیاق میں ہمارے لیئے کوئی خاص معنویت نہیں رکھتا۔ لیکن اس کے باوجود اسے قرآن میں ذکر کیا گیا، کیونکہ وہ سیاق زید ہی سے منسوب ہے جس میں یہ متعلقہ وحی نازل ہوئی۔ یہاں اس مقام پر دائمی وہ پیغام اور حکم ہے جسے زید کے سیاق میں تمام انسانوں کے لیئے نازل کیا گیا۔ اور یہ پیغام اب زید کے نام کا محتاج نہیں اسی لیئے آج اسے زید کے نام کے بغیر ہی ایک عمومی اور اطلاقی حکم کی حیثیت سے بیان کیا جاتا ہے۔ زید ایک انسان کا نام تھا جو آج ہمارے اندر موجود نہیں۔ اگر ہم قرآن کا اس طور پر مطالعہ کریں گے تو ہمیں اس کا ادراک ہو جائے گا کہ قرآن کی دراصل ہدایات اور احکامات ہی وہ امور ہیں جو اپنی ذات میں ابدی ہیں، نا کہ وہ معاملات جو محض ماحول اور سیاق سے منسلک ہیں۔ اسی لیئے اس کتاب مقدس کے مطالعہ میں اس فرق کو سمجھنا بہت ضروری ہوگاتا کہ ہم ان غلطیوں سے اپنے آپ کو محفوظ کر لیں جن میں لوگ عموما مبتلاء رہتے ہیں۔

اختصار کے ساتھ گزشتہ بحث کا اعادہ کرتے ہوئے یہ کہوں گا کہ یہی وہ 'الکتاب' ہے جو تاریخ کے مختلف ادوار میں اور مختلف انداز میں وقت کے تقاضوں کے مطابق اپنے آپ کو وحی کی حیثیت سے پیش کرتی ہے۔چنانچہ یہ 'کتاب' خاص حالات اور سیاق میں اپنے آپ کو تو رات کی حیثیت سے پیش کرتی ہے۔ اسی طرح یہی 'کتاب' ایک دوسرے سیاق میں اپنے آپ کو انجیل کی شکل میں سامنے لاتی ہے۔ اور پھر یہی 'کتاب' اپنے آپ کو ایک دوسرے سیاق میں قرآن کی صورت میں ظاہر کرتی ہے۔ یہی 'الکتاب' اپنے آپ کو دین، مذہب کی صورت میں بھی لاتی ہے جو انسانیت کے لیئے دائمی ضابطہ حیات ہے۔ اس حیثیت میں یہ اپنے آپ کو یہودیت، عیسائیت، صابئیت اور اسلام کی شکل میں ظاہر کرتی ہے۔اگرچہ ان مذاہب میں بظاہر بہت سے اختلافات ہیں، مگر جہاں تک روح اور مغز کا تعلق ہے، وہ سب کے درمیان یکساں ہے۔ کیونکہ ان کا مرکز انبیاء ہیں اور پھر اللہ تعالیٰ کی ذات خود ہے۔ وقت کے ساتھ ان کی تعلیمات اپنی اصلی حالت پر باقی نہ رہ سکیں۔ لیکن ابدی سچائی کے ذکر سے یہ خالی نہیں۔ یہ سچائی اپنی جگہ پر موجود ہے اور اس وقت اسی سے ہماری بحث ہے۔ اس کی مثال اس معلم کی سی ہے جو نرسری کے بچوں کو بالکل ابتدائی حساب پڑھاتا ہے۔ پھر وہی استاد اسی حساب کو پرائمری کے بچوں کو ان کے معیار کے مطابق پڑھاتا ہے۔ پھر وہ اسی مضمون کو آگے میٹرک کے لیول تک لے جاتا ہے۔ اس مثال میں آپ کو نظر آئے گا کہ مضمون تو ایک ہی ہے مگر اس کا سیاق اور مخاطب دونوں تبدیل ہو گئے ہیں۔ اسی طرح یہاں بھی سچائی ایک ہی

ہے مگر اس کا معیار اپنے سامعین کے اعتبار سے بار بار بدل گیا ہے۔ البتہ قرآن اس اعتبار سے جامع اور محفوظ کتاب ہے۔

میں نے دیکھا ہے کہ لوگ اس وقت سٹپٹا جاتے ہیں جب میں ان کے سامنے قرآن میں آیات کے 'نسخ' کے متعلق بات کرتا ہوں۔ حالانکہ نسخ کو سب جانتے اور اس کا اعتقاد بھی رکھتے ہیں کہ قرآن میں ایسی آیات موجود ہیں جنہوں نے کچھ سابقہ آیات کے حکم کو منسوخ کر دیا ہے۔ مثال کے طور پر سورہ البقرہ کی مندرجہ ذیل آیت نسخ کے اسی تصور پر مبنی ہے۔ " ہم جس آیت کو منسوخ کرتے ہیں یا بھلا دیتے ہیں تو اس سے بہتر یا اس کے مثل دوسری لاتے ہیں۔" (۱۰۶ : ۲) اسی طرح سورہ البقرہ کی یہ آیت نسخ کی ایک عملی مثال کو پیش کر رہی ہے۔ " تمہارے لیئے روزہ کی رات میں اپنی بیویوں کے پاس جانا جائز کیا گیا۔ وہ تمہارے لیئے لباس ہیں اور تم ان کے لیئے لباس ہو۔ اللہ نے جانا کہ تم اپنے آپ سے خیانت کر رہے تھے تو اس نے تم پر عنایت کی اور تم کو معاف کر دیا۔ تو اب تم ان سے ملو اور چاہو جو اللہ نے تمہارے لیئے لکھ دیا ہے۔ اور کھاؤ اور پیو یہاں تک کہ صبح کی سفید دھاری کالی دھاری سے الگ ہو جائے۔ پھر پورا کرو روزہ رات تک۔ اور جب تم مسجد میں اعتکاف میں ہو تو بیویوں سے خلوت مت کرو۔ یہ اللہ کی حدیں ہیں ان کے نزدیک نہ جاؤ۔" (۱۸۷ : ۲)

اس آیت کے نزول سے قبل اس امر کی ممانعت تھی کہ لوگ ماہ رمضان کی راتوں میں اپنی بیویوں کے پاس جا سکیں۔ لیکن جب عملا لوگ اس پر قائم نہ رہ سکے اور خلاف ورزیوں کا سلسلہ شروع ہوا تو

اللہ کی جانب سے اس مذکورہ بالا آیت کے ذریعہ انہیں سہولت دے دی گئی اور اب بیویوں کے پاس جانے کو جائز قرار دے دیا گیا۔ یہاں ایک اہم سوال پیدا ہوتا ہے کہ اگر قرآن ابدی ہے تو پھر اس میں نسخ کا معاملہ کیسے آگیا یہ تو بظاہر قرآن کی شان ابدیت کے خلاف لگتا ہے کہ اس کی کچھ آیات دوسری آیات کو منسوخ کر دیں ؟ حالانکہ اس پر ہمارا اعتقاد یہ ہے کہ قرآن کی ہر آیت اپنی نوعیت میں دائمی اور ابدی ہے، اس کے لیئے کوئی منسوخی نہیں۔ لیکن ناسخ اور منسوخ کا یہ معاملہ تو خود یہاں قرآن کی آیات سے ثابت ہو رہا ہے، اس مغالطہ کا کیا جواب ہوگا؟ کیا منسوخ آیات ہمیشہ کے لیئے ختم ہو چکی ہیں؟ لیکن اس مغالطہ کا جواب یہ ہے کہ منسوخ آیات اگرچہ اپنے ظاہری حکم اور معنی کے اعتبار سے باقی نہیں مگر اپنے باطنی معنی اور روح کے لحاظ سے ابدی ہیں عارضی نہیں۔ اس لیئے اصولی بات یہ ہے کہ قرآن اپنی روح کے اعتبار سے دائمی اور ابدی ہے مگر احکامات کے نزول کے لحاظ سے اس کا تعلق ایک خاص سیاق سے ہے جس میں انسانی حالات اور معاشرہ کے تقاضوں کی روشنی میں تبدیلیاں ہوتی رہیں اور آیات کے نزول کا سلسلہ جاری رہا۔ اس کا تعلق اللہ کی حکمت اور انسانیت کی بہتری سے ہے، اس لیئے یہاں نسخ کا معاملہ بھی ہے جو انسانی فطرت کے عین مطابق ہے۔ لیکن جہاں تک اس سیاق کا تعلق ہے وہ دائمی نہیں۔

آج یہ امت قرآن کے اس حصہ کے بارے میں زیادہ فکرمند اور حساس دکھائی دیتی ہے جس کا تعلق خصوصی طور پر احکامات سے ہے۔ حالانکہ جو آیات احکامات سے تعلق رکھتی ہیں ان کی مجموعی تعداد قرآن

کی چھ ہزار تین سو اٹھتالیس آیات میں سے محض پانچ سو شمار کی گئی ہے۔ مثال کے طور پر یہاں عورت کے سلسلہ میں نصف میراث کا مسئلہ آج کے اس دور میں ہماری توجہ کا متقاضی ہے۔ یہ سوال اپنی جگہ بہت اہم ہے کہ مرد کے مقابلے میں عورت کی میراث نصف کیوں رکھی گئی ہے، خصوصا اس شکل میں بھی جب کہ عورت خود کماتی بھی ہو اور پورے کنبے کی کفالت بھی کر رہی ہو ۔ یہاں پھر ہمیں اس آیت کے خصوصی سیاق کی جانب پلٹنا ہوگا اور وہی اس کی تشریح میں ہماری بہتر مدد کر سکتا ہے۔ جس سیاق میں یہ آیت نازل ہوئی اس میں عورت اپنے خاوند کے مال کی نگران تھی، خود کمانے والی نہیں تھی۔ اس دور کی سوسائٹی کا عمومی وطیرہ یہی تھا۔ ایسے حالات میں مناسب حکم یہی ہو سکتا تھا کہ وراثت کے معاملے میں اس فرق کو روا رکھا جائے۔ کیونکہ یہی سیاق کا تقاضا تھا۔ لیکن آج اس معاشرے میں یہ سیاق بدل گیا ہے۔ آج عورت خود کماتی اور دوسروں کی کفالت بھی کرتی ہے اور یہ وطیرہ آج مستحکم ہو چکا ہے۔ اس کی روشنی میں اہل علم اس جانب آ سکتے ہیں کہ وہ اسی آیت وراثت کی روح کی روشنی میں عورت کی میراث کے معاملہ پر غور و فکر کر سکتے ہیں۔ اس سے آیت میں کوئی تبدیلی نہ ہوگی۔ کیونکہ ہم نے اسی طرح چند دوسری آیات کے سلسلہ میں بھی اسی سیاق کو مدنظر رکھا ہے اور آج ان آیات کی وہ تشریح نہیں کی جاتی جو نزول قرآن کے زمانہ میں تھی۔ ان میں سے اشہر حرم سے متعلق آیات اور ان کے احکام، اور غلامی سے متعلقہ آیات اور ان کے احکامات کافی معروف ہیں کہ سیاق کے مکمل بدل جانے سے آج ان کی سابقہ تشریح اپنی اسی حالت پر باقی نہیں رہی۔ پھر قرآن

کی یہ آیت عورت کو مزید دینے سے منع بھی نہیں کرتی۔ اس لیئے ہمارے معاشرے میں بہت سے لوگ اپنی خوشی سے بیٹیوں کو بیٹوں کے مقابلے میں اپنی وراثت میں سے زیادہ حصہ دیتے ہیں۔ چونکہ یہ سب کی رضامندی پر مبنی ہوتا ہے اس لیئے کوئی بھی اسے شریعت کے خلاف نہیں سمجھتا۔کیونکہ بنیادی طور پر خود آیت کے مفہوم میں اس کی گنجائش ہے تا کہ مخصوص احوال میں لڑکیوں کی بہتر کفالت ہو سکے۔ہم اس سے پہلے بیان کر آئے ہیں کہ شریعت میں تقدس کا درجہ سچائی کو حاصل ہے اور اس کے ساتھ اس جدوجہد کو بھی جو سچائی کی تلاش کے راستے میں کی جاتی ہے۔اسی لیئے ہمیں قرآن میں بار بار حکم دیا گیا ہے کہ ہم سچائی پر قائم رہیں اور اسے پانے کے لیئے جدوجہد کریں اور اسے عظیم جہاد بھی قرار دیا گیا ہے۔

اس مقام پر آپ مجھ سے یہ سوال پوچھ سکتے ہیں کہ حضرت عیسیٰؑ اپنے پیشرو حضرت موسیٰؑ کی شریعت سے مختلف نظام لے کر کیوں آئے؟ اس کا سادہ اور آسان جواب یہ ہے کہ حضرت عیسیٰؑ کے زمانے میں کمیونٹی کا علمی اور عقلی معیار بدل چکا تھا اور مزید ترقی کر گیا تھا۔ پھر یہی سوال یہاں بھی پیدا ہوتا ہے کہ حضرت محمدؐ قرآن کی صورت میں وہ شریعت کیوں لائے جو عیسیٰؑ کی شریعت کی فطری تکمیل تھی مگر اپنی تفصیلات میں اس سے مختلف تھی۔ اس کا جواب بھی وہی ہے کہ زمانے کی تبدیلی کے ساتھ حالات اور انسانی فکر میں مزید ارتقاء رونماء ہو چکا تھا اور اس کا تقاضا یہی تھا کہ اس ارتقاء کی ضروریات کا لحاظ رکھا جائے ورنہ شرعی نظام کے معطل اور غیر موئثر ہو جانے کا قوی اندیشہ تھا۔ اب

میں آپ سے پوچھتا ہوں کہ قرآن کے نزول کے بعد اب تک ایک ہزار چار سو سال کا عرصہ گزر چکا ہے۔ اور کیا اس طویل عرصے میں انسانی فکر اور حالات میں کوئی ترقی اور تبدیلی رونما نہیں ہوئی؟ حالانکہ حضرت عیسیٰؑ کے چھ سو سال بعد قرآن نے انجیل کے احکامات اور تعلیمات میں حالات کے مطابق مناسب تبدیلیاں کیں اور انہیں تکمیل کے مراحل تک پہنچایا۔ یہاں یہ بات پیش نظر رہے کہ اس اصلاح اور تبدیلی سے ہماری مراد اصول احکام، بنیادی اخلاق و روحانیت اور مقاصد شریعت سے قطعاً نہیں۔ کیونکہ یہ ناقابل تبدل امور ہیں۔ زمانہ کے ساتھ ان کا بھی فطری ارتقاء ازخود جاری رہتا ہے۔ اس کا بنیادی تعلق احکامات کی تعبیر اور تشریح اور اس کے مناسب انطباق سے ہے۔ اب قرآن کے بعد تو کوئی نئی شریعت نہیں آ سکتی۔ یہ علماء کا فریضہ ہے کہ وہ اصلاح و تجدید کے اس عمل کو شریعت کے متعینہ اصولوں کی روشنی میں انجام دیں۔ ورنہ امت میں فکری جمود پیدا ہو جائے گا اور یہی جمود امت کے زوال کا سبب ہے۔ یہاں ہمارا معاملہ ان لوگوں جیسا نہیں جو تجدید کے نام پر 'تجدد' کو فروغ دینے کی کوشش کرتے ہیں۔ تجدد ایک گمراہی ہے جس میں دین کے اصولوں کو بدل کر اپنی منشاء کے مطابق ڈھالنے کی سعی کی جاتی ہے۔ ہم اچھی طرح جانتے ہیں کہ قرآن کے بعد اب تک اس طویل عرصہ میں بہت کچھ بدل چکا ہے۔ یہاں جس چیز کو چیلنج کیا جا سکتا ہے وہ ہمارے مذہبی نظریات اور وہ دینی تعبیرات ہیں جو اپنی فطرت میں تو علماء کے ذاتی اجتہادات پر مبنی ہیں مگر آج انہیں شریعت کے غیر متبدل اصول کا درجہ حاصل ہو چکا ہے۔ یہ تشریحات موجودہ دور کے تقاضوں کا ساتھ نہیں دے سکتیں۔ جنہیں ہم دائمی

صداقت کا نام دیتے ہیں وہ در اصل وہ وقتی اصول ہیں جنہیں ماضی کے علماء نے اس وقت کے تقاضوں کے مطابق شریعت کی تعبیر نو کے لیئے وضع کیا تھاتا کہ امت میں فکری جمود نہ پیدا ہونے پائے۔ اور آج زیادہ قوت کے ساتھ اسی تشکیل جدید (New Formulation) کی ہمیں ضرورت ہے تا کہ اسلام ایک زندہ قوت کی صورت میں انسانیت کی رہنمائی کر سکے۔ اب اس مقام پر کسی کو یہ مغالطہ نہ ہو کہ ہم قرآن کو چیلنج کر رہے ہیں۔یہ کسی بھی امتی کے لیئے ممکن نہیں۔ مگر جس چیز کو چیلنج کیا جا رہا ہے وہ در اصل وہ نظریات اور مزعومات ہیں جو قرآن کی تشریح اور تعبیر سے متعلق ہیں، بنیادی اصولوں سے نہیں۔اس پر کسی کو بھی ناراض اور چیں بجبیں ہونے کی ضرورت نہیں۔ یہ ایک فطری سوال ہے جس کا تعلق ہر انسان کے ساتھ ہے اور اس کی اہمیت کو یہاں واضح کر دیا گیا ہے۔

اسی سیاق میں اب ہم ایک دوسری صورت حال کا جائزہ لیتے ہیں جس کا تعلق یہاں انگلش ڈیفنس لیگ (English defence league) کی اس مہم سے ہے جس کے تحت اس نے قرآن کو مورد الزام ٹھہرایا کہ یہ دنیا میں دہشت گردی کے فروغ کا باعث بن رہی ہے اور غیر مسلموں کے قتل کا حکم دیتی ہے۔ جب افغانستان سے زخمی فوجیوں کو یہاں لایا جا رہا تھا تو مسلمانوں کے ایک گروہ نے ان کے خلاف احتجاج کیا اور ان کے کام کی مذمت کی۔ اس عمل نے ‘EDL’ کے لوگوں کو مزید مشتعل کیا اور اس منفی پروپیگنڈے پر لگا دیا کہ قرآن دہشت گردی کی کتاب ہے۔ ان لوگوں کا نقطہ نظر یہ ہے کہ ہمارے فوجی

افغانستان میں مسلمانوں کی مدد کر رہے ہیں اور اسے طالبان سے آزاد کرا رہے ہیں۔ یہ کیسے مسلمان ہیں کہ الٹا مدد کرنے والوں کے خلاف اٹھ کھڑے ہوئے ہیں اور ان کی مذمت کر رہے ہیں۔ اس کے مقابلے میں اس مسلمان گروہ کا موقف یہ تھا کہ تمہارا افغانستان میں جانے کا کوئی حق نہ تھا۔ وہاں تم نے حملہ کیا اور ہمارے ہزاروں بھائیوں کا خون بہایا۔ اب یہ دونوں بیانیے ایک دوسرے سے ٹکرا رہے ہیں اور بالکل مخالف سمت میں ہیں۔

دونوں فریق اگر اس مخالفت اور دشمنی کی فضا سے بلند ہو کر پوری صورت حال کا مجموعی انداز میں جائزہ لیں تو اس صورت میں وہ حقیقت تک پہنچ سکتے ہیں، اور اس کے ساتھ ساتھ وہ ایک دوسرے کے موقف کی اچھائیوں اور کمزوریوں دونوں سے آشنا ہو سکتے ہیں۔اس مقصد کے لیئے ان دونوں فریق کو ایک غیر جانبدار حیثیت کی طرف آنا ضروری ہے۔ اسی سے 'EDL' والوں کا مسئلہ بھی احسن طور پر حل ہو جائے گا جسے انہوں نے قرآن کے خلاف اپنا رکھا ہے۔ ہم ان سے پوچھتے ہیں کہ قرآن میں آخر وہ ایسا کون سا حصہ ہے جسے آپ دہشت گردی کہتے ہیں؟ کیا اس کی اخلاقی اور روحانی تعلیمات اس کا درس دیتی ہیں؟ کیا یہ اپنی خدا مرکزیت پر مبنی ارشادات کے حوالے سے لوگوں کو غیر مسلموں کے خلاف نفرت کی تعلیم دیتا ہے؟مگر ان لوگوں کی مشکل ایک دوسرے لحاظ سے ہے۔ ان کے نزدیک قرآن اس لیئے ایک وحشیانہ قسم کی کتاب ہے جو سخت قسم کی ڈریکولائی سزاؤں پر مشتمل ہے، اور جس میں عورت کے حقوق کو غصب کیا گیا ہے۔ان کے نزدیک یہ

ایک پرانی اور فرسودہ (Primitive) کتاب ہے جو دور حاضر کی رہنمائی کے لیئے موزوں نہیں۔ یہ وہ پروپیگنڈا ہے جس کی فضا میں ان لوگوں نے جنم لیا اور ان کی پرورش ہوئی۔ اب میں آپ سے یہ سوال کرتا ہوں کہ اگر بفرض محال ہم مسلمان نہ ہوتے تو اس صورت حال کو کس انداز میں دیکھتے؟

یہاں میں اپنی ایک مثال آپ کے سامنے رکھتا ہوں۔ کچھ عرصہ پہلے مجھے بھارت جانے کا اتفاق ہوا۔ آمد کے پہلے ہی دن میں نے ایک نظارہ دیکھا کہ ہندو لوگ بہت بڑی تعداد میں عبادت کے لیئے مندر کی جانب رواں دواں تھے کیونکہ ان کے لیئے یہ ایک خاص تہوار کا موقع تھا۔ اس پر فورا میں نے اپنی زبان سے سبحان اللہ کہا اور ان کے اس جذبہ عبادت کو سراہاجو اپنے مذہب کے لیئے ان میں موجود تھا۔ اور مزید دعا بھی کی کہ اللہ انہیں اس سے بھی عظیم تر سچائی سے روشناس کر دے۔ لیکن اچانک ایسا ہوا کہ انہوں نے اپنی شدید اونچی آواز میں اپنے مذہبی بھجن گانے شروع کردیئے اور یہ سلسلہ صبح سے شام تک مسلسل جاری رہا جو یقینا خوشگوار نہ تھااور دوسروں کے لیئے تکلیف کا باعث بن رہا تھا۔ مگر اسی سلسلہ کو انہوں نے چھ دن تک بلا تعطل جاری رکھا۔ بہرحال کچھ ماہ بعد مجھے دوبارہ وہیں جانے کا اتفاق ہوا اور میں نے دیکھا کہ وہی کام اب بھی جاری تھا جو ہم جیسے لوگوں کے لیئے قابل قبول نہ تھا۔اب میرے جیسے آدمی کے لیئے جو ہندو نہ تھا یہ ممکن ہوسکا کہ میں ان کے اس کام کا صحیح معنوں میں جائزہ لے سکوں اور یہ فیصلہ دے سکوں کہ یوں دودھ کا وسیع مقدار میں ایک پتھر پر بہانا

وقت اور مال کا ضیاع ہے۔ اور اس قدر اونچی آواز میں بجھن دوسروں کے لیئے اذیت کا باعث ہے۔ مگر ایک دوسرے لحاظ سے یہی نکتہ ہم پر بھی چسپاں ہوتا ہے کہ ہم بھی بہت سے ایسے کام کرتے ہیں جو اپنی فطرت میں وقت اور مال کا ضیاع ہی ہوتے ہیں۔ مگر چونکہ ہم مسلمان ہیں اس لیئے ہمیں ہندوؤں کی طرح اپنی یہ کمزوری محسوس نہیں ہوتی۔ اس کا بہتر فیصلہ دوسرے لوگ ہی کر سکتے ہیں۔ ہمارا اپنی ان رسموں کے ساتھ یہ جذ باتی لگاؤ اور تعلق اس امر میں مانع ہے کہ ہم ان پر تنقیدی نگاہ ڈال سکیں اور ان میں موجود کمزوریوں کو دور کر سکیں۔

اس بات کی ضرورت ہے کہ ہم اپنا جائزہ لیں اور یہ معلوم کرنے کی کوشش کریں کہ کیا ہم اپنے ایمان میں سچے ہیں اور اس حد تک پختہ ہیں کہ حقائق اور سچائی کو صحیح نظر سے دیکھ سکیں اور انہیں اپنی زندگی کا حصہ بنا سکیں۔ یہ بھی ممکن ہے کہ کوئی آدمی باہر سے آئے اور ہمیں بتادے کہ ہم کہاں کھڑے ہیں اور ہمارا مذہب کیا ہے۔ لیکن فیصلہ کن امر صرف ہمارے ہاتھ میں ہے۔ ماہ محرم الحرام کے حوالے سے بھی ہمیں اپنا جائزہ لینا ہوگا۔ یہاں محرم کا یہ مطلب نہیں کہ ہم دو ماہ کے لیئے اپنے معمول کی زندگی بالکل ترک کر دیں اور اس کی جگہ ایک پر مشقت زندگی کو اپنا لیں۔ زندگی کے تمام معاملات، لین دین، شادی اور معمول کالباس سب ترک کردیں اور اس کی جگہ عام سا کالا لباس اختیار کر لیں، اور دو ماہ تک اسی حالت میں رہیں۔ ان امور کا دین سے کوئی تعلق نہیں۔ یہ کہاں سے ثابت ہیں؟ میں اس وقت اپنے بر صغیر کے خصوصی کلچر کی طرف اشارہ کر رہا ہوں کہ جہاں سے ان تمام رسموں

نے جنم لیا ہے اور بڑے وسیع پیمانے پر ان پر عمل کیا جا رہا ہے۔ یہاں ماتم ، تعزیہ اور علم کے لحاظ سے رسوم کا ایک وسیع سلسلہ ہے جو ہر سال محرم میں دیکھنے کو ملتا ہے۔ اس کے مقابلے میں ہم دیکھتے ہیں کہ عالم عرب اور ایران وغیرہ میں صورت حال مختلف دکھائی دیتی ہے۔ مگر یہ رسوم کہیں سے بھی ثابت نہیں۔ باہر کے لوگوں کے لیئے ان میں کوئی معقولیت نظر نہیں آتی۔ حسینؑ ایک عظیم انسان تھے۔ ان کا نصب العین امت کو علمی، عقلی، اخلاقی اور روحانی طور پر بلند کرنا تھا تاکہ وہ اپنے خالق کی معرفت سے آشنا ہو جائے۔ان رسموں پر گہرے غور و فکر کی ضرورت ہے تاکہ ہم اپنی اصلاح کر سکیں۔ یہ موضوع چونکہ بہت اہم اور حساس ہے اس لیئے میں اس پر زیادہ زور دے رہا ہوں۔

جب ہم قرآن کے معانی اور مطالب پر غور کرتے ہیں تو ہمیں نظر آتا ہے کہ اس میں ان امور کو پیش کیا گیا ہے جن کا تعلق مذہب، اخلاق، تہذیب و تمدن، کائناتی حقائق، مافوق الفطرت امور اور سماجی و سیاسی ہدایات سے ہے۔ اس میں انبیاء کی تاریخ ہے جس میں امت کے لیئے خوبصورت اور پرتاثیر اخلاقی اسباق پوشیدہ ہیں۔ اور ان سب امور کی حیثیت دائمی ہے کیونکہ یہ 'الکتاب' میں ابدی سچائی کی حیثیت سے درج کلیئے گئے ہیں۔ قرآن کی اس حیثیت کو جاننے کی ضرورت ہے۔ قرآن وہ کتاب ہے جو ہر قسم کی تحریف سے پاک ہے اور یہ ہمیں اس راہ تک لے جا سکتی ہے جو سب سے زیادہ واضح اور منور ہے۔ اس کی آیات ہمارے دلوں کو گرماتی، زندہ کرتی اور نیا حوصلہ عطاء کرتی ہیں۔ ان میں فراخی اور وسعت ہے، تنگی اور نقصان نہیں۔ ان ہی سے ہماری اجتماعی

ترقی اور نشوونماء ممکن ہے۔ بجائے اس کے کہ ہم صرف ماہ رمضان میں قرآن کو کھول کر محض ثواب کی غرض سے پڑھیں، ہم پر لازم ہے کہ ہم اسے اس مقصد کے لیئے پڑھیں جس کی خاطر یہ نازل ہوا۔ اس سے وہ علم حاصل کریں جو ہمارے اخلاق کی آبیاری کا کام کرے، اور وہ تربیت حاصل کریں جو ایمان کو تازہ کردے اور خدا کے ساتھ تعلق کو اور بھی زیادہ مضبوط بنا دے۔

بندگان خدا میں سے وہ کون ایسا ہوگا جو قرآن کی اس آیت کو پڑھنے کے بعد بھی اللہ پر اپنے اعتماد میں پہلے سے زیادہ پختگی اور شگفتگی نہ پاسکے؟ ''اگر میرے بندے میرے بارے میں سوال کریں تو یقینا میں قریب ہوں۔ تو پس وہ میری طرف رجوع کریں اور مجھ پر ایمان لائیں، تاکہ وہ ہدایت یافتہ ہو سکیں۔'' (۱۸۶ : ۲) وہ کون ہے جو اس آیت کو سمجھ لینے کے باوجود بھی اپنی روحانیت میں کوئی اضافہ نہ کر سکے؟ ''کہ دے، اے میرے وہ بندو، جنہوں نے اپنے ساتھ زیادتی کی ہے، میری رحمت سے ہر گز مایوس نہ ہو جاؤ، یقینا اللہ تمام گناہوں کو معاف کرنے والا ہے۔ یقینا وہ بخشنے والا اور رحم کرنے والا ہے۔'' (۵۳ : ۳۹) وہ کون ایسا ہوگا کہ اس آیت کی تلاوت کے بعد بھی اس کی محبت اور توکل میں کوئی اضافہ نہ ہوسکے؟ '' اے انسان، تجھے کس چیز نے اپنے رب کریم کے سلسلے میں دھوکے میں ڈال رکھا ہے؟'' (۶ :۸۲) کس قدر خوبصورتی کے ساتھ اللہ تعالیٰ قرآن میں اپنی نشانیوں، اور حیرت انگیز تخلیقات اور ان میں پوشیدہ رازوں کو ہمارے لیئے عیاں کر رہا ہے، تاکہ ہمارا ذہن بیدار ہو جائے اور ہم ان پر غوروفکر کر سکیں۔ دیکھیئے،

قرآن کس طرح اس مقصد کو ہماری فطرت میں اتارنے کی کوشش کرتا ہے جس کی خاطر ہماری تخلیق ہوئی۔ اور ہمیں ہر اس راستے سے روکنا چاہتا ہے جو مسلم کمیونٹی کے لیئے نقصان دہ ہے اور جس کا مآل تعصب اور جمود ہے۔

میں اس سے پہلے بھی اس نکتہ کو بیان کر چکا ہوں کہ جب میں مختلف مبلغین اور علماء سے قرآن کی ان آیات کے متعلق پوچھتا ہوں جو بہت زیادہ اعتراضات کی زد میں ہیں اور اصولا جو ایک خاص سیاق اور موقع و محل کے ساتھ مخصوص ہیں اور ان ہی میں سے غلامی کے متعلق آیات بھی ہیں۔ ان آیات کے بارے میں ان علماء کا طرز عمل دہرے معیار کا حامل ہے۔ عام پبلک اور میڈیا کے سامنے وہ اس کا اعتراف کرتے ہیں کہ اسلام میں غلامی کا کوئی تصور نہیں۔ مگر جب اپنی جگہ پر ان سے سوال کیا جاتا ہے کہ کیا آپ اس پر اعتقاد رکھتے ہیں کہ اسلام میں غلامی کا قانون دائمی ہے؟ تو اس کا جواب وہ یہ دیتے ہیں کہ ہاں اس کا ثبوت تو خود قرآن سے ہے۔ تو اس پر میں ان سے یہ کہتا ہوں کہ آپ لوگ دہرے معیار کا شکار ہیں۔ پریس کے سامنے آپ ایک بات کرتے ہیں اور اپنی نجی محفلوں میں اس سے مختلف دوسری بات۔ اس کا واضح مطلب یہ ہے کہ آپ لوگ قرآن کو صحیح معنوں میں نہیں سمجھ سکے اور بلا وجہ ایک منافقانہ طرز عمل پر اڑے ہوئے ہیں۔ قرآن کسی ایسی چیز کو ایک دائمی اصول کی حیثیت سے قطعا اختیار نہیں کر سکتا جو انسانی اخلاق کے متفقہ معیار سے فروتر ہو۔ اصل میں بات یہ ہے کہ غلامی کا مسئلہ اس دور کی ایک مخصوص صورت حال کی

پیداوار تھا۔ حالات کی اسی مجبوری کے تحت اسلام کو ایک خاص مدت تک اسے برداشت کرنا پڑا۔ لیکن اسلام کی فطرت اس سلسلے میں اس عمل کے خلاف تھی اس لیئے غلاموں کو آزاد کرنے کے بارے میں ہمیں بہت سے احکامات قرآن اور احادیث دونوں میں ملتے ہیں۔ اب جب کہ وہ صورت حال ختم ہو چکی ہے اس لیئے حکم بھی باقی نہ رہا۔ اب کسی کے لیئے بھی جائز نہیں کہ وہ زبردستی کسی کو اپنا غلام بنائے اور جواز قرآن سے لیتا پھرے۔

اسی طرح قرآن کے ساتھ ایک اور بڑی اور وسیع پیمانے پر کی جانے والی زیادتی یہ بھی ہے کہ اسے بغیر سوچے سمجھے محض ثواب کے حصول کی خاطر تلاوت کیا جاتا ہے۔ اور اس پر یہ سمجھ لیا گیا ہے کہ اس طرح ہمیں جنت مل جائے گی اور اسی لیئے یہ کام رمضان کے مبارک مہینے میں بہت کثرت سے کیا جاتا ہے۔ یہ ثواب کا کیسا تصور ہے کہ آپ نہ تو سمجھنے کی کوشش کریں اور نہ ہی یہ نیت کریں کہ آپ نے اس تلاوت کے نتیجے میں اپنے آپ کو بدلنا ہے۔ آپ چاہتے ہیں کہ دنیا کی آلودگیاں بھی ساتھ ساتھ چلتی رہیں اور اس کے ساتھ دوسری جانب قرآن کی محض تلاوت بھی جاری رہے تاکہ اس کی برکت سے آلودگیاں خود بخود دھلتی رہیں۔ یہ ثواب کا سراسر ایک غیر اسلامی تصور ہے جس کا قرآن اور اسلام سے دور کا بھی تعلق نہیں۔ ثواب کا تصور کیا ہے؟ کیا یہ ثواب ایک ٹافی کی مانند ہے جسے قیامت کے روز اللہ ہمیں دے گا کہ تم اچھے بچے ثابت ہوئے ہو؟ حالانکہ قرآن میں واضح درج ہے کہ یہ ہے تمہارا انعام جسے تم نے خود اپنے اعمال سے حاصل کیا ہے،

اور یہ وہ آگ ہے جسے خود تم نے اپنے ہاتھ سے گرم کیا ہے۔ قرآن کی رو سے تو ہم خود جنت اور جہنم دونوں کے استحقاق کے مالک اور ان کی طرف لے جانے والی زندگیوں کے خود مصنف ہیں۔ دنیا کی زندگی میں جو کچھ تمہارے اندر پوشیدہ تھا آج اس آخرت کی زندگی میں وہی ظاہر ہو کر تمہارے سامنے آچکا ہے۔ثواب قرآن پر عمل کے ذریعے حاصل ہوتا اور مسلسل بڑھتا رہتا ہے۔ جب کہ گناہ اس کے مقابلے میں تنزل اور گراوٹ کی حالت کا نام ہے جس کا بنیادی تعلق اللہ کی نافرمانی سے ہے۔

اس مثال کو میں عموما بیان کرتا ہوں کہ اللہ تعالیٰ نے قرآن کو اپنے حبیبؐ پر نازل کیا۔ پیغبر اسلامؐ نے اسی قرآن کے ذریعے ان لوگوں کی زندگی کو بدل کر رکھ دیا جو اپنے معاملات میں حیوانوں کی سطح تک پہنچ چکے تھے۔ باہم لڑائیوں کے باعث وہ جہنم کے گڑھے پر کھڑے تھے اور اپنے ممکنہ انجام سے دوچار ہونے والے تھے کہ پیغمبر اسلامؐ نے قرآن کی اسی دعوت کی بدولت ان کی تقدیر کو بدل کر رکھ دیا۔ جو خود اپنی عزت سے واقف نہ تھے وہ پوری انسانیت کے معمار بن گئے۔ لیکن بدقسمتی کی بات یہ ہے کہ ہمارے بہت سے مبلغین اپنے ذہنی تعصب اور تنگ نظری پر مبنی اپروچ کے باعث اسی قرآن کے ذریعے امت کی اکثریت کو گمراہ ثابت کرتے ہوئے اسے جہنم رسید کرنے پر تلے ہوئے ہیں۔ اب یہ دیکھنا ہوگا کہ مسئلہ قرآن کے ساتھ ہے یا پھر ان لوگوں کی ناقص سمجھ اور عقل کا یہ نتیجہ ہے۔ یہی وہ قرآن ہے جس نے پوری انسانیت کو نجات بخشی، آج اسی کتاب کو انسانیت کی گمراہی اور ناکامی کی

سند کے طور پر پیش کیا جا رہا ہے۔ گویا نجات کا مسئلہ ہمیشہ کے لیئے دفن ہو چکا ہے۔ اگر ہم قرآن کی تعلیمات کا بغور جائزہ لیں تو ہم آسانی کے ساتھ اس کے اس ابدی پیغام کو پا سکتے ہیں جو انسانیت کے نام ہے اور جسے دائمی سچائی کا عنوان دیا جا سکتا ہے۔یہی وہ سچائی ہے جو ہمیں نجات کا راستہ دکھاتی ہے ۔ اسی کی بدولت ہم اخلاقی اور روحانی طور پر ترقی کر سکتے ہیں اور ایمان میں مزید آگے بڑھ سکتے ہیں۔ اور یہ خود ہمارے اندر موجود ہے۔

ذرا تصور کیجلیئے، کہ پیغمبر اسلامؐ اور ان کے اہل بیتؑ اسی قرآن کی وجہ سے اپنے تقویٰ اور خدا شناسی میں کس قدر بلند اور بے مثال مقام پر فائز تھے۔ حسین ابن علیؑ نے عاشورہ کے دن اپنے مخالفین کے سامنے قرآن کو بلند کیا اور فرمایا: 'اے لوگو، میں آپ کو قرآن کے ذریعے فیصلے کی طرف بلاتا ہوں۔ اے لوگو غور سے سن لو کہ جب سے میں نے اس قرآن کے ذریعے حق اور باطل کے درمیان فرق کو سمجھا ہے، میں نے کبھی بھی زندگی میں کوئی جھوٹا دعوی نہیں کیا۔ ہمیشہ سچائی پر کھڑا رہا۔' دیکھیے، اس اہم اور بنیادی معاملے میں بھی حسین نے قرآن ہی کو پیش کیا۔ یہ قرآن ہی تھا کہ جس نے حسینؑ میں یہ روحانی قوت پیدا کی اور اس مقام پر پہنچ گئے کہ اپنے نانا کی عظیم صفات کا مظہر بن گئے۔

آٹھویں شب

کل کی مجلس میں ہم نے قرآن کی حقانیت اور فطرت پر گفتگو کی تھی اور اسی کی روشنی میں ان آراء اور نظریات کا بھی تنقیدی جائزہ لیا تھا جو کسی نہ کسی لحاظ سے اس موضوع کے ساتھ منسلک ہیں۔ اسی ضمن میں ہم نے اس خاص ماحول اور ثقافت کا بھی ذکر کیا تھا جسمیں انبیاء پیدا ہوئے اور وحی کی بناء پر جنہوں نے اپنا دعوتی کام انجام دیا۔ خود نبی کریمؐ نے بھی ایک خاص مقام اور خاص دور میں اپنی دعوت کا آغاز کیا اور یہاں کا ماحول بھی ایک مخصوص ثقافتی روایات کا حامل تھا۔ حضور نبی اکرمؐ نے اپنی دعوت کے دوران ماحول کے تقاضوں اور ثقافتی اقدار کو نظر انداز نہیں کیا، بلکہ ان کا لحاظ کرتے ہوئے اپنے مشن کو انجام دیا۔ اس ثقافتی ماحول میں جو امور اور رسمیں غلط اور ظالمانہ تھیں اور جن کا مقصد انسانیت کا استحصال تھا، ان پر پابندی لگا دی گئی۔ بقیہ رسوم کی اصلاح اور تزئین کرتے ہوئے انہیں معاشرے کے لیئے نفع مند بنایا۔یہیں سے ایک اہم مسئلہ برآمد ہوتا ہے اور اس کا نام 'سیاق' ہے۔ اسی بناء پر ضروری ہے کہ ہم قرآن کے سلسلے میں اس سیاق کو پورے طور پر سمجھنے کی کوشش کریں۔جب ہم اس لحاظ سے قرآن کا مطالعہ کرتے ہیں تو معلوم ہوتا ہے کہ پیغمبر اسلامؐ نے اپنے ماحول کے

سیاق کی روشنی میں بہت سی اصلاحات کی تھیں۔ لیکن چونکہ سیاق کا یہ دائرہ اپنی نوعیت میں محدود تھا اس لیئے حضورؐ کے لیئے یہ ممکن نہ تھا کہ دائرہ کی اس محدودیت میں اصلاحات کے اس عظیم مگر غیر محدود عمل کی اس انداز میں تکمیل کرتے کہ یہ ہمیشہ کے لیئے ایک جامع اور مانع نظیر بن جاتی اور آئندہ کسی کو بھی اس پر کام کرنے اور مزید تحقیق کرنے کی کوئی ضرورت نہ پڑتی۔ یہاں مسئلہ حضورؐ کا نہیں بلکہ ماحول اور سیاق کی محدودیت کا تھا جسے اللہ نے خود اپنی حکمت سے اسی طور پر تخلیق کیا تھا۔ مثال کے طور پر نبی کریمؐ نے اپنے طور پر انسانی حقوق اور خصوصا خواتین کے حقوق جیسے مسائل کی اصلاحات کا آغاز کیا تھا۔ چونکہ سیاق کا دائرہ محدود تھا اس لیئے وہ ان حقوق کے سلسلے میں بنیادی اصول ہی پیش کر سکے۔ حقوق کا معاملہ چونکہ تغیر پزیر اور اپنے دور کے خاص سیاق پر مبنی ہوتا ہے اس لیئے ان کی حتمی تکمیل کا مرحلہ ابتداء ہی میں وجود میں نہیں آسکتا تھا۔ جیسا کہ وقت کے ساتھ ساتھ انسانی اقدار اور معلومات آگے بڑھتی ہیں، اسی لحاظ سے سماجی اور ثقافتی ماحول بھی بدلتا رہتا ہے اور یہ زندگی کے بہت سے شعبوں کو متاثر کرتا ہے جن میں سے ایک شعبہ انسانی حقوق کا بھی ہے۔ اسی لیئے ان حقوق کی تشریح بھی متعلقہ سیاق ہی میں کی جائے گی، ورنہ اسلامی تعلیمات انسان کے لیئے مشقت اور تنگی کا ذریعہ بن جائیں گی اور لوگوں کو فرار کا بہانہ مل جائے گا۔ اسی لیئے ہم کہتے ہیں کہ حضورؐ نے اپنے خاص ماحول میں ان حقوق کے حوالے سے بہت اہم اصول متعین کیئے تھے۔ اور آج ہم ان ہی کی روشنی میں اس جدید دور میں جدید سیاق کا لحاظ کرتے ہوئے ان کو پیش کریں گے۔ اس لیئے اصولی بات یہ ہے

کہ قرآن کا اسی سیاق میں رہ کر مطالعہ کیا جائے اور سیاق اور ماحول کے تقاضوں اور پھر ان کے محدود دائرہ کو بھی ملحوظ خاطر رکھا جائے۔ ورنہ عمل کی دنیا میں قرآن کے بہت سے احکامات کے معطل ہو جانے کا اندیشہ ہے۔ کیونکہ سیاق ایک خاص مدت کے بعد بدل جاتا ہے اور اس تبدیلی کا احکامات اور ان کی نوعیت کے ساتھ بھی گہرا تعلق ہے۔

آج کے موضوع کی طرف بڑھنے سے قبل مناسب ہوگا کہ گزشتہ بیان سے متعلق کچھ اہم نکات کا اعادہ کر لیا جائے۔ ہم نے یہ بیان کیا تھا کہ قرآن اپنی فطرت میں ان عظیم اور ابدی سچائیوں پر مشتمل ہے جن کا تعلق ہمارے اخلاق، کردار اور روحانیت سے ہے۔ قرآن ہمیں تحقیق اور غور و فکر کے عمل کے لیئے ابھارتا ہے۔یہ بہترین انسانی اخلاق کی ترغیب دیتا اور ان روحانی اقدار کو اپنانے کے لیئے امادہ کرتا ہے جو بندے کو اپنے خالق سے ملا دیتی ہیں۔ مگر اس کے ساتھ ہی قرآن ان ہی تعلیمات کی اپنے وقت اور ماحول کے تقاضوں کی روشنی میں تشکیل اور تدوین کرتا اور انہیں مقام وحی کی روح اور مقاصد سے ہم آہنگ بھی کرتا ہے۔ یہ ایک واضح امر ہے کہ وحی کے نزول کا سیاق و سباق، اور وہ ماحول اور سوسائٹی جس میں اللہ کے آخری نبی تشریف لائے۔ اور اس میں بولی جانے والی زبان اور علم یہ سب اپنی نوعیت کے لحاظ سے غیر محدود نہ تھے۔ ان ہی عوامل نے مل کر وحی الٰہی کی روشنی میں ایک خاص معاشرے اور ماحول کی تشکیل کی تھی۔ اسی لیئے قرآن کے مطالعہ کے سلسلے میں ہمیں یہ نکتہ پیش نظر رکھنا ہوگا کہ قرآن کے نزول کو آج چودہ سو سال سے بھی زیادہ عرصہ بیت چکا ہے۔ اس نے

اپنے ماحول اور اقدار کا پورا لحاظ کیا تھا اس لیئے اس کے نزول کی مدت تقریبا تئیس سال بیان کی جاتی ہے۔اور اس کا سبب بھی یہی ماحول اور اس کے تقاضے تھے۔ یکبارگی نزول اس حکمت کے خلاف تھا۔ اسی لیئے قرآن کی ابدیت اس کے اخلاقی اور روحانی اصولوں اور تعلیمات میں ہے جنھوں نے اس معاشرے کی تشکیل کی اور مثالی بنا دیا جس کے سربراہ خود نبی آخر الزماں تھے۔

اسی نکتہ کی مزید وضاحت کرتے ہوئے ہم آپ کو اس صورت حال کی طرف لے جائیں گے جس کا حضورؐ کی دعوت کے ساتھ براہ راست تعلق ہے۔ یہ صورت حال ہمیں ان خاص حالات، چیلنجز، مشکلات کے نشیب و فراز اور خود نبی اکرمؐ کی اپنی نفسیاتی کیفیت کے واسطے سے بہت سے ایسے امور سے اگاہی بخشتی ہے جو آج بھی اس امت کے لیئے عظیم رہنمائی کا ذریعہ ہیں۔ اس سلسلے میں قرآن اللہ کے نبی کی ازواج اور ان کے اہل بیت، اور اسی طرح ان جنگوں کا بھی ذکر کرتا ہے جن سے پیغمبرؐ کو واسطہ پڑا۔ واقعات کے اسی سیاق میں قرآن ان عظیم اور دائمی صداقتوں کو بھی بیان کرتا ہے جو انسانیت کے لیئے آب حیات ہیں اور جنھیں خود وحی خداوندی نے ہمارے لیئے ضابطہ کی شکل دے دی ہے۔

سابقہ کتب کی وحی کی طرح قرآن کی وحی بھی اپنی فطرت میں حقیقت پسند اور وقت کے تقاضوں کا لحاظ رکھنے والی ہے، انھیں نظر انداز نہیں کر سکتی۔ یہ اس کمیونٹی کے لیئے براہ راست ہدایت کا ذریعہ ہے جو اس کی اصل مخاطب اور ہدف ہے۔ یہ ہدایت نامہ اس وقت تک مکمل نہیں ہو سکتا جب تک کہ اسے متعین ضابطے اور واضح نظام کی شکل

نہ دے دی جائے جو افراد اور معاشرہ دونوں کے لیئے مفید اور موئثر ہو۔کیونکہ افراد میں یہ صلاحیت نہیں ہوتی کہ وہ اپنے طور پر ان ابدی صداقتوں کا صحیح ادراک کر سکیں اور پھر انہیں اپنے حالات اور سیاق کی روشنی میں ایک جامع اوردائمی ضابطہ کی شکل دے سکیں۔ یہ ان کے بس سے بالکل باہر ہے۔ اس لیئے اس فریضہ کو خود اللہ تعالٰی نے اپنے ذمہ لیا ہے اور خود اس نے قرآن کی شکل میں پیش کر دیا ہے۔

مثال کے طور پر قانون شہادت کی تکمیل کے سلسلے میں قرآن بیان کرتا ہے کہ جب دو مرد نہ مل سکیں تو پھر اس صورت میں ایک مرد اور دو عورتیں شہادت کی تکمیل کے لیئے کافی ہو جائیں گی۔ یہاں ایک کے بجائے دو عورتوں کے ذکر کا سبب یہ بیان کیا گیا کہ اگر ایک بھول جائے تو دوسری اسے یاد کرا دے۔ اس امر کا بنیادی طور پر تعلق اس خاص سیاق کی محدودیت کے ساتھ ہے جو اس معاشرے میں عورت کے حوالے سے موجود تھا۔ عورت کے لیئے حقوق نہ تھے اور نہ ہی ان کی تعلیم کا کوئی انتظام تھا۔ دنیاوی امور سے انہیں ہمیشہ دور رکھا جاتا تھااور پھر ان میں ماسوائے ایک قلیل تعداد کے دنیاوی معاملات کو سمجھنے اور انجام دینے کی صلاحیت نہ تھی۔اور اس کی اصل وجہ عورت کی فطرت نہیں بلکہ عورت کے متعلق اس معاشرے کی خاص رسوم اور عمومی رویہ تھا۔ اس ماحول میں اس شبہ کی کافی گنجائش تھی کہ عورت شہادت کی بات کو صحیح طور پر یاد نہ رکھ سکے یا بوقت شہادت موقع و محل کے فطری پریشر کی وجہ سے بھول جائے۔ اس ماحول میں عورت کے لیئے ایسے اہم مواقع پر بھول جانا قابل فہم بات تھی۔ اس

تردد کا امکان اس دور میں مردوں کے لیئے نسبتا کم تھا۔ لیکن اس کے ساتھ ہی یہ حکم اپنے اندر ایک ابدی صداقت کا حامل بھی ہے۔ اور وہ صداقت ' شہادت کی صحیح تکمیل اور ادائیگی' سے متعلق ہے اور یہی اس قانون کی روح ہے۔ آج یہاں مغرب میں بھی خصوصا ان لوگوں کے معاملے میں اسی قانون پر عمل ہو رہا ہے جو ذہنی لحاظ سے معذور یا عام لوگوں سے ذرا پیچھے ہوتے ہیں۔انہیں بھی عدالت میں کسی ساتھی کی ضرورت ہوتی ہے جو ان کی مدد کر سکے اور وہ اگر کوئی بات بھول جائیں تو انہیں یاد دلا سکے۔ یہاں عدالتوں میں اسے ایک ضابطہ کی حیثیت حاصل ہے۔

اسی لیئے یہ ہمارا دعوی ہے کہ قرآن کے صحیح اور شعوری فہم کے لیئے ضروری ہے کہ اس کے نزول کے خصوصی سیاق اور اس سے متعلقہ حالات سے بھی ضروری واقفیت حاصل کر لی جائے۔ کیونکہ یہی اصول اس اہم حقیقت کو سمجھنے میں ہماری مدد کرے گا کہ قرآنی احکامات کی ابدیت ان کی اس خاص شکل اور الفاظ ہی میں نہیں جو اس خاص دور میں نازل ہوئے، بلکہ ان کا تعلق احکامات کی روح اور سیاق و سباق کی تبدیلیوں سے بھی ہے۔ خود ان احکامات کے بلیغ الفاظ اور سیاق کی تبدیلی میں بھی اللہ نے ایسی صلاحیت اور وسعت رکھ دی ہے جس نے قرآن کو ابدی بنا دیا ہے۔ یہیں سے وہ بنیادی سوال بھی پیدا ہوتا ہے کہ اگر احکامات کی روح جو ان کی تشکیل میں کلیدی کردار ادا کرتی ہے،وہ وقت کے تقاضوں کے تحت تبدیل بھی ہو سکتی ہے تو پھر اس شکل میں 'مسلم تشخص' کی واضح صورت کیا ہو گی؟ اس سلسلے میں ہماری اصل

مشکل یہ ہے کہ ہم اسلامی احکامات کی ظاہری شکل کو بہت زیادہ اہمیت دیتے اور ان کی روح اور احوال کی تبدیلی کے مسئلہ کو نظر انداز کر دیتے ہیں۔ اگر ہم اس حقیقت کو اچھی طرح ذہن نشین کر لیں کہ احکام کے ظاہری الفاظ اور ان کی روح ایک دوسرے سے قدرے مختلف ہیں تو اس صورت میں ہم اس مشکل سے نکل آتے ہیں اور اسلامی تشخص کے حوالے سے یہ ابہام بھی اپنے آپ دور ہو جاتا ہے۔ اگر ہم اس حقیقت سے اچھی طرح واقف ہو جائیں کہ قرآن کے احکامات مبنی بر سیاق (Context-oriented) ہیں، اور نئے ماحول اور حالات کے تقاضوں کے تحت ان کی تعبیر اور تشریح نو کی جا سکتی ہے تا کہ اہل اسلام کے لیئے کوئی دشواری نہ ہو۔ تو پھر اس صورت میں 'مسلم تشخص' کے تعین کا مسئلہ خود بخود حل ہو جاتا ہے۔

یہاں اس فرق کو سمجھنا انتہائی اہم ہے جو ان احکامات کے دو اہم شعبوں کے مابین ہے، اور ان شعبوں کا تعلق عبادات اور معاملات سے ہے۔ جہاں تک عبادات کا تعلق ہے، انہیں حضورؐ نے دائمی بنیادوں پر متعین اور منضبط کر دیا ہے۔ مگر جہاں تک دنیاوی معاملات کا مسئلہ ہے یہ روحانیت اور عدل کی اعلیٰ قدروں پر قائم ہیں جیسا کہ اللہ اور اس کے رسول نے انہیں متعین کر دیا ہے۔ اسی فرق اور تقسیم کی بنیاد پر یہ نکتہ بھی حل ہو جاتا ہے کہ مسلمانوں کا اصل اور بنیادی تشخص عبادات، نماز، روزہ، زکات اور حج وغیرہ پر قائم ہے۔ ، اور اسی کے ساتھ ان کی خصوصی مذہبی زبان، جیسا کہ ' سلام، الحمد للاللہ ، ماشاء اللہ، انشاء اللہ اور استغفراللہ ' بھی اس تشخص کی تشکیل میں اپنا خاصا کردار ادا کرتی ہے۔

اسی لیئے ہم کہتے ہیں کہ مسلمانوں کا تشخص بنیادی طور پر للاہیت، اعلی روحانی اقدار اور خدا مرکزیت کے ساتھ منسلک ہے۔ یہ دنیاوی معاملات پر قائم نہیں۔کیونکہ معاملات کی اشکال بدلتی رہتی ہیں اور یہ تغیر فطرت کا حصہ ہے۔ ہاں معاملات میں دیانت اور عدل کا طریقہ اختیار کرنا اس 'تشخص' کے حسن کو اور بھی دوبالا کر دیتا ہے۔

دوسری طرف یہ بات بھی اہم اور قابل غور ہے کہ جب ہم عورتوں، بچوں اور غلاموں کے حقوق کی بحث میں مشغول ہوتے ہیں تو ہم اسے قرآن ہی کے ساتھ منسلک کرتے ہوئے نتائج کی جانب بڑھتے ہیں۔ اور ان تجزیوں پر انحصار کرتے ہیں جو قرآن کے متن کی روشنی میں عموما پیش کیئے گئے ہیں۔ حالانکہ ان کا براہ راست تعلق قرآن سے نہیں، اگرچہ قرآن نے ان کے بارے میں بھی بنیادی تعلیمات دے دی ہیں۔ یہ پیش نظر رہے کہ اسلام کا تشخص معاملات سے نہیں بلکہ عبادات اور روحانیت سے ہے۔ خود امہ کا تشخص بھی اسی شعبہ سے وابستہ ہے جیسا کہ ہم نے ابھی مسلم تشخص کے حوالے سے گفتگو کی ہے۔ مسلم تشخص اور امہ تشخص، یہ دونوں ایک ہی مرکز کے تابع ہیں اور ایک دوسرے کے ساتھ مربوط ہیں۔ اس سلسلے میں قرآن نے خاصی وسعت کا مظاہرہ کیا ہے۔ ہم دیکھتے ہیں کہ قرآن میں مسلمانوں کو حکم دیا گیا ہے کہ وہ توحید کی وسیع چھتری کے نیچے اہل کتاب کے ساتھ بیٹھیں اور مشترکہ نکات پر گفتگو کریں اور ان کے ساتھ تعلقات استوار کریں۔ اور اہل کتاب کو اس بات کا پابند نہیں بنایا گیا کہ وہ باہم تعلقات کے اس نظام کی خاطر اپنے خاص مذہبی تشخص اور نظریات

کی قربانی دے دیں۔ اس سے اندازہ کیا جا سکتا ہے کہ اسلامی تشخص کا دائرہ خاصا وسیع ہے کیونکہ یہ عقیدہ توحید پر قائم ہے۔ اسے چند مذہبی رسوم تک محدود نہیں کیا جا سکتا جیسا کہ آج عموماً اسے سمجھ لیا گیا ہے۔

اسی کی روشنی میں ذرا آگے بڑھتے ہوئے ہم شیعہ تشخص کی جانب بھی آئیں گے۔ یہ بات تو بہرحال طے ہے کہ جب ہم اس انداز میں اسلام سے متعلق فکری نظریات پر گفتگو کریں گے اور ان کی اصلاح کریں گے تو اس صورت میں شیعہ کا موجودہ تشخص بھی باقی نہ رہے گا جس پر ہم سب آج اس سختی کے ساتھ کھڑے ہیں۔ جیسا کہ ہم جانتے ہیں کہ اہل تشیع کا تشخص حضور اکرمؐ کی ولایت اور اتھارٹی، اور ان کے بعد آئمہ اہل بیت کی اتھارٹی، اور اس امر پر ایمان کہ یہ آئمہ نبی کریمؐ کے بعد ہدایت کے لحاظ سے سب سے بہترین انسان تھے اور نسب کے اعتبار سے بھی وہ نبیؐ کے زیادہ اقرب تھے اور ان کا خون تھے، اور ان کے ورثہ کے سب سے زیادہ حقدار تھے۔ یعنی دوسرے الفاظ میں ان آئمہ کے مثالی تقویٰ اور خدا و رسول کے ساتھ ان کے گہرے رشتہ اور اطاعت کو ماننا اور ایمان لانا شیعہ کی شناخت ہے۔ اس شناخت کا معاملات کے ساتھ کوئی تعلق نہیں۔ اسی طرح اس تشخص کا نماز میں ہاتھ باندھنے اور کھولنے سے بھی کوئی بنیادی رشتہ نہیں۔ اس کے برعکس جیسا کہ بیان کیا گیا، اس تشخص کا بنیادی تعلق نبیؐ اور ان کے اہل بیت کے اس مثالی اور روحانی رشتہ کے ساتھ ہے جو انہیں اپنے خالق کے ساتھ تھا۔ تو اسی لیئے یہ بات ہمارے پیش نظر رہنی چاہیے کہ ہر مسلمان کا تشخص یہی اللہ کے ساتھ اس کا روحانی تعلق ہے جو

عبادات کے ذریعے ہے۔ خود قرآن کے مطالعہ کے دوران اسی حقیقت کو ہمیں پیش نظر رکھنا ہوگا۔ وہ دائمی حقائق اور صداقتیں جو اسلام سے تعلق رکھتی ہیں وہ اپنی فطرت میں اخلاقی اور روحانی ہیں۔ معاملات کی صورتیں وقت کے ساتھ ساتھ تبدیل ہوتی رہتی ہیں۔ اسی لیئے سیاق ان دائمی حقائق کے مقابلے میں ہمیشہ محدود رہا ہے۔ اور اس محدود سیاق کی روشنی میں ان عظیم اخلاقی اور روحانی صداقتوں کو نہیں جانچا جا سکتا جو اپنی فطرت کے لحاظ سے ابدی ہیں اور یہی دین اسلام کی روح ہیں۔ ان کے علاوہ ہر چیز تبدیلی اور تغیر پزیری سے عبارت ہے۔اور ان تبدیلیوں کا ہر آن ہم مشاہدہ کرتے رہتے ہیں۔

اسی بارے میں ہم اپنے آپ سے بھی سوال کر سکتے ہیں کہ کیا ہماری ذات میں کل کے مقابلے میں آج کوئی تبدیلی اور کوئی ترقی رونما ہوئی؟ بارہویں امامؑ کے دور کے متعلق پائے جانے والے مذہبی لٹریچر میں مستقبل کے بارے میں بھی نہایت عمدہ معلومات اور پیش گوئیاں ملتی ہیں۔ ان کے مطابق مستقبل میں انسان اس قدر ترقی کر جائے گا کہ اس کی حرکت اور سفر اس کی سوچ کی رفتار کے مطابق ہو جائیں گے۔ چنانچہ آج کے اس دور میں اسی پیش گوئی کی روشنی میں ہم یہ تصور کر سکتے ہیں کہ عنقریب وہ زمانہ آنے والا ہے کہ جب یہاں سے آسٹریلیا تک ہم محض آنکھ جھپکنے کی مہلت میں پہنچ سکیں گے۔ تو سفر کی اس ناقابل تصور رفتار کی موجودگی میں یہ سوال بھی اٹھ سکتا ہے کہ آیا ہم پر سفر کے وہ احکامات بھی لاگو ہوں گے جو مسافروں کے لیئے مخصوص ہیں، جن میں نمازوں کی قصر اور روزوں کا استثناء ہے؟

ہمارا خیال ہے کہ اس صورت میں یہ احکامات لاگو نہیں ہوں گے۔ اس کی وجہ یہ ہے کہ اصولی طور پر ان رعایتوں کا تعلق اس سفر کے ساتھ ہے جس میں صعوبت اور مشقت ہے اور آپ کا باقاعدہ اس میں ایک طویل وقت بھی صرف ہوتا ہے۔ اس لیئے اللہ تعالیٰ نے یہ سہولت دی ہے اور یہ مشقت اور وقت کی صعوبت پر مبنی ہے۔ مگر اس سفر میں کہاں مشقت اور وقت کی صعوبت ہوگی جس میں آپ پلک جھپکتے ہی اپنی منزل مقصود پر ہوں گے؟

اس جدید دور میں مالی معاملات کی جو صورتیں آج ہم دیکھ رہے ہیں، اور اسی طرح اس کے ساتھ وابستہ مالی اداروں مثلا سپر مارکیٹ وغیرہ کی جو شکلیں آج رائج ہیں ان کا تصور بھی ماضی کی اسلامی تاریخ میں نہ تھا۔ اس وقت کے معاملات آج سے بہت مختلف تھے۔ آج ہم ان جدید معاملات کو واپس چودہ سو سال پہلے کے اس دور میں نہیں لے جا سکتے جو نبی اکرمؐ کا زمانہ تھا۔ یہ ممکن ہی نہیں۔ نبیؐ کے دور کا سیاق آج کے اس جدید سیاق سے بالکل الگ تھا۔ مگر ہاں معاملات کی روح یعنی 'دیانت اور عمدگی' کا اصول ہی وہ چیز ہے جس کی آج بھی ضرورت ہے اور ہمیشہ رہے گی اور یہی وہ قدر مشترک ہے جسے آج کے ان معاملات کی تمام صورتوں میں لاگو کیا جائے گا۔ مگر معاملات کی موجودہ شکل میں ہم تبدیلی نہیں کر سکتے کیونکہ یہ لحہ بلمحہ ترقی پزیر ہیں اور یہی ترقی ان کی فطرت کا حصہ ہے۔ مگر ہاں جس مقام پر ہم یہ محسوس کریں کہ معاملات کی شکل حدود سے تجاوز کر رہی ہے وہیں ان بنیادی اصولوں کی روشنی میں ان کی اصلاح کریں گے اور ان کی

نوک پلک سنوارنے کی کوشش کریں گے۔ مگر ہم انہیں پیچھے کی طرف نہیں لوٹا سکتے، یہ فطرت کے خلاف ہے۔ ٹیکنالوجی کی ایجادات اور ترقی مسلسل جاری ہے اور جاری رہے گی اور اس کے اثرات ہماری مذہبی، سماجی اور معاشی زندگی پر بھی پڑیں گے اور ہماری سوچ اور بصیرت پر بھی۔ الغرض زندگی کے تمام شعبے کسی نہ کسی شکل میں اس سے متاثر ہوتے رہیں گے۔ اس سے بھی اجتناب ممکن نہیں۔ البتہ عبادات کا شعبہ ایک ایسا ہے جسے یہ ترقی متاثر نہیں کر سکتی۔ عبادات کم و بیش اپنی شکل پر ہی رہیں گی۔

اسی موضوع کے حوالے سے جس نکتہ پر آج کچھ زیادہ زور دیا جائے گا وہ 'ماحولیاتی تبدیلی' ہے جو انسان کی زندگی پر مسلسل اثر انداز ہوتی رہتی ہے۔ آج میں چاہتا ہوں کہ قرآن کے نقطہ نظر سے اس کی وضاحت کر دی جائے۔ جس دنیا میں ہم جی رہے ہیں اس میں ہر کمیونٹی ایک خاص رفتار اور معیار سے مسلسل ترقی اور نشو نماء کے عمل کا شکار ہے۔ چنانچہ جو امور ایک خاص ماحول میں قابل قبول ہیں وہی ایک دوسرے ماحول میں اجنبی اور قابل رد ٹھہرتے ہیں۔ اسی کا نام 'تبدیلی کا تسلسل' ہے جس سے کسی کو بھی مفر نہیں۔ یہ ایک عام مشاہدہ ہے کہ ایک خاص علاقے اور ماحول میں ایک لڑکی ایک مخصوص مرحلہ عمر میں اپنی مطلوبہ بلوغت کو پہنچ جاتی ہے۔ مگر اسی عمر میں ایک دوسرے ماحول اور علاقے میں وہی لڑکی بلوغت کے مرحلہ کو نہیں پہنچ پاتی۔ بالکل اسی طرح ایک ہی ماحول میں ایک لڑکی عمر کے لحاظ سے بلوغت کو پہنچ جانے کے باوجود ذہنی اور نفسیاتی طور پر ابھی

بلوغت کے مطلوبہ معیار سے پیچھے رہتی ہے۔ ظاہر ہے کہ اس فرق کے اثرات ان پر عائد فرائض اور دیگر ذمہ داریوں پر بھی مرتب ہوں گے۔ اس لحاظ سے ان خواتین کی ذمہ داریاں زیادہ ہیں جو اپنے ماحول میں جلد بالغ ہو جاتی ہیں بہ نسبت ان کے جو دیر کے بعد بلوغت کو پہنچتی ہیں۔ پھر فرائض اور ذمہ داریاں اصولا اس دنیا میں ہمارے وجود اور زندگی کے طور و اطوار پر مبنی ہیں اور دونوں ساتھ ساتھ چلتی ہیں۔ جب یہ واضح ہے کہ ہم ذمہ داریاں اٹھانے کے قابل ہیں تو پھر اس صورت میں فرائض کی ادائیگی بھی ہم پر عائد ہو جاتی ہے۔ چونکہ بلوغت کے لحاظ سے معاشروں میں عموما تفاوت ہے اسی لیئے ان میں موجود نظاموں میں بھی اسی اعتبار سے واضح فرق دیکھنے کو ملتا ہے۔ ایک ماحول میں ممکن ہے کہ لڑکیاں تیرہ برس کی عمر میں کامل طور پر بالغ ہو جائیں، مگر ایک دوسرے ماحول میں وہ پندرہ یا سولہ برس کے بعد اس مقام کو پہنچ پائیں ۔ اسی طرح ایک ہی ماحول میں جسمانی اور عقلی و نفسیاتی بلوغت کا فرق بھی فرائض اور ذمہ داریوں میں فرق کا باعث بنتاہے۔مثال کے طور پر ان فرائض اور ذمہ داریوں کا اطلاق اس وقت کامل صورت میں ہوگا جب عورت میں جسمانی بلوغت کے ساتھ ذہنی اور نفسیاتی بلوغت بھی اپنے مطلوبہ درجہ کو پہنچ جائے۔ محض جسمانی بلوغت ان ذمہ داریوں کی کما حقہ ادائیگی اور تکمیل کے لیئے کافی نہیں۔ اور یہ وہ امر ہے جو کسی سے بھی مخفی نہیں رہ سکتا۔اس معاملے میں اسلامی شریعت درجہ بندی کے اصول کے مطابق ہر علاقے اور ماحول کے فرق اور اختلافات کو مد نظر رکھتے ہوئے ان ذمہ داریوں اور فرائض

کی ادائیگی کا فیصلہ کرتی ہے۔ یہ فیصلہ کسی اندھے اور بہرے اصول پر مبنی نہیں۔

تبدیلی کے اس 'مسلسل فطری عمل' کے مختلف اثرات اور ان کے عوامل کی موجودگی کے باوجود یہ نہیں کہا جا سکتا کہ یہاں ہمارے پاس فیصلہ کے لیئے کوئی عالمگیر ضابطہ اور معیار نہیں۔ بلاشبہ یہاں بین الاقوامی معیار اور ضابطے موجود ہیں۔ ان میں سے بعض تو ایسے ہیں کہ جو اپنی فطرت میں نہ تو مصالحت کو قبول کرتے ہیں اور نہ ہی وہ انسانی نشو و نماء کے معاملے میں کسی درجہ بندی کے قائل ہیں، اور یہ وہی ہیں جن کا ذکر ابھی ہم کر آئے ہیں۔ لیکن ان عالمگیر ضابطہ ہائے اخلاق میں اکثر ایسے ہیں جو حالات اور سیاق پر مبنی ہیں اور تبدیلی کے اس عمل کو قبول کرتے ہیں۔ مختلف علاقوں میں ہم اس کا مشاہدہ کرتے رہتے ہیں۔ مثال کے طور پر آج کی اس جدید دنیا میں بہت سے ممالک نے اپنے شہریوں کے بنیادی حقوق کے مسئلے کو 'حق خود ارادیت' کے اصول کے ساتھ وابستہ کر دیا ہے۔ جب کہ یہاں برطانیہ میں اسی مسئلہ کو انتخابات کے ساتھ مربوط کر دیا گیا ہے اور ووٹرز کے لیئے عمر کا معیار کم از کم اٹھارہ سال مقرر کیا ہے۔ جب کہ کچھ دوسرے ممالک میں اسی عنوان سے عمر کی حد اس سے کم بھی اور زیادہ بھی دیکھنے کو مل سکتی ہے۔ اسی لیئے عمر کے اسی تناسب کو سامنے رکھتے ہوئے ذمہ داریوں میں بھی فرق اور اونچ نیچ کا نظر آنا ایک معمول کا عمل ہے۔ اس سے یہ بھی دیکھنے کو ملا ہے کہ عمر کے اختلاف سے صلاحیتوں اور عمومی شعور پر بھی فرق پڑتااور یوں اس شعبہ میں بھی کمی بیشی ناگزیر ہے جس سے انکار ممکن

نہیں۔ تبدیلی کا یہ عمل اور اس پر مبنی صلاحیتوں میں تفاوت ہر ملک اور ہر معاشرے میں پایا جاتا ہے اور ان کی جسمانی ، نفسیاتی اور فکری بلوغت کا تناسب بھی اسی لحاظ سے شمار کیا گیا ہے۔اس سلسلہ میں ملکوں اور علاقوں کے فرق اور اس سے متعلق احکامات پر ہم تفصیل سے روشنی ڈال چکے ہیں۔ برطانیہ میں اگرچہ بہت سے لوگ اٹھارہ سال کی عمر سے قبل ہی اس صلاحیت سے بہرہ مند ہو جاتے ہیں جو ووٹ ڈالنے کے لیئے مقرر کی گئی ہے۔ مگر اس کے باوجود بھی قانونی عمر اٹھارہ سال ہے جسے مناسب غور و فکر کے بعد اکثریت کی رائے کی روشنی میں متعین کیا گیا ہے۔یہاں نکتے کی بات یہ ہے کہ ہر علاقے اور ملک کے حساب سے تبدیلی کا یہ فطری عمل اپنا کام کر رہا ہے۔ اور ہر ملک اپنے مخصوص سماجی حالات، اور آب و ہوا کے تقاضوں کو سامنے رکھتے ہوئے تبدیلی کے اس عمل کی روشنی میں اپنے اصول طے کرتا اور انہیں لاگو کرتا ہے۔ اور یہ اصول و ضوابط مختلف ممالک کے درمیان باہم مختلف ہوتے ہیں، یکساں نہیں ہو سکتے۔ مگر جو دائمی قانون جو ان سب میں مشترک اور نافذ العمل ہے وہ 'بڑھوتری اور نشو و نماء' کا عمل ہے۔ خواہ اس کا تعلق دنیاوی اعتبار سے ہو، یا پھر مذہبی اور روحانی ہو جس کا منتہاء خدا پرستی اور خدا مرکزیت ہے۔چنانچہ اس عظیم حقیقت کے پیش نظر یہ بات ایک عام کلیہ کی حیثیت رکھتی ہے کہ ہم پوری دنیا کے معاشروں اور اقوام کے لیئے کوئی ایک متعین معیار نہیں مقرر کر سکتے جو سب کے لیئے یکساں مفید اور مساوی ہو اور وہ تمام احوال میں پوری طرح فٹ ہو۔ ایسا اس دنیا میں ممکن نہیں۔ ہم اس پر تفصیلی بحث کر چکے ہیں کہ اقوام اور معاشروں کے حالات ایک دوسرے سے مختلف

ہوتے ہیں اور پھر افراد کی بدلتی صورت حال اور مختلف صلاحیتیں ایک ہی متعین معیار اور ضابطہ کی متحمل نہیں ہو سکتیں۔اور پھر ہم اس سے بھی بخوبی آشنا ہیں کہ اس باب میں خود سیاق بھی ان ہی تاریخی عوامل کے تحت مسلسل بدلتے رہتے ہیں۔ اس لیئے حالات کی ان تبدیلیوں کا لازما خیال رکھنا ہوگا اور ان ہی کی روشنی میں اہم ضابطوں اور فیصلوں کا تعین ہوگا۔

ہم قرآن کی روح کی جانب دوبارہ لوٹتے ہیں۔ قرآن میں ہم توحید کے پیغام کو مرکزی مضمون کی حیثیت سے پاتے ہیں۔اللہ نے اس بات کو واضح انداز میں بیان کر دیا ہے کہ توحید ہی وہ واحد موضوع ہے جسے قرآن نے بار بار مختلف دلائل اورانداز سے پیش کیا ہے۔یہی وہ موضوع ہے جو ہمیں تمام زنجیروں سے آزادی عطا کرتا ہے۔ یہی مضمون ہمیں خدا سے ملاتا اور خدا شناسی کی صلاحیت سے بہرہ یاب کرتا ہے۔انسان ہونے کی حیثیت سے ہم سب فطری طور پر نہایت شرمیلے، غیر محفوظ، پردوں میں ملفوف، خوف زدہ، اور نفاق آمیز رویوں کے حامل ہیں۔ یہ قرآن ہی ہے جو ہماری ان کمزوریوں اور حجابات کو اپنے ابدی پیغام کے ذریعے دور کرتا ہے۔ یہ ہمیں ایک خوبصورت اور جانفزا سفر سے آشنا کرتا ہے جس میں وسعتیں اور رحمتیں اپنے عروج پر ہوتی ہیں۔ یہ خوف اور ڈر کی جگہ اعتماد، جرائت اور حفاظت جیسی صفات سے منور کرتا ہے۔کیونکہ اس کا پیغام ابدی توحید کا پیغام ہے۔خدا یہ چاہتا ہے کہ وہ اسی پیغام کے ذریعے ہماری کمزوریوں اور خامیوں کو دور کرتے ہوئے ہمیں کامل بنا دے۔

خدا ہم سے یہ چاہتا اور مطالبہ کرتا ہے کہ ہم صحیح معنوں میں اس بات کی معرفت حاصل کریں کہ وہی ایک تنہا الہ اور معبود ہے۔ مگر بدقسمتی سے ہم مسلمانوں نے کائنات کی اس سب سے بڑی حقیقت کو محض روائتی انداز میں تسلیم کر رکھا ہے۔ مسلمانوں کی اس کمزور معرفت کا بنیادی نظریہ ان کے مخصوص ماحول، ثقافت، طرز تعلیم اور ان کی تربیت کے طور اطوار اور سماجی روایات کے زیر اثر پروان چڑھا ہے۔ خدا کی معرفت کے سلسلے میں ایک مسلمان اس فکری سفر سے محروم ہو چکا ہے جو اس کے لیئے اللہ نے لازم کیا ہے۔ اس فکری سفر کا تعلق مظاہر کائنات میں گہرے غور و خوض سے عبارت ہے۔ جیسا کہ قرآن ہمیں متوجہ کرتا ہے کہ ہم اس دنیا پر غور کریں۔ یہ ہمیں غور و فکر کی مختلف راہوں کی جانب رہنمائی کرتا ہے۔یہ ہمیں ہماری اپنی تاریخ یاد دلاتے ہوئے مطالبہ کرتا ہے کہ ہم اس کی معنویت کو سمجھنے کی کوشش کریں۔ یہ ہمیں دعوت دیتا ہے کہ ہم آسمانوں اور زمین کی تخلیق پر غور کریں۔ یہ ہمیں ترغیب دلاتا ہے کہ ہم سورج اور چاند کی گردش پر اپنا ذہن لڑائیں اور اس کائنات میں موجود دیگر نشانیوں کی طرف بھی دیکھیں اور ان میں پوشیدہ پیغام کو بھی پڑھنے کی سعی کریں۔ قرآن ہر مقام پر ہمیں فطرت کی جانب پلٹنے کی دعوت دیتا ہے اور مسلسل اس امر کے لیئے ابھارتا ہے کہ ہم اس نظام فطرت کا خوب مشاہدہ کریں کہ کس بے مثال عقل مندی اور دانائی سے اسے وجود بخشا گیا ہے۔ اس فکری عمل کے ذریعے اللہ تعالیٰ ہمارے ذہن کو کھولتا اور کشادہ کرنا چاہتا ہے تاکہ ہم اس کی قدرتوں کو بہتر طور پر جان سکیں اور اس کا شکر

ادا کر سکیں۔ اسی سلسلے میں خدا ہمیں ان لوگوں کی عظمت سے بھی اگاہ کرتا ہے کہ جو انتہائی خلوص کے ساتھ جب اللہ کی کائنات اور اس میں موجود نشانیوں پر غور کرتے ہیں تو ان پر ایک خاص کیفیت چھا جاتی ہے اور پھر وہ اسی روحانی کیفیت کے تحت پکار اٹھتے ہیں: 'اے ہمارے رب، تو نے اس کائنات کو باطل اور بغیر مقصد کے پیدا نہیں کیا۔ پس ہمیں آگ کے عذاب سے محفوظ فرما۔' (۹۱ : ۳)

چنانچہ یہ نکتہ ہمیشہ پیش نظر رہے کہ اللہ کی تمام تخلیقات ایک بہت بڑے مقصد کے ساتھ منسلک ہیں، کوئی بھی تخلیق بلا مقصد نہیں۔ قرآن ہمیں ایک سفر اختیار کرنے کی دعوت دیتا ہے اور وہ سفر اس کائنات میں موجود اشیاء اور حقائق پر بامقصد غور و فکر کرنا ہے۔ اسی کے ذریعے ہم یہ جان سکتے ہیں کہ ان تخلیقات الٰہیہ میں کس قدر خوبصورتی، حسن، باہم ربط و تعلق، اور سب سے بڑھ کر یہ کہ ان میں عظیم معنویت اور مقصدیت پائی جاتی ہے۔ اسی لیئے اللہ تعالیٰ اپنی کتاب میں بار بار ہمیں گہرے غور و فکر کی طرف متوجہ کرتا ہے۔ غور و فکر کا یہ عمل ہی ہمیں حقیقت عظمیٰ تک پہنچا سکتا اور اس یقین سے آشنا کر سکتا ہے کہ کائنات کی تخلیق ایک سے زیادہ معبودوں کا کرشمہ نہیں ہو سکتا۔ یہاں ایک ہی اتھارٹی کام کر رہی ہے۔ یہ اسی کی قدرت کاملہ کا نتیجہ ہے کہ اس کائنات میں بکھری تمام اشیاء نہایت خوبصورتی اور تدبیر کے ساتھ ایک دوسرے سے مربوط ہیں اور یہ باہم ارتباط اس قدر لطیف اور دلکش ہے کہ عقل انسانی دنگ رہ جاتی ہے۔ پھر اس تمام کثرت میں وحدت کا بھی ایک خاص رنگ نمایاں دیکھنے کو ملتا اور تھوڑے سے

غور سے یہ بات بھی نظر آجاتی ہے کہ یہی وہ وحدت کا رنگ ہے جو ان تمام بیشمار رنگوں کو اپنے جلو میں لیئے ہوئے ہے۔ قرآن کے با مقصد مطالعہ سے ہم اس بات کو آسانی سے جان سکتے ہیں کہ ہم ایک سفر میں ہیں اور یہ سفر حق کی تلاش اور اللہ کی معرفت کے سلسلے میں ہے۔ اور یہی وہ معرفت ہے جو ہمارے دل و دماغ کے دریچوں کو کھولتی اور ہمارے خیالات کو وسعت عطاء کرتی ہے۔

قرآن کی یہ برکت ہے کہ وہ ہمیں ان تمام دنیاوی پریشانیوں اور ذہنی آلام سے نجات دیتا ہے بشرطیکہ ہم درست معنوں میں اس کی طرف رجوع کر سکیں ۔ اللہ نے ایک موقع پر اہل مکہ سے خطاب کرتے ہوئے فرمایا: "یہ نیکی نہیں ہے کہ تم اپنے گھروں میں پشت کی جانب سے داخل ہو، بلکہ نیکی یہی ہے کہ تم گھروں میں دروازے ہی کی جانب سے داخل ہو۔" (۱۸۹ : ۲) اس میں پتے کی بات یہ ہے کہ اس مصنوعی کلچر اور اس پر مبنی رسموں کی کوئی وقعت اور اثر نہیں جنہیں تم نے خود اپنی طرف سے ایجاد کیا ہے مگر غلط طور پر انہیں اللہ کی طرف منسوب کر دیا ہے۔ سورہ النحل میں خدا وند تعالیٰ نے اہل مکہ کو یوں خطاب کیا ہے۔ "اور تم اپنی زبانوں کے گھڑے ہوئے جھوٹ کی بنا پر یہ نہ کہو کہ یہ حلال ہے اور وہ حرام ہے، تا کہ تم اللہ پر جھوٹی تہمت لگاؤ۔" (۱۱۶ : ۱۶) سورہ البقرہ میں خطاب ہے: "عنقریب یہ سفہاء کہیں گے کہ کس چیز نے ان کو اس قبلہ سے پھیر دیا ہے کہ جس پر یہ پہلے سے قائم تھے۔ان سے کہ دو کہ اللہ ہی کے لیئے ہیں مشرق اور مغرب۔" (۱۴۲: ۲) یہاں بھی اسی بات کو سمجھایا

گیا ہے کہ محض سمت میں کوئی اثر اور وقعت نہیں۔اور نہ ہی تمہاری ان رسموں اور روایات کی کوئی قدر و قیمت ہے۔ اصل چیز اللہ کی رضاء اور اس کے ہاں قبولیت ہے اور یہ تمہاری بناوٹی رسموں سے بے نیاز ہے۔ جب تم اپنے اندر خدا کی معرفت حاصل کر لو گے تو پھر یہ سارے رواج اور قومی روایات تمہاری نظروں میں بے معنی ہو کر رہ جائیں گے۔ کیونکہ یہ سب تمہیں مختلف حیلوں سے اللہ کی ذات سے دور کرنے والے ہیں۔

میں یہاں مسلم کمیونٹی کے کارپردازوں سے یہ سوال کرتا ہوں کہ وہ کیوں ایک دوسرے کو محض اپنی مذہبی تاویلات اور مخصوص رسموں کی بناء پر یوں بیدردی سے قتل کر رہے ہیں؟ اپنی خاص مذہبی رسوم اور فرقہ وارانہ تاویلات کے ساتھ اس انداز کی عصبیت کو قرآن نے رد کرتے ہوئے اس کی مذمت کی ہے۔ قرآن نے ان لوگوں کی بات کو بھی رد کیا ہے جو بظاہر تو بڑے پارسا اور پاکباز تھے مگر اس پاکبازی کی حقیقت یہ تھی کہ ان کے ہاں کسی خاص سمت کی طرف رخ کرنا ہی تقویٰ کی روح تھی۔ درج ذیل آیت اس کی تردید کر رہی ہے۔ " نیکی یہ نہیں کہ تم اپنے منہ مشرق اور مغرب کی طرف کر لو۔ بلکہ نیکی یہ ہے کہ انسان ایمان لائے اللہ پر اور آخرت کے دن پر اور فرشتوں پر اور کتاب پر اور پیغمبروں پر۔ اور مال دے اللہ کی محبت میں رشتہ داروں کو اور یتیموں کو اور محتاجوں کو اور مسافروں کو اور مانگنے والوں کو اور اسیروں کو چھڑانے میں۔ اور نماز قائم کرے اور زکات ادا کرے اور جب عہد کر لیں تو اسے پورا کریں۔ اور صبر کرنے والے سختی اور

تکلیف میں اور لڑائی کے وقت۔ یہی لوگ ہیں جو سچے ہیں اور یہی ہیں تقویٰ والے۔" (۲ : ۱۷۷)

اس آیت میں اس حقیقت کو کھول کر بیان کر دیا گیا کہ نیکی کا تعلق کسی خاص سمت کے ساتھ نہیں۔ بلکہ نیکی یہ ہے کہ انسان صحیح معنوں میں اللہ پر ایمان لائے، اور پھر اس کے رسولوں، کتابوں پر بھی ایمان رکھے۔ اس کے ساتھ دوسروں سے بھلا کرے اور ان کی مدد کرے۔ نماز پڑھے اور زکات ادا کرتا رہے۔یہ ہیں وہ نیکی کے کام جن کا ہم سے ہمارے خالق نے مطالبہ کیا ہے۔اور ان سب کا تعلق روحانیت ، اخلاق اور حقوق العباد سے ہے۔ ان کے علاوہ جو کچھ بھی ہم نے دین کے نام پر رسمیں ایجاد کی ہیں ان کا دین سے کوئی تعلق نہیں۔ یہ سب درحقیقت دین اور خدا دونوں سے دور کر دینے والی ہیں۔

اب یہاں دیکھیئے اور غور کیجیئے کہ کس طرح اللہ تعالیٰ توحید کے عظیم اور خوبصورت پیغام کے ذریعہ ہماری رہنمائی کرتا اور ہمیں ان تمام فرقہ وارانہ جکڑ بندیوں سے آزاد کرتا ہے۔ وہ فرماتا ہے کہ میں زندگی دیتا ہوں اور پھر اسے واپس بھی لے لیتا ہوں۔ میں روزی دیتا ہوں اور پھر اس روزی کو روک بھی لیتا ہوں۔ میں عزت اور شہرت دیتا ہوں اور پھر اسے بھی لے لیتا ہوں۔ ان میں سے کسی امر کے ساتھ تمہارا کوئی تعلق اور اختیار نہیں۔ تمہیں موت کے سلسلہ میں کسی بھی اندیشہ اور خوف کا شکار نہ ہونا چاہیئے۔ کیونکہ موت بھی میرے ہاتھ میں ہے۔ اور جب میں اس کا فیصلہ کرتا ہوں تو کوئی بھی اسے ٹال نہیں سکتا۔ جیسا کہ اس آیت میں فرمایا گیا: " اور تم جہاں بھی ہوگے

موت تم کو پا لے گی اگرچہ تم مضبوط قلعوں میں بند ہو۔ اگر ان کو کوئی بھلائی پہنچتی ہے تو کہتے ہیں کہ خدا کی طرف سے ہے اور اگر ان کو کوئی برائی پہنچتی ہے تو کہتے ہیں کہ یہ تمہارے سبب سے ہے۔کہ دو کہ سب کچھ اللہ کی طرف سے ہے۔" (۷۸ : ۴) اور تو اور خود عظیم پیغمبر حضرت سلیمانؑ کو بھی یہ مہلت نہ مل سکی کہ وہ بیٹھ سکیں۔ خود قیام کی حالت میں ان کا انتقال ہوا۔ اس لیئے موت کے خوف میں مبتلاء ہونے کی ضرورت نہیں۔ ضرورت اس کے لیئے فکر اور کام کی ہے۔ موت کا یہ خوف میرے ذہنی سکون کے چھن جانے کا سبب کیوں بنے؟ میرے اندر یہ زیادہ جمع کرنے کی ہوس اور لالچ اس بات کا سبب کیوں بنے کہ میں اس کی خاطر اپنے تمام اخلاقی اور دینی اصولوں کو برباد کرکے رکھ دوں؟ مال کی لالچ میں کسی کے ساتھ میں دھوکہ کیوں کروں جب کہ اللہ نے فرما دیا ہے کہ تمہیں روزی میں سے وہی کچھ ملے گا جس کا فیصلہ میں نے تمہارے لیئے کر دیا ہے۔ اس سے اندازہ کر سکتے ہیں کہ کس طرح اللہ تعالیٰ ہمیں غم اور اندیشوں سے آزادی عطاء کرتا اور اس کے ساتھ ہی ہمیں اعتماد اور حوصلے کی نعمت سے نوازتا ہے۔

یہاں اس واقعہ پر بھی غور کرلیں جس کا تعلق قاضی شریح کے ساتھ ہے۔ قاضی شریح کو عبید اللہ بن زیاد نے بلایا تا کہ اس سے امام حسینؑ کے بارے میں موت کا وارنٹ حاصل کرسکے ۔ ابن زیاد کے مطالبے پر قاضی شریح نے کہا کہ میں ایسا کیسے کر سکتا ہوں جب کہ میں جانتا ہوں کہ حسین ہمارے نبی کا نواسا ہے؟ ابن زیاد نے اسی وقت سونے

سے بھری ایک تھیلی اس کی طرف پھینک دی۔ قاضی صاحب نے چلا کر کہا کہ کیا تم مجھے رشوت کے ذریعے خریدنا چاہتے ہو؟ ابن زیاد نے ایک اور تھیلی اس کی جانب پھینک دی۔ اس پر قاضی نے کہا کہ تم جانتے ہو کہ میں ایک بوڑھا آدمی ہوں۔ یہ سن کر ابن زیاد نے ایک اور تھیلی اس کی جانب لڑھکا دی۔ یہ دیکھ کر قاضی صاحب نے کہا کہ تمہیں معلوم ہے کہ میرے چھوٹے بچے بھی ہیں۔ یہ سنتے ہی ابن زیاد نے سونے سے بھری ایک اور تھیلی اسے عنایت کر دی۔ اب قاضی شریح بدل گئے اور فورا فتویٰ دیا کہ باغی کا سر قلم کرنا جائز ہے۔ یہ واقعہ اپنی نوعیت میں کس قدر المناک اور تعجب انگیز ہے۔ قابل غور بات یہ ہے کہ اس کے بعد ابن زیاد کی دی گئی اس رشوت سے بھر پور لطف اٹھانے کے لیئے قاضی شریح کتنا عرصہ اس دنیا میں زندہ رہ سکے ؟

اب اس کے بعد عمر بن سعد کی حالت پر بھی غور کر لیجیئے، کہ جب امام حسینؑ نے اس سے کہا تھا کہ تم بھی میرے خلاف جنگ کرو گے؟ اس نے جواب میں کہا کہ مجھے رے کی زمین کی سرداری کی پیشکش کی گئی ہے۔ اس پر امامؑ نے فرمایا کہ ہم تمہیں اس دریا کو عنائیت کرتے ہیں جسے معاویہ نے ہم سے مانگا تھا مگر ہم نے اسے نہیں دیا۔ یہ سن کر عمر بن سعد نے کہا کہ رے کی زمین مجھے زیادہ عزیز ہے۔ اس پر امامؑ نے فرمایا کہ تمہیں رے کی زمین سے مٹھی بھر گندم بھی نصیب نہ ہو گی۔ عمر بن سعد نے اس پر طنزیہ انداز میں کہا کہ میرے لیئے اس زمین سے جو کی مٹھی ہی کافی ہے۔ روایات میں ملتا ہے کہ عمر بن سعد پھر پوری رات اس معاملہ پر غور کرتا رہا اور اپنے خیالات کو اس

نے اشعار کی شکل میں بیان کیا: 'کیا میں حسین کو قتل کرکے اپنے آپ کو ہمیشہ کی آگ کی زنجیروں کے حوالے کردوں؟ اور کیا میں اسے زندہ چھوڑ کے اپنے آپ کو رے کی زمین سے محروم کر لوں؟ رے کی زمین تو میری آنکھوں کی ٹھنڈک ہے اور یہ تو معروف ہے کہ اللہ غفور رحیم ہے، وہ بخش دے گا۔ میں حسین کو قتل کرکے دو سال تک مسلسل توبہ کرتا رہوں گا اور یوں اس کی تلافی ہو جائے گی۔ لیکن میں رے کی زمین سے دستبردار نہیں ہو سکتا ۔ اسے حاصل کرکے ساری عمر عیش سے گزاروں گا۔' یہ واقعہ انتہائی حد تک غور و فکر کا متقاضی ہے۔ عمر بن سعد کو رے کی گورنری نہیں مل سکی اور وہ اپنے عبرت ناک انجام سے دوچار ہوا۔ اگر اسے ذرا بھی علم ہوجاتا کہ اس کے بعد اس کے ساتھ کیا پیش آنے والا ہے تو کیا پھر بھی وہ اس جرم عظیم کے ارتکاب کے لیئے اپنے آپ کو امادہ پاتا؟

کیا میں اپنے آپ کو رات کی نیند سے اس سوچ اور فکر میں محروم کردوں کہ کل صبح میرے پاس کچھ ہوگا یا نہیں؟ اس صبح کی فکر میں جس کے بارے میں خود مجھے بھی یقین نہیں کہ وہ میری زندگی میں آسکتی ہے یا نہیں۔یا پھر میں پورے اطمینان کے ساتھ اپنی رات اپنے خالق کے ساتھ اس پر توکل کرتے ہوئے بسر کر لوں کہ وہی رازق اور مالک ہے ۔ قرآن کا مطالعہ کیجیئے، کس طرح اللہ تعالیٰ ہمیں ان زنجیروں سے آزاد کرتے ہوئے فرماتا ہے کہ زندگی اور موت دونوں میرے ہاتھ میں ہیں ، اور اسی طرح تمہاری روزی بھی میرے اختیار میں ہے۔ اب تمہیں نہ تو جھوٹ بولنے کی ضرورت ہے، نہ کسی کو دھوکہ دینے

کی، اور نہ ہی اپنا سکون برباد کرنے کی۔ میں خوب جانتا ہوں جو کچھ مجھے کرنا ہے اور تمہارا وظیفہ یہ ہے کہ تم مجھے پانے کی کوشش کرو اور میرے ساتھ جڑ جاؤ۔ تمہیں روزگار کی فکر میں راتوں کو جاگنے کی کوئی ضرورت نہیں۔ تمہارا سکون مجھ پر توکل کرنا ہے۔ اسی طرح تمہاری عزت بھی میرے ہاتھ میں ہے اور ذلت بھی۔ یہ ہے وہ عظیم تعلیم جو قرآن ہمیں دے رہا ہے۔

اللہ کی ذات ہمیں حقیقی آزادی سے ہمکنار کرنا چاہتی ہے اور اس کے لیئے وہ ہماری ذہنی اور نفسیاتی دونوں لحاظ سے تربیت کرتی ہے۔ جب یہ تربیتی عمل اپنی تکمیل کو پہنچ جاتا ہے تو اس وقت وہ تمام واسطے اور حجابات ختم ہو جاتے ہیں جو انسان اور اس کے خالق کے درمیان ہیں۔ خدا کا اپنا یہ فرمان ہے کہ میرے اور تمہارے مابین کوئی واسطہ نہیں۔ یہ معرفت کا تعلق براہ راست اور بے وسیلہ ہے۔ تم سب میرے پاس لوٹ کر آؤ گے اور انفرادی حیثیت میں میرے سامنے پیش ہو گے۔ کوئی بھی میری اجازت کے بغیر نہ تو کسی کی سفارش کر سکے گا اور نہ ہی کوئی مدد کر سکے گا۔ تمہارا اصل مشن یہی ہے کہ تم ساری آلائشوں سے منہ موڑ کر میری طرف متوجہ ہو جاؤ اور مجھ ہی سے اپنا ناتہ جوڑ لو۔ یہی وجہ ہے کہ قرآن کا بنیادی پیغام خدا پرستی اور للاہیت کا پیغام ہے اور یہی پیغام ہماری فطرت کے عین مطابق ہے۔ وہ جانتا ہے کہ ہماری فطرت میں معبود پرستی اور صنم پرستی کا داعیہ موجود ہے اور اس نے اپنی ذات کی صورت میں اس ضرورت کو پورا کر دیا ہے۔ اگر ہم کسی اور سے مدد مانگتے ہیں تو وہ بھی اس وقت تک ہماری کوئی مدد نہیں

کر سکتے جب تک کہ اللہ نہ چاہے۔ اس شکل میں کسی کے پاس بھی کوئی ضمانت اور اتھارٹی نہیں۔

نظریہ توحید چونکہ دین کی اساس ہے اس لیئے اسے خالص شکل میں قائم رکھنا عظیم جدو و جہد کا حصہ ہے ، اور قرآن بھی اسی کی طرف بلاتا ہے تا کہ اس کی روشنی میں ہم اپنے آپ کو غیر اللہ کی ہر پرستش سے آزاد کر لیں۔ قرآن ہماری علمی سطح کو بلند کرنا چاہتا اور ہمیں آیات میں غور و تدبر کی ترغیب دیتا ہے تا کہ ہم اپنے مقصد کے حصول کی جانب بڑھ سکیں۔ جذباتی اور روحانی لحاظ سے اللہ ہمیں اطمینان اور توکل کی جانب رہنمائی کرتے ہوئے فرماتا ہے کہ میں اس بات سے اچھی طرح اگاہ ہوں کہ تم خوف اور حزن کا شکار ہواور اندر سے اپنے آپ کو غیر محفوظ تصور کرتے ہو۔ میں ہی تمہیں زندگی، موت اور اس کے ساتھ روزی دینے والا ہوں۔ میں ہی تمہیں دوست دینے والا ہوں اور اس کے ساتھ دشمن بھی۔ تم زندگی میں موجود ان تمام امور کی روشنی میں مجھے پانے کی کوشش کرو اور میرے ساتھ جڑ جاؤ۔ اور عبادت کی سطح پر اللہ تعالٰی ہم سے فرماتا ہے کہ یہ کیسے ممکن ہوگیا کہ تم نے میرے اور اپنے درمیان مختلف معبود کھڑے کر دیے؟ اس کا واضح فرمان ہے کہ تم مجھ سے مانگو میں تمہیں دوں گا۔ کیا یہ فرمان قرآن میں نہیں؟ تمہیں یاد ہوگا کہ جب مکہ کے مشرکین کو خدا کے نبی نے توحید کی طرف بلایا اور بتوں کی تردید کی تو انہوں نے جواب میں کہا کہ ہم تو ان بتوں کی عبادت نہیں کرتے بلکہ ہم انہیں خدا کے قریب پہنچنے کا وسیلہ سمجھتے ہیں۔ مگر جواب میں اللہ نے اس تصور کو رد کر دیا اور اسے

باطل قرار دیتے ہوئے فرمایا کہ کیا میں نے تم کو ایسا کرنے کا حکم دیا تھا؟ اللہ نے اس کے بر خلاف ان تمام بتوں کو توڑنے کا حکم دیا اور براہ راست اپنی ذات کے ساتھ وابستہ ہونے کا ارشاد فرمایا۔ اس سلسلے میں ہمارے لیئے عظیم مثالیں خود نبی اور اس کی اولاد کی زندگی میں عیاں ہیں۔ دیکھیئے، امام علیؑ، حسنؑ اور حسینؑ نے اپنے عمل سے کس قدر اعلیٰ نمونے پیش کیئے تا کہ انسانیت ناکامی سے محفوظ ہو جائے۔

اللہ اپنے کلام میں ہمیں اعتماد اور یقین کی طرف بلاتے ہوئے فرماتا ہے کہ میں نے تمہاری پیدائش سے قبل ہی تمہاری تقدیر کو بنا دیا تھا اور اس کے مطابق ہر چیز کو مقدر کر دیا تھا جو تمہارے لیئے ضروری تھی۔آسمانوں اور زمین کی پیدائش بھی اسی کے مطابق ہے۔ اور پھر یہ بھی اسی کا حصہ ہے کہ اگر کوئی نعمت تمہیں مل جائے تو اس پر اترانے اور تکبر کرنے کی کوئی ضرورت نہیں بلکہ یہ مقام شکر ہے۔ اور اس کے برعکس اگر کوئی نعمت تم سے چھن جائے یا کوئی نقصان ہو جائے تو اس صورت میں تمہیں مایوس اور غمگین ہونے کی بھی کوئی حاجت نہیں۔ تمہارا اصل وظیفہ یہ ہے کہ تم ہر حال میں مجھ سے جڑ جاؤ اور مجھ ہی پر توکل کرو۔ پھر اسی کے ساتھ اللہ یہ بھی فرماتا ہے کہ میں ہر چیز کو بدل بھی سکتا ہوں۔ اللہ کا یہ فرمان کس قدر اطمینان بخش اور دلآویز ہے۔ ایک طرف تو وہ یہ فرماتا ہے کہ اگر تم سے کوئی چیز چھن جائے تو پریشان ہونے کی ضرورت نہیں۔ اسے میں نے ہی ایک خاص مقصد کی خاطر تم سے واپس لے لیا اور یہ میرے ہی خاص منصوبہ کا حصہ تھا ۔ اور دوسری طرف وہ یہ بھی فرماتا ہے کہ اگر تم اپنی تقدیر سے خوف

زدہ ہو تو پھر یہ بھی جان لو کہ میں ہر چیز پر قادر ہوں۔ تمہیں خوف زدہ ہونے کے بجائے اپنے عمل اور مسلسل جدو و جہد کے ذریعے خود اپنی تقدیر بنانے کی فکر کرنا چاہیے۔ یہی وہ عمل ہے جس میں خود اللہ تعالیٰ اپنے بندے پر خوش ہوتا اور اس کی مدد کرتا ہے۔ کس قدر حوصلہ افزا ہے یہ فرمان اور منصوبہ۔ کس قدر خوبصورتی کے ساتھ اللہ تعالیٰ اختیار خود ہمارے ہاتھ میں دیتا ہے تا کہ ہم اپنی قسمت خود بنا سکیں اور اپنے آپ کو مایوسی اور بددلی جیسے المناک جذبات و احساسات سے محفوظ رکھ سکیں۔ ہمیں حالات کی کسی بھی سنگینی سے شکست خوردہ ہونے کی ضرورت نہیں۔ اس زندگی میں کامیابی کے حصول کی خاطر ضروری ہے کہ ہم عمل کے میدان میں اپنے آپ کو اہل ثابت کریں اور اس کے بعد اپنا ہر معاملہ اللہ کے سپرد کر دیں۔

جب ہم قرآن کا مطالعہ کرتے ہیں تو ہمیں محسوس ہوتا ہے کہ ہمارا خالق دو لحاظ سے ہمارے لیئے اپنا تعارف پیش کرتا ہے۔ اس کا پہلا حصہ انتہائی ذاتی اور قربت سے عبارت ہے۔ اور دوسرے کا تعلق اللہ کی قانونی حاکمیت سے ہے۔ اس دوسرے حاکمیت کے پہلو سے اللہ کا تعارف عظمت، خالقیت، حاکمیت ، بے مثالیت اور دونوں جہان کی تدبیر سے ہے۔ اس حیثیت سے وہ تنہا اور یکتا ہے جو سب کچھ سننے والا اور دیکھنے والا ہے۔ (۱۱ : ۴۲) دوسرے ذاتی اور قربت والے پہلو کے لحاظ سے اللہ وہ ہے جو ہماری شہ رگ سے بھی زیادہ قریب ہے۔ اس سے ہم سوال کرتے اور مانگتے ہیں۔ اسے ہم اپنے دل میں پاتے اور ایک عجیب اور پرکیف اپنائیت کا احساس پاتے ہیں۔ اے میرے رب، میرے

پالنہار، مجھے کھلانے پلانے والے، جیسے محبوب الفاظ سے ہم اسے پکارتے اور یاد کرتے ہیں۔ یہ ذاتی طور پر وہ قربت ہے جس کی مٹھاس اور گہرائی کا اندازہ نہیں کیا جا سکتا۔ اس میں کوئی فریب اور تصنع ممکن ہی نہیں۔ کیونکہ اس کا تعلق اس ذات سے ہے جو ہر بات سے باخبر ہے اور وہ مجھ سے زیادہ میرے سے اگاہ ہے۔ یہ ذاتی تعلق کا وہ مرحلہ ہے جہاں میرے اور خدا کے درمیان راز و نیاز ہے۔ میں اس کے در کا بھکاری ہوں اور اس کے سامنے اس انداز میں کھڑا ہوں جیسا کہ حقیقتا میں ہوں۔ اخلاص اور محبت دونوں کا یہ عجیب منظر اسی دربار میں ممکن ہے۔

آپ کو ہوائی جہاز پر سفر کے دوران یہ تجربہ بہرحال پیش آیا ہوگا کہ بعض اوقات فضا میں ہوا کی شدید ناہمواری کے باعث جہاز شدید جھٹکوں اور ہچکولوں کا شکار ہونے لگتا ہے۔ یہ وقت مسافروں کے لیئے انتہائی کڑا اور کربناک ہو جاتا ہے۔ یہی وہ مقام ہے جہاں ہم اللہ کے اس حاکمیت اور عظمت والے پہلو کے بجائے فوری طور پر ذاتی پہلو والے خدا سے اپنا رشتہ جوڑ لیتے اور گڑ گڑا کر اسی سے سلامتی کی دعائیں مانگنے لگتے ہیں۔یہاں ایک فرق آپ نے اچھی طرح ملاحظہ کیا ہوگا کہ خطرے کی اس گھڑی میں ہم اللہ تعالیٰ کی ذات کے ساتھ حد درجہ مخلص ہوتے اور تمام تصنعات اور تکلفات کو ترک کر دیتے ہیں جو عام حالات میں ہم نے اپنے اوپر طاری کر رکھے ہیں۔ یہاں ہر دعا اور لجاجت میں خلوص، کھرا پن اور معصومیت ہوتی ہے۔ مگر جب ہم دوسری طرف مسجد میں ہوتے ہیں وہاں بھی دوران عبادت ہم اسی خالق کے سامنے

جھکتے اور دعائیں مانگتے ہیں۔ مگر یہاں خلوص اور معصومیت کی وہ کیفیت بالکل نہیں ہوتی۔ کیونکہ یہاں ہمارا تعلق خدا کے ذاتی پہلو سے نہیں بلکہ حاکمیت اور عظمت و جبروت والے پہلو سے ہوتا ہے۔ لجاجت اور منت یہاں بھی ہوتی ہے مگر اس میں تصنع، بناوٹ اور نفاق کی آمیزش ہو جاتی ہے۔ خلوص باقی نہیں رہتا۔ لیکن اللہ ہر لیول پر ہمارے ساتھ رہتا ہے۔ خواہ وہ حاکمیت اور جبروت کا پہلو ہو یا ذاتی اور قربت کا۔ ہمارا اصل مشن اس کی معرفت اور اس سے جڑنا ہے۔

اللہ تعالیٰ کی ذات کے یہ دونوں خوبصورت اور بے مثال پہلو قرآن میں موجود ہیں جو ایک لحاظ سے ما فوق الفطرت بھی ہیں اور اسی کے ساتھ ساتھ وہ ہمارے لیئے عملی قربت اور محبت سے بھی عبارت ہیں۔ اللہ اپنی کتاب میں واشگاف الفاظ میں فرماتا ہے کہ تم میرے بندے ہو اور میں نے ہی تمہیں پیدا کیا ہے۔ تمہیں میرے ساتھ تعلق میں کسی بھی تصنع ، بناوٹ اور منافقت کی ضرورت نہیں۔ کیا میں نے تمہارے ساتھ اس تصنع پر مبنی کوئی سلوک کیا ہے؟ تم جیسے کچھ بھی ہو بغیر کسی بناوٹ کے اپنی خالص حالت میں میرے پاس آؤ، میں اسی حالت میں تمہیں قبول کر لوں گا اور اس خالص شکل کو میں زیادہ پسند کرتا ہوں۔کیونکہ میں تمہاری تمام کمزوریوں اور خامیوں سے بخوبی واقف ہوں۔تم اپنی کوئی کمزوری بھی مجھ سے نہیں چھپا سکتے۔ میں تمہارے ظاہر اور باطن دونوں سے اچھی طرح اگاہ ہوں۔ تمہیں میرے ساتھ تعلق میں اپنے آپ کو اچھی طرح واضح کرنا ہوگااور اخلاص آمیز رویہ اختیار کرنا ہوگا۔ میں تمہارا وہ حامی اور دوست ہوں جو خلوص کو پسند

کرتا اور خامیوں سے در گزر کرنے والا ہے۔ اللہ کے ساتھ گہرا تعلق قائم کرنے اور اس کی معرفت سے آشنا ہونے کے لیئے اس اصول پر کاربند رہنا ہماری اولیں ذمہ داری ہے۔ قرآن ایک عظیم کتاب ہے جو ہمیں صحیح معنوں میں آزادی سے ہمکنار کرتی ہے۔ اگر ہم اس ہدایت نامہ کا سمجھ کر مطالعہ کریں اور اس پر غور کریں تو یہ ہمیں ہماری اس موجودہ حالت سے اٹھا کرایک بہتر حالت کی طرف رہنمائی کرے گا اور اعتماد کی نئی روح ہمارے اندر پھونک دے گا۔

نویں شب

ہم اس وقت اپنے سلسلہ مجالس کے بالکل آخری مرحلے میں پہنچ چکے ہیں جہاں ہم اپنے نبی رحمت کی عظمت اور رفعت پر سیر حاصل گفتگو کریں گے ،قرآن کے اس اعلان کے مطابق: "یقینا اللہ کے رسولؐ کی زندگی میں تمہارے لیئے بہترین نمونہ ہے،خصوصا اس کے لیئے جو اللہ کے ساتھ ملاقات کا خواہشمند ہے، یوم آخرت پر ایمان رکھتا ہے اور اللہ کو کثرت سے یاد کرتا ہے۔" (۲۱ : ۳۳) اس آیت کا پیغام یہ ہے کہ کامیابی کے لیئے شرط یہ ہے کہ پیغمبرؐ کی زندگی کو اپنے لیئے نمونہ بنایا جائے۔ اس سے انحراف کرکے کامیابی کا کوئی تصور نہیں۔ اس کی وجہ یہ ہے کہ ہماری زندگی کا بنیادی مقصد اللہ کی پہچان اور معرفت ہے۔ یہی معرفت ہمیں علمی سطح پر آزادی اور شعور کی بلندی سے آشنا کرتی ہے۔ یہ ہمارے اخلاق کا تزکیہ کرتی اور زندگی کو ابہام سے نکال کر واضح رخ عطاء کرتی ہے۔ یہی معرفت ہماری زندگی کے اس سفر کی تکمیل اور آخری منزل ہے۔ مگر یہ معرفت اس وقت تک ہمارے اندر نہیں آ سکتی جب تک کہ ہم اپنے آپ کو اپنی تمام خواہشات کے ساتھ اللہ کی رضا کے حوالے نہ کر دیں۔ اسی اطاعت اور خود سپردگی کے نتیجے میں اللہ تعالیٰ ہماری زندگی کو سنوار دے گا اور ہماری ذات کو کامل بنا دے گا۔

حقیقت میں اللہ کی ذات ہی ہمارے لیئے سب سے بڑا مقصد اور ملجاء ہے۔ کیونکہ وہی علم ہے، وہی روشنی ہے۔ وہ ہر قسم کی جہالت اور اندھیرے سے پاک ہے۔ اس میں کوئی کمزوری اور خلاء نہیں۔ اخلاق کے حسن کا وہی سب سے بڑا مرکز ہے۔ بلکہ یہ کہنا بیجا نہ ہوگا کہ وہی اپنی ذات میں سراسر مقصد ہے۔ مگر وہی اللہ ہمیں اپنی ذات اور آخرت کی جانب متوجہ کرتا ہے جس آخرت کے نتیجے میں ہم اپنی ذات کی تکمیل اور آخری منزل کو پاتے ہیں۔ مگر یہ تمام کامیابیاں اللہ کے آخری رسول کے اسوہ حسنہ کی پیروی سے وابستہ اور اسی سے مشروط ہیں۔ اگر ہم اپنے ایمان میں مخلص ہیں تو پھر نبی اکرمؐ کے اسوہ کی پیروی ہمیں اللہ کی معرفت اور ذات کی تکمیل جیسی نعمتوں سے مستفیض کر دے گی۔ اسی سے ہماری روح میں خدا پرستی کے جلوے در آئیں گے اور یہ خدا کے حسن اور اس کے نور ہدایت کا آئینہ بن جائے گی۔

اپنے آخری نبیؐ کے حوالے سے میں اپنی مسلم کمیونٹی سے یہ سوال کرتا ہوں کہ نبی محمدؐ کا تمہارے نزدیک تصور کیا ہے اور پھر ان کے ساتھ تمہارے تعلق کی نوعیت کیا ہے؟ اپنی شیعہ کمیونٹی کی حد تک تو میں جانتا ہوں اور پورے وثوق سے کہ سکتا ہوں کہ یہ پیغمبر کے ساتھ اپنے اصل تعلق اور اپنائیت کو گم کر چکی ہے۔ ہمیں پوری دیانت داری کیساتھ اس کا اعتراف کرنا چاہیے۔ ہمارا تعلق ان کے ساتھ محض ایک ضابطے اور خانہ پوری کی حد تک ہی رہ گیا ہے۔ جب پیغمبر کا نام ان کے خصوصی درود یعنی 'صلی اللہ علیہ و آلہ و سلم' کے بغیر لیا جائے تو لوگ اس پر سیخ پا ہو جاتے ہیں۔ حالانکہ یہ ایک قابل غور نکتہ ہے کہ

جب میں انتہائی محبت کے ساتھ ان کا اصلی نام 'محمد' لیتا ہوں تو مجھے ایک عجیب قربت اور اپنائیت کا احساس ہوتا ہے۔ میں اپنے آپ کو گویا ان کے قریب محسوس کرتا ہوں۔ لیکن اس کے برعکس جس پروٹوکول پر ہم بڑی سختی اور پابندی کے ساتھ قائم ہیں اس نے پیغمبر کو ہمارے لیئے ایک ما فوق الفطرت اور پر اسرار ہستی بنا کر رکھ دیا ہے۔ نبی کے ساتھ اصل تعلق کے بجائے ایک ضابطے کا تعلق قائم ہو کر رہ گیا ہے جس میں نہ تو محبت کی چاشنی ہے اور نہ ہی اپنائیت کی مٹھاس۔ حالانکہ اصل تعلق دل کی گہرائیوں میں ہوتا ہے جو تکلف اور تصنع سے بالکل آزاد ہے۔ اس میں کوئی شبہ نہیں کہ درود کا پانا ایک مقام ہے اور اس کے لیئے اعلیٰ درجات بھی متعین ہیں۔ مگر اس کے باوجود جس طرح ہم اس کا التزام کرتے اور انتہائی حد تک اسے واجب قرار دیتے ہیں، اس نے رواج اور ظاہری پروٹوکول کی صورت کو جنم دے دیا ہے اور اپنائیت کو کافی حد تک کم کر دیا ہے۔

آج ہم میں ایسے کتنے لوگ ہیں جنہوں نے حضور اکرمؐ کی سیرت کا با مقصد انداز میں مطالعہ کیا ہے؟ ہم یہاں سیرت کے ان گوشوں کی بات نہیں کرتے جو بالکل عام اور معروف ہیں۔ جیسا کہ آپؐ کی تاریخ پیدائش، وفات اور عمر وغیرہ۔ کیونکہ ان سے تو تقریباً ہر آدمی واقف ہے۔ یہاں اصل بات ان امور سے ہے جن کا تعلق ہماری اصلاح اور ہدایت سے ہے۔ مثال کے طور پر آپؐ کے فرمودات، خطبات اور وہ احادیث جو ایمان اور اخلاق سے تعلق رکھتی ہیں۔ ہم میں سے ایسے کتنے افراد ہیں جو ان کے ساتھ منسلک ہیں؟ ایسے کتنے لوگ ہیں جو نبی اکرمؐ

کے معاملات، اخلاق اور اعلیٰ کردار کی متابعت کا جذبہ اپنے دلوں میں رکھتے ہیں۔ ہمیں معلوم ہونا چاہیے کہ یہی متابعت ہمارے لیئے کامیابی اور نجات کا ذریعہ ہے۔ اور اسی متابعت کا ذکر دیگر انبیاء کے سلسلے میں بھی ہمیں قرآن میں ملتا ہے۔ ہمیں تمام انبیاء بالخصوص خاتم الانبیاء کے اسوہ حسنہ کو صحیح معنوں میں سمجھتے ہوئے اپنانا ہوگا تاکہ ہم دنیا اور آخرت دونوں جہان کی خیر و برکت سے مالا مال ہو سکیں۔

یہاں ایک اہم سوال یہ بھی ہے کہ نبیؐ کی زندگی کی وہ کون سی خوبی اور مثال ہے جس کی پیروی ہماری یہ کمیونٹی متعین طور پر کر رہی ہے؟ ہماری کمیونٹی کے اس مجموعی نظام میں پیغمبر اکرم تو ایک ایسی پر اسرار شخصیت بن کر رہ گئے ہیں جنہیں صحیح معنوں میں ما فوق الفطرت ہی کہا جا سکتا ہے۔ حج کے موقع پر بارہا میں نے اپنے ساتھیوں کی ناپسندیدگی کے باوجود ان سے یہ کہا ہے کہ جب آپ لوگ اس کعبہ کی چھت سے لیکچر دیتے اور مذہبی گفتگو کرتے ہیں تو ان میں اپنے عظیم نبیؐ کے اخلاق اور کردار سے متعلق ان مثالوں کا تذکرہ کیوں نہیں کرتے جو سب سے زیادہ اہم ہیں؟ اگر آپ لوگ ایسا کریں گے تو غیر شیعہ افراد بھی آپ سے متاثر ہوں گے اور بہت سی بدگمانیاں دور ہو جائیں گی۔ مگر اس کے برعکس جو کچھ آج ہم کر رہے ہیں اس سے دوسروں کو یہی تاثر ملتا ہے کہ ان لوگوں کے پاس باقی تو سب کچھ ہے مگر قرآن اور پیغمبر دونوں غائب ہیں۔

پیغمبر اسلامؐ کے متعلق ہمارا عمومی نظریہ کیا ہے اور ہم انہیں کیا سمجھتے ہیں؟ کیا ہمارا خیال یہ ہے کہ وہ اللہ کی مخلوقات میں سب سے

افضل ہیں؟ پھر یہاں سوال یہ بھی ہے کہ وہ کس معنی میں تمام مخلوقات سے افضل ہیں؟ کیا کوئی یہاں اس دعوی کی اصل حقیقت سے واقف ہے؟ اس دعوی پر مزید غور و فکر کی ضرورت ہے تاکہ ابہام دور ہو سکے اور مزید معانی سامنے آسکیں۔ جب ہم یہ کہتے ہیں کہ ہمارے نبی سب سے بہتر اور افضل ہیں تو کیا ہمارے ذہن میں یہ خاکہ ہے کہ وہ کعبہ کے اندر پیدا ہوئے یا وہ کوئی اور تھا جس کی پیدائش کعبہ کے اندر ہوئی؟ لیکن ہم جانتے ہیں کہ وہ کعبہ کے اندر پیدا نہیں ہوئے تو اس صورت میں علی بن ابی طالبؑ سے کیسے بہتر ہو سکتے ہیں جن کی پیدائش کعبہ میں ہوئی؟ یا وہ اس لیئے سب سے افضل ہیں کہ انہوں نے نومولود کی حیثیت سے پنگھوڑے میں لوگوں سے کلام کیا؟ اس کا جواب بھی نفی میں ہے ۔ کیونکہ یہ کلام حضرت مسیحؑ کی جانب قرآن میں منسوب ہے۔ تو اس شکل میں وہ عیسیٰؑ سے کیونکر افضل ہوئے؟ جب ان دو عظیم امور میں سے کوئی بھی ان کی طرف منسوب نہیں تو پھر ہمارے اس دعوے کی کیا حقیقت رہ جاتی ہے؟ ہم جو کچھ بھی کر رہے ہیں اس کی حقیقت سے آشنا نہیں، بس ظاہری الفاظ پر گزارا کر رہے ہیں۔ نبی اکرمؐ کی عظمت کی اصل حقیقت ہمارے سامنے نہیں۔ اور جو کچھ موجود ہے وہ توہمات اور معجزات کی ایک دنیا ہے جس کا عملی حقائق سے کوئی واسطہ نہیں۔ اس میدان میں ہمارے خیالات نہایت سطحی اور دعوے حد درجہ کھوکھلے ہیں۔ وہ یقینا سب سے عظیم ہیں مگر ابھی تک ہم عظمت کے اس راز سے واقف نہیں۔

ہمارے واعظین عموماً یہ روایت بیان کرتے ہیں کہ جب امام علی بن ابی طالبؑ کی کعبہ کے اندر ولادت ہوئی تو نبی کریمؐ فوراً اندر گئے اور امامؑ کو اٹھا لیا۔ امام علیؑ نے اس وقت آنحضورؐ سے کہا کہ اے اللہ کے رسول، میں اس وقت آپ کے سامنے الہامی کتابوں میں سے کونسی کتاب کی تلاوت کروں؟ توراۃ کی، انجیل کی، زبور کی، یا پھر قرآن کی؟ ہم اپنے بچپن سے اس روایت کو منبر سے سنتے چلے آ رہے ہیں۔ لیکن قرآن میں سورہ یوسف میں تو ہمیں یہ بات ملتی ہے کہ اللہ تعالیٰ نے اپنے نبیؐ کو مخاطب کرتے ہوئے فرمایا کہ، "تم میری اس وحی سے قبل ان تمام حقائق سے واقف نہ تھے۔" یہاں سوال یہ ہے کہ امام علیؑ وحی الٰہی کے نزول سے دس سال قبل کس طرح ان حقائق سے واقف ہو گئے جن سے خود رسول خداؐ اس آیت کے مطابق ان سے واقف نہ تھے؟ اس سلسلہ میں ہمیں کھلے ذہن اور دماغ کے ساتھ غور کرنا چاہیے۔ ہم بہت سی ایسی باتیں بیان کرجاتے ہیں جن کی کوئی حقیقت نہیں ہوتی اور پھر وہ بظاہر قرآن سے بھی مطابقت نہیں رکھتیں۔ ہم جانتے ہیں کہ خود امام علیؑ کی مستند سوانح میں اس روایت کا کوئی ذکر نہیں۔ اگر اس روایت کی کوئی حقیقت ہوتی تو حضورؐ فوراً یہ کہ دیتے کہ سبحان اللہ، یہ تو عیسیٰ ابن مریم کے مشابہ ہے اور اسی طرح پنگھوڑے میں کلام کر رہا ہے جس طرح انہوں نے کی تھی ۔ مگر حقیقت میں ایسا ثابت نہیں۔ اس سے معلوم ہوتا ہے کہ ہم کس قدر کمزور اور سطحی ہو چکے ہیں۔ پھر اس سے بھی بڑھ کر صدمے کی بات یہ ہے کہ ہمارے نبیؐ کی زندگی نمونہ کی حیثیت سے ہمارے اس پورے مذہبی نظام سے خارج ہو چکی ہے۔ اصل اہمیت دوسری ہستیوں کے لیئے ہے جو

ان کے تابع ہیں اور پھر ان کی اہمیت بھی ان ہی کی وجہ سے ہے۔ مگر اس اصل اور بنیادی شخصیت کو ہم نے محض خانہ پوری اور لیپا پوتی کے لیئے رکھا ہوا ہے۔ ایک واضح نمونہ کی حیثیت سے یہ کہیں بھی موجود نہیں۔ ہمیں بہرحال اپنی اصلاح کرنا ہوگی۔

یہاں حضرت مسیحؑ کی مثال کو بھی سامنے رکھیئے جنہوں نے پنگھوڑے میں لوگوں سے کلام کیا اور بغیر باپ کے بطور معجزۃ ان کی ولادت ہوئی۔ کیا ان کا کوئی ہمسر اور مثیل ہو سکتا ہے؟ ہماری مستند روایات کے مطابق ان کی شادی نہیں ہوئی جب کہ ہم شادی بھی کرتے ہیں اور ہماری اولاد بھی ہے۔ اس کے نتیجے میں ہم ایسے مسائل، دکھ اور مصائب سے گزرتے ہیں جن کا تعلق خالصتا نکاح اور ازدواج سے ہے اور یہ ازدواجی زندگی کا فطری حصہ ہیں، ان سے فرار ممکن نہیں۔ مگر حضرت عیسیٰؑ اپنی تمام عظمت اور بے شمار آزمائشوں کے باوجود اس معیار پر ان مسائل اور دکھوں سے نہیں گزرے جن سے بالعموم ہر صاحب اولاد کو اس دنیا میں گزرنا پڑتا ہے۔ آج اس دنیا میں دو بلین انسان حضرت عیسیٰؑ کے پیروکار ہی نہیں بلکہ ان کی پوجا کرنے والے ہیں۔ اس صورت میں وہ کیسے حضرت مسیحؑ کی ہمسری کر سکتے ہیں۔ اس میں کوئی شک نہیں کہ وہ ہم سب کے لیئے محبت کا نشان تھے اور یہی وجہ ہے کہ اس قدر انسان ان سے وابستہ ہیں اور ان کی پیروی کر رہے ہیں۔ اس میں بھی کوئی شبہ نہیں کہ حضرت عیسیٰؑ کو اپنی زندگی میں بہت سے مصائب اور آزمائشوں سے گزرنا پڑا ۔ انہیں دکھ اور تکلیف کے مراحل سے بھی گزرنا پڑا۔ مگر اس سب کچھ کے باوجود سوال یہ

ہے کہ حضرت عیسیٰؑ اپنی اس حیثیت میں کیا تمام انسانیت کے لیئے ایک جامع نمونہ (Role model) ہو سکتے ہیں، اگرچہ وہ ہمارے لیئے بہت سی جہتوں میں یقینا بہت بڑے نمونہ ہیں۔ مگر یہاں بات ایک جامع اور کامل نمونہ کی ہے جو زندگی کے تمام شعبوں کو حاوی ہو۔ جیسا کہ ابھی بیان ہوا کہ انہوں نے شادی نہیں کی اور ازدواجی زندگی کے مراحل سے انہیں نہیں گزرنا پڑا جو انسانی زندگی کا اہم ترین حصہ ہیں۔

اس لحاظ سے نبی محمدؐ کی ذات انسانیت کے لیئے جامع اور کامل نمونہ ہے جنہیں بنی نوع انسان کی فلاح و ہدایت کے لیئے کھڑا کیا گیا ہے۔ اگرچہ ان کے معجزات میں سمندر کو دو ٹکڑوں میں تقسیم کردینا شامل نہیں۔ لاٹھی کو سانپ میں تبدیل کردینا شامل نہیں۔ انہیں آگ میں پھینک دیا جانا اور پھر آگ کا ان کے لیئے گل و گلزار بن جانا بھی مذکور نہیں۔ اور نہ ہی ان کے معجزات میں یہ شامل ہے کہ انہوں نے اپنی پھونک سے مردوں میں زندگی ڈال دی، اور نہ ہی پنگھوڑے میں انہوں نے کلام کیا۔ لیکن اس کے باوجود وہی اس کائنات میں سب سے بڑے اور عظیم انسان تھے جن کا انسانیت نے مشاہدہ کیا اور انہیں محسوس کیا۔ میرے یہ خیالات محض اندھے جذبات اور عقیدت پر مبنی نہیں اور نہ ہی متکلمین کے اسلامی نظریات اور علم الکلام (theology Islamic) کے کمزور اور بودے دعووں پر مبنی ہیں ۔ یہاں تک کہ خود مستشرقین کی بھی ایک بہت بڑی تعداد نے اس حقیقت کو تسلیم کر لیا ہے اور اس کی شہادت دی ہے کہ پیغمبر اسلامؐ انسانی تاریخ کے سب سے زیادہ کامیاب انسان گزرے ہیں اور ان کی زندگی ایک بہترین نمونہ

قرار دی جا سکتی ہے۔ مگر ہمارے لیئے سوال یہ ہے کہ یہ نمونہ کہاں ہے؟ نبی اکرمؐ کی یہ عظیم کامیابی ہمارے ہاں کونسی جگہ پائی جاتی ہے؟ ان کے اس کردار کی خوبصورتی کہاں ہے؟ یہ سب کچھ ان کی عظیم اور بے مثال زندگی میں موجود ہے مگر ہم اس سے غافل ہیں اور ہماری زندگیاں اس نور سے محروم ہیں۔

نبیؐ کا سب سے بڑا معجزہ قرآن ہے۔ یہ عصا کا سانپ بن جانا، سمندر کو دو حصوں میں بانٹ دینا اور مردوں کو زندہ کرنا نہیں ، بلکہ اس سے مختلف معجزہ ہے۔ ان کا انسانیت کے لیئے کامل نمونہ ہونا اس وجہ سے ہے کہ ان کی طرف اللہ کی آخری وحی کا نزول ہوا۔ حضرت بی بی عائشہ کے قول کے مطابق قرآن ہی حضورؐ کے لیئے سب سے بڑا رہنما اور مشیر تھا۔ اور ان کی زندگی قرآن ہی کا مجسمہ تھی۔ قرآن ہی نے ان کی پرورش کی اور ان کے کردار کو اپنے عظیم قالب میں ڈھالا۔ نبی اکرمؐ ہمارے لیئے کس طرح عظیم نمونہ ثابت ہوئے؟ انسانیت میں وہ ہماری طرح تھے جیسا کہ قرآن نے اس کی صراحت کی ہے۔ پھر ان کے لیئے بھی وہی مسائل، دکھ اور آلام تھے جن سے ہر ایک انسان کو گزرنا پڑتا ہے۔ لیکن اس میں قابل غور نکتہ یہ ہے کہ انہوں نے کس طرح ان مشکلات کا مقابلہ کیا۔ کیسی پالیسی اختیار کی اور کس طرح اپنے تقویٰ اور خدا پرستی کے ذریعے ان تمام چیلنجز کے باوجود کامیابی حاصل کی اور انسانیت کے لیئے جامع نمونہ بن گئے۔ پیغمبر اسلامؐ کی تمام دعوتی جدو وجہد کا مرکز اور مقام ایک ایسا میدان رہا جہاں جبرائیل آپ کے ساتھ موجود نہ تھے اور نہ ہی ان کی ضرورت تھی۔ یہ ایک فطری

جدو و جہد کا میدان تھا ، کرامات اور معجزات کا نہیں۔ یہی وجہ ہے کہ حضور اکرم صحیح معنوں میں تمام انسانوں کے لیئے عملی نمونہ ہیں جن کی ہر انسان اپنی استطاعت میں پیروی کر سکتا ہے۔ ان سے قبل کوئی بھی پیغمبر آزمائش کے ان مراحل سے نہیں گزرا جن سے حضور اکرم کو گزرنا پڑا۔ اس لحاظ سے ان کی زندگی سب سے زیادہ جامع ہے اور نمونہ کے لحاظ سے بھی نہایت معیاری ہے۔

اگر ہم حقیقتاً یہ اعتقاد رکھتے ہیں کہ نبی اکرمؐ کے لیئے وہ انسانی جذ بات، خواہشات، محسوسات، اور غمی و خوشی کے مراحل نہ تھے جو ہمارے لیئے ہیں اور جن سے ہر انسان کو گزرنا پڑتا ہے تو پھر اس صورت میں پیغمبر اکرمؐ کس طرح ہمارے لیئے ایک کامل نمونہ بن سکتے ہیں؟ اس شکل میں تو وہ انسانی ضروریات اور خواہشات سے ماوراء ثابت ہوئے۔ جب کہ اصل حقیقت یہ ہے کہ انہیں بھی ایک انسان کی طرح دکھ، درد اور تکلیف محسوس ہوتی تھی اور اس کا اظہار خود قرآن میں موجود ہے۔ "ہم جانتے ہیں تمہیں ان باتوں سے شدید دکھ اور رنج ہوتا ہے جو یہ لوگ تمہارے خلاف کرتے ہیں۔" (۹۷ : ۱۵) حضورؐ بھی اپنی زندگی میں ان ہی احساسات اور جذ بات سے گزرتے رہے جن کا تجربہ کم و بیش ہر انسان اپنی زندگی میں کر سکتا ہے۔ حضرت بی بی عائشہ نے ایک موقع پر آنحضرتؐ سے پوچھا کہ آپ اس قدر طویل عبادت کیوں کرتے اور اپنے آپ کو اس عظیم مشقت میں کیوں مبتلاء کرتے ہیں جب کہ اللہ تعالیٰ نے آپ کے تمام اگلے پچھلے گناہوں کو معاف کر دیا ہے؟ اس پر آنحضورؐ نے جواب دیا کہ 'اے عائشہ ، اگرچہ

اس اللہ نے میرے تمام گناہوں کو معاف کردیا ہے مگر اس کے باوجود کیا میں اپنے خدا وند کا سب سے زیادہ شکر گزار بندہ نہ بنوں؟' اس سے معلوم ہوتا ہے کہ گویا حضور اکرم اس بات کو محسوس کرتے تھے کہ ان کی عبادت اور اطاعت اپنی کثرت اور محنت کے باوجود اللہ کی مہربانیوں کے مقابلے میں کم ہے اور وہ ان ساری کوشش کے باوجود عبادت کا حق ادا نہیں کر سکتے جیسا کہ ادا کرنے کا حق ہے۔

یہ بات اپنی جگہ ایک حقیقت ہے کہ خود حضورؐ بھی اپنی زندگی میں اسی فطری سفر سے گزرے ہیں جس سے ہم میں سے ہر ایک انسان کو گزرنا پڑتا ہے اور یہ ہر انسان کے لیئے ناگزیر ہے۔ اگر ہم اس حقیقت کا انکار کر دیں گے تو پھر اس صورت میں نبی کریمؐ ہمارے لیئے عملی نمونہ نہیں بن سکتے بلکہ وہ ایک مافوق الفطرت ہستی ٹھہرتے ہیں۔ یہاں میں اپنی بات کرتے ہوئے کہوں گا کہ میں ایک سادہ حیوانیت کے پنگھوڑے سے نکلا ہوں اور اب انسانیت کے مقام کو پانے کی جدو جہد میں ہوں۔ اور پھر انسانیت کے بعد میری منزل خالص روحانیت کا اعلیٰ مقام ہے۔ مجھے ایک ایسی شخصیت کے نمونہ کی ضرورت ہے جس کی زندگی کے ادوار اور مراحل اپنی فطرت میں خود میری زندگی کے سفر اور مراحل کے مطابق ہو ں اور میں ان کی پیروی کر سکوں۔ مثلا میری غربت مجھے مجبور کرتی ہے کہ میں چوری کروں، کسی کو دھوکہ دوں اور جھوٹ بولوں۔ مگر اس شخصیت کی حالت غربت اسے اس کے بلند مقام اور اعلیٰ روحانی اور اخلاقی اقدار سے نیچے نہیں گرنے دیتی۔ میں بہت سے دشمنوں میں گھرا ہوا ہوں اور دشمنی کی یہ حالت مجھے

انتقام کے لیئے مجبور کر رہی ہے۔ مگر رسول خدا اس سے بھی زیادہ دشمنوں کے حصار میں تھے ۔ مگر فتح مکہ کے موقع پر جب ان سب پر قابو پا لیا تو انتقام کے بجائے سب کو معاف کر دیا اور سب کو آزاد کر دیا۔ انہوں نے زندگی کے تمام نشیب و فراز کو دیکھا۔ دکھ اور تکالیف کے تمام مراحل سے گزرنے کے باوجود عملا وہی کیا جو سب سے بہتر اور افضل تھا اور جس میں انسانیت کے لیئے نفع تھا۔ یہی وہ نمونہ ہے جس کے ہم سب متلاشی ہیں اور سب کے لیئے قابل عمل ہے۔

ہم یہ بھی اعتقاد رکھتے ہیں کہ حضور نبی کریمؐ کے پاس علم غیب بھی تھا اور وہ مستقبل کے حالات سے بھی اگاہ تھے۔ اس میں کوئی شبہ نہیں کہ انہوں نے مستقبل کے متعلق بہت سی پیشن گوئیاں کیں جو ہو بہو درست ثابت ہوئیں۔ اور انہوں نے قیامت کے بارے میں بھی بہت سی نشانیوں سے ہمیں اگاہ کیا ہے۔ لیکن اس بارے میں ہمیں اصولا معلوم ہونا چاہیئے کہ اللہ کا فرمان کیا ہے اور اس کا اصل مطلب کیا ہے۔ اس کے لیئے ہمیں قرآن کی ذیل کی آیات سے رہنمائی لینا ہو گی۔ سورہ المائدہ میں اللہ تعالیٰ کا فرمان ہے: "کہو، (اے نبی) میں تم سے یہ نہیں کہتا کہ میرے پاس اللہ کے خزانے ہیں اور نہ میں غیب کو جانتا ہوں اور نہ میں تم سے کہتا ہوں کہ میں فرشتہ ہوں۔ میں تو بس اس وحی کی پیروی کرتا ہوں جو میرے پاس آتی ہے ۔ کہو، کیا اندھا اور آنکھوں والا دونوں برابر ہو سکتے ہیں؟ کیا تم غور نہیں کرتے۔ (۶ : ۵۰) اسی طرح ایک دوسری آیت میں خدا وند تعالیٰ یوں ہماری رہنمائی کرتا ہے: "کہو، میں مالک نہیں اپنی جان کے بھلے کا اور نہ ہی

برے کا مگر جو اللہ چاہے۔ اور اگر میں غیب کو جانتا تو میں بہت سے فائدے اپنے لیئے حاصل کر لیتااور مجھے کوئی نقصان نہ پہنچتا۔ میں تو محض ایک ڈرانے والا اور خوش خبری سنانے والا ہوں ان لوگوں کے لیئے جو میری بات مانیں۔" (۷ : ۱۸۸)

یہاں ہمیں غور کرنا ہوگا کہ ان آیات کا مفہوم اور مقصد کیا ہے۔ یہاں ان آیات کے ذریعے حضور اکرم یہ پیغام دے رہے ہیں کہ اگر میرے پاس علم غیب ہوتا تو میں اس کے واسطے سے اپنے لیئے بہت سے فوائد اکھٹے کر لیتا اور ان تمام نقصانات اور شر سے اپنے آپ کو بچا لیتا جن سے میں دوچار ہوا۔ ہمیں غور کرنا ہوگا اور اچھی طرح دیکھنا ہوگا کہ نبی کریمؐ کیا کہنا چاہتے ہیں اور ان آیات کا حقیقی مفہوم کیا ہے۔ ہم اپنی طرف سے کوئی بات نہیں گھڑ سکتے۔ یہ اللہ تعالیٰ کی حکمت کا حصہ ہے کہ وہ اپنے نبی کو منصب رسالت کی ادائیگی کے سلسلے میں کچھ خاص علم اور معلومات عنایت کرتا ہے جو اس عظیم فریضہ کی ادائیگی کے بارے میں لوازم کی حیثیت رکھتے ہیں اور یہ اسی حد تک ہیں جس حد تک اللہ مناسب جانتا ہے۔اور اس میں کوئی شک نہیں کہ اللہ کے رسول کی ایک خصوصی شان تھی کہ وہ اس خاص علم کے حامل ثابت ہو سکتے تھے جو عام انسانوں کی دسترس سے باہر تھا اور یہ ان کے لیئے ضروری بھی تھا۔ مگر اصل میں سارا علم اور فیصلے اللہ کے ہاتھ میں ہیں۔وہی مالک ہے جس چیز کو چاہے باقی رکھے اور جسے چاہے اسے مٹا دے۔ اسی کے پاس ام الکتاب ہے اور تمام اختیارات کا مالک ہے۔لیکن اس کے ساتھ یہ امر بھی قابل غور ہے کہ اگر حضور نبی اکرم کے پاس

علم غیب ہوتا اور وہ اللہ کی طرح ہر چیز سے اگاہ ہوتے تو پھر اس صورت میں وہ ہم انسانوں کے لیئے ایک جامع اور کامل نمونہ ثابت نہیں ہو سکتے تھے۔اس شکل میں وہ ایک ما فوق الفطرت ہستی بن جاتے۔

یہاں میں آٹھویں امامؑ کے متعلق ایک روایت پیش کرتا ہوں جسے کھلے دل و دماغ کے ساتھ لینا ہوگا اور اس پر غور کرنا ہوگا۔ ہم عموما یہ سنتے آئے ہیں کہ آٹھویں امامؑ غیب سے آشنا تھے اور انہیں اس خاص کھجور کے بارے میں بھی معلوم تھا جو زہر آلود تھی اور جسے ان کی زندگی کے خاتمے کے متعلق خصوصا تیار کیا گیا تھا۔ مگر اس سارے علم اور سازش کے باوجود انہوں نے اس کھجور کو کھا لیا۔ کیا یہ روایت حقیقت پر مبنی ہے؟ اس کا موازنہ ہم اس روایت سے کرتے ہیں جو امام علیؑ سے منسوب ہے۔ اس روایت کے مطابق جب امام علیؑ اس آخری رات جب ان پر قاتلانہ حملہ ہوا، نماز فجر کی امامت کے لیئے مسجد کی طرف جا رہے تھے۔ان کے ہمراہ ان کے صاحبزادے حضرت امام حسنؑ بھی تھے۔ امام حسنؑ نے اپنے والد سے یہ سوال کیا کہ کیا آپ کو یہ اندیشہ ہے کہ آپ کو ختم کر دیا جائے گا؟ امام علیؑ نے جواب دیا: 'میں نے ایک خواب دیکھا ہے اگر یہ سچا ہے تو مجھے یقینا قتل کر دیا جائے گا' اس پر امام حسنؑ نے جواب دیا کہ پھر آپ کیوں نماز کی قیادت کے لیئے جا رہے ہیں؟ آپ کی جانب سے میں نماز کی قیادت کر لوں گا۔ اس پر امام علیؑ کا جواب یہ تھا۔ ''کوئی بھی نفس یہ نہیں جانتا کہ کل اس کے ساتھ کیا پیش آنے والا ہے۔اور کوئی بھی نفس اس سے اگاہ نہیں کہ کونسی زمین پر اس کی موت ہو گی۔' (۳۴ : ۳۱) میں اپنے

تجربہ کی بنیاد پر کہہ سکتا ہوں کہ یہ واقعہ آج کی رات ہو سکتا ہے مگر اصل اور یقینی علم صرف اللہ ہی کے پاس ہے۔'

قرآن کیوں اس بات کا انکار کرتا ہے کہ الٰہی صفات کو پیغمبر کی طرف منسوب نہیں کیا جا سکتا؟ اس کی بنیادی وجہ یہ ہے کہ لوگ نبی پرستی کی بجائے خدا پرستی کی جانب مائل ہو جائیں جو اصل اور فطری تعلیم ہے۔ یہ کس قدر افسوس کی بات ہے کہ لوگ آج خدا پرستی کے بجائے نبی پرستی اور نبی مرکزیت سے وابستہ ہو گئے ہیں۔ آج ہمارا مذہب یا تو نبی مرکزی ہے یا پھر معصوم مرکزی۔ جہاں تک اللہ کا تعلق ہے وہ تو کہیں بھی نظر نہیں آتا۔ گویا اسے مذہبی نظام سے بیدخل کر دیا گیا ہے۔ ہم سب نبی محمدؐ کے پیروکار ہیں جو سب سے بڑے موحد اور خدا مرکزی تھے۔ اسی طرح ہم امام علیؑ کے بھی ماننے والے ہیں جو سب سے بڑے موحد اور خدا پرست تھے اور نبی اکرمؐ کے سب سے زیادہ قریب تھے۔ ہمیں یہ بتایا جائے کہ آخر وہ کونسا مقام تھا جہاں امام علیؑ اپنی زندگی میں خدا پرستی کے عظیم جادہ سے پیچھے ہٹتے نظر آتے ہیں؟ وہ تو براہ راست رسول خدا کے تربیت یافتہ تھے اور اس سعادت میں کوئی بھی ان کا ہمسر نہ تھا۔ مگر وہ کہیں بھی اپنی زندگی میں اس معنی میں نبی مرکزی نہ تھے کہ ہماری طرح انہوں نے خدا کو نظام سے باہر کر دیا ہو۔ وہ صحیح معنوں میں خدا پرست اور خدا مرکزی تھے۔خدا مرکزیت ہی ان کی زندگی کا اوڑھنا بچھونا تھی اور یہی ان کا اصل تعارف تھا۔

چنانچہ یہی وجہ ہے کہ قرآن بار بار رسول اکرمؐ کے متعلق اس امر کو واضح کر رہا ہے کہ انہیں علم غیب نہیں دیا گیا اور پیغمبر کو بھی حکم دیا گیا کہ وہ اس بات کو دنیا کے سامنے آشکارا کر دیں۔ اور اس کا سبب یہی ہے کہ لوگ کہیں خدا سے بھٹک نہ جائیں اور اپنے مقصد حیات کو فراموش نہ کر دیں۔ جب اللہ فرماتا ہے: ''بے شک اللہ کے رسول کی زندگی میں ہر اس کے لیئے بہترین نمونہ ہے جو اللہ اور آخرت کا خواہش مند ہے'' تو اس سے اللہ تعالیٰ کا مقصد یہ ہے کہ ہم اس کے رسول کی زندگی کا مطالعہ کریں ۔ ان کی زندگی کا ہر گوشہ ہمارے سامنے رہنا چاہیے۔ ذمہ دار مستشرقین جنہوں نے رسول پاکؐ کی زندگی کا مطالعہ کیا ہے، یہ دعوی بھی کیا ہے کہ اگر آج اس دنیا میں محمدؐ کی طرح کا ایک اور شخص آجائے تو اس کی وجہ سے تمام متحارب گروہوں میں صلح ہو جائے ۔ وہ اس دنیا کو امن و سکون کا گھوارہ بنا دیں ۔ وہ چونکہ حضور کی زندگی کے تمام گوشوں سے اگاہ تھے اور جانتے تھے کہ کس طرح انہوں نے انسانیت کی بات کی۔ مختلف لوگوں کو اکٹھا کیا ، انسانی حقوق متعین کیلیئے، اور اللہ کے بندوں کو خدا مرکزیت کی طرف دعوت دی۔ جو خواتین آج پیغمبر خداؐ کی زندگی سے واقف نہیں۔ اگر وہ اس کا مطالعہ کر لیں تو انہیں معلوم ہو جائے گا کہ رسول خداؐ وہ پہلے شخص تھے جنہوں نے خواتین کے حقوق کی محض بات ہی نہیں کی بلکہ عملا انہیں اپنی سوسائٹی میں قائم اور نافذ کر کے دکھایا۔ اور اس میدان میں وہ پہلے شخص تھے جنہوں نے مرد اور خواتین کے درمیان حقیقی معنوں میں مساوات قائم کی جو فطری اور روحانی بنیادوں پر استوار تھی۔

ہمارے لوگ مستشرقین پر اس لحاظ سے تنقید بھی کرتے ہیں کہ انہوں نے اس الزام اور غلط فہمی کو عام کیا ہے کہ اسلام تلوار کے زور پر پھیلا ہے۔ لیکن اسی کے ساتھ یہ بھی ایک حقیقت ہے کہ جو عظیم سلطنتیں تلوار کے زور پر قائم کی گئیں ، وہ تلوار ہی کی طاقت سے ملیا میٹ ہو گئیں مگر پیغمبر اسلامؐ کا پیغام حق اسی طرح قائم رہا اور پورے جہان میں اسے فروغ نصیب ہوا۔ کیونکہ یہ پیغام بھی لا فانی تھا اور حضورؐ کی شخصیت بھی بے مثال تھی۔ مستشرقین اس حقیقت کو بھی مانتے ہیں کہ پیغمبر اسلامؐ نے اگرچہ پنگھوڑے میں کلام نہیں کیا، اور نہ ہی مسیح کی طرح انہیں چند دوسرے مواقع حاصل ہوئے۔ مگر اس کے باوجود قابل غور بات یہ ہے کہ کس طرح انہوں نے ناقابل تصور کامیابی کے ساتھ اپنے پیغام اور نظریہ کو پورے عالم میں پھیلا دیا جس نے انسانوں کی ایک وسیع تعداد کو 'خدا مرکزیت' کے گرد جمع کر دیا۔ یہ پیغمبر اسلامؐ کا ہی لایا ہوا نظام انصاف، نظام اخلاق اور نظام روحانیت تھا جس پر تاریخ میں عظیم مسلم تہذیب قائم ہوئی اور جس نے دنیا کو بہت کچھ دیا۔ آج ضروری ہے کہ ہم اسی نبی اکرمؐ کی سیرت کا نہایت گہرائی، وسعت قلبی اور حد درجہ دیانت اور صداقت کے ساتھ مطالعہ کریں تاکہ کامیابی کا یہ راز ہمارے ہاتھ آجائے۔

مجھے کچھ ایسی احادیث کے مطالعہ کا اتفاق ہوا جو نبی محمدؐ اور ائمہؑ اطہارؑ کو مافوق الفطرت ہستیوں کا مقام دے رہی تھیں۔ یہاں میں اس نتیجے پر پہنچا کہ ایسی احادیث پر تکیہ نہ کیا جائے جو نبی اکرمؐ، امام علیؑ، امام حسنؑ، امام حسینؑ، امام صادقؑ اور دیگر تمام ائمہ اہل بیتؑ کو خدائی

صفات سے متصف کر دیتی ہیں اور انسان کو یہ گمان ہونے لگتا ہے کہ ان ہستیوں کا تعلق انسانوں کے زمرہ سے نہ تھا۔ اس کے برعکس میں ان تمام ہستیوں کی سوانح کا مطالعہ عظیم اور جامع انسانی شخصیات کے تناظر میں اس حیثیت سے کروں گا کہ ان کی حیات میں میرے لیئے کیا سبق ہے اور باقی انسانیت کے لیئے کیا رہنمائی ہے۔ بخدا، میں یہاں حلفیہ طور پر یہ بات کرتا ہوں کہ میری پوری زندگی پیغمبر خداؐ اور ان کے اہل بیتؑ کے لیئے فدا اور وقف ہے۔ ہم میں سے ہر آدمی اس حقیقت کا معترف ہے کہ اللہ کے رسولؐ اور امام علیؑ بہت عظیم تھے اور پوری انسانیت کے لیئے کامل نمونہ تھے۔ جب ہم امام صادقؑ کا مطالعہ کرتے ہیں تو فورا بے اختیار پکار اٹھتے ہیں کہ ان کے علم اور ذہانت کے سامنے افلاطون اور ارسطو جیسے لوگ بھی ہیچ اور بونے تھے ۔ امامؑ اپنے وقت سے بہت آگے تھے۔ اسی بناء پر ہمارا مطالبہ یہ ہے کہ ان کی زندگیوں کا بغور مطالعہ کیا جائے اور اس مطالعہ کے دوران یہ ضروری ہے کہ انہیں عقل سے ماوراء نہ سمجھا جائے اور نہ ہی خدائی صفات سے انہیں متصف گردانا جائے۔ اس کے بجائے انہیں بنی نوع انسان کے زمرہ میں رکھتے ہوئے انتہائی دیانت داری کا مظاہرہ کرتے ہوئے ان کی عظیم سوانح کا با مقصد مطالعہ کیا جائے۔

جب بھی آپ قرآن کا مطالعہ کریں گے تو آپ کو نظر آئے گا کہ ہمارے نبیؐ بھی اپنے جد اعلیٰ حضرت ابراہیمؑ کی طرح ایک عظیم سفر سے گزرے جس کے تمام مراحل میں آپ استقامت اور عزیمت پر کھڑے رہے اور کہیں بھی ڈگمگانے کا تصور نہیں۔ کس قدر بے مثال ہے

یہ سفر۔ اس کے ساتھ قرآن آپ کو نبی کریمؐ کی انسانی حیثیت سے بھی اگاہ کرے گا اور یہ حصہ ہمارے لیئے بیحد اہم ہے۔ اس واقعہ کا تعلق سورہ القیامہ کے نزول سے ہے۔ آغاز میں جب رسول اللہؐ پر وحی نازل ہوتی تو آپ اس کو لینے میں جلدی فرماتے تا کہ کہیں کوئی حصہ بھول نہ جائے۔ اللہ نے اس سے آپ کو منع کر دیا۔ اس واقعہ میں آپ کے لیئے بھی کسی حد تک حیرانی کا پہلو ہوگا کہ حضورؐ جیسی شخصیت کے لیئے یہ کیونکر ممکن تھا کہ وہ وحی کا کوئی حصہ بھول جاتے اور پھر بھول جانے کے اس اندیشہ کے تحت وہ بہت جلدی سے کام لیتے۔ اس پر اللہ تعالیٰ کی طرف سے انہیں تسلی دینا پڑی کہ ایسا نہیں ہوگا۔ لیکن ہمارا یہ خیال ہمارے اس معروف تصور پر مبنی ہے جو ہمارے ذہن میں حضورؐ کی شخصیت کے متعلق پہلے سے راسخ ہے کہ بھول جانا ان کی سرشت اور شان کے خلاف ہے۔ لیکن سورہ قیامہ کے مطالعہ کے دوران بالکل اس کے وسط میں ایک عجیب وقفہ آپ محسوس کریں گے جو حضورؐ کے اسی اندیشہ سے متعلق ہے اور آپ ہی کے لیئے خصوصی خطاب ہے۔ ملاحظہ فرمائیں۔ ”تم اس کے پڑھنے میں اپنی زبان نہ چلاؤ تا کہ تم اس کو جلدی سیکھ لو۔ ہماری ذمہ داری ہے اس (قرآن) کو جمع کرنا اور اس کو سنانا۔ پس جب ہم اس کو سنائیں تو تم اس سنانے کی پیروی کرو۔ پھر ہمارے اوپر ہے اس کو بیان کرنا۔“ (۱۹ - ۱۶ : ۷۵)

حضورؐ کی ذات گرامی کے متعلق ہماری اصل مشکل یہ ہے کہ ہم نے انہیں سیرت پر مبنی حقائق کی روشنی میں سمجھنے کی بجائے ان مخصوص تصورات کے زاویہ سے جاننے کی کوشش کی جس کی رو سے حضورؐ کی

انسانی حیثیت کہیں گم ہو کر ایک پر اسرار شخصیت کا روپ اختیار کر لیتی ہے۔ اگر ہم انہیں تاریخ کے زاویہ سے دیکھتے تو ان کی انسانی عظمت ہمارے سامنے آشکارا ہو جاتی اور پھر ان کی پیروی میں بھی ہمیں کوئی مشکل پیش نہ آتی۔ پیغمبر اسلامؐ کے انسانی پہلو کو سمجھنے کے لیئے ان کے اس رویہ کا بھی مطالعہ کرنا پڑے گا جو اپنی ازواج کے سلسلے میں تھا۔ جب ان میں سے بعض نے اپنی خواہش کے تحت آپ کے سامنے ایک مطالبہ رکھا تو آپ نے ان کی دلجوئی کی خاطر اسے منظور کر لیا۔ یہ آپ کا وہ انسانی پہلو تھا جس کے تحت آپ نے ایسا کیا۔ اسی صورت حال میں وہ آیت نازل ہوئی جس میں اللہ تعالیٰ کی طرف سے تنبیہ آئی کہ اے پیغمبر تم اس چیز کو اپنے لیئے کیوں حرام کرتے ہو جسے اللہ نے حلال کر دیا ہے؟ مگر حقیقت میں اللہ کے رسول اپنے اسی انسانی پہلو کے تحت اپنی بیویوں کو مایوس اور دکھی نہیں کرنا چاہتے تھے اور ان کی کوشش یہ تھی کہ وہ دل برداشتہ نہ ہوں اور خوش رہیں۔ حالانکہ قرآن کی رو سے ان کا وہ مطالبہ اصلا جائز نہ تھا اور یہاں انہیں ہر ممکن اللہ کے رسولؐ کی اطاعت کرنا چاہیے تھی۔ اسی طرح ایک سفر میں جب ان کی بیوی حضرت عائشہ گم ہو گئیں اور پھر اسی کے نتیجے میں ان پر بہتان لگا دیا گیا۔ اس کا حضورؐ کی ذات اور طبیعت پر بہت بڑا اثر ہوا اور آپ کو حد درجہ صدمہ پہنچا۔ یہ دکھ اور صدمہ اس بات کا شاہد ہے کہ آپ بھی ایک انسان تھے اور ایک انسان کی طرح آپ بھی اپنے اندر خوشی اور دکھ کے جذبات رکھتے تھے۔ بالآخر قرآن نے حضرت عائشہ کو اس الزام سے بری کر دیا اور اس حوالے سے تمام معاملات کی اصلاح کر دی گئی جس سے آنحضرتؐ مطمئن ہو گئے۔

نویں شب

حضورؐ کی زندگی کے انسانی پہلو کے مطالعہ کے سلسلے میں سورہ الاحزاب کی اس آیت کا حوالہ بھی ضروری ہے جس میں اہل ایمان کو یوں مخاطب کیا گیا ہے: "اے ایمان والو، نبی کے گھروں میں مت جایا کرو مگر جس وقت تمہیں کھانے کے لیئے اجازت دی جائے، اس طور پر کہ اس (کھانے) کی تیاری کے منتظر نہ رہو۔ لیکن جب تم کو بلایا جائے تو داخل ہو۔ پھر جب تم کھا چکو تو اٹھ کر چلے جاؤ اور باتوں میں لگے ہوئے بیٹھے نہ رہو۔ اس بات سے نبی کو ناگواری ہوتی ہے۔ مگر وہ تمہارا لحاظ کرتے ہیں۔ اور اللہ حق بات کہنے میں کسی کا لحاظ نہیں کرتا۔" (۵۳ : ۳۳) سوال یہ ہے کہ اس مقام پر نبی کو تکلیف کیوں ہوتی اور ندامت کی کیفیت کیوں ان پر طاری ہوتی ہے؟ ظاہر ہے کہ یہ ان کے کردار کا انسانی پہلو ہے۔ انسانیت کے اسی جذ بہ کے تحت ان میں وہ ہچکچاہٹ اور وضعداری تھی کہ اپنے اصحاب سے وہ اس بات کو بر ملا کہہ نہیں سکتے تھے جسے خود اللہ نے کھول دیا۔ اسی لیئے ہمارا مطالبہ ہی یہی ہے کہ آنحضرتؐ کی زندگی کا ایک عظیم انسان ہونے کے پہلو سے مطالعہ کیا جائے تا کہ ہم بھی اپنی اصلاح کر سکیں۔ خود قرآن کی متعدد آیات میں نبی کریمؐ کی اسی بشری حیثیت کو واضح انداز میں بیان کیا گیا ہے۔ ملاحظہ ہو۔ "کہ دو، یقینا میں تمہاری طرح ایک انسان ہوں۔" (۱۱۰ : ۱۸) کہ دو (اے نبی) میں بھی تمہاری طرح ایک انسان ہوں۔' (۶ : ۴۱) اسی طرح سورہ الاسراء میں ہے۔ "اور وہ کہتے ہیں کہ ہم ہر گز تم پر ایمان نہ لائیں گے جب تک تم ہمارے لیئے زمین سے کوئی چشمہ جاری نہ کرو ، یا تمہارے پاس کھجوروں اور انگوروں کا کوئی باغ ہو جائے، پھر تم اس باغ کے بیچ میں بہت سی نہریں جاری کردو۔

یا جیسا کہ تم کہتے ہو ، ہمارے اوپر آسمان سے ٹکڑے گرا دو ، یا اللہ اور فرشتوں کو ہمارے سامنے لا کر کھڑا کر دو،یا تمہارے پاس سونے کا کوئی گھر ہو جائے ، یا تم آسمان پر چڑھ جاؤ اور ہم تمہارے چڑھنے کو بھی نہ مانیں گے جب تک تم وہاں سے ہم پر کوئی کتاب نہ اتارو جسے ہم پڑھیں۔ کہو میرا رب پاک ہے، میں تو صرف ایک بشر ہوں، اللہ کا رسول۔" (۹۳-۹۰ : ۱۷) آیت کے آخری الفاظ سے ظاہر ہے کہ نبی اکرمؐ نے اس امر کو واضح کر دیا کہ میں ایک فانی انسان ہوں اور اللہ کا رسول ہوں۔ یہ سارے مطالبات میری دسترس سے باہر ہیں۔ یہ الفاظ اپنی حقیقت اور معنی کے اعتبار سے بہت جاندار ہیں اور یہی وجہ ہے کہ اللہ تعالیٰ نے انہیں تمام انسانیت کے لیئے کامل نمونہ بنا دیا ہے۔ یہی ان کی سب سے بڑی خوبی تھی اور سیرت کا کمال حسن تھا جو انسانی معیار اور دسترس کے عین مطابق تھا اور اس میں کسی قسم کی بھی کوئی پر اسراریت نہ تھی۔ ان ہی خصوصیات کی بنیاد پر وہ کمالات کے اعلیٰ درجے پر فائز ہیں۔

یہاں علامہ طبا طبائی کی تفسیر کی مثال دینا فائدہ سے خالی نہ ہوگا جو انہوں نے ذیل کی اس آیت کے سلسلہ میں پیش کی ہے۔ آیت یہ ہے۔ " اگر تم (اے مشرکین) شک میں مبتلا ہو اس کے متعلق جو ہم نے اپنے بندے (نبی) پر نازل کیا، تو پھر اس کی مثل ایک سورت ہی بنا لاؤ اور اللہ کے سواہ اپنے تمام مدد گاروں کو بھی بلا لاؤ، اگر تم (اپنے دعوے) میں سچے ہو۔ " (۲۳ : ۲) اس سلسلے میں علامہ طباطبائی کی تفسیر کے مطابق 'اس کی مثل' سے مراد خود حضور اکرمؐ کی ذات ہے

کہ ان کی مثل کوئی لے آؤ جو فطرۃ امی تھے ، جنہوں نے کسی سے بھی پڑھنا لکھنا نہیں سیکھا اور نہ ہی وہ عملا یہ کام کرتے تھے۔ اس بارے میں قابل ذکر بات یہ ہے کہ اس دور میں اہل عرب کی اکثریت پڑھنے اور لکھنے سے ناآشنا تھی۔ دوسرے لفظوں میں ان سے یہ مطالبہ کیا گیا کہ ہمارے نبی ایک امی ہیں اور ان جیسا ایک امی تم بھی لے آؤ جو قرآن کی ایک سورت کی مثل ہی مقابلے میں لا سکے۔یعنی یہاں قرآن کے ساتھ شخصیت کا تقابل بھی شامل ہے۔

مختلف دعاؤں میں سے ایک اہم دعا جو نبی اکرمؐ کی طرف منسوب ہے وہ یہ ہے: 'اے رب، مجھے اشیاء کو اسی طرح دکھا جیسا کہ وہ حقیقت میں ہیں۔' ایک دوسری دعا جو ان کی جانب منسوب ہے: 'اے رب، میرے علم میں اضافہ فرما۔' یعنی مجھے یہ توفیق دے کہ میں اشیاء کی حقیقت اور ان کے اسرار کو جان سکوں جن میں بہت سے موتی پوشیدہ ہیں اور ذہنی صلاحیتوں کو جلا بخشتے ہیں۔ قرآن اس حقیقت کا بھی اظہار کرتا ہے کہ اگر انبیاء میں سے کوئی نبی اس کا اعلان کر دیتا کہ لوگ اللہ کو چھوڑکر اس کے ساتھ وابستہ ہو جائیں تو اس صورت میں وہ نبی بھی آگ کے عذاب سے نہیں بچ سکتا تھا۔ مگر انبیاء کے کردار سے یہ بعید اور ناقابل تصور ہے۔لیکن اس سے یہ اشارہ بھی ملتا ہے کہ انبیاء اپنی حیثیت میں وہی ہیں جیسا کہ اللہ نے ان کی تخلیق کی ہے۔ وہ انسانی زمرہ سے خارج نہیں۔اسی لیئے ایک انسان کی زندگی میں وہ مرحلہ سبحان اللہ کس قدر عظیم اور مثالی ہے کہ وہ انبیاء کے انسانی پہلو کو جان کر اخلاص کے ساتھ ان کی اطاعت کے لیئے کمربستہ

ہو جائے۔ ایک فانی انسان کے لیئے اس مقام پر پہنچنا بہت بڑی کرامت سے کم نہیں۔

اسی طرح ہم دیکھتے ہیں کہ سورہ النساء کے ایک مقام پر نبی اکرمؐ کی انسانی حیثیت کو عملی نمونہ کے طور پر پیش کیا گیا ہے۔اس کا تعلق ایک مقدمہ سے ہے جسے حضورؐ کے حضور پیش کیا گیا۔ اس کی رو سے کچھ یہودیوں پر یہ الزام تھا کہ انہوں نے چوری کا ارتکاب کیا ہے۔ نبی اکرمؐ نے ظاہری شہادتوں کے وزن کو سامنے رکھتے ہوئے ان یہودیوں کے خلاف فیصلہ سنا دیا۔ اصل میں یہودی مجرم نہ تھے بلکہ امر واقعہ کے مطابق مجرم وہ مسلمان تھے جنہوں نے چوری کرنے کے بعد اس مال کو ہوشیاری کے ساتھ یہودی کے گھر چھپا دیا اور الٹا انہیں مجرم بنا دیا۔ اسی دوران حضورؐ پر وحی نازل ہوئی جس میں حقیقت کو واضح کر دیا گیا۔ ”اور جو شخص کوئی غلطی یا گناہ کرے پھر اس کی تہمت کسی بے گناہ پر لگا دے تو اس نے ایک بہت بڑا بہتان اور کھلا ہوا گناہ اپنے سر لے لیا۔اور اگر تم پر اللہ کا فضل اور اس کی رحمت نہ ہوتی تو ان میں سے ایک گروہ نے تو یہ ٹھان ہی لیا تھا کہ تم کو بہکا کر رہے گا۔ حالانکہ وہ اپنے آپ کو بہکا رہے ہیں۔وہ تمہارا کچھ نہیں بگاڑ سکتے۔ اور اللہ نے کتاب اور حکمت اتاری ہے اور تم کو وہ چیز سکھائی ہے جس کو تم نہیں جانتے تھے اور تم پر اللہ کا بہت بڑا فضل ہے۔“ (۱۱۳ - ۱۱۲:۴) اس وحی کے بعد نبیؐ نے مقدمہ کا نئی شہادتوں کی روشنی میں ازسرنو جائزہ لیا اور حقائق کی روشنی میں اپنا فیصلہ بدل دیا۔ لیکن جو نکتہ اس سے ہمارے سامنے آتا ہے وہ حضورؐ کے بشری پہلو کا تھا جو ان کی اصلیت

تھی۔ مکاری کے ذریعے انہیں بھی اسی طرح مغالطہ اور ابہام میں ڈالا جا سکتا تھا جو ہمارے لیئے ممکن ہے۔ لیکن یہاں سب سے بڑا فرق وحی کا ہے جو ان کی رہنمائی کے لیئے ہمہ وقت موجود تھی۔ اسی طرح یہ آیت بھی دھوکے اور فریب کے حوالے سے وہی نوعیت رکھتی ہے۔ ''اور لوگوں میں سے وہ بھی ہے کہ اس کی بات دنیا کی زندگی میں تمکو اچھی لگتی ہے اور وہ اپنے دل کی بات پر اللہ کو گواہ بناتا ہے، حالانکہ وہ سخت جھگڑالو ہے۔'' (۲۰۴ : ۲) یہ نبی اکرمؐ کی زندگی کا انسانی پہلو ہی تھا جس نے انسانیت کو متاثر کیا اور یوں وہ انسانیت کے لیئے کامل معیار بن گئے۔

آپ ایک نبی کی حیثیت سے اس وقت تک انسانیت کے لیئے عملی نمونہ (Role model) نہیں بن سکتے تھے جب تک کہ آپ اس سطح پر نہ ہوں جہاں بقیہ انسان کھڑے ہیں۔ تصور کیجیئے کہ پیغمبر خالصۃ ایک انسان ہونے اور انسانی سطح پر کھڑے ہونے کے باوجود ایک ایسے معیار کے حامل بھی ہیں جسے دوسرے معنوں میں 'معصومیت' بھی کہا جا سکتا ہے۔ انسانی خواص کے باوجود وہ حق اور صداقت پر کھڑے رہتے ہیں اور اس راہ میں ذرہ برابر بھی جادہ حق سے تجاوز نہیں کرتے۔ یہ ان کے تقوی اور شعور کا اعلیٰ مقام تھا۔ نبیؐ کی یہی مثال پوری انسانیت کے لیئے نور ہدایت ہے اور اسی سے انسانیت فلاح پا سکتی ہے۔ تصور کریں کہ انہوں نے اپنی زندگی کا آغاز یتیمی سے کیا۔ ایک بے سروسامان انسان کی حیثیت سے دعوت کا آغاز کیا اور تمام مخالفتوں اور دشمنیوں کا بڑے صبر اور استقلال کے ساتھ سامنا کیااور اس پورے عرصے میں

ان کے اعلیٰ اخلاق اور کردار میں کوئی فرق نہ آیا۔ ہم سب اس سے اچھی طرح اگاہ ہیں کہ انہوں نے ان لوگوں کو بھی پورے حقوق دیئے جو مسلمان نہ تھے، بلکہ اس سلسلے میں وہ آخری حد تک گئے اور بہترین نمونہ قائم کیا۔ یہ تو خیر انسانوں کا معاملہ تھا، حضورؐ نے تو حیوانوں کے لیئے بھی حقوق متعین کیئے اور اہل ایمان کو خبردار کیا کہ وہ حیوانوں کے ساتھ بھی حسن سلوک سے پیش آئیں اور زیادتی سے اجتناب کریں۔ روایت میں آتا ہے کہ ایک شخص نے اپنے جانور کے ناک کو داغ دیا۔(یہ عمل جانور کے لیئے انتہائی تکلیف دہ ہوتا ہے) اس پر نبی کریمؐ نے فرمایا: 'قیامت کے روز یہ داغنے والا شخص جہنم میں اپنی سزا بھگتے گااس عمل کے لیئے جو اس نے جانور کے ساتھ کیا۔' اس سے اندازہ کیا جا سکتا ہے کہ نبی کریمؐ رؤف الرحیم کس قدر عظیم ہستی کے مالک تھے۔

ہمارے نبی عظیمؐ ایسے ماحول اور کلچر میں پیدا ہوئے جو اپنی فطرت میں شائستگی سے دور اور تہذیبی اقدار سے ناآشنا تھا۔ لیکن اس کے باوجود ہم دیکھتے ہیں کہ آپ کس قدر تہذیب کے نشان اور اعلیٰ اخلاقی اقدار کے مجسمہ تھے۔ اپنی سیرت کے اعتبار سے ایسے شستہ اور نفیس تھے کہ روئے زمین پر کوئی بھی ان کی مثال نہ تھا۔ جب کہ اسی ماحول اور معاشرے میں پلنے والے دوسرے لوگ اخلاقی اقدار میں خاصے پست ہو چکے تھے۔ آپ ایک ایسے انسان تھے جنہیں جبریل نے بھی سلامی دی اور ان کی قدمبوسی کی۔ اسی سے آپ کی قدر و منزلت کا اندازہ کیا جا سکتا ہے۔ جب ہم آنکھیں کھول کر ان کی سیرت کا مطالعہ کرتے ہیں تو اس وقت ہمیں ان کی روحانی بلندی، انسانی ہمدردی، خدا

ترسی کی صفات، عقل و حکمت کا اعلیٰ معیار اور رفعت، سیاسی بصیرت اور زمینی حقائق کے متعلق صحیح حکمت عملی کا بھر پور مظاہرہ دیکھنے کو ملتا ہے۔ اس میدان میں وہ یقینا بے مثال تھے۔ وہ واحد انسان ہیں جن کی سیرت آج کے اس جدید دور میں بھی ایک انفرادی انسان اور معاشرے ، اور اس سے بھی آگے بڑھ کر پوری انسانیت کو حقیقی کامیابی سے ہمکنار کر سکتی ہے جس کے لیئے کوئی زوال نہیں۔

ہمیں اپنے نبیؐ کے بارے میں کھلے دل و دماغ کے ساتھ غور و فکر کرنا چاہیے کہ انہوں نے انسانیت کے لیئے کیا کیااور کس طرح انہوں نے زندگی گزاری۔ اسے شعوری طور پر جاننا تو از حد ضروری ہے کہ وہ کون سا مقصد تھا جسے لے کر وہ اٹھے؟ ہمارے لیئے اس راہ میں سب سے بڑی رکاوٹ خود ہمارے خود ساختہ اور سادہ لوحی پر مبنی وہ تصورات ہیں جن کی رو سے ہم یہ سمجھتے ہیں کہ اللہ کے رسول کوئی پر اسرار شخصیت تھے اور ان کی کامیابی مافوق الفطرت طاقتوں کی مرہون منت تھی۔ وہ ان مسائل اور مصائب سے آزاد تھے جن میں ہم سب کو بحیثیت انسان مبتلاء ہونا پڑتا ہے۔ اس کے ساتھ ہم یہ اعتقاد بھی رکھتے ہیں کہ رسول اللہؐ کی معجزات کے ذریعے مدد ہوتی تھی اور وہ آئندہ آنے والے تمام حالات سے معجزانہ طور پر اگاہ ہوتے تھے۔ یہ تصورات کس قدر ان اعتقادات سے ملتے جلتے ہیں جو دوسرے مذاہب خصوصا ہندو ازم میں مختلف خداؤں اور اوتار کی پر اسرار شخصیات اور طاقتوں کے متعلق مہا بھارت اور رامائن کی داستانوں میں عموما پائے جاتے ہیں۔ ان میں سے کسی تصور کا بھی حقیقت سے کوئی تعلق نہیں۔ اس کے

برعکس یہ اعتقادات ان ساری کامیابیوں اور کامرانیوں پر پانی پھیر دیتے ہیں جو نبی اکرمؐ نے ایک انسان کی حیثیت سے بالکل فطری نظام میں رہتے ہوئے حاصل کیں۔ یہ سب کچھ ان کے ساتھ بہت بڑی ناانصافی ہے۔ اس کے علاوہ یہ قرآن کی بھی ان متعدد آیات کے خلاف ہیں جن میں اللہ تعالیٰ نے اپنے نبی کو انسان کی حیثیت میں پیش کیا تاکہ وہ بنی نوع انسان کے لیئے عملی نمونہ بن سکیں۔ آخر ان پر اسرار اعتقادات کی صورت میں اللہ کے رسول کس طرح ہمارے لیئے عملی نمونہ بن سکتے ہیں؟ یہ اپنی جگہ ایک حقیقت ہے کہ رسول اکرمؐ اپنی فطرت میں ایک انسان تھے۔ وہ اسی طرح دکھ، درد اور تکلیف محسوس کرتے تھے جس طرح ایک انسان ان احساسات سے گزر سکتا ہے۔ اپنے پیارے بیٹے کی وفات پر ان کی آنکھیں آنسوؤں سے تر ہو گیئں اور پورے طور پر دکھ کو محسوس کیا۔ لیکن اس کے ساتھ صبر کا نمونہ بھی پیش کرتے ہوئے فرمایا کہ 'اے ابراہیم، بے شک تیری جدائی کا صدمہ ہمارے لیئے روح فرسا ہے اور ہماری آنکھیں آنسوؤں سے تر ہیں مگر ہم اس پر صبر کریں گے اور اللہ کی رضا کے سواہ کوئی بات نہ کریں گے۔' غور کیجیئے، کہ یہ بات اور یہ صبر کس قدر عجیب اور عظیم ہیں۔

جب اللہ کے آخری نبیؐ اس دنیا سے کوچ کر رہے تھے تو اس وقت ان کی پیاری بیٹی سیدہ فاطمہ الزہراء نے انتہائی صدمہ کے تحت کچھ اشعار پڑھے جو دراصل حضورؐ کے عظیم چچا حضرت ابو طالبؑ کی جانب منسوب تھے جو انہوں نے ایک خاص موقعہ پر حضور اکرم کی شان میں

کہے تھے۔ سیدۃ الزہراءؑ نے انہیں اس انداز میں دہرایا: ' اے وہ شخص جس کی بدولت اور جس کی برکت سے آسمان بارش کے ذریعے زمین کو سیراب کرتا ہے۔ اے وہ شخص جو یتیموں کا ماوٰی، اور بیواؤں کا ملجاء ہے۔ تیرے بغیر اب ہمارا کیا ہوگا؟ اس پر نبی اکرمؐ نے فورا اپنی بیٹی سے فرمایا: 'فاطمہ، ایسے نہ کہو، بلکہ ان اشعار کی بجائے اس آیت کی تلاوت کرو۔ ' محمد اس کے سواہ کچھ نہیں کہ وہ اللہ کے رسول ہیں اور ان سے پہلے بھی بہت سے رسول گزر چکے ہیں۔ اگر وہ فوت ہو جائیں یا قتل کر دیئے جائیں تو کیا تم اپنی ایڑیوں کے بل پھر جاؤ گے؟' (۳:۱۴۴) اس سے اندازہ کیا جا سکتا ہے کہ ان کا خدا پر کس قدر اعتماد تھا کہ عین نزع کی حالت میں بھی وہ کس قدر پراعتماد تھے اور خدا شناسی میں کتنے بلند درجہ پر فائز تھے۔

نبی کریمؐ کی تواضع اور وضعداری کا یہ عالم تھا کہ آپ عام لوگوں کے ساتھ زمین پر بیٹھتے، بکری کا دودھ دھوتے اور اپنی خچر پر سواری کرتے۔ حالانکہ آپ مدینہ کی ریاست کے مالک تھے اور دنیا کی بہت سی نعمتیں آپ کو حاصل تھیں۔ یہ سادگی اور فطرت کی اعلیٰ مثال تھی جس میں کوئی تصنع اور تکلف نہ تھا۔ امام علیؑ سے ایک مرتبہ پوچھا گیا کہ آپ ایسی باسی روٹیاں کیسے کھا لیتے ہیں جنہیں کھانا تو درکنار خود توڑنا بھی ہمارے لیئے مشکل کام ہے؟ امامؑ نے جواب دیا جب کہ ان کی آنکھیں اشک بار تھیں۔ 'یہی کھانا ہمارے پیغمبر اکرمؐ کے لیئے عید کی سوغات سے کم نہ تھا اور میں ان ہی کی تقلید میں ہوں۔' آپ نے یہ تو پڑھا ہوگا کہ نبی اکرمؐ اپنے پیٹ پر پتھر باندھا کرتے تھے تاکہ بھوک

کی شدت میں تخفیف ہو جائے۔ وہ ایسے حالات میں پیٹ بھر کر کھانا اپنے لیئے جائز نہ سمجھتے تھے جب کہ ان کے امتی بھوک کی تکلیف سے گزر رہے ہوں اور پیٹ بھر کر کھانے سے محروم ہوں۔ ان کی مثال امت کے لیئے محبت اور نگہداشت کرنے والے ماں باپ کی سی تھی۔

ایک مرتبہ حضرت جبریل آپ کے پاس آئے اور انہوں نے اللہ کی طرف سے آپ کو آسمانوں اور زمین کے تمام خزانوں کی کنجی پیش کی۔ اس پر آپ نے یوں جواب دیا: 'اے جبرائیل، اسے واپس لے جاؤ مجھے ضرورت نہیں۔ جس دن میرا رب مجھے کھلاتا ہے ، میں دل سے اس کا شکر ادا کرتا ہوں۔ اور جس دن مجھے بھوکا رکھتا ہے، اس دن میں اسی کے لیئے صبر کرتا ہوں اور یہی میرے لیئے کافی ہے۔' محسوس ہوتا ہے کہ نبیؐ اس بات کے خواہش مند تھے کہ ان کی زندگی کے معاملات ان کے ہاتھ میں نہ ہوں بلکہ مکمل طور پر ان کے رب کے پاس ہوں اور اسی پر توکل اور اعتماد کی خاطر انہوں نے اپنے آپ کو وقف کر دیا تھا۔ انسانی تاریخ ایسی شخصیت کی مثال پیش کرنے سے قاصر ہے۔ ان ہی کی زندگی پر مبنی مثالیں ہمیں ان کلامی اور منطقی زنجیروں سے آزاد کر سکتی ہیں جن میں خود ہم نے اپنے آپ کو جکڑ رکھا ہے۔ اسی طرح ان مذہبی پابندیوں اور افسانوں سے بھی ہم اپنے آپ کو آزاد کر سکتے ہیں جنہوں نے ہمیں حیوانیت کی سطح پر لا کھڑا کیا ہے اور روحانی طور پر بالکل قلاش بنا دیا ہے۔ نبیؐ حقیقت میں ہمارے ساتھ پوری انسانیت کے لیئے اللہ کیطرف سے مینارہ نور تھے اور وہ اسی اعلیٰ مقام کے مستحق بھی تھے جس پر وہ فائز ہوئے۔

نویں شب

میں عموماً کہا کرتا ہوں کہ ہم مسلمان اپنے پیغمبرؐ کی زندگی کے جن پہلوؤں کی زیادہ پیروی کرتے ہیں ان کا تعلق محض عادات اور اطوار سے ہے، جیسے ان کے کھانے کا انداز، پینے کا طریقہ، سونے کے آداب، اور لباس وغیرہ کے خاص اطوار۔ لیکن کوئی بھی محنت کرکے یہ معلوم کرنے کی کوشش نہیں کرتا کہ وہ خود اصل میں کیا تھے اور کون سے مشن کے لیئے وقف تھے۔ ان کی زندگی کا اہم پہلو یہ تھا کہ وہ مکمل طور پر اپنے رب کے لیئے وقف تھے اور اپنے رب کے سامنے نہایت مخلص اور متواضع تھے۔ جب میدان جنگ میں دشمنوں کا سامنا کرتے تو ان کی زبان پر یہ الفاظ ہوتے۔ ' لا حول ولا قوۃ الا باللہ العظیم' نہ کوئی طاقت ہے اور نہ ہی کوئی قوت، سوائے اللہ کی طاقت اور قوت کے۔ امام علیؑ روایت کرتے ہیں کہ جب میدان جنگ میں گھمسان کا رن پڑتا اور جنگ انتہائی حد تک اپنی شدت پر آجاتی اور بڑے بڑے شہسوار خوف کی زد میں آجاتے۔ اس وقت ہم نے دیکھا کہ یہ حضورؐ ہی تھے جو پوری قوت سے آگے بڑھتے اور پورے لشکر کو پیچھے دھکیل دیتے اور ہمیں خطرے سے محفوظ کر دیتے۔ ایسے خطرات میں ہم ان ہی کی آڑ میں آجاتے تھے۔

نبیؐ کی شان تو یہ تھی کہ آپ جنگ کے عین شباب کے وقت بھی اسی طرح پر اعتماد اور انصاف پرور رہتے جیسا کہ عام حالات میں ہوتے ۔ خود مستشرقین اس حقیقت کا اعتراف کرتے نظر آتے ہیں کہ یہ پیغمبر اسلامؐ کی خصوصیت تھی کہ انہوں نے ایسی قوم کو نظم و ضبط کا پابند بنایا جو اس سے بالکل ناواقف تھی اور متحارب گروہوں میں تقسیم تھی۔ حتیٰ

کہ عین میدان جنگ میں بھی انہوں نے اسی نظم کو قائم کیا اور خود مسلمانوں نے جنگ کی حالت میں بھی اسی نظم کے تحت ان کی اقتداء میں نماز ادا کی۔ میدان بدر میں جب مشرکین مکہ کو فیصلہ کن شکست ہو گئی اور وہ اس قدر خوف زدہ ہوئے کہ اپنے مقتولین کو بھی اسی طرح میدان جنگ میں چھوڑ کر فرار ہوگئے۔ حضورؐ نے اپنے اصحاب کو حکم دیا کہ وہ قریش کے ان مقتولین کو بھی دفن کر دیں۔ صحابہ نے اس پر حیرت کا اظہار کرتے ہوئے کہا کہ 'یا رسول اللہ، یہ تو دشمن اسلام ہیں؟ اس پر آقائے نامدار نے فرمایا: 'مگر اس کے باوجود یہ انسان ہیں اور با عزت تدفین کے حقدار ہیں۔' یہ نبیؐ کے اخلاق کا نمونہ تھا۔ یہ آپ کا معمول تھا کہ جنگ کے آغاز سے قبل مندرجہ ذیل ہدایات اپنے لشکر کو دیتے۔ 'جو جنگ سے منہ موڑ لیں ان کا پیچھا نہ کیا جائے۔ دشمن کے درختوں اور جنگلات کو نقصان نہ پہنچایا جائے۔ ان کی آبادی، گھروں، عبادت گاہوں کو برباد نہ کیا جائے۔ ان کے بچوں، اور عورتوں کو نہ قتل کیا جائے اور نہ کسی لاش کا مثلہ کیا جائے۔' یہیں سے ان کے کردار کی عظمت کا تصور کیا جا سکتا ہے کہ عین جنگ کی حالت میں بھی وہ کس قدر انصاف کو قائم رکھنے والے تھے، اور خصوصا اس دور میں جب کہ ہر طرف وحشت تھی اور لوگ جنگ تو کجا عام فطری حالات میں بھی انصاف اور اخلاق کے اس بلند معیار سے ناآشنا تھے۔

ہم دیکھ رہے ہیں کہ حضورؐ کی حقیقی سنت اور حقیقی عمل ہماری زندگیوں سے غائب ہیں اور پوری مسلم کمیونٹی اس سے نا آشنا ہو چکی ہے۔ اگر ان کی حقیقی مثال کی تقلید کی جاتی تو آج امت اس مقام پر نہ

ہوتی جہاں آج کھڑی ہے۔ یہ وہ مقام ہے کہ جہاں ہم ایک دوسرے کا بڑی بے دردی کے ساتھ خون بہا رہے ہیں۔ حالانکہ اللہ کا فرمان اس بارے میں بالکل واضح ہے۔ " یقینا وہ لوگ جنہوں نے اپنے دین میں تفرقہ ڈالا اور پھر گروہوں میں بٹ گئے، (اے پیغمبر) تیرا ان کے ساتھ کوئی رشتہ نہیں۔ ان کا معاملہ اللہ کے ساتھ ہے۔ وہ انہیں خبر دار کر دے گا ان تمام معاملات سے جو کچھ وہ کرتے رہے۔" (۶:۱۵۹) کیا یہ آیت ہمیں سے مخاطب ہے؟ ایک دوسرے کا خون بہانے کے بجائے ہمیں نبی اور قرآن کی طرف اخلاص کے ساتھ رجوع کرنا پڑے گا تاکہ ہم اپنے ان جرائم پر قابو پا سکیں اور انسانیت کے لیئے کچھ کام کر جائیں جو تاریخ میں یادگار رہے۔ کیا یہ تاریخی حقیقت نہیں کہ پیغمبر اسلامؐ نے ایک عظیم امت کی تشکیل کی جو کئی گروہوں اور قبیلوں پر مشتمل تھی۔ آپؐ نے ان سب کو پوری آزادی دی اور اپنی اپنی ملت اور مذہبی نظریات پر عمل کرنے کی پوری آزادی دی۔ آج ضرورت ہے کہ ہم اس موجودہ خلفشار سے نجات حاصل کرنے کے لیئے دوبارہ اسی مثال کی طرف آئیں۔ یہی وہ مثال ہے جو ہمیں امن اور اخوت سے ہمکنار کرے گی یہاں تک کہ امام مہدیؑ آکر ہمیں کامیابی کی اس آخری منزل پر پہنچا دیں گے جس کا ہم سے وعدہ کیا گیا ہے۔

ہمارے نبیؐ اپنی ذات میں نہایت متواضع اور بردبار تھے۔ وہ خدا مرکزیت میں اس قدر مگن اور محو تھے کہ یوں لگتا تھا کہ ان دنیا میں یا وہ ہیں اور یا ان کا رب۔ نقصان اور رنج کے مواقع پر وہ کبھی بھی دل شکستہ نہ ہوئے اور نہ ہی اعتماد کو متزلزل ہونے دیا۔ ایسے مواقع

پر ہمیشہ وہ پر اعتماد رہے اور اللہ پر مکمل بھروسہ کیا اور ہمیشہ زبان پر یہ الفاظ جاری رہے۔ ’اے رب، یہ سب کچھ حقیقت میں تیرا ہی تھا اور تیری طرف ہی لوٹ گیا۔‘ انتہائی مشکل اور خطرات کی گھڑیوں میں بھی خوف زدہ ہونے کے بجائے وہ مکمل طور پر مطمئن رہتے اور اپنے رب پر توکل کرتے ہوئے سب کچھ اسی کی مرضی کے حوالے کر دیتے اور پھر پورے سکون کے ساتھ اپنی تحریک کو آگے کی جانب لے جاتے۔ ان کا اللہ پر توکل نہایت مثالی تھا ۔ اگر کوئی انہیں ناراض کر دیتا تو اس حالت میں بھی وہ اپنے اوپر قابو رکھتے اور چہرے پر تبسم کی کیفیت نمودار ہو جاتی۔ ان کی ازواج کا بیان ہے کہ حضورؐ جب ہماری کسی بات سے ناراضگی محسوس کرتے تو اس میں بھی وقار اور شائستگی کا پہلو غالب رہتا۔ اگر بات زیادہ بڑھ جاتی تو وہ کچھ دیر کے لیئے گفتگو کا سلسلہ منقطع کر دیتے تھے۔ ان کے چہرے کا رنگ متغیر ہو جاتا تھا مگر اس کے باوجود وہ ہم پر کوئی زیادتی یا سختی نہیں کرتے تھے۔ اس دوران ہمیں بھی اپنی اصلاح کا موقع ملتا رہتا تھا۔ یہ تھا حضورؐ کا خلق عظیم جسے انسانیت کے لیئے عملی نمونہ قرار دیا گیا۔ اپنے تو اپنے نبی کریمؐ تو دشمنوں کے لیئے بھی مہربان تھے اور انہیں معاف کر دینے والے تھے۔ حقیقت میں ان کا تمام انسانوں کے ساتھ برتاؤ اور سلوک ان مہربان، پر شفقت اور محبت سے لبریز والدین کا تھا جو اپنی اولاد کے لیئے ہمہ وقت فدا رہتے اور انہیں معاف کرنے کے لیئے محض حیلوں کی تلاش میں رہتے ہیں۔

یہ کس قدر حیرت اور افسوس کا مقام ہے کہ ایسے عظیم پیغمبر کے پیروکار دونوں جانب سے خواہ وہ شیعہ ہوں یا سنی ، ان کے اسوہ کو فراموش کر چکے ہیں اور اس سے بھی بڑھ کر یہ کہ خود پیغمبرؐ کی ذات ان کے درمیان استحکام اور یکجہتی کے عظیم ذریعہ کے اعتبار سے ختم ہو چکی ہے۔اب اس کی حیثیت محض ایک نمائش کی سی باقی رہ گئی ہے ، جس کا ذکر تو کیا جاتا ہے مگر مفہوم کا علم نہیں۔ ہماری اکثریت انہیں اس معنی میں عظیم مانتی ہے کہ وہ ایک مافوق الفطرت ہستی کے مالک تھے اور ان کے پاس عظیم معجزات تھے۔ یہ تصورات یا تو انہیں منبر و محراب سے ملے یا پھر مدارس کی روائتی تعلیم نے ان کی یہ تربیت کی۔ اس کا منفی نتیجہ یہ نکلا کہ حضور نبی کریمؐ کی ذات ہم سب کے لیئے ایک معمہ بن کر رہ گئی۔ ان غلط تصورات نے انہیں اس مقام پر پہنچا دیا کہ نہ تو ہم ان تک پہنچ سکتے ہیں اور نہ ہی ان کی تقلید کر سکتے ہیں۔ اطاعت اور پیروی کے میدان میں ہماری رسائی ہی ان تک ممکن نہیں۔اس سے بھی بڑھ کر المیہ یہ ہے کہ اللہ کی کتاب نے ان کی انسانی حیثیت اور فطرت کو کھول کر بالکل واضح انداز میں بیان کیا ہے۔ اور اسی کے ساتھ ان کے ان معاملات اورحالات کو بھی پیش کر دیا ہے جو اپنے اندر انسانی خصوصیات کے حامل ہیں۔ مگر ہماری کمیونٹی میں سے ایسے لوگ بہت کم ہیں جو قرآن کو کھول کر ان حقائق کا معروضی انداز میں مطالعہ کر سکیں اور اپنے آخری نبیؐ کی اصل حیثیت کو سمجھ سکیں۔ اگر آپ میں سے کوئی میری ان باتوں سے تنگی محسوس کرتا ہے تو میں اسے دعوت دیتا ہوں کہ وہ خود براہ راست قرآن کا مطالعہ کرے اور اس کی آیات میں حضورؐ کی شخصیت کے متعلق جو کچھ

بیان ہوا ہے اس پر غور کرے اور اس کے مفہوم کو جاننے کی کوشش کرے۔ بجائے اس کے کہ وہ ان تصورات اور خیالات پر ہی اکتفا کرلے جو اسے معاشرے کی طرف سے وراثت میں ملے ہیں۔ وہ نبیؐ کی زندگی کا بھی مطالعہ کرے اور یہ جاننے کی کوشش کرے کہ کس طرح انہوں نے مختلف انسانوں کو ایک ہی پلیٹ فارم پر جمع کیا، ان میں الفت پیدا کی اور پھر ایک منظم اور اجتماعی ریاست کی بنیاد رکھی۔ پھر کس طرح انہوں نے اپنی اس ریاست مدینہ کو انسانیت کی فلاح کے لیئے استعمال کیا۔ آج اسلام اور مسلم کمیونٹی کی اس سے بڑھ کر اور کوئی خدمت نہیں ہو سکتی کہ اس کے لیئے پیغمبر اسلامؐ کی سیرت کو تفصیلی اور عملی شکل میں پیش کیا جائے اور یہی اس کے زوال کا علاج ہے۔

ہمیں سیرت میں نبی کریمؐ کے متعلق یہ روایت بھی ملتی ہے جو حضورؐ کی محبت کے خاص انداز کو ظاہر کرتی ہے۔ روایت میں کہا گیا ہے کہ سیدنا امام حسینؑ نے اپنے انتہائی بچپن میں عام بچوں کے مقابلے میں ذرا دیر سے کلام کرنا شروع کیا۔ چنانچہ اسی دوران جب کہ حضور اکرمؐ یا تو نماز کا آغاز کر رہے تھے یا پھر وہ امام حسینؑ کو بولنے کی مشق کروا رہے تھے کہ ان کی زبان مبارک سے 'اللہ اکبر' کے الفاظ نکلے۔ چنانچہ اسی لمحے امامؑ کی زبان سے بھی یہی اللہ اکبر کے الفاظ اسی طریق پر ادا ہوئے۔ نبیؐ نے ان ہی الفاظ کو دہراتے ہوئے پھر اللہ اکبر کہا۔ اس پر امامؑ نے بھی جواباً اللہ اکبر کہا۔ روایت کے مطابق حضورؐ نے سات مرتبہ یہ کلمات دہرائے اور امامؑ نے بھی جواب میں اسی صفائی کے ساتھ اللہ اکبر کہا۔ اس پر حضورؐ کی خوشی کا کوئی ٹھکانہ نہ تھا۔ چونکہ

آپ امامؑ کو مشق کروا رہے تھے جو حد درجہ کامیاب رہی۔ اس سے قبل امامؑ نے کلام نہیں کیا تھا۔ اس پورے واقعہ میں نکتے کی بات یہ ہے کہ نبیؐ بھی اپنی ذات میں انسان تھے اور باقی انسانوں کی طرح وہ بھی اپنی اولاد سے ہونے والے کسی اہم کام پر اسی طرح اپنی خوشی کا اظہار کرتے تھے اور اس مقام پر بھی انہوں نے ایسے ہی کیا۔ خیال کیا گیا ہے کہ یہ اسی واقعہ کا حیرت انگیز اور لطافت آمیز اثر تھا کہ حضور صلی اللہ علیہ و آلہ و سلم نے اس نماز میں زائد تکبیریں کہیں اور یوں وہ اپنے نواسے کو کلام کی مشق کروا رہے تھے، جب کہ نماز کے آغاز میں ایک ہی تکبیر کہی جاتی ہے۔

دسویں شب

کل کی مجلس میں ہم نے تفصیل سے بیان کیا تھا کہ حضورؐ کی مبارک سیرت کا مطالعہ سب سے زیادہ ضروری ہے۔ اور یہ مطالعہ اس وقت تک کارآمد ثابت نہیں ہو سکتا جب تک کہ ہم آنکھیں کھول کر با مقصد انداز میں اس کی طرف رجوع نہیں کرتے۔اور یہ اسی با مقصد مطالعہ کا حصہ ہے کہ ہم اپنے پیغمبرؐ کی زندگی کا ان کے انسانی پہلو کو مد نظر رکھتے ہوئے مطالعہ کریں ۔ اس کا فائدہ یہ ہوگا کہ ہمارے لیئے ان کی پیروی کا راستہ آسان ہو جائے گااور وہ پوری انسانیت کے لیئے عملی نمونہ کی صورت میں نظر آ سکیں گے۔ ان کی زندگی عظیم اور ہمہ نوعی ہے اور اس کے لیئے ضروری ہے کہ ہم اس کے مختلف گوشوں کا الگ سے مطالعہ کریں۔ مثلاً پیغمبر بحیثیت انسان اور ان کی انفرادی زندگی، محمدؐ بحیثیت اللہ کے رسول، محمدؐ بحیثیت سربراہ خاندان، محمدؐ بحیثیت حاکم، محمدؐ بحیثیت دوست، محمدؐ یتیموں مسکینوں اور بیواؤں کے مددگار کی حیثیت سے، محمدؐ کی زندگی مکہ میں، محمدؐ مدینہ میں، محمدؐ میدان جنگ میں، پیغمبرؐ فتح مکہ کے موقع پر، اور اسی طرح پیغمبرؐ حمزہ کی میت اور دوسرے بہت سے مواقع پر۔ پھر ان تمام گوشوں کے مطالعہ کے دوران ہمیں ان کے سیاق کو بھی صحیح طور پر سمجھنا ہوگا تا کہ ہمارا مطالعہ فائدہ مند ثابت

ہو سکے۔ اور اس امر کا تو خصوصی خیال رکھا جائے کہ اس ساری تگ و دو میں ان کی سیرت کا انسانی پہلو کسی طور بھی نظروں سے اوجھل نہ ہونے پائے۔ یہ اس لیئے ضروری ہے کہ ان کی سیرت پیروی اور اطاعت کے لیئے ہے، اور اطاعت ایک انسانی ماڈل ہی کی ہو سکتی ہے کسی فرشتہ ماڈل کی نہیں۔ اور سیرت کی یہی وہ پیروی ہے جو ہمیں خدا پرستی اور خدا شناسی کی حقیقی زندگی تک پہنچا سکتی ہے۔

قرآن کے مطابق حضور اکرمؐ کی ذات ہر اس شخص کے لیئے بہترین نمونہ عمل ہے جو اللہ کے ساتھ ملاقات کا حقیقی طلب گار ہے اور اللہ کی ذات ہی اس کی سب تمناؤں کا مرکز بن چکی ہے، اور اس کی زندگی بھی گواہی دیتی ہے کہ اس میں خدا مرکزیت پائی جاتی اور وہ ان اعلیٰ خدائی صفات سے متصف بھی ہے جن کے متعلق حکم بھی ہے کہ وہ خدا کی اس مخلوق میں لازما نظر آنی چاہیں۔خدا شناسی اور خدا مرکزیت کے اس میدان میں وہ اعلیٰ مثال جو ہر انسان کو خدا کی ذات سے مربوط رکھ سکتی ہے وہ نبی آخر الزمان کا اسوہ ہے جو ہر لحاظ اور ہر زاویے سے کامل اور اکمل ہے۔ چنانچہ خدا شناسی اس عظیم اسوہ اور نمونہ کی پیروی کے بغیر ممکن نہیں۔ اس مقصد کی خاطر یہ امر ازحد ضروی ہے کہ ہم نبی محمدؐ کے بارے میں ان تمام اوہام اور مبالغہ آمیز معتقدات کو ایک جانب رکھتے ہوئے ان کی زندگی کا بغور مطالعہ کریں تاکہ ہم حقیقی معنوں میں نبی محمدؐ کو دریافت کر سکیں۔ ان مبالغہ آمیز معتقدات اور نظریات کے زیر اثر کوئی بھی کوشش اور مطالعہ ہمیں حقیقی محمدؐ کی ذات کا تعارف نہیں کروا سکتا۔ اسی لیئے ہم دیکھتے ہیں کہ امت کی اکثریت

اپنی عقیدت اور محبت کے بلند بانگ دعووں کے باوجود ابھی تک بے عمل اور پسماندہ ہے۔ جب ہم اپنے ان علماء اور مفکرین کے لٹریچر کا مطالعہ کرتے ہیں جنہوں نے حضور نبی کریمؐ کی سیرت اور ذات پر بہت کچھ لکھا ہے اور اس میدان میں بہت بڑی خدمت کی ہے۔ مگر ان کے احترام کو برقرار رکھتے ہوئے میں یہ عرض کروں گا کہ ان کی تحریروں سے نبی محمدؐ کی اصلی شخصیت اور ذات نکھر کر سامنے نہیں آتی جیسا کہ قرآن نے اسے پیش کیا ہے۔ یہ اصل صورت یہاں دھندلا گئی ہے۔ اس کی وجہ یہ ہے کہ ان علماء نے اپنے ان سابقہ معتقدات کی روشنی میں سیرت کا جائزہ لیا جن کے تحت نبی اکرمؐ کی ذات ایک پر اسرار شخصیت نظر آتی ہے جو معجزات کی دنیا میں گھری ہوئی ہے۔ اگر وہ اپنے آپ کو ان پہلے سے جمے جمائے نظریات سے الگ کر لیتے تو وہ سیرت کے میدان میں امت کی بہت بڑی خدمت کر سکتے تھے۔ بعض اوقات ہمیں خود مستشرقین کے لٹریچر سے بھی بہت کام کا مواد مل جاتا ہے جو اپنے مفکرین کے ہاں موجود نہیں۔ اس کے باوجود کہ مستشرقین بعض اوقات بہت بڑی زیادتی بھی کر جاتے ہیں جس کا ہمیں دکھ ہوتا ہے مگر با ایں ہمہ ہمیں ان سے بدکنے کی ضرورت نہیں۔ کیونکہ آج ہم اس مقام پر ہیں کہ صحیح کو غلط سے الگ کر سکیں اور ان غلط فہمیوں کا کافی و شافی جواب دے سکیں۔ مگر ان زیادتیوں کے باوجود ان کی تحریر میں جو ایک خوبی ہے وہ ہمارے ہاں نہیں۔ اور وہ یہ کہ انہوں نے حضورؐ کی سیرت کا مطالعہ ایک انسان کی حیثیت سے کیا، کسی مافوق الفطرت ہستی کی حیثیت سے نہیں۔ اس لیئے ان کی تحریروں میں بڑی جاندار تحقیقی باتیں آجاتی ہیں جو ہمارے ہاں بالکل مفقود ہیں۔

نبی کریمؐ کی سیرت کے مختلف گوشوں کے بامقصد اور تحقیقی مطالعہ کے دوران آپ کو ایسے مسائل اور واقعات سے بھی لازما واسطہ پڑے گا جو بظاہر آپؐ کے مقام کو سامنے رکھتے ہوئے غیر مربوط اور متضاد نظر آتے ہیں۔ مثال کے طور پر قرآن کا نبی محمدؐ سے یہ فرمان ہے: "ان سے کہ دو کہ میں غیب کے متعلق نہیں جانتا۔" لیکن ہم دیکھتے ہیں کہ انہوں نے اپنی زندگی میں بہت سی ایسی پیش گوئیاں کی ہیں جو ہو بہو سچ ثابت ہوئیں۔ حالانکہ ان کا تعلق غیب ہی سے تھا۔ اب یہ ہمارا فرض ہوگا کہ ہم بغیر کسی تعصب کے ان دونوں کے درمیان تطبیق پیدا کریں تاکہ مسئلہ صحیح طور پر سمجھ میں آجائے۔ اس معاملے میں اصولی بات وہی ہے جسے قرآن نے واضح لفظوں میں بیان کر دیا ہے کہ نبی محمدؐ کو ہر چیز اور ہر بات کے متعلق غیب کا علم نہیں دیا گیا تھااور اس کی وجہ یہ تھی کہ زندگی میں وہ مسائل اور مشکلات سے دوچار ہوں، وہ مختلف چیلنجز کا سامنا کر سکیں تاکہ بحیثیت نبی وہ تمام انسانوں کے لیئے قابل تقلید نمونہ بن سکیں۔ اور یہی معاملہ ان کے علاوہ بھی بقیہ تمام انبیاءؑ، آئمہ اطہارؑ اور اولیاء کا بھی ہے۔ وہ بھی قرآن کے اس ضابطہ سے مستثنی نہیں۔ اور یہ سب کچھ کلی علم غیب کی شکل میں ممکن نہ تھا۔ میرا اور آپ سب کا معاملہ بھی تو ایسے ہی ہے کہ ہمیں بھی اپنی زندگی میں مختلف چیلنجز اور مصائب کا سامنا کرنا پڑتا ہے اس بناء پر کہ ہم غیب سے آشنا نہیں اور مستقبل کے بارے میں غیر یقینی صورت حال کا شکار ہیں اور تمام انسانوں کے لیئے قدرت کا یہی مقررہ نظام فطرت ہے۔ اسی کی روشنی میں ہم دیکھتے ہیں کہ خود نبی محمدؐ اپنی زندگی میں بہت سے مصائب کا شکار ہوئے اور بے شمار چیلنجوں کا سامنا کیا۔ اور یہ

ساری صورت حال مستقبل کے متعلق غیر یقینی کیفیت کا پتہ دیتی ہے جیسا کہ دوسرے انسانوں کے بارے میں ہمیں دیکھنے کو ملتا ہے۔ ان تمام مصائب اور مشکلات میں انہوں نے فطری نظام اور طریق کار کو اپنایا اور اپنے رب پر کامل بھروسہ کرتے ہوئے کامیابی کی تمام سیڑھیوں کو طے کیا۔ اور اسی بناء پر وہ ہم سب انسانوں کے لیئے نمونہ بن گئے۔ اگر ان کے پاس ہر وقت غیب کا علم ہوتا اور مستقبل کے بارے میں وہ ہر چیز سے اگاہ ہوتے تو پھر ان کی زندگی تمام مشکلات اور ہر قسم کے چیلنج سے آزاد ہوتی اور کوئی بھی دکھ درد ان تک نہ پہنچ سکتا تھا۔ مگر اس صورت میں وہ کسی طور پر بھی ہمارے لیئے نمونہ نہ بن سکتے تھے اور نہ ہی ہم ان کے نمونہ کی تقلید کر سکتے تھے۔ ہم ایک ایسی شخصیت کے نمونہ کی پیروی کر سکتے ہیں جسے ہماری طرح دکھ اور درد پہنچتا ہو اور اسی طرح وہ مسائل اور چیلنجز سے گزری ہو، اور ہماری طرح وہ مستقبل کے حالات کے متعلق بے یقینی کی کیفیت کی حامل ثابت ہوئی ہو۔ مگر اس کے باوجود وہ تقوی اور عدل کے اعلیٰ معیار پر قائم ہو اور اس کی تمام کامیابیاں اسی فطری نظام کو اپنانے کا نتیجہ ثابت ہوں۔ مگر ہاں وہ اس کے ساتھ خدا کے رسول بھی تھے اور رسالت کے کچھ اہم تقاضوں کے تحت انہیں مستقبل کے متعلق محدود حد تک علم بھی دیا گیا جو اس منصب کے لیئے ناگزیر تھا مگر اس کا تعلق کچھ مخصوص واقعات اور آئندہ کے بارے میں کچھ پیش گوئیوں سے تھا۔ یہ کوئی کلی علم غیب نہ تھا۔ ان ہی حقائق کی بناء پر ہم یہ کہتے ہیں کہ نبی اکرمؐ ہمارے لیئے ایک بہترین مثال ہیں اور ہمارے جملہ مقاصد اسی مثال سے وابستہ ہیں اور اسی سے تکمیل پاتے ہیں۔ تھوڑی دیر کے لیئے ہم ان باتوں کو

دہرانا ضروری سمجھتے ہیں جو ہم انسانیت کے مقصد کے حوالے سے قبل ازیں عرض کر چکے ہیں۔ انسانیت کے حوالے سے سب سے اہم بات یہ ہے کہ ہم علمی اور فکری اعتبار سے اپنے آپ کو ان غیر فکری اور غیر فطری معتقدات سے آزاد کریں جو فکری پس ماندگی اور جہالت کا سب سے بڑا سبب ہیں۔ اس پسماندگی کا سب سے بڑا علاج یہی فکری آزادی اور فکری ترقی ہے۔ اس آزادی کے بعد دوسرا اہم مقصد اخلاقی بلندی اور اخلاقی تطہیر ہے جسے بجا طور پر انسانیت کی روح کہا جا سکتا ہے۔ اسی کے ذریعے ہم ان انسانی اقدار کو بھی جگا سکتے ہیں جو دنیا پر بسنے والے تمام انسانوں کے لیئے یکساں ہیں خواہ ان کا تعلق کسی بھی مذہب، ملت، گروہ اور قوم سے ہو۔ یہی وہ عظیم انسانی اقدار ہیں جو ان تمام گروہوں اور مذاہب کو قریب لا سکتی ہیں ۔ خواہ وہ عیسائی اور یہودی ہوں یا ہندو، سکھ، پارسی یا کوئی اور ملت۔ اس لحاظ سے یہ جہاں خدا کے ماننے والوں کے لیئے مفید ہیں اسی لحاظ سے یہ خدا کے منکرین کو بھی شامل ہیں جو بہر حال اس زمرہ انسانیت کا ایک حصہ ہیں۔ اور اسی مقصد کا تیسرا حصہ انسان میں موجود وہ فطری طلب ہے جو اس دنیا میں اپنے مقصد وجود کے متعلق ہر انسان میں پائی جاتی ہے۔

ہم اپنے اخلاق اور علم دونوں میں جتنی بھی زیادہ برتری حاصل کر لیں ، اندرونی طور پر ہم اسی طرح بے سکون ہی رہیں گے۔ ہر انسان کے وجود کے روئیں روئیں میں یہ تمنا اور احساس موجود ہے کہ وہ اس دنیا میں زندہ رہے اور اس کی یہ زندگی کسی بہت بڑے مقصد سے وابستہ رہے۔ یہی احساس پھر اس کے لیئے مجبور کرتا ہے کہ یہ زندگی

اپنی نوعیت میں با معنی اور کامل ہو اور اپنے مقصد وجود کی جانب گامزن ہو۔ اس کی مثال اس بیج کی ہے جو پھوٹنے کے بعد اپنے تندرست عمل کے ذریعے ایک تناور درخت میں تبدیل ہو کر پھل دینے لگتا ہے۔ اور یہی وہ مقام ہے جس کے ہم سب خواہشمند ہیں۔ ہم اسی جذ بے کے طلبگار ہیں جو پوری گہرائی سے ہمارے وجود کو طاقت فراہم کرتا ہے۔ اسی کے ذریعے ہمیں خدا کی معرفت نصیب ہوتی ہے اور پھر یہی معرفت ہمیں مقصد زندگی کا شعور عطاء کرتی ہے۔ ورنہ اس کے بغیر ہماری زندگی اپنی تمام معنویت اور لطافت سے محروم ہو جاتی ہے۔اور جو لوگ زندگی کی اس لطافت اور مقصدیت سے محروم رہے اور فضولیات میں اپنی حیات ضائع کر دی تو قرآن کی تمثیل کے مطابق ان کا معاملہ ہمیشہ ان جیسا رہا جو چٹان پر پڑی غبار کو غنیمت جانتے رہے۔ مگر جب اسے لینے کے لیئے قریب پہنچے تو اسی وقت ہوا کے ایک تیز جھونکے نے اسے اڑا کر دور پھینک دیا۔ اس کی وجہ یہ تھی کہ اس غبار کی کوئی جڑیں نہ تھیں اور یہ ویسے ہی چٹان پر ٹھہرا ہوا تھا۔ خدا کی معرفت کے بغیر زندگی بھی نہایت کمزور اور جڑوں کے بغیر ہے۔ ہمیں اپنی زندگی میں خدا شناسی اور خدا مرکزیت کے مقام تک پہنچنا ہوگا تاکہ زندگی کا مقصد حاصل کیا جا سکے۔

چنانچہ آج کی اس مجلس میں ہم امامت کے متعلق کچھ گفتگو کریں گے۔ جب اس موضوع کا ہم جائزہ لیتے ہیں تو یہ بات کھل کر سامنے آتی ہے کہ امام علی بن ابی طالبؑ کی قیادت کو امت پر زبردستی مسلط نہیں کیا گیا تھا اور نہ ہی ایسا کیا جا سکتا تھا۔ کسی کی بھی قیادت کو لوگوں

کی مرضی کے بغیر زبردستی تھوپا نہیں جاسکتا ورنہ وہ اپنی قدر و قیمت کھو دے گی۔ ذرا تصور کریں کہ اگر نبی محمدؐ اپنی نبوت کو زبردستی مکہ والوں پر مسلط کرتے اور ان سے ماننے کا مطالبہ کرتے تو اس صورت میں نتیجہ پہلے سے زیادہ ناکامی کی شکل میں نکلتا۔ اہل مکہ نے اس وقت آپ کی قیادت کو تسلیم کیا جب آپ نے فطری طریق دعوت سے انہیں قائل کر لیا اور خصوصا انہیں معاف کر دیا۔ اور اسی بناء پر وہ پوری انسانیت کے لیئے رول ماڈل بن گئے۔ ذرا سوچیے کہ آج اگر میں آپ سے یہ مطالبہ کروں کہ مجھے خدا نے تمہارے اوپر حاکم مقرر کیا ہے، لہذا تم سب میری اطاعت کرو۔ اس پر تمہارا ردعمل کیا ہوگا؟ ظاہر ہے کہ تم فورا کہو گے کہ قیادت کے ایسے سہانے خواب بڑے شوق سے دیکھتے رہو۔ اصل میں تو قیادت لوگوں کی رضامندی سے حاصل ہوتی ہے، اپنے آپ کو مسلط کر دینے سے نہیں۔ نبوت اور الہام پر مبنی قیادت کے سلسلے میں تو یہ ضابطہ اور بھی زیادہ ضروری ہوجاتا ہے تاکہ لوگ عمومی نافرمانی سے بچ سکیں۔ اس لیئے دعوت کا عمل بنیادی حیثیت کا حامل ہے۔

یہ تاریخی حقیقت ہے کہ نبیؐ نے جب اللہ کا پیغام پیش کیا تو اس سلسلے میں لوگوں کو علمی اور عقلی دونوں لحاظ سے قائل کیا اور شرک کی تمام قباحتیں اور نقصانات ان پر واضح کیئے۔تب جا کر لوگوں کی اکثریت نے آپ کی دعوت کو قبول کیا اور آپ کی سیادت کو تسلیم کر لیا۔ اور یہ اسی کا نتیجہ تھا کہ نبی اکرمؐ نے نہایت کامیابی کے ساتھ ان کی رہنمائی کی اور اپنی قیادت اور دعوت کو موئثر بنایا۔ اسی سے یہ بھی

ثابت ہوا کہ کسی نبی کو بھی زبردستی عوام پر مسلط نہیں کیا جا سکتا۔ یہ آزمائش کا حصہ ہے کہ لوگوں کو اختیار اور انکار کا پورا پورا موقع دیا جائے تا کہ ان سب پر حجت تمام ہو سکے اور قیامت کے دن کوئی بھی اس زبردستی کے خلاف شکایت نہ کر سکے۔ چنانچہ اسی سلسلے میں حضورؐ نے دعوت کے اسی فطری طریق کار کو اپنایا اور ان حالات میں جس قدر بھی مواقع انہیں ملے، سب کو بھرپور طریقے سے استعمال کیا اور اپنے بعد قیادت کے لیئے اس شخص کو متعارف کروایا جو اپنے علم اور تقوی کے لحاظ سے عظیم نمونہ تھا اور وہ علی بن ابی طالبؑ تھے۔

غدیر کے تاریخی خطبہ میں حضور اکرمؐ نے فرمایا: 'کیا میں تم سے زیادہ تمہاری جانوں کا مالک نہیں ہوں؟ اس پر انہوں نے قرآن کی یہ آیت پڑھی: ' نبی مؤمنین سے بھی زیادہ ان کی جانوں کے حقدار ہیں۔' اس پر لوگوں نے بیک آواز کہا : 'بے شک اے اللہ کے رسول آپ ہم سے زیادہ ہماری جانوں کے مالک ہیں۔' اس پر نبی اکرمؐ نے علیؑ کا ہاتھ پکڑ کر فرمایا: 'جس کا میں مولا ہوں یہ علی بھی اسی کا مولا ہے'۔ یہاں آپ دیکھ رہے ہیں کہ اللہ کے رسولؐ نے علیؑ کی قیادت کو لوگوں پر مسلط نہیں کیا اور ان پر کوئی جبر نہیں کیا کہ وہ اب ان کے بعد علیؑ کی قیادت کو ہر حال میں تسلیم کر لیں ورنہ ان کے خلاف کاروائی ہوگی۔ اگر وہ بالفرض ایسا کرتے تو اس صورت میں وہ ایک نبی کی حیثیت سے عملی نمونہ کے اس معیار پر باقی نہ رہتے جس کی بناء پر دنیا کا ہر انسان ہر مقام پر ان کی پیروی کر سکتا ہے۔

چنانچہ اس مقام پر پیغمبر اسلامؐ نے لوگوں کی جانوں پر قائم اپنے اختیار کے حوالے سے امام علیؑ کی قیادت کو پیش کیا اور خود اس کی تصدیق کی تو اس سلسلے میں لوگوں کی بھی رائے اور تصدیق چاہی ، اور اس کے بعد ہی آپ اس قیادت کا باضابطہ اعلان کرنے کی پوزیشن میں تھے۔ جبرا آپ مسلط نہیں کرنا چاہتے تھے۔ رضاکارانہ اطاعت ازحد ضروری تھی۔ لیکن یہاں ہمارے لیئے اصل سوال یہ ہے کہ امام علیؑ کو کس حیثیت میں اس قیادت کے لیئے منتخب کیا گیا؟ ظاہر ہے کہ یہ انتخاب ان کی لیاقت، بے مثال قائدانہ صلاحیت اور اس تربیت کی بناء پر تھا جو انہیں براہ راست پیغمبرؐ سے ملی تھی، اور وہی امت کو راہ راست پر چلا سکتے تھے اور حضورؐ کے بعد اس عظیم مقصد کے لیئے سب سے موزوں تھے۔ اور وہ مقصد امت کو علمی و فکری لحاظ سے آزاد اور بلند کرنا، اخلاقی تزکیہ کرنا، اور اسے اس قابل بنانا کہ وہ خدا شناسی اور خدا مرکزیت کی حامل بن سکے۔ امت میں ان اوصاف کو پیدا کرنے اور زندہ رکھنے کے لیئے امام علیؑ کی شخصیت ہی سب سے موئثر تھی۔

یہاں میں اپنے شیعہ بھائیوں سے یہ سوال پوچھتا ہوں کہ اگر ایک انسان نے پورے اخلاص اور محبت سے یہ فیصلہ کرلیا ہے کہ وہ امام علیؑ کی متابعت کرے گا تو پھر اس سے کیا فرق پڑتا ہے کہ وہ انہیں حضور اکرمؐ کے بعد پہلا امام مانے یا پھر چوتھا خلیفہ؟ کیونکہ دونوں شکلوں میں وہ امام علیؑ کی اطاعت اور متابعت میں ہے اور پیغمبرؐ کے ارشاد کی تعمیل کر رہا ہے۔ وہ لوگ جو محض اس بات کے لیئے وقف ہو چکے ہیں کہ امام علیؑ حقیقت میں پہلے امام تھے یا پھر وہ چوتھے خلیفہ تھے اور اسی پر

رات دن ان کے مناظرے جاری ہیں۔ حقیقت میں ان دونوں نے امام کی ذات کو نہیں جانا اور دونوں ان کی اطاعت سے باہر نکلے ہوئے ہیں۔ غور کیجیئے کہ ان دونوں گروہوں نے علیؑ کی شخصیت اور قدر کو عالم کی نگاہوں میں اس لحاظ سے کم کر دیا ہے کہ دونوں نے ان کو محض ٹائٹل کی حد تک محدود کر دیا ہے اور اسی پر سارا جھگڑا ہے، جب کہ ان کے اصل مشن کو پس پشت ڈال دیا ہے۔ سنی اس حدیث کو لے کر بیٹھے ہوئے ہیں جس میں نبیؐ نے فرمایا کہ اے علی، تمہاری مثال کعبہ کی سی ہے۔ تمہیں باہر لوگوں کے پاس جانے کی ضرورت نہیں۔لوگ خود ہی دیوانہ وار لپکتے ہوئے تمہاری طرف آئیں گے۔اور شیعہ اس حدیث کو لے کر بیٹھے ہوئے ہیں کہ حضورؐ فرماتے ہیں کہ میں اور علی دونوں اس امت کے باپ ہیں۔ اس لحاظ سے علیؑ اس امت کے تمام افراد کے لیئے روحانی باپ ہیں خواہ وہ شیعہ ہیں یا سنی۔ پھر اگر وسیع معنوں میں سوچا جائے تو اس امت کا مفہوم مسلمانوں کے علاوہ دیگر ملتوں کو بھی شامل ہے جن میں یہودی، عیسائی وغیرہ بھی شامل ہیں۔ اور اگر میثاق مدینہ کو لیا جائے تو پھر مشرکین بھی اسی زمرے میں آجاتے ہیں۔ اس لیئے کہ حضورؐ کی نبوت تمام انسانیت کے لیئے تھی خواہ انسانیت اسے تسلیم کرے یا نہ کرے، حقیقت پر کوئی فرق نہیں پڑتا۔ اور ہم ہیں کہ ایک تنگ اور محدود دائرے میں ایک دوسرے سے لڑ رہے ہیں۔ بہرحال ان احادیث کی رو سے امام علیؑ پیغمبر اسلامؐ کے بعد تمام انسانیت کے روحانی باپ ہیں۔

ہماری تاریخ میں سقیفہ کے عنوان سے ایک معروف واقعہ ملتا ہے جس میں امت کی قیادت کے لیئے انصار و مہاجرین کے مابین جدو جہد اور مناظرہ ہوا اور حضرت ابو بکر خلیفہ مقرر ہوئے۔ اور پھر حضرت ابو بکر کی وصیت کے مطابق حضرت عمر خلیفہ مقرر کیئے گئے۔ حضرت عمر نے اپنی آخری ساعات میں چھ افراد پر مشتمل ایک کونسل مقرر کی اور اس کے نتیجے میں حضرت عثمان خلیفہ بنے۔ حضرت عثمان کے بعد امت نے بالاتفاق امام علیؑ کی جانب رجوع کیا اور ان سے مطالبہ کیا کہ وہ اس قیادت کے منصب کو سنبھالیں کیونکہ وہی اس کے زیادہ مستحق ہیں۔ چنانچہ مسجد نبوی میں کھلے عام ان کی بیعت ہوئی اور یہی ان کی شرط بھی تھی۔ یہاں آپ نے دیکھ لیا کہ سابقہ خلفاء کا انتخاب یا تو ایک محدود جماعت کے ذریعے ہوا، یا پھر وصیت اور مخصوص کمیٹی کے ذریعے۔ لیکن امام علیؑ کا انتخاب سر عام پوری امت کے ذریعے اور افراد امت کی پوری مرضی کے ساتھ جہاں کسی کو بھی اس کے لیئے مجبور نہیں کیا گیا تھا۔ یہ وہ موقع تھا کہ امت نے امام علیؑ کی حیثیت کا صحیح طور پر ادراک کیا۔ ان کی خصوصیت کا اعتراف کیا اور قیادت کے منصب کے لیئے انہیں سب سے بہتر جانا۔ افسوس کہ بعد میں بغاوتیں نہ ہوتیں تو ہماری تاریخ بہت مختلف اور عظیم ہوتی اور انسانیت کو وہ سب کچھ مل جاتا جو تاریخ کی اس موجودہ شکل میں اسے نہ مل سکا۔

مگر آج اسی امت کی موجودہ صورت حال پر غور کیجیئے اور دیکھیئے کہ کس طرح اس کے مختلف گروہ ایک دوسرے پر لعنت کرتے اور ایک دوسرے کو جہنم رسید کرنے کے لیئے کس قدر بے تاب ہیں۔ ان

میں تحمل، بردباری اور اختلافات کو برداشت کرنے کی صلاحیت بالکل ختم ہو چکی ہے۔ آج ہم کس قدر امام علیؑ کے اسوہ سے دور چلے گئے ہیں اور ان کی صفات کو فراموش کر بیٹھے ہیں۔ میں یہاں اپنے تمام شیعوں سے یہ سوال کرتا ہوں کہ ہمارا نظریہ یہ ہے کہ علیؑ سب سے پہلے امام ہیں۔ فرض کیجیئے کہ اگر آج دنیا کے تمام ۱.۷ بلین مسلمان اس حقیقت پر جمع ہونے کا اعلان کر دیتے ہیں کہ علی ہی سب سے پہلے امام اور خلیفہ تھے، کوئی اور نہیں۔ تو کیا اس صورت میں ہم سب پوری طرح نیک ہو جائیں گے؟ تمام آلائشوں کو ترک کر کے بہترین انسان بن جائیں گے؟ انتشار کو فورا ختم کر کے ایک مثالی اور متحدہ امت بن جائیں گے؟ بعینہ یہی وہ صورت حال ہے جس کا تمام انبیاء نے سامنا کیا کہ ساری نعمتیں حاصل ہو جانے کے باوجود لوگوں نے اپنے آپ کو نہیں بدلااور انبیاء کی نافرمانیاں کرتے رہے۔ یہی سوال اہل سنت سے بھی ہوگا کہ اگر ساری امت ان کے نظریہ کے مطابق اس پر اتفاق کر لیتی ہے کہ علی چوتھے خلیفہ تھے، پہلے نہیں، تو کیا اس شکل میں ان میں بھی فوری طور پر وہ ساری تبدیلیاں آ جائیں گی جن کا ابھی ہم نے ذکر کیا؟ نمبر میں اختلاف کے باوجود دونوں علیؑ کی امامت اور خلافت کے قائل ہیں۔اس میں اصل بات علی کے اسوہ کی پیروی ہے جو ہم سب کے لیئے ایک مثال ہے۔ اور دونوں طرف اس پر بکثرت احادیث موجود ہیں۔ مگر ہم دونوں علی کے کردار پر ارتکاز کے بجائے اس پر ایک دوسرے سے بر سر پیکار ہیں کہ وہ پہلے نمبر پر تھے یا پھر چوتھے پر۔ حالانکہ نمبر کا اختلاف ہمارے اخلاق اور کردار پر ظاہر نہیں ہوتا کیونکہ یہ ایک علمی اور فکری اختلاف ہے۔ مگر ہاں اگر اسوہ اور کردار کو

نظر انداز کر دیا جائے تو اس کا براہ راست اثر ہماری عملی زندگیوں پر پڑتا ہے۔ آج ہماری صفوں میں یہ اجتماعی انتشار، نفاق، بغض اور خانہ جنگی اسی نافرمانی کے فطری نتائج ہیں۔ اس کے برعکس ہم اگر اخلاص کے ساتھ امام علیؑ کے اسوہ کی پیروی کرتے تو نمبر کا یہ اختلاف پس منظر میں چلا جاتا اور اس کی حیثیت ایک علمی اختلاف سے زیادہ نہ ہوتی جو ہر جماعت میں موجود ہے، کوئی بھی اس سے مستثنیٰ نہیں۔

کل ہی میں نے یہ کہا تھا کہ ایک حدیث کے ذریعے مجھے کسی حد تک ان اوہام اور طلسماتی تصورات سے باہر آنے کا موقع ملا جو ہمارے نبیؐ اور آئمہ اطہار کے متعلق ہمارے حلقوں میں عموما پائے جاتے ہیں اور ان میں ان ہستیوں کے بارے میں اس قدر غلو اور مبالغہ ہوتا ہے کہ انسان ان کی بشری حیثیت ہی کو سرے سے بھول جاتا ہے۔ ہمیں ان ہستیوں کے بارے میں وہی عقیدہ رکھنا چاہیئے جس کے وہ حقیقتا مستحق ہیں اور جو اللہ کی بارگاہ سے انہیں عطاء ہوا ہے۔ اس سلسلہ میں ہمیں حدیث کے اس لٹریچر کے اثرات سے باہر نکل کر ان ہستیوں کی اصل شان کو سمجھنا ہوگا تا کہ ہم بھی ان کی تقلید میں اس فانی دنیا میں کچھ کر سکیں۔ اس میں کوئی شبہ نہیں کہ جب ہم امام علی بن ابی طالبؑ کی زندگی پر غور کرتے ہیں تو حیرت میں ڈوب جاتے ہیں کہ وہ کس قدر عظیم اور یکتا انسان تھے جن کی مما ثلت کرنے والا اس کرہ ارضی پر کوئی بھی نہیں۔ اس سلسلے میں صرف حضور اکرمؐ ہی کی ذات گرامی ہے جن کا مقام بہرحال امام علیؑ سے بلند ہے اور علیؑ ان ہی کے

پروردہ ہیں۔ مگر ان کی شان میں کسی بھی مبالغہ سے ہمیں ہر حال میں پرہیز کرنا ہوگا۔ بندے کو خالق سے نہیں ملایا جا سکتا۔

امام علیؑ اپنے اخلاق اور اصول پرستی کے لحاظ سے بہت بلند مقام پر فائز تھے اور یہی ان کے کردار اور تقویٰ کی سب سے بڑی پہچان تھی۔ اس راہ میں وہ ہر نقصان کو برداشت کرنے کے لیئے ہمیشہ تیار رہتے تھے۔ عموما کہا جاتا ہے کہ ذرائع ہمیشہ اپنے نتائج کی روشنی میں جواز پاتے ہیں۔ مگر امام علیؑ اس ضابطہ سے مستثنیٰ تھے۔ ان کی نگاہ میں ذرائع اگر غلط ہوں تو وہ نتائج بھی غلط ہی دیں گے، اس لیئے ذرائع بھی ان کی نگاہ میں بڑی اہمیت رکھتے تھے۔ جب وہ خلیفہ منتخب ہوئے تو لوگوں نے انہیں بتاکید یہ تجویز پیش کی کہ سابق خلیفہ کے مقرر کردہ عمال کو معزول نہ کیا جائے جب تک کہ استحکام نہ حاصل ہو جائے ۔ کیونکہ ان کی فوری معزولی سیاسی اعتبار سے نہایت نقصان دہ ثابت ہوگی اور مشکلات میں اضافہ ہو جائے گا۔ مگر انہوں نے یہ کہ کر انکار کر دیا کہ سابق خلیفہ کے دور میں پیش آنے والے تمام مصائب، مشکلات اور بغاوتوں کے اصل ذمہ دار تو یہی ان کے عمال اور گورنرز تھے، کوئی اور تو نہیں تھا۔ ان کی غلط اور غیر اسلامی پالیسیاں ہی اس ساری صورت حال کی ذمہ دار ہیں۔ انہیں برقرار رکھنے کا مطلب ان ہی غلط اور خلاف اسلام پالیسیوں کا مزید اجرا ہے جو مجھ جیسے شخص کے لیئے ممکن نہیں۔ اور پھر سیاسی لحاظ سے بھی اس کا کوئی فائدہ نہیں۔ کیونکہ ایک عرصہ کے بعد جب بھی انہیں معزول کیا جائے گا جیسا کہ تم لوگوں کی تجویز ہے، یہ لوگ اسی طرح گڑ بڑ مچا دیں گے خاموشی کے ساتھ کبھی اپنے گھر

نہیں جائیں گے۔ پھر یہ ان لوگوں کے ایمان کا بھی امتحان ہے۔ سابقہ خلفاء اپنے عمال کو مسلسل بدلتے رہے اور وہ عمال ناگواری کے باوجود اپنی قیادت کے لیئے ہمیشہ اطاعت گزار رہے، نافرمانی نہیں کی۔ دیکھیئے یہ لوگ کہاں تک اولو الامر کی اطاعت کر تے ہیں، اس کا مظاہرہ ان کی معزولی ہی سے ہوگا۔ چنانچہ آنے والے حالات نے وہی کچھ ثابت کردیا جس کی پیش گوئی حضرت امامؑ نے اپنے اس جواب میں کر دی تھی۔ اس سے اندازہ کیا جا سکتا ہے کہ وہ اپنے کردار اور اصولوں میں کس قدر عظیم اوردور اندیش تھے۔

ہماری تاریخ میں یہ واقعہ مذکور ہے کہ جب حضرت ابو بکر خلیفہ مقرر ہوئے تو ابو سفیان امام علیؑ کے پاس آیا اور اس کے کہا کہ 'اے علی، ہماری تمہارے ساتھ قرابت داری ہے اور خلافت پر حق تمہارا ہے۔ ہم تمہاری مدد کو تیار ہیں، اس لیئے آگے بڑھو اور اپنا حق ابن ابی قحافہ سے لے لو۔' اس پر امام علیؑ نے یہ جواب دیا۔ 'میں ایک غلطی کو سنوارنے کے لیئے باطل کی راہ اختیار نہیں کر سکتا۔' امام علیؑ کے اس جواب میں خدا مرکزیت اور للّٰہیت کی اس سے بہتر اور فائق مثال پیش نہیں کی جا سکتی۔ جنگ صفین کے آغاز میں معاویہ کی فوجوں نے اس حصہ پر قبضہ کرلیا جہاں پانی تھا اور اس طرح انہوں نے امامؑ کی فوجوں پر پانی بند کر دیا تا کہ وہ جلد گھٹنے ٹیکنے پر مجبور ہو جائیں۔ مذاکرات کی ناکامی کے بعد جب امام علیؑ کی جانب سے مالک اشتر اور امام حسنؑ کی بٹالین نے کچھ جھڑپوں کے بعد پانی پر قبضہ کر لیا تو مالک اشتر نے امام علیؑ کو پیغام بھیجا کہ اب ہمیں بھی پانی کی فراہمی اپنے مخالفین کے لیئے

بند کر دینی چاہیئے جس طرح انہوں نے ہمارے ساتھ کیا تھا اور یوں ان پر ہم آسانی کے ساتھ قابو پا لیں گے۔ اس پر امام علیؑ فورا اپنے گھوڑے پر سوار ہوئے اور سیدھے دریا پر پہنچے۔ پانی کا ایک چلو اپنے ہاتھ میں لیا اور ایک بلیغ خطبہ ارشاد فرمایا جس میں اپنے مخالفین سے کہا: 'اے لوگو، یہ وہ پانی ہے جس سے یہودی اور عیسائی سیراب ہوتے ہیں۔ یہ وہ پانی ہے جس سے تمام حیوانات اور چرند پرند بھی اپنی پیاس بجھاتے ہیں۔آؤ اور تم بھی اللہ کی اس نعمت سے سیراب ہو سکتے ہو، کیونکہ یہ تمہارے لیئے بھی ہے۔' امام علیؑ نے اپنے جانی دشمنوں پر بھی پانی بند نہیں کیا جب کہ وہ امامؑ اور ان کے لشکر کے لیئے یہی پانی اپنی باری پر بند کر چکے تھے۔ اس سے آپ اندازہ کر سکتے ہیں کہ وہ اپنے کردار اور تقویٰ میں کتنے بلند اور عظیم مقام پر فائز تھے اور ان کے نزدیک غلط اور بد عنوان ذرائع کی بدولت بھی ایک نیک مقصد حاصل کرنا کس قدر غلط اور ناپسندیدہ تھا اور اس راہ میں انہوں نے کسی مصلحت کا بھی کوئی لحاظ نہ رکھا۔ یہ امامؑ کی ان بے شمار مثالوں میں سے چند ایک ہیں جو آپ کے سامنے پیش کی گئیں ورنہ مثالیں تو ان کے علاوہ بھی بہت زیادہ ہیں جن کی طرف رجوع کرنے کی ضرورت ہے۔ ایسی عظیم مثالیں کہیں اور سے آپ کو نہیں مل سکیں گی۔

اس مقام پر یہ جان لینا بھی ضروری ہے کہ آئمہ اطہارؑ کی ولایت کو صحیح معنوں میں نہیں سمجھا جا سکا اور اس بارے میں ہم سب ابہام کا شکار ہیں۔ یہ سب آئمہؑ اپنے اجداد امام الانبیاء اور امام علیؑ کی طرح بعینہ انسان تھے اور انسانیت ہی ان کی اصل پہچان تھی۔ امام علیؑ سے کسی نے

یہ سوال کیا اور ایسے وقت میں کیا جب کہ جنگ اپنے عروج پر تھی، کہ اے عظیم انسان آپ اصل میں کیا ہیں؟ امامؑ نے جواب دیا: 'میں نبی محمدؐ کے غلاموں میں سے ایک ادنی غلام ہوں' ۔ یہ جملہ اپنے اندر معانی کا ایک سمندر رکھتا ہے۔ جب بی بی زینب نے اپنے بھتیجے امام علی سجادؑ کو رات دن عبادات میں منہمک دیکھا تو انہیں سمجھانے کی کوشش کی کہ وہ اس میں تخفیف کر لیں۔ جب وہ نہیں مانے تو بی بی نے معروف صحابی حضرت جابر بن عبداللہ سے رابطہ کیا اور انہیں امادہ کیا کہ وہ ان کے بھتیجے کو سمجھانے کی کوشش کریں کہ وہ اپنی عبادات میں انتہائی حد تک چلے گئے ہیں۔ جب حضرت جابر نے ان سے رابطہ کیا تو اس پر امامؑ کا جواب یہ تھا: 'میری اس عبادت کی میرے اجداد پیغمبر خداؐ اور علی بن ابی طالبؑ کی عبادت کے مقابلے میں کیا حیثیت ہے؟' امام سجادؑ کے اسی جواب سے آپ لوگ اندازہ کر لیں کہ یہ آئمہؑ براہ راست پیغمبرؐ کی اولاد میں سے تھے مگر اپنی اصلیت میں یہ انسان تھے غیر انسان نہیں۔ اور اسی وصف کی بناء پر ان کی ولایت ہمارے لیئے مفید اور ہمیں سے متعلق تھی، ورنہ اس کی کوئی بھی افادیت ہمارے لیئے نہیں ہو سکتی تھی ۔ پیغمبر خداؐ کے بعد ان کی ولایت کا مطلب انسانوں کو گمراہی سے بچا کر ہدایت کی طرف لانااور انہیں علمی، فکری اور عقلی طور پر اس آزادی سے آشنا کرنا ہے جو خدا مرکزیت سے عبارت ہے اور جہاں خدا کی ذات ہی انسان کے لیئے سب سے بڑا مطلوب بن جاتی ہے۔ انسان اس کی وحدانیت میں کھو کر رہ جاتا ہے۔ اسے حقیقی روحانیت اور معرفت کہا جاتا ہے۔ اور آئمہؑ کی اصل تعلیم ہی یہی ہے کہ معرفت اور روحانیت کے اس مقام کو کیسے پایا جائے۔

ہمارے ہاں ایک معروف روایت ہے جسے عموماً بیان کیا جاتا ہے اور وہ یہ ہے: 'ہمارا پہلا بھی محمد، ہمارا درمیانہ بھی محمد اور ہمارا آخری بھی محمد'۔ ہمارے سادہ لوح شیعہ اس سے یہ سمجھتے ہیں کہ یہ سب آئمہ حقیقت میں ایک ہی شخصیت کا نام ہے اور ان میں کسی لحاظ سے بھی کوئی اختلاف نہیں۔ ہر قسم کی صورت حال میں یہ سب یکساں اور ایک ہی فرد واحد کی مانند ہیں۔ حالانکہ حقیقت میں ایسا نہیں اور نہ ہی ایسے خوشنما اور جذباتی نظریات اپنے اندر کوئی مفہوم رکھتے ہیں۔ یہ سب بے مثال ہستیاں تھیں مگر اس کے باوجود وہ ایک دوسرے سے مختلف تھے اور درجات میں بھی فرق تھا۔ ہم اپنے ایک سابقہ لکچر میں اس کا اظہار کر چکے ہیں کہ خود انبیاء بھی باہم مختلف تھے اور ان کے درجات میں بھی فرق تھا۔ کوئی ان میں سے خلیل تھا، کوئی کلیم تھا، کوئی صفی تھا اور کوئی روح تھا۔ مگر اس کے باوجود اللہ تعالیٰ نے قرآن میں یہ واضح فرمادیا کہ: 'ہم انبیاء میں کسی قسم کا کوئی فرق نہیں کرتے'۔ (۲:۲۸۵) اور دوسرے مقام پر فرمایا: 'یہ وہ انبیاء ہیں جنہیں ہم نے ایک دوسرے پر فضیلت دی'۔ (۲۵۳ : ۲) اب اسی کی روشنی میں کیا کوئی فرد اس سے انکار کر سکتا ہے کہ امام علیؑ کا درجہ باقی تمام آئمہؑ سے بلند تھا؟ کیا اس سے انکار کیا جا سکتا ہے کہ امام حسنؑ اور امام حسینؑ کا مقام ان کے بعد آنے والے تمام آئمہ سے اونچا تھا؟ اور کیا کوئی اس کا بھی انکاری ہے کہ آخری امام اپنے سے قبل تمام آئمہؑ سے بلند ہیں سوائے امام علیؑ اور حسنینؑ کے؟ اصل حقیقت یہ ہے کہ یہ تمام آئمہؑ ہدایت کے تارے تھے مگر یہ آپس میں الگ شخصیات کے حامل تھے اور ان کے درجات

میں بھی فرق تھا۔ اور یہی وہ بات ہے جو عقل و فکر کے معیار پر پورا اترتی ہے اور سب سے بڑھ کر یہ کہ یہ قرآن کی تصریحات کے بھی عین مطابق ہے۔ یہ تمام آئمہ مختلف اوقات میں آئے، مختلف چیلنجز کا سامنا کیا اور ان کے مابین ہر چیز اور ہر معاملہ میں کامل یکسانیت ضروری نہیں اور ممکن بھی نہیں۔ اس امر کی کوئی ضمانت نہیں کہ آئمہ اطہار میں سے محض دو بھی ہر صورت حال میں ایک ہی رہے ہوں اور بعینہ ایک ہی فتویٰ دیا ہو۔ جب کہ ہم سب اس سے بھی پورے طور پر اگاہ ہیں کہ خود امام حسنؑ اور امام حسینؑ بھی باہم مختلف تھے اور کئی امور میں ان کی آراء میں اختلاف تھا۔ طبعا امام حسنؑ بہت نرم، صلح جو اور قانع تھے۔ جب کہ امام حسینؑ بہت صابر، شفیق اور جری تھے۔ بہت سے مواقع پر امام حسینؑ نے امام حسنؑ کو امادہ کرنے کی کوشش کی کہ وہ معاویہ بن ابی سفیان کے ساتھ معاملات اس طرح نہ نمٹائیں جیسا کہ ان کا ارادہ ہے۔ مگر امام حسنؑ نے ہمیشہ یہی کہا کہ ہمیں صبر کی ضرورت ہے۔ ابن ملجم کے معاملے میں امام حسینؑ نے امام حسنؑ سے کہا کہ مجھے اس مردود کو ختم کرنے کی اجازت دیجیئے تاکہ میں اپنے دل سے اس بوجھ اور صدمہ کو اتار سکوں جو اس کے متعلق مجھ میں پایا جاتا ہے۔ اس پر امام حسنؑ نے پہلا وار خود کیا اور پھر تلوار اپنے بھائی حسینؑ کو سونپ دی تاکہ وہ اسے پورے طور پر ختم کر دیں۔ یہاں بھی کسی حد تک مزاج کے اختلاف کو بآسانی سمجھا جا سکتا ہے۔

اپنی انفرادیت کے اعتبار سے تمام آئمہ اطہارؑ باہم مختلف تھے مگر اس لحاظ سے سب ایک ہی تھے کہ ان کی تعلیمات راستی اور تقویٰ پر

مبنی تھیں اور اسی طرح ان کے فیصلے اور آراء احوال کے تقاضوں کے تحت ظاہرا مختلف ہونے کے باوجود اپنی روح، مقاصد، راستی اور درستی کے اعتبار سے ایک ہی جسد کی مانند تھے اور اس لحاظ سے ان میں کوئی اختلاف نہ تھا۔ کیونکہ یہ ممکن نہیں کہ ہر قسم کی صورت حال میں دو امام کی آراء بعینہ ایک ہی ہو اور اس میں ذرا بھی فرق نہ ہو۔ایسا ہونا بالکل غیر طبعی ہے۔جو چیز ان میں مثالی اعتبار سے ایک اعلیٰ قدر مشترک کی حیثیت رکھتی ہے وہ وہی ہے جس کا ابھی ذکر کیا گیا کہ وہ تقویٰ اور صداقت ہے جو تمام احوال میں ایک ہی رہتی ہے اور اسی وصف کی بناء پر وہ پوری امت میں ممتاز ہیں۔ ہر انسان اس حقیقت سے اچھی طرح اگاہ ہے کہ اس دنیا میں ہر آن حالات اور ان کے تقاضے بدلتے رہتے ہیں اور یہی تبدیلی آراء اور فیصلوں پر بھی اثر انداز ہوتی ہے۔ یہ بہت شاذ ہے کہ تمام حالات میں سب کی آراء بالکل ایک ہی ہوں اور ان میں ذرا برابر بھی فرق نہ ہو۔ خود آئمہ اطہارؑ کی اپنی تاریخ بھی اس کی تصدیق نہیں کرتی۔ چنانچہ یہی وہ فطری تنوع ہے جو آئمہؑ کے حالات میں نہایت خوبصورتی کے ساتھ ہمیں نظر آتا ہے اور راستی اور تقویٰ کی لڑی میں ایک ناقابل تصور ترتیب کے ساتھ یہ سب باہم مربوط ہیں اور اپنے مشن کے لیئے وقف ہیں۔

خود ہمارے برادران اہل سنت بھی اب اس حقیقت کی طرف آ رہے ہیں کہ آئمہ اہل بیتؑ اور سیدہ فاطمہ الزہراءؑ کا مقام اپنی نوعیت کے اعتبار سے باقی سب سے جدا اور ممتاز ہے۔اس میں بھی کوئی شک نہیں کہ نبیؐ کی بیویاں بھی اہل بیت کا حصہ ہوتی ہیں کیونکہ ان کا بھی نبیؐ

کی ذات اور گھرانہ دونوں سے حد درجہ گہرا تعلق ہوتا ہے۔ انہیں اس درجہ سے خارج نہیں کیا جا سکتا۔ لیکن ترجیحی طور پر ہم جانتے ہیں کہ اہل بیت کی اصطلاح کا کامل اطلاق انسان کی اولاد پر ہوتا ہے جو اس کا براہ راست خون ہے، جب کہ بیوی کو طلاق بھی دی جا سکتی ہے اور یوں اس کی گھر سے علیحدگی اپنے امکان کی حد تک موجود رہتی ہے۔ جب کہ اولاد کے بارے میں یہ امکان موجود نہیں۔ اسی لیئے حضور نبی کریمؐ نے بہت سے اہم مواقع پر جن میں مباہلہ اور غدیر خم بطور خاص شامل ہیں ، سیدہ فاطمہؑ، حسنینؑ اور امام علیؑ کو اپنا اہل بیت قرار دیا اور ان کے ساتھ تمسک کا خصوصی حکم دیا۔ ان تمام احادیث کا ذکر اہل سنت کی جملہ اہم کتب احادیث اور تفاسیر میں بتواتر موجود ہے اور ان کے محققین نے اس کا اعتراف بھی کیا ہے کہ یہ ہستیاں پیغمبر اسلامؐ کا خون اور ان کے اہل بیت ہیں۔ اور یہ کہ پیغمبرؐ کے ساتھ ان کا دائمی رشتہ ہے جو منقطع ہونے والا نہیں۔ اور نبیؐ کے بعد ان کے اہل بیت کی حیثیت سے تمام انسانیت کے لیئے یہ مرکز ہدایت ہیں۔ قرآن میں ان کے متعلق اس بات کا واضح ذکر موجود ہے کہ اللہ تعالیٰ نے ان سے 'رجس' کو دور کر دیا ہے۔ رجس کے لفظی معنی گندگی کے آتے ہیں۔ یعنی اللہ تعالیٰ نے انہیں ہر قسم کی گندگی سے دور کر دیا ہے۔ یہاں اس مقام پر گندگی سے مراد نفاق، عصیان، نافرمانی، شرک ، حسد، کبر، بخل، لالچ اور کبائر کی گندگی ہے۔ چونکہ ان کی براہ راست نسبت اللہ کے آخری نبیؐ سے ہے اس لیئے انہیں ہر لحاظ سے خدا وند تعالیٰ نے معیاری بنا دیا ہے۔اسی لیئے ان کے دل اپنے نانا کے دل کی مانند صاف اور شفاف تھے۔ اہل سنت اور اہل تشیع دونوں جانب کے مآخذ اس امر

پر متفق ہیں کہ جب نجران کے عیسائیوں کے ساتھ نبیؐ کا مباہلہ ہوا تھا تو اس موقع پر نبیؐ امام علیؑ، سیدہ فاطمہؑ، امام حسنؑ اور امام حسینؑ کو لے کر میدان میں ظاہر ہوئے تھے۔ اور یہ معاملہ بھی اہم ترین تھا۔ یہ اس بات پر دلالت کرتا ہے کہ ان ہستیوں کا مقام باقی اہل اسلام سے بلند ہے ۔یہاں قرآن کا خصوصیت سے بیان ہے: "(اے نبی) کہ دیجیئے کہ میں تم سے کسی اجر کا بھی طلب گار نہیں سوائے اس کے کہ میرے قرابت داروں کے ساتھ مودت کی جائے۔" (۲۳ : ۴۲)

اب سوال یہ ہے کہ ان آئمہ اہل بیتؑ کی ولایت کا اصل تصور کیا ہے؟ اس کا جواب دو حصوں پر مشتمل ہے۔ جیسا کہ قبل ازیں ہم تشریح کر چکے ہیں کہ 'خدا مرکزیت' سب سے عظیم مقصد ہے اور اس زندگی میں ہمارا سب سے بڑا ہدف اسی خدا شناسی کے ذریعے نجات کا حصول ہے۔ خدا کی معرفت پر مبنی پیغام تاریخ میں ہمیشہ انبیاء کرامؑ کے ذریعے انسانوں تک پہنچتا رہا جو نہ صرف یہ کہ اس ابدی پیغام کے سب سے بڑے داعی تھے، بلکہ اس کے ساتھ ان کی زندگیاں بھی اس پیغام کی عملی مثال تھیں جو انسانیت کے لیئے اعلیٰ نمونہ بھی تھیں اور اس کے ساتھ ان کی محبت اور اعتماد کا بھی عظیم ذریعہ تھیں۔ کیونکہ ہر انسان میں یہ فطری خواہش پائی جاتی ہے کہ وہ کسی نہ کسی شخصیت کے ساتھ وابستہ رہے جس پر وہ اعتماد کر سکے اور مشکلات میں اس سے رہنمائی لے سکے۔ اسی لیئے ہر انسان اس ضرورت سے جڑا ہوا ہے اور اس سے بے نیاز نہیں ہو سکتا۔ اسی بناء پر جو رشتہ سب سے اہم اور پیارا ہے وہ والدین کا رشتہ ہے جس کا کوئی بدل نہیں۔ حضرت امام

جعفر صادقؑ کا قول ہے کہ جب تم اپنے بچوں کے ساتھ کسی چیز کا وعدہ کرو تو لازما اسے وفا کرو۔ کیونکہ بچے اپنی انتہائی معصومیت کی بناء پر والدین کو خدا کے روپ میں دیکھتے ہیں۔ یہ رشتہ اور تعلق انسانی فطرت کا وہ حصہ ہے جس سے کوئی بھی مستثنیٰ نہیں۔ ہر انسان اپنی محبت اور نجات کے لیئے کسی نہ کسی کے ساتھ وابستگی کا خواہش مند ہے جو اس کے لیئے عملی نمونہ کا کام دے سکے۔ کیا آپ اس حقیقت سے انکار کر سکتے ہیں کہ حضرت امام حسینؑ کی یاد میں رونے کی یہ کیفیت کس طرح دلوں کے میل اور زنگ کو دور کر دیتی ہے۔ یہ ہمارا تجربہ ہے اور ایک ناقابل تردید حقیقت بھی ہے۔ جب بھی کوئی پتھر دل اور لالچی آدمی خلوص کے ساتھ حضرت امامؑ کی یاد میں اپنے آنسو بہاتا ہے تو اس کی برکت سے وہ اپنے مال کو اللہ کی راہ میں خرچ کرنے والا اور دوسروں کو معاف کرنے والا بن جاتا ہے۔اس کی زندگی میں خوشگوار تبدیلی آجاتی ہے۔اندر سے ہلا ہوا ایک غیر محفوظ انسان بھی امام حسینؑ کی یاد میں آنسو بہانے کی وجہ سے اپنے آپ کو مطمئن اور محفوظ تصور کرتا ہے۔ اسی لیئے ولایت کا یہ پہلا حصہ پیغمبر اسلامؐ اور ان کی آلؑ کے ساتھ محبت کے تعلق کی نوعیت رکھتا ہے۔ اس کی مثال والدین والے تعلق کی سی ہے جس میں خلوص، محبت اور احترام اپنے کمال پر نظر آتے ہیں۔ کوئی آمیزش اور کھوٹ نہیں۔ یہاں بھی ہم ان کی ذات اور ان کی چھوڑی ہوئی عملی مثالوں سے غیر معمولی طور پر وابستہ ہیں۔ ذات اور عملی مثال کے ساتھ سچی محبت ہی ہمیں زندگی کے مقصد تک پہنچا سکتی ہے جس کی خاطر ہم سب کو پیدا کیا گیا ہے۔

ولایت کا دوسرا حصہ علم اور تربیت سے تعلق رکھتا ہے۔ اس کے مطابق ہم اپنے نبیؐ اور ان کے مقررہ آئمہ اہل بیتؑ کے علم سے کسب فیض کرنا اور اپنے آپ کو ان کے تقاضوں کے مطابق ڈھالنا ہے جسے تربیت کہا جاتا ہے۔ اس کا تعلق براہ راست علم نبوی سے ہے جو دینی اور دنیاوی دونوں کو محیط ہے۔ مثال کے طور پر امام صادقؑ نے اپنے دور میں کائنات کے مطالعہ، تخلیق اور اجرام فلکی کے متعلق جو معلومات دی تھیں وہ انتہائی حد تک درست ثابت ہوئیں۔ ان کی تصدیق موجودہ دور کے جدید علم فلکیات اور ہیہت نے بھی کردی ہے۔ اس سے اندازہ کیا جا سکتا ہے کہ ان کا علم کس قدر درست اور بحر بیکراں تھا۔ یہ مطالعہ آپ سب کو انتہائی حد تک حیران کر دے گا۔ اس کے برعکس ابن عربی نے بھی اپنے دور میں فلکیات پر کلام کیا ہے اور کائنات کے متعلق اپنے نظریات پیش کیئے ہیں۔ مگر ان کی تحقیقات جدید علوم فلکیات کی رو سے رد کر دی گئیں اور وقت کا ساتھ نہ دے سکیں۔ اللہ تعالیٰ ان پر رحم فرمائے، وہ عظیم مفکر اور صوفی تھے مگر معلوم ہوتا ہے کہ انہوں نے اپنے نظریات کی بنیاد قدیم یونانی نظریات خصوصا ارسطو کے خیالات پر رکھی جسے جدید فلکیاتی سائنس نے رد کر دیا ہے اور یہ اب ماضی کا حصہ بن چکے ہیں۔ اس کے برعکس امام جعفر الصادقؑ نے 'کائنات کی وسعت اور مسلسل پھیلاؤ' کا نظریہ پیش کیا اور اسی طرح 'مسلسل حرکت' کی تھیوری بھی انہوں نے اپنے دور میں پیش کی جنہیں آج کی دنیا میں مسلمات کی حیثیت حاصل ہے۔ اور اسی طرح انہوں نے اس کائنات میں بے شمار اجرام اور مختلف دنیاؤں پر بھی بحث کی۔ یہ دیکھ کر حیرت

ہوتی ہے کہ آج سے صدیوں پہلے کا ایک انسان اپنے علمی نظریات میں اس وقت کے یونانی فلکیات دانوں اور فلسفہ دانوں سے کس قدر مختلف اور صائب الرائے تھا۔ جب کہ یونانی نظریات اس دور میں پوری دنیا پر حکمرانی کر رہے تھے اور ان کے خلاف سوچنا بھی ناقابل تصور تھا۔ اور کائنات کے متعلق جن نظریات کو اس نے اپنے دور میں بیان کیا تھا ، آج کی موجودہ سائنس نے تقریبا ساٹھ سال پہلے ان ہی کو ثابت کیا اور تصدیق کی ہے ۔ یہیں سے ان کی بصیرت کا اندازہ کر سکتے ہیں کہ کس طرح انہوں نے اپنے دور میں نباتات، بحری زندگی ، اور ماحولیات کے متعلق نہایت درست معلومات اور علم فراہم کیا جسے کہیں بھی رد نہیں کیا جا سکتا۔

جدید علوم کے ساتھ ساتھ امام الصادقؑ نے شرعی علوم کی تمام اصناف پر بھی کلام کیا جسے علوم اسلامیہ کی اصلاح و تجدید اور امت کی اجتماعیت سے موسوم کیا جا سکتا ہے۔ اسی بناء پر انہوں نے اپنے دور میں تمام مسلمانوں پر زور دیا کہ وہ ایک ہی دن عید منائیں اس سے ان کی اجتمائیت کو بہت فائدہ ملے گا۔ انہوں نے ایک عید کی ضرورت پر بہت زیادہ زور دیا۔ انہوں نے مذہبی فرقہ بندی کے خلاف کام پر بھی بہت زیادہ زور دیا اور امت کو وحدت اور محبت کی دعوت دی۔ وہ ہمیشہ اس بات پر زور دیتے رہے کہ ان کے متبعین دوسرے لوگوں کے ساتھ اچھے تعلقات رکھیں۔ان کے ساتھ ملاقاتوں کا سلسلہ قائم کریں۔ ان کے ساتھ مل کر نماز ادا کریں تاکہ کسی قسم کی کوئی اجنبیت باقی نہ رہے۔ حقیقت یہ ہے کہ یہی وہ رحمت آمیز رویہ تھا جو ہمیں ان تمام

آئمہؑ کی زندگیوں میں نظر آتا ہے اور یہی ان کی تعلیمات کا خلاصہ تھا۔ اور یہ ان امور میں سے ہے جن میں تمام آئمہؑ مکمل طور پر یکساں تھے اور ذرا برابر بھی فرق نہ تھا۔ افسوس کہ آج ہماری شیعہ کمیونٹی کہاں بھٹک گئی ہے۔ میں آج آپ سے مخاطب ہوں کہ اے شیعان علی، اگر تم اپنے دعوے میں سچے ہو تو پھر ان آئمہؑ کی مخلصانہ اطاعت کرو اور اپنے آپ کو ہلاکت میں ڈالنے سے بچو۔ ان کی اطاعت تمہیں نئی زندگی سے آشنا کرے گی کیونکہ یہ آئمہؑ ہدایت کے ستارے ہیں اور زندگی بخشنے والے ہیں۔

اب ہمیں اس خاص طریق کار پر بھی غور و فکر کی ضرورت ہے جس کے مطابق ان عظیم آئمہؑ نے اسلامی فکر اور اسلامی قانون کی تدوین کی اور ان کی اصلاح کی۔ یہاں پھر ہمیں امام صادقؑ کی مثال ہی کو سامنے رکھنا ہوگا۔ حج کے موقع پر جب منیٰ میں جانوروں کو قربان کیا جا رہا تھا ۔ حضرت امام جعفر صادقؑ بھی اس موقع پر موجود تھے۔ آپ نے لوگوں سے فرمایا کہ قربانی کے گوشت کو منیٰ سے باہر بھی دوسرے لوگوں تک پہنچایا جائے۔ لوگوں نے حیرت سے کہا کہ آپ کے اجداد کی وصیت اور عمل تو اس کے خلاف تھا۔ اس پر آپ نے فرمایا کہ ان کے زمانے میں حجاج کی تعداد محدود ہوتی تھی۔ آج ان کی تعداد بحمد اللہ بہت بڑھ چکی ہے اور اتنے زیادہ گوشت کو ختم کرنا ان تمام حجاج کے بس سے باہر ہے۔ چونکہ منیٰ کے باہر بہت سے غریب لوگ موجود ہیں ان کی مدد ہو جائے گی ورنہ گوشت کا بہت بڑا حصہ ضائع ہو جائے گا۔ اسی سے آپ اندازہ کر سکتے ہیں کہ امام صادقؑ کی سوچ اور فکر اس دور

میں بھی کس قدر بلنداور دور اندیشی پر مبنی تھی۔ اس میں جمود اور تعطل قطعاً نہ تھا۔ ورنہ فکری جمود تو وہی تھا جس کا مطالبہ لوگوں نے کیا کہ گوشت کو منیٰ سے باہر نہ جانے دیا جائے۔ اس پر عمل ہوتا تو خوراک کا بہت سا حصہ ضائع ہو کر رہ جاتا اور یوں غرباء بھی محروم رہ جاتے۔ یہی شریعت کی وہ روح تھی جسے امامؑ نے صحیح طور پر سمجھا اور لوگوں کی فکر کی بھی اصلاح کی۔ اسی مثال کی روشنی میں ہم یہاں یہ کہ سکتے ہیں کہ ولایت کا ایک معنی شرعی احکامات کو وقت کے تقاضوں اور اس کے سیاق کے مطابق ڈھالنے کا نام بھی ہے تا کہ امت دینی اور دنیاوی دونوں قسم کے نقصانات سے محفوظ رہ سکے اور خدا شناسی کا وہ معیار جو انسان کی ترقی کے لیئے ناگزیر ہے، اسے بہتر طور پر حاصل کیا جا سکے۔

ان آئمہ اطہارؑ کے طریق کار پر گہرے غور و خوض کی ضرورت ہے تا کہ ہم بھی ان کی صحیح معنوں میں تقلید کر سکیں اور ان کے کردار کو سمجھنے میں آسانی ہو۔ مگر ان کے کردار کی روح سے تمام اہل اسلام بیگانہ ہو گئے ہیں اور امت کی دونوں اہم کمیونٹیز نے ان کے اسوہ کو ترک کر دیا ہے اور دونوں اپنی خواہشات کی پیروی میں مشغول ہیں۔ اگر تم آئمہؑ کے اسوہ کا زندگی کے مختلف شعبوں کی روشنی میں مطالعہ کرو گے تو فوراً محسوس ہوگا کہ ان کی زندگیاں تقویٰ اور خدا مرکزیت کا عظیم نشان تھیں۔ انہوں نے ہر قسم کی آزمائشوں میں کردار اور اخلاق کے اس معیار کو قائم رکھا اور کسی مقام پر بھی اپنے اصولوں پر سمجھوتہ نہیں کیا۔ وہ تمام نشیب و فراز میں حق اور انصاف کا اعلیٰ نشان تھے۔ ان کی تعلیمات کا مغز توحید اور خدا کی معرفت تھی۔ خدا محویت ہی ان

کا اوڑھنا بچھونا تھا۔ اگر آپ مطالعہ کریں گے تو تمام آئمہؑ کی تعلیمات کو ایک ہی پائیں گے۔ مثلا امام علیؑ خدا کی ذات کے بارے میں یوں گویا ہیں: 'اللہ کی ذات ہر چیز کے ساتھ ہے مگر وہ کسی چیز کو بھی نہیں چھوتی۔ وہ ہر دو کے ساتھ تیسری ہے مگر اس کے باوجود کسی کے ساتھ بھی اس کا فاصلہ نہیں، ہر ایک کے ساتھ برابر کی قربت ہے۔' ایک اور خطبہ میں امام علیؑ اللہ کی ذات کا یوں تعارف کراتے ہیں: 'اللہ کی ذات کے لیئے کوئی اختتام نہیں اور نہ ہی کوئی زوال ہے۔ وہ ہمیشہ سے اسی حالت میں ہے جیسا کہ آج ہے، اس میں کوئی فرق واقع نہ ہوگا۔ اس کائنات میں اس کی کوئی مثال نہیں۔ وہی اول اور وہی آخر ہے اور وہ اپنی شان میں یکتا اور بے مثال ہے۔ وہ اپنی طاقت، رفعت، بڑائی اور عظمت میں ناقابل تصور حد تک یکتا اور بے مثال ہے۔ تمام طاقتیں، علم، قدرتیں، سماعت، بصیرت، ادراک، حکمت اور عقل اسی سے ہیں اور اسی کی ذات سے جلاء پاتے ہیں۔ جو اس کی ذات کا ادراک کرنا چاہے، کبھی کامیاب نہیں ہو سکتا۔ اور جو اس کے اوصاف بیان کرنا چاہے، وہ بھی اپنے مقصد میں عاجز و نامراد ہوگا۔ اس کی رحمتیں اپنی اصل حقیقت کے ساتھ اسی تک پہنچتی ہیں جو اس کی معرفت میں کوشاں ہو۔ وہ قریب ہونے کے باوجود بھی دور ہے، اور دور ہونے کے باوجود بھی قریب ہے۔ کیا خوبصورت اور بے مثال ہے اس کی ذات۔'

ان ہی آئمہؑ میں سے آخری دور کے ایک امام نے اللہ تعالٰی کی ذات کے ساتھ تعلق کے سلسلے میں کیا عجیب بات کی تھی۔ 'اے وہ ذات جس کی شان اور جلوے اس کائنات کی ہر سمت اور ہر گوشے

میں موجود ہیں۔ میں جس جانب بھی رخ کرتا ہوں تجھے وہیں پا لیتا ہوں۔' اس جملے میں اللہ کی بے مثال شان اور وحدانیت کو کس شاندار اور بلیغ پیرائے میں بیان کیا گیا ہے۔ ان کے ان پر تاثیر اور بلیغ جملوں اور نصائح کا اصل مقصد اپنے متبعین اور سامعین کو خدا شناسی اور خدا مرکزیت کی حقیقت سے اگاہ کرنا اور اسی کے ساتھ ملا دینا تھا۔ اسی لیئے یہ ضروری ہے کہ ان کی زندگیوں کا پورے غور کے ساتھ مطالعہ کیا جائے اور ان کے نصائح سے سبق لیا جائے۔دعائے کمیل کا بغور مطالعہ کیجلیئے، کس طرح امام علیؑ مختلف انداز اور اطوار میں اپنے رب سے ہمکلام ہیں۔ نبی کریمؐ کا امام علیؑ کے متعلق ارشاد ہے کہ میرے بھائی کو خدا وند تعالیٰ نے بلاغت کی نعمت سے کاملا نوازا ہے۔ ایک مقام پر امام علیؑ اپنے رب سے یوں عرض گزاشت ہیں جیسے ایک غلام اپنے آقا کی خدمت میں معروضات پیش کرتا ہے۔ ایک دوسرے مقام پر وہ یوں گویا ہیں جیسے کسی کے ساتھ کوئی معاہدہ کیا ہوا ہو۔ پھر ایک دوسرے پیرا گراف میں وہ رب تعالیٰ سے یوں محو گفتگو ہیں جیسا کہ ایک مخلص دوست کسی دوسرے مخلص دوست کے ساتھ ہوتا ہے۔ وہ اپنے جذبات کا یوں اظہار کرتے ہیں: 'اے میرے رب، وہ وقت میرے لیئے آگ میں جلنے سے کسی طرح بھی کم نہ ہوگا اور میرے لیئے سب سے زیادہ دکھ کی بات ہوگی کہ میری فریاد کی تیرے دربار میں کوئی شنوائی نہ ہو، کوئی رسائی نہ ہو۔مجھے اس حال میں دیکھ لینے کے باوجود تو مجھے فراموش کر دے۔ مجھے کوئی پرواہ نہیں کہ زمانہ میرا ساتھ دیتا ہے یا نہیں۔ مگر مجھے یقینا اس کی پرواہ ہے کہ کہیں تو مجھے چھوڑ نہ دے اور مجھ سے کنارہ کش نہ ہو جائے۔' ایسا کون ہے جو اس بلیغ اور والہانہ

انداز میں اپنے رب سے یوں ہمکلام ہو سکے ؟ پھر اسی دعا میں ایک مقام پر وہ یوں مناجات کرتے ہیں۔ ' اے میرے خالق، میں نے اپنے تمام معاملات تیرے حوالے کر دیئے ہیں اور تجھ ہی پر میرا بھروسہ ہے۔ اے رب، جو کچھ بھی میرے پاس تھا وہ میں نے تیرے حوالے کر دیا ہے اور دنیا اور اس کے مال و متاع کو طلاق دے دی ہے۔ اب سوائے تیرے میرے پاس کچھ بھی نہیں۔ میرے رب، اب کیا تو بھی مجھے چھوڑ دے گا؟

پھر مناجات کے اسی سیاق میں امام علیؑ ایک خاص درجے پر پہنچتے ہیں اور اپنے مالک سے یوں گویا ہیں جیسے کوئی بھی اپنی مہربان ماں سے ہمکلام ہوتا ہے۔ آپ تو جانتے ہیں کہ ماں اپنی ممتا اور شفقت میں خدائی صفات کی ہی ایک عکس ہوتی ہے۔ یہ اللہ کی سب سے بڑی رحمت ہے۔ اور جب یہ رخصت ہوجائیں تو ہمارا فرض ہے کہ ہم ان کی قبر پر جائیں اور ان کی مغفرت کے لیئے دعاء کرتے رہیں۔ اور اگر کسی وقت ماں ناراض بھی ہو جاتی ہے تو اس میں بھی شفقت اور محبت کی ایک خاص لہر پوری طرح شامل رہتی ہے۔ اگر کسی وجہ سے ہم انہیں ناراض کر دیں اور وہ ہم سے اپنا منہ پھیر لیں تو اس وقت ہم ہر ممکن انہیں منانے کی کوشش کرتے ہیں۔ ہم برملا کہتے ہیں کہ اے ماں تو بے شک ہمیں سزا دیدے، ہمارے منہ پت تھپڑ رسید کر دے، ہمیں سخت سست کہہ دے اور ہمیں ڈانٹ دے مگر اپنی اس ناراضگی کو ختم کر دے۔ تیرے تھپڑ اور ڈانٹنے میں بھی ہمارے لیئے راحت اور خوش بختی ہے۔ ہم ہر حال میں تیرے لیئے ہی ہیں، تجھ سے الگ نہیں ہو سکتے۔ امام

علیؑ بھی اللہ کے ساتھ راز و نیاز میں ماں کے اسی لیول پر چلے جاتے ہیں اور یوں کہتے ہیں: 'اے میرے رب، اگرچہ میں تیرے جہنم کے مصائب کو اٹھا سکتا ہوں مگر تیری جدائی کے درد کو کیسے اٹھا سکوں؟' دیکھیئے، یہاں کس طرح امام علیؑ اپنے خصوصی تعلق کا اپنے رب سے اظہار کرتے ہیں۔ اس میں پائی جانے والی بے ساختگی، اور شفقت اور امید آمیز بے تکلفی کو بآسانی محسوس جا سکتا ہے۔ اسی طرح امام علی بن حسینؑ کی دعا کو دیکھیئے کیسی بے مثال ہے۔ یہ بات پیش نظر رہے کہ یہاں میں ان دعاؤں کا ذکر کر رہا ہوں جو بالکل مستند ہیں، نا کہ وہ دعائیں جنہیں آئمہؑ کے نام سے پیش کیا جاتا ہے مگر ان کی سند پر کلام ہے ۔ امام حسین بن علیؑ کی دعائے عرفہ ہی کا مطالعہ کر لیں کس قدر روحانیت اور التفات اس میں موجود ہے۔

اس مجلس کے اختتام سے قبل ایک اہم نکتہ آپ کے سامنے پیش کرنا بہت ضروری سمجھتا ہوں۔ اور وہ یہ کہ تمام انبیاء اور آئمہ اطہارؑ اپنی اصل میں انسان تھے کسی ما فوق الفطرت مخلوق سے ان کا کوئی تعلق نہ تھا۔ اور ان کا منصب یہ تھا کہ انسانوں کو اللہ تعالیٰ کی ذات سے ملا دیا جائے ۔ ہم اللہ کے آخری پیغمبرؐ اور ان کے اہل بیتؑ کے ساتھ اس لیئے اس قدر گہرائی کے ساتھ وابستہ ہیں کہ یہ ہماری فطری ضرورت ہے جو ہمیں اپنی منزل اور مقصد تک پہنچانے میں اہم ذریعہ کا کام دیتی ہے۔ یہ سچائی کا عظیم نشان ہیں۔ موسیٰؑ، عیسیٰؑ، ابراہیمؑ، نوحؑ، آدمؑ، خضرؑ، داودؑ، محمدؐ، علیؑ، حسنؑ، حسینؑ اور سیدہ الزہراءؑ یہ سب ہماری عقیدت ، محبت اور وابستگی کا مظہر ہیں۔ ہم ان سب پر سلام بھیجتے ہیں۔

مگر ان کے ساتھ یہ گہری عقیدت اور وابستگی ہمیں خدا مرکزیت سے کسی طور بھی جدا نہیں کرتی بلکہ اس میں مزید اضافے کا باعث بنتی ہے۔ قرآن اس نکتہ پر بالکل صاف اور واضح ہے کہ اصل مرکزیت اور وابستگی صرف اللہ ہی کے لیئے ہے۔ تمام انبیاءؑ، ملائکہ، امام الانبیاء، امام علیؑ یہ سب اسی خدا مرکزیت کے منصوبہ کا اہم حصہ ہیں جب تک کہ یہ اس مشن کے مددگار ہیں اور خدا کی طرف بلا رہے اور انسانوں میں وہ صفات پیدا کر رہے ہیں جنہیں 'اخلاق اللہ' یعنی اللہ کے اخلاق سے تعبیر کیا جاتا ہے۔

انبیاءؑ اور آئمہؑ کی محبت ایمان کا حصہ اور اس کی زینت ہیں۔ مگر جب یہی محبت خدا شناسی اور خدا مرکزیت کی راہ میں آڑ بن جائے اور خود خدائی کا درجہ حاصل کر لے تو پھر سمجھ لیجیئے کہ ایسی محبت اور عقیدت میں بہت بڑی گڑ بڑ ہے اور یہ بہت بڑی بیماری کی نشاندہی کر تی ہے۔ کیونکہ انبیاءؑ اور آئمہؑ کی تعلیمات اور جدو جہد کا نچوڑ ہی خدا محویت اور خدا شناسی ہے۔خود ہمارے نبی اکرمؐ اور امام علیؑ نے اپنی پوری زندگی میں خدا مرکزیت پر زور دیا اور لوگوں کے دلوں میں اسی کی روح کو زندہ کیا۔ ماں اور باپ کی محبت ہر انسان کے لیئے رحمت کا نشان ہے مگر اس محبت میں بھی ہم اس حد تک نہیں جا سکتے جو خدا سے دور کردے اور اس کے احکامات پس پشت چلے جائیں۔ اسی لیئے ہم ہمیشہ یہ کہتے ہیں کہ اگر ہمارے دلوں میں نبی محمدؐ اور ان کی پاک اولاد کے لیئے محبت کی چنگاری ہے اور اطاعت کا جذبہ بھی ہے تو پھر یہ اس کی علامت ہے کہ ہم خدا کے ساتھ عملاً وابستہ ہیں اور خدا مرکزیت ہی

ہمارا سب سے بڑا مقصد ہے اور اسی کے لیئے ہم اس دنیا میں وقف ہیں۔ یہ محض اللہ ہی کی ذات اور اس کا نام ہے کہ اس کی برکت سے آج ہم سب نبیؐ اور ان کے اہل بیت کے ساتھ جڑے ہوئے ہیں جو خداوند تعالیٰ کے محبوب اور برگزیدہ بندے ہیں۔

لیکن اس سارے تعلق اور محبت کے باوجود یہ بات ہمیشہ پیش نظر رہنی چاہیئے کہ یہ سب لوگ حقیقت میں انسان تھے۔ انہیں بھی ان ہی احوال اور تجربات سے گزرنا پڑا جو تقریبا ہر انسان کو زندگی میں پیش آتے ہیں۔ وہی دکھ درد اور کرب ان کے لیئے بھی تھے جن سے ہم گزرتے ہیں ہاں کمیت و کیفیت کے اعتبار سے فرق ضرور ہے۔ بڑے لوگوں کے لیئے آزمائشیں بھی بڑی ہوتی ہیں ۔وہ بھی اسی طریقے پر فیصلے کرتے تھے جیسا کہ ہم کرتے ہیں۔ فرق یہ ہے کہ ان کے تمام افعال تقویٰ، خدا ترسی اور کامل انصاف پر مبنی ہوتے تھے ۔ ان کی اپنی خواہشات، میلانات اور اغراض ان تمام دنیاوی امور میں دبی اور مغلوب رہتی تھیں ۔ یہ کسی معجزہ اور غیبی طاقت کی وجہ سے نہیں بلکہ خود ان کا معیار تقویٰ اور خدا مرکزیت سے حقیقی لگاؤ ہی اس کے اصل اسباب تھے ۔ آج وہ پوری انسانیت کے لیئے عظیم نمونہ ہیں۔ ہمارا وظیفہ یہی ہے کہ ہم ان سے توحید کی حقیقت کو سمجھنے کی کوشش کریں تا کہ ہم اپنے خالق کے ساتھ اپنا روحانی رشتہ جوڑ سکیں۔ یہ وہ اولیاء اللہ ہیں جن کے نمونے کی پیروی ہمیں براہ راست خدا کی معرفت سے روشناس کر دے گی کیونکہ یہ سب خدا کے مقرب بندے ہیں اور خدا مرکزیت کا دائمی نشان ہیں۔ حسین بن علیؑ اس راستے کا وہ زندہ اور پائندہ نمونہ ہیں

جن کے کردار سے ہر آدمی اپنے ایمان کے لیئے ضیاء پاتا ہے۔وہ صبر اور استقامت کا عظیم مجسمہ تھے۔ اس مقام پر مجھے امید ہے کہ اللہ اور اس کا رسول دونوں اس شخص کو معاف کر دیں گے جو حسینؑ کی محبت میں مکمل طور پر سرشار ہو گیا ہو اور اپنے حواس پر اسے کوئی قابو نہ رہا ہو ۔ اور یہ بات اپنی جگہ ایک حقیقت بھی ہے۔ حسینؑ کے کردار اور قربانی کی نوعیت ہی ایسی ہے کہ یہ عظیم اور گہری روحانیت سے عبارت ہے، اور یہی روحانیت حسینؑ کے چاہنے والوں کے حواس پر طاری ہو جاتی اور انہیں دنیا اور مافیہا سے بے خبر کر دیتی ہے۔